DX 数字化转型

国际数字化转型与创新管理最佳实践丛书

数字化转型与创新管理
——VeriSM 导论

VeriSM 数字化时代的服务管理

【英】克莱尔·阿格特 (Claire Agutter)
【新西兰】罗布·英格兰 (Rob England)   著
【美】苏珊娜·D. 范霍夫 (Suzanne D.van Hove)
【美】兰迪·斯坦伯格 (Randy Steinberg)

CIO 创享   译

清华大学出版社
北京

北京市版权局著作权合同登记号　图字：01-2018-7250

VeriSM - A service management approach for the digital age, Copyright © Van Haren Publishing, 2017
A publication of: IFDC (International Foundation for Digital Competences)
Lead Authors: Claire Agutter Suzanne van Hove Randy Steinberg Rob England
ISBN Hard copy: 978 94 018 0240 6

本书中文简体字版由 Van Haren Publishing 授权清华大学出版社。未经出版者书面许可，不得以任何方式复制或抄袭本书内容。

本书封面贴有清华大学出版社防伪标签，无标签者不得销售。

版权所有，侵权必究。举报：010-62782989，beiqinquan@tup.tsinghua.edu.cn。

图书在版编目(CIP)数据

数字化转型与创新管理-VeriSM 导论：VeriSM 数字化时代的服务管理 /（英）克莱尔•阿格特 (Claire Agutter) 等著；CIO 创享译．—北京：清华大学出版社，2020.12（2022.4 重印）
（国际数字化转型与创新管理最佳实践丛书）
书名原文：VeriSM - A service management approach for the digital age
ISBN 978-7-302-56909-1

Ⅰ. ①数… Ⅱ. ①克… ②C… Ⅲ. ①数字技术－应用－服务业－企业管理 Ⅳ. ① F719.1-39

中国版本图书馆 CIP 数据核字 (2020) 第 226870 号

责任编辑：张立红
封面设计：梁　洁
版式设计：方加青
责任校对：郭熙凤
责任印制：杨　艳

出版发行：清华大学出版社
网　　址：http://www.tup.com.cn, http://www.wqbook.com
地　　址：北京清华大学学研大厦 A 座　　邮　编：100084
社 总 机：010-83470000　　邮　购：010-62786544
投稿与读者服务：010-62776969, c-service@tup.tsinghua.edu.cn
质 量 反 馈：010-62772015, zhiliang@tup.tsinghua.edu.cn

印 装 者：三河市龙大印装有限公司
经　　销：全国新华书店
开　　本：185mm×260mm　　印　张：27　　字　数：678 千字
版　　次：2020 年 12 月第 1 版　　印　次：2022 年 4 月第 4 次印刷
定　　价：98.00 元

产品编号：090352 01

作者和全球贡献者

姓名	机构
Adam Stewart	QA
Alison Cartlidge	Sopra Steria UK
Andrea Kis	ISG (Information Services Group)
Andy Humphrey	Auto Trader
Aureo Antunes	Citsmart Corporation
Barry Corless	Global Knowledge UK
Chris Littlewood	CJL-JORVIK Ltd
Chris Pope	ServiceNow
Chris Taylor-Cutter	CTC Management Services (UK) Ltd
Claire Agutter	Scopism Limited
Clare McAleese	VocaLink MasterCard
Craig Johnson	NHS Digital
Daniel Breston	Qriosity Ltd.
Dave van Herpen	Sogeti Netherlands
David Bentley	Cranford Group
David Johnston	Two Rivers Meet Ltd
David Wright	SDI
Doug Tedder	Tedder Consulting LLC
Gary Hibberd	Agenci Ltd
Helen Morris	Helix Service Management Services Ltd
Helen Yu	Atlassian
Hirosh Kusuhara	Fujitsu
Jaime Spector	SunView Software, Inc.
Jan Oberg	ØBERG Partners
Jarod Greene	Cherwell
Johann Botha	Get IT Right
Jon Hall	BMC Software
Karen Ferris	Macanta Consulting
Krzysztof Politowicz	Krzysztof Politowicz i Partnerzy
Kylie Fowler	ITAM Intelligence
Leo van Selm	Vaseom b.v.
Lewis Herbert	Atos

续表

姓名	机构
Li Jingchun (Fred Lee)	Huawei
Liz Gallacher	Helix Service Management Services Ltd
Maarten Bordewijk	Bordewijk Training
Marcos Weiss, PhD	Independent Consultant
Marcus Robinson	Microsoft
Mark Flynn	Felix Maldo Ltd
Masaya Kobayashi	Tokio Marine & Nichido Systems Co.,Ltd.
Mathias Traugott	Punctdavista AG
Matt Turner	hapus.net
Mauricio Corona	Best Practices Gurus
Michael Imhoff Nielsen	itSMF-international
Michael Orno	Dansk IT
Michelle Major-Goldsmith	Kinetic IT
Neil Bennett	NHS Digital
Penny Emmett	Cranford Group
Peter Brooks	Independent
Randy Steinberg	ITSM Strategies Inc.
Reni Friis	BlueHat
Richard England	Independent
Rikke Hvilshoj	Dansk IT
Rob Akershoek	Shell - IT4IT
Rob England	Two Hills Ltd
Robert den Broeder	Trigono BV
Rory Canavan	SAM Charter
Sachin Bhatnagar	Kinetic IT
Sami Kallio	HappySignals Ltd
Sandra Whittleston	University of Northampton
Satya Misra	HCL
Shaun Earey	Freshworks
Simon Dorst	Kinetic IT
Stefan Timmerman	LOI
Stephen Mann	ITSM.tools
Steve Chambers	UK Cloud Pro Consulting Ltd
Steven Matthews	DorLind Solutions
Suzanne D. Van Hove, Ed.D	SED-IT
Varun Vijaykumar	HCL
Victoria England	NHS England
Victoriano Gomez	Global Knowledge Network Spain
Vinicius A C Luna	TIVIT Tecnologia
Wendie Adams	Leeds City College
Yong Mei Liu	IBM
Yvo Verbeek	Achmea

中文译者和校对者

姓名	机构	职务
徐 斌	碧桂园集团	CIO、集团副总裁
邢 杰	药明奥测	副总裁
彭 浩	浙江壳牌	IT 总监
周 皓	华北利星行机械	IT 总监
吉 雅	中梁地产集团	前 IT 副总经理
刘 华	蓝光生态集团	董事长助理兼首席信息官
高 翔	中国外运	CDO 兼 CIO
蒋荣涛	蒂森克虏伯	中国区 IT 负责人
赖能和	中石油东方物探研究院	处理中心总工程师
牛晓峰	鄂尔多斯集团	CIO
王文华	力特奥维斯	亚太区应用系统经理
孙 斌	INDITEX 集团	中国区 IT 总监
方小禹	维他奶中国	首席数字官
王 川	华为	首席咨询专家
何龙洋	碧桂园集团数管中心	数字技术平台部副总经理
贾立峰	丰田投资	室长
曹 罡	雅培	北亚区数字业务关系总监
张北平	太平鸟	前 CIO
戚海飞	华晨宝马	数字化技术总监
朱 楠	亿利资源	信息中心前总经理
高 宗	泰克科技	亚太区 IT 负责人
徐 怡	迪士尼	IT 高级经理
汪 华	长飞光纤光缆	CIO
王孟杰	苏黎世保险（中国）	COO
孔维高	浦发硅谷银行	CIO
王 岩	泉峰集团	CIO
彭芳泉	转型家	创始人

英文版前言

我们的世界处于快速变化的时代，组织必须快速适应这种变化，适应各个行业都在思考和从事数字化转型的大趋势。公司比客户懂得更多的时代已经过去。用户无所不知，并可以在全球范围里进行选择和获取资源。找到一个好的服务管理方法就找到一个强有力的支撑，可以更好地服务客户。市场反馈非常清晰：不要试图再去修改现有的服务管理理念，或采用另外一种服务管理框架，而是应该去掌握一种"黏合"的能力来最有效地利用各种不同的实战经验，并将它们进行整合以增加服务的价值。

在开发这种服务管理新方法的过程中，由首席架构师克莱尔·阿格特（Claire Agutter）和主编苏珊娜·D. 范霍夫（Suzanne D.Van Hove）、兰迪·斯坦伯格（Randy Steinberg）和罗布·英格兰（Rob England）共同领导的一个覆盖全球的超过 70 个贡献者和审核者组成的团队，集大家的专业知识和智慧形成了 VeriSM。VeriSM 中描述的方法不仅可以帮助你提升你自己的业务价值，而且可以帮助你提升你的客户和用户的业务价值。 VeriSM 体系已经被国际数字化能力基金会（IFDC）授权，这个非营利性基金会将确保 VeriSM 在一个开放的、基于专业社区的模式上不断发展。

VeriSM 从组织层面描述了一套服务管理方法，从客户需求端出发，到服务组织中的各个部门，再到满足消费者的服务端。通过端到端的视角阐述，而不是站在某一个部门的视角去看数字化服务管理。基于 VeriSM 模型，你能够了解，组织可以灵活采用一系列管理实践，从而保证在正确的时间向消费者提供正确的产品或服务。

VeriSM 允许根据企业的业务类型、组织规模、业务优先级、组织文化，以及你所负责的单个项目或服务的性质，采取量身定制的方式为企业提供指导和帮助。与其说 VeriSM 是一种规范的工作方式，不如说它是一个可灵活变化的模型——通过整合服务管理实践，帮助企业响应客户需求并交付客户价值的模型。

VeriSM 通过提供一系列组件为你的业务带来价值的不同实践，进而帮助你获得更广阔的视野。 这一系列组件，包括现有的 ITSM 方法论，也包括发展中的敏捷、DevOps 和精益等。

VeriSM 尊重过去并拥抱未来，它是一种改良而非革命。任何在现有的基于 ITSM 方法论上投资的工具和流程将有助于你提升和定制基于 VeriSM 的方法。VeriSM 认可现有 ITSM 方法论带来的价值增加，同时也认识到仅凭它们不足以保持领先竞争力和把握住数字化转型过程中出现的全部机遇。各种最佳实践的整合十分必要，VeriSM 帮助你了解这些不同实践的各个方面，并指引你建立一个整合的实践来更好地适应你的组织。

在此，我衷心地感谢全球的贡献者和审核者团队，感谢大家通过开发一个数字化时代的响应式服务管理方法，来推动服务管理进入一个新的发展阶段。开展数字化转型，我们已经蓄势待发。

博恩德·特斯拉（Bernd Taselaar）
国际数字化能力基金会主席

中文版前言

在数字化浪潮席卷全球之时,一切社会活动和企业活动都和数字化连接在一起,5G、量子计算、虚拟现实、3D 打印等新技术层出不穷,并以加速度的方式影响到我们日常工作生活的每个角落。一个共识正在快速形成,数字化能力成为社会和企业的核心竞争力,正从一个问题变成一个答案。每个企业都在思考和探索如何进行数字化能力建设,数字化转型的核心是什么,数字化转型的路径在哪里。

这些问题有标准答案和成熟的案例吗?很遗憾,没有标准答案,成功的案例也很少。企业的 IT 管理者,特别是 CIO 们,作为企业数字化能力建设的领导者和科技引领业务的变革推动者,每天都在思考和探索,苦苦寻觅方向。

2018 年初,荷兰的国际信息科学考试学会(EXIN,是全球 IT 服务管理最佳实践知识体系——ITIL® 的创始认证机构之一)和清华大学出版社联系到我,建议我组织翻译一本书。出于对朋友之托的尊重,我没有考虑就应承了下来。当我开始阅读该书时,我变得激动不已,非常庆幸做了一个正确的决定,因为这本书就是我一直在探索和寻找的数字化转型方法的"开门之匙"。为了更好地理解和准确翻译书中的内容,有效地传递相关的知识和信息,并结合中文语境的特点,我组织了 CIO 创享会的 26 位大型企业的 CIO,通过体现数字化时代特点的连接共创的协作方式,一起合作翻译本书。CIO 们有着持续的理论思考,同时又有企业的实际落地经验,是最合适的翻译者。这个翻译群体的选择也充分体现了数字化时代以价值创造为核心,强调理论结合实践的理念。

本书翻译的中文名《数字化转型与创新管理—VeriSM 导论》,阐述了数字化转型和服务管理两个核心内容。数字化转型涉及的内容和角度很多,但通过数字化技术实现企业转型是核心要务,也是企业在新的时代建立核心竞争力的关键;而实现数字化转型的核心能力就是建立以服务管理为导向的企业环境。

本书系统化地构建了企业建立服务管理的方法,从企业文化和组织能力的建设,到服务管理的方法论,再到相关的管理实践和新兴技术三大维度来阐述和指导企业实现服务管理的环境建设。这个方法提升了传统的侧重于数字化技术创造价值的思路,从企业整体文化的牵引、制度和流程的保障,到合适的管理方法的实施和多样的管理实践的配合,再辅之以数字化新兴技术,这样的组合才能真正实现企业的数字化转型,把服务管理的理念和动作深入人心和落地执行,指导企业设计,提供和运营最合适的产品与服务来服务消费者,建立起"护城河"和卓越竞争力。

既然服务管理方法涉及整个组织的文化和组织建设、模式选择和管理实践等内容，就知道本书的读者绝非只是 IT 专业人士，而应该是企业的最高层到所有级别的管理者，直接和间接服务消费者的团队，事实上应该是企业的每一名员工。只有企业的所有人都对服务管理的理念和价值有共识，企业才能真正实现预期的成功转型和走上持续成功之旅。

在本书的翻译过程中，得到了很多朋友的热情帮助，来自 CIO 创享会的 26 位 CIO 朋友在百忙中自愿加入和积极参与，让我深受感动。我还要特别感谢 EXIN 中国的孙振鹏先生和 CIO 创享会的所有伙伴，他们在此过程中展现了巨大的热情和推动力是本书得以顺利面世的坚强后盾。

最后，我非常期待本书能给在数字化转型路上探索的企业和管理者们提供一个比较完整的知识体系和实施路径，让大家可以携手努力，快速前行。我也非常确信，本书中谈到的理论和方法，在中国众多努力前行、不断创新的管理者和探索者的支持和实践下，一定会不断更新迭代，不断丰富内涵，帮助中国企业不断追求卓越，实现在数字化时代引领未来的灿烂前景！

徐　斌

2019 年 6 月 1 日于南京

推荐序

谈到国际 IT 管理最佳实践方法论，我不由自主地回想起 10 年前我还在该著作的出版方——荷兰范哈伦出版社任职的一段工作经历。当时我负责将与国际最佳实践标准相关的出版物引进到中国并正式出版发行。记得当时在众多出版社中选择与清华大学出版社联合，引入中国的第一本书为"*Introduction of IT Service Management based on ITIL®*"，中文书为《IT 服务管理：基于 ITIL 的全球最佳实践》，即 ITIL®V2 的全球畅销书，该书当时被国际信息科学考试学会指定为 ITIL®V2 基础认证的教材。 即便当年该书问世后不久其销量就超过了两万册，但我们的 IT 服务管理水平仍处于起步阶段。当时，国际标准的应用和需求主要来自外资企业，多数是由于这些外企的总部以及其供应商或客户已经使用一套国际公认的最佳实践理论框架作为业务沟通的语言。

而如今数字化转型，指数级发展的第四次工业革命为各行各业带来了新的机遇和挑战。企业的精益 IT、敏捷和 DevOps 实践与组织数字化转型被企业最高管理层视为重中之重。我们企业中的 CIO 角色也在不断变化，从原来的服务业务的成本中心转向引领业务的利润中心。回顾我们共同走过的这十几个年头，中国的 CIO 和企业信息化专家们通过不断将国际最佳实践管理知识框架与企业实践相结合来最大限度地满足企业业务发展的需求。从 10 年前的知识体系原版引进、流程模仿照搬，到今天在众多行业领域里能结合行业特点、企业文化并学以致用。在这个过程中，我们总结出很多本土化的成功案例。其中来自中国中信集团等中国的数字化转型案例已经被收录在 VeriSM 数字化服务管理的第二本著作 *VeriSM: Unwrapped and Applied* 中。

在过去的 10 年中，我参加了国内外多个行业组织的 IT 管理实践年会，如欧洲的 itSMF、CIO 峰会和 DevOpsDays 等，并以此了解和见证了新的知识体系产生、发布、推广，再到应用和案例分享的全过程。国际 IT 管理最佳实践联盟，作为获得国际众多框架标准等知识产权方共同发起的一个国际性的 IT 管理实践管理知识交流和经验分享平台。联盟将通过承办社区性质的行业大会如 DevOpsDays 中国年会和 VeriSM 数字化服务管理转型峰会来推广国际 IT 管理实践体系在行业中的应用。

值此《数字化转型与创新管理—VeriSM 导论》一书出版之际，我要感谢清华大学出版社对该书出版工作的大力支持。从 2007 年我们首次合作出版的《IT 服务管理：基于 ITIL 的全球最佳实践》到这本《数字化转型与创新管理—VeriSM 导论》已经过去整整 12 年。在过去的 12 年里，我们共同见证了从昨天的"IT 管理最佳实践"到今天的"数字化服务管理最佳实践"的全方位升级。

此外，我还要代表本书的知识产权方——国际数字化能力基金会（IFDC）感谢姚乐老师对本书的大力支持，感谢徐斌老师和 26 位 CIO 联合译者对该书中文翻译做出的努力和贡献。最后，我还要特别感谢邓宏老师在百忙之中抽出时间对本书文字质量和专业术语优化所做出的努力，从而确保了该书能够及时面世。我相信本书将为各行各业已经踏上数字化转型之旅的企业带来权威的理论指导和宝贵的实践参考。

孙振鹏

国际信息科学考试学会

2019 年 5 月 5 日于阿姆斯特丹

目录

1 VeriSM 简介 001
1.1 一切都是服务 001
1.2 消费者消费 001
1.3 提供者提供 002
1.4 VeriSM 方法 002
1.5 采用 VeriSM 思维 004
1.6 VeriSM 模型 004

PART 1 服务和服务管理

2 组织情境 009
2.1 组织 009
2.2 组织结构 010
2.3 优化组织交互 013
2.4 组织文化 017
2.5 组织治理 020

3 在数字化转型的世界里运营 028
3.1 服务提供者所处的世界正在改变 028
3.2 什么是数字化转型 028
3.3 数字化转型与组织战略 033
3.4 数字化转型对产品及服务的影响 033
3.5 数字化转型对服务管理的影响 034
3.6 数字化转型的挑战 034
3.7 新兴技术的影响 035
3.8 云的影响 036

4	服务文化	038
	4.1 什么是服务文化	038
	4.2 服务文化为什么至关重要	040
	4.3 "优质"是什么标准	041
	4.4 如何创建一种服务文化	042
	4.5 文化赋能	046

5	人员：角色、素质和团队	048
	5.1 常见的组织角色	048
	5.2 什么是服务提供者必须做的事	049
	5.3 情商	049
	5.4 服务管理的通用素质	049
	5.5 学习路径和职业发展	053
	5.6 专业精神和职业道德	057
	5.7 团队	058

6	服务提供者面临的常见挑战	063
	6.1 关系管理	063
	6.2 期望管理	067
	6.3 知识管理	069
	6.4 沟通管理	070
	6.5 跨代管理	072
	6.6 组织变革管理（OCM）	074
	6.7 变革为什么失败	078
	6.8 组织行为管理（OBM）	079

PART 2　VeriSM 模型

7	VeriSM 模型	089
	7.1 始于消费者	091
	7.2 终于消费者	091

8	VeriSM 模型：治理	093

9	VeriSM 模型：服务管理原则	095
	9.1 服务管理的历程	095
	9.2 服务管理的好处	097

9.3 演进的服务管理 099
9.4 服务管理和 VeriSM 模型 099

10 VeriSM 模型：管理网格 102
10.1 资源 104
10.2 新兴技术 105
10.3 管理实践 105
10.4 环境 105
10.5 建立网格 115

11 VeriSM 模型：定义 118
11.1 目标 118
11.2 活动 119
11.3 消费者需求 119
11.4 需求收集 120
11.5 建立解决方案 121
11.6 服务蓝图 122

12 VeriSM 模型：生产 123
12.1 目标 123
12.2 活动 123
12.3 变更控制 124
12.4 构建 125
12.5 测试 126
12.6 实施和验证 127

13 VeriSM 模型：提供 128
13.1 目标 128
13.2 活动 129
13.3 服务营销 / 推广 129
13.4 保护 132
13.5 维护 132
13.6 改进 133

14 VeriSM 模型：响应 134
14.1 目标 134
14.2 活动 134
14.3 需求 135

14.4 问题 136
14.5 根源事件 137
14.6 记录 137
14.7 管理 138

15 适配 VeriSM 模型 142

15.1 选择适合的管理实践 142
15.2 集成管理实践 142
15.3 成功运营模型的要素 144
15.4 衡量运营模型的绩效 144
15.5 持续适配 145

PART 3　管理实践和新兴技术

16 演进的管理实践 153

17 敏捷 158

17.1 什么是敏捷 158
17.2 关键概念 159
17.3 敏捷的收益 161
17.4 敏捷的挑战 162
17.5 选择敏捷作为管理实践 162
17.6 敏捷和服务管理 163
17.7 敏捷的其他实践 164

18 DevOps 167

18.1 什么是 DevOps 167
18.2 关键概念 168
18.3 选择 DevOps 作为管理实践 170
18.4 DevOps 的收益 171
18.5 DevOps 的挑战 172
18.6 DevOps 的多样化实践 172
18.7 DevOps 和服务管理 173

19 服务集成与管理（SIAM） 175

19.1 什么是服务集成与管理（SIAM） 175
19.2 关键概念 176
19.3 选择 SIAM 作为管理实践 178

19.4　SIAM 的收益 178
19.5　SIAM 的挑战 178
19.6　SIAM 的其他实践 179
19.7　SIAM 和服务管理 179

20　精益 181

20.1　什么是精益 181
20.2　关键概念 181
20.3　选择精益作为管理实践 184
20.4　精益的收益 184
20.5　精益的挑战 185
20.6　精益的其他实践 185
20.7　精益和服务管理 186

21　左移 189

21.1　什么是左移 189
21.2　关键概念 190
21.3　选择左移作为管理实践 192
21.4　左移的收益 193
21.5　左移的挑战 194
21.6　左移的其他实践 194
21.7　左移和服务管理 195

22　客户体验和用户体验 197

22.1　什么是客户体验 197
22.2　关键概念 200
22.3　选择客户体验/用户体验作为管理实践 204
22.4　客户体验/用户体验的收益 205
22.5　客户体验/用户体验的挑战 205
22.6　客户体验/用户体验的其他实践 205
22.7　客户体验/用户体验和服务管理 207

23　持续交付 210

23.1　什么是持续交付 210
23.2　关键概念 211
23.3　选择持续交付作为管理实践 212
23.4　持续交付的收益 213
23.5　持续交付的挑战 213

23.6　持续交付的其他实践 213
23.7　持续交付和服务管理 214

24　其他实践和技术 216
24.1　看板 216
24.2　约束理论 217
24.3　改进的 Kata/Kaizen 218
24.4　SWOT 分析 218

25　新兴技术与服务管理 220
25.1　服务管理的含义 220
25.2　云 221
25.3　虚拟化 225
25.4　自动化 227
25.5　大数据 228
25.6　物联网 229
25.7　机器学习 231
25.8　机器人流程自动化 233
25.9　移动计算技术 234
25.10　自带设备 234
25.11　容器化 236
25.12　无服务器计算 238
25.13　人工智能 238

26　正式启程 240
26.1　从被动到主动 241
26.2　长期计划 242

附录 243
附录 A　政策结构范例 243
附录 B　Auto Trader 的方式 247
附录 C　安全设计 250
附录 D　财务管理概述 254
附录 E　常见的管理实践 258
附录 F　资产管理 259
附录 G　术语表 265
附录 H　国际 IT 管理最佳实践框架和标准集 270
附录 I　EXIN VeriSM 基础级认证考试大纲和样题及答案解析 384

1 VeriSM 简介

> **现实案例**
>
> 2015 年，全世界有 100 亿台设备联网。这些设备支持个人娱乐、家庭自动化及各种业务功能，应用非常广泛。它们能支持的方面取决于我们的想象能力。到了 2020 年，预计会有 340 亿台设备，其中包括 240 亿台物联网设备和 100 亿台传统电脑设备联网。未来预计有 6 万亿美元将投资在物联网解决方案上，企业将成为这项新技术的最早使用者。这些投入将呈指数级不断增长，特别是当企业看到这些物联网应用提升了它们的盈利能力、降低了运营成本、提升生产效率和进入更广阔的市场时。

1.1 一切都是服务

当今社会已被数字化的产品和服务所包围。放眼全球，人们消费的各种数字化设备、产品和服务已经到了一个令人吃惊的程度。在过去的若干年里，由产品和服务共同组成的整体解决方案里，产品与服务结合得愈加紧密，以实现客户不断增加的智能化的功能需求。服务在这些整体解决方案中的重要性日益凸显。

这些变化意味着什么呢？消费者对方案的需求正在不断增长，组织必须做好准备来提供这些方案，其中包含协助、指导、帮助和支持等服务。很多新增的服务需要通过先进的技术，甚至也只能由先进的技术来支持才得以实现，这些就是数字化服务。

1.2 消费者消费

一个现象越发清晰：消费者消费。消费者提出产品和服务的需要，这些需要清晰地转化为服务需求，消费者就有意愿直接或间接地为这样的需求买单。比如教育、医疗、安全和公共设施是消费者的共同需求，消费者要么直接购买了这些服务，要么通过国家税务体系间接地支付了这些服务的费用。此外，这些消费者从服务提供者那里获得服务后，进而继续为其他消费者提供服务，从而形成一个更广阔的服务网络。

1.3 提供者提供

有一个消费者的同时就有一个提供者。提供者提供产品和服务。他们怎样提供产品和服务并不是本书的重点，提供（供给）背后的原则才是重点。供给的核心取决于提供者对消费者的理解。给消费者提供不需要的产品和服务产生不了任何价值，甚至是一种浪费。显而易见，浪费不是一种好的商业行为。一个成功的产品或服务，必须能够对提供者和消费者都具有价值。提供者应该致力于那些能看到有持续需求的产品和服务，因为消费者希望他们的需求被满足并获得相应的回报。双方的这种价值取向应该被清晰定义，见图1。

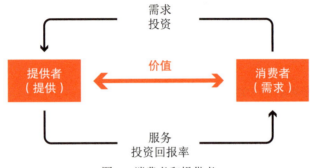

图1 消费者和提供者

服务的提供者需要密切监控这个提供者和消费者的循环。随着时间的变化，消费者的需求和提供者的能力不断发生变化。提供者必须能够适应这种变化。消费者（决定了需求）和提供者（决定了供给的能力）的持续交互是服务满足的动态特征。价值是服务的成果，如果提供者和消费者都不能得到价值，那么他们的关系就将终结。管理好这种"消费者和提供者"的动态关系，驱动了服务管理和服务文化的产生。

1.4 VeriSM方法

在当今的商业环境里，无论规模大小，无论公共事业还是私营企业，每个组织都是服务提供商。即使是出售产品的公司（例如零售商），也需要为这些产品的成功使用提供相应的服务（例如客户服务、运输和退货等）。在一个激烈竞争的市场，声誉成为产品差异化和获得商业成功的基础。回想我们上一次在一个比价网站选择酒店时，我们会选择那些差评的酒店吗？

不仅私营企业和追求利润的组织关注服务，在公共事业领域也同样关注服务。良好的服务将为消费者或市民带来良好的体验。不论组织是否靠盈利驱动，服务的价值都是要在服务过程中去交付。为了获得成功，所有的组织都必须采用一种整体的服务管理方法来满足客户的需要。

> 📖 **定义：服务管理**
>
> 服务管理是组织采用的，通过高质量的产品和服务来为客户交付价值的一种管理方法。

要成为一个高效的服务提供组织，服务管理再不能局限于单个部门，比如 IT 或客户服务部门。它应该触达组织的各个层面。VeriSM 方法采取为每个组织量身定制的方式，帮助整个组织在数字化时代取得成功。当组织将关注的焦点转向服务管理的时候，服务提供者将利用组织的所有能力项，包括 IT 能力、市场能力、财务能力和客服能力等，整合起来共同交付服务价值。

VeriSM 方法的开发过程与全球服务组织社区密切合作，以响应服务管理中的需求变化和影响数字化转型。在本书中，我们开启了服务管理社区和更广泛的服务消费者群体之间的交流。VeriSM 会和社区一同成长，VeriSM 的内容也会在不断反馈和响应的过程中持续发展。在本节中，我们将介绍 VeriSM 的概念。

> **定义：VeriSM**
>
> VeriSM 是：
> - 价值驱动（Value-driven）。聚焦于提供价值。
> - 持续演进（Evolving）。持续演进的与时俱进的方法。
> - 及时响应（Responsive）。推动基于业务场景的定制化的方法。
> - 集成整合（Integrated）。帮助企业适应所有不同类型的实践。
> - 服务（Service）。
> - 管理（Management）。

VeriSM 帮助企业确定服务管理的原则。这些原则涉及所有的产品和服务，也包括安全、质量、成本和风险等在内的各个领域。服务管理原则是在组织层面上定义并在组织内部全面沟通的，作为所有的产品和服务的开发和运营的指引。

VeriSM 是基于各种管理实践的综合选择来帮助服务组织不断演进其运营模式的。VeriSM 提供了灵活和可定制化的适用策略，而非"一刀切"的推行方法。这显然非常必要，因为所有的组织都不相同，如规模、客户类型或文化等。VeriSM 不会把组织系于某一种单独的管理方式，它能够让运营模式根据需要进行变化。

> **现实案例**
>
> 一家跨国银行使用 VeriSM 类型的方法来对其产品和服务定义服务管理原则，包括定义安全原则来让银行满足法律法规的要求。服务管理原则影响到服务的各个方面，而不仅仅是被技术支持的那些部分。举例来说，在银行，客户数据是其产品和服务的一部分，不管这些客户数据是从网站收集的，还是通过电话或书信收集的，这些安全原则都适用。
>
> 银行使用服务管理原则作为 VeriSM 方法的一部分来让运营模式更灵活。这些原则让银行可以使用一系列不同的管理实践，用最合适的方法来开发产品和服务。例如，在各个分行机构使用的基于桌面终端的客户服务系统已经老旧，如果新版本上线要 6 个月，再加上员工操作培训，客户等待的时间将更长。如果银行为客户提供了手机银行 App，那么服务就变得方便快捷了许多，新的服务功能每天都可以测试和发布，能够快速响应

> 银行员工和客户需求。
>
> 银行定义的服务管理原则就像为服务建立了一个护栏，同时给管理和开发这些服务的团队足够的自由去选用最合适的方法工作。

1.5 采用 VeriSM 思维

组织如何使用 VeriSM？在本书中，我们将介绍 VeriSM 方法，并展示如何在组织中应用 VeriSM。

VeriSM 方法中最重要的是：接受服务管理是每个人的职责，是基本的组织能力。服务管理不是 VeriSM 专属团队，或是一个隐藏的、锁在门后的某一个部门的事情。组织中每个层级的每个员工都有责任参与。

另一个成功的关键要素是认可技术对产品和服务的影响。数字化转型正在改变组织运营的各个方面，不管它的规模大小，私营企业还是公共事业。所有员工都需要思考技术赋能服务，而不仅是从事 IT 项目的员工。业务项目和流程也正在被技术赋能。

> 🌐 **现实案例**
>
> 这是一个技术改变业务流程的例子。你最后一次排队买咖啡是什么时候？现在很多咖啡店都推出手机 App 在线预订业务，当你到达咖啡店的时候，咖啡已经做好。
>
> 消费者获得了方便和快捷的服务，节省了时间。咖啡店（或其他的服务提供者）获得了数据来提升它们的服务。这些数据包括消费高峰时段、个人营销和广告机会，以及更高效的供应链管理，例如保持足够但不过量的库存水平。

最后，我们需要知道组织的员工是融为一体的。IT 部门的职责不只是通过技术来提升服务水平，客户服务团队的责任也不只是和客户交流互动。组织中的每一个员工需要一起协作建立产品和服务，以实现组织目标。

1.6 VeriSM 模型

本书将介绍 VeriSM 的关键概念和模型，帮助企业理解如何将它们应用到组织中。VeriSM 并不是要取代企业现在使用的各种有效的方法，而是向企业展示如何把这些方法应用到整个组织背景中，以及灵活地采用各种不同的管理实践应用到服务管理场景中。

本书将展示如何建立服务管理原则，基于运营模式来应用不断发展的支持数字服务的管理实践。

- 第2~6章，介绍服务、服务管理和它们在当今快速变化环境中的意义。
- 第7~15章，介绍VeriSM模型的详细内容。
- 第16~25章，介绍发展中的管理实践和新兴技术。
- 第26章，帮助开启数字化服务管理旅程。

本书提供了大量的现实案例和供应商报告来帮助你理解 VeriSM 的应用背景。VeriSM 不是自吹自擂的所谓最佳实践，它是在帮助你建立一个真正适用于你的组织的运营模式。

引用

在我就任丹麦内阁部长期间，我看到技术开始渗透到城市生活的各个方面。比如向市民提供服务的方式以及利用数据来提升服务水平。数字技术在政府事务中的应用越来越广泛，并且将持续地快速增长。

数字服务现在已经成为生活的一部分。服务经济的开始也意味着数字技术的转型。随着教育系统将它们纳入学校讲授的课程，数字技能将成为每个人的基本技能之一。

VeriSM 是一种服务管理方法，它反映了数字化服务的重要性，为企业在数字化转型中展示巨大的价值，也为新手们学习加入数字化经济提供了帮助。

——亚丽克·赫维尔肖吉（Rikke Hvilshoj），CEO，丹麦计算机协会

PART 1
服务和服务管理

在第 1 部分中,我们探讨数字时代服务管理的要点。在简要介绍了 VeriSM 方法之后,我们将继续关注组织中对服务管理的需求。我们考虑服务文化:它是什么,以及它的含义。接下来是介绍对服务管理所需的技能和素质的看法,以及服务提供者可能面临的挑战。

2 组织情境

🔑 **本章介绍**

本章主要关注服务提供者的组织情境,并介绍了一些关键术语和定义,其中包括:
- 组织;
- 组织文化;
- 组织治理。

2.1 组织

人们会用许多不同的词来描述他们所在的组织。例如"那家公司""那个企业",甚至有时会说"那些人"或"那类人"。在本书中,"组织"一词包括了这些概念:大大小小的业务单元、公司、企业、慈善机构和政府部门。

> 📑 **定义:组织**
>
> 组织是一个正式的群体,例如政党、企业、慈善机构或俱乐部。

组织可分为以下几个类型,如表1所示。

在 VeriSM 的概念里,每个组织都是一个服务提供者,或是一个提供服务的单元。即使是那些专注于销售产品的组织,也需要为这些产品提供相应的支持服务,从而使得产品更受欢迎。

表 1 组织类型

组织类型	定义
私营组织(也可称为以盈利为目的的组织)	私营组织是指不由政府所有或经营的,旨在从其业务活动中获得利益的企业。
公共组织	公共组织是指在国家层面或地方层面提供政府服务的组织。
志愿者组织/慈善机构	关注公共利益或慈善事业的组织。
非营利机构(NPO)	非营利机构可以用它所创造的利润来实现其目标,它不需要向其所有者或股东支付股息。许多慈善机构或志愿者组织都是非营利机构。
第三部门	第三部门是那些除了政府及非营利组织或协会以外的组织合称。

2.2 组织结构

服务提供者为消费者提供产品和服务。消费者可以直接为这些产品和服务买单（例如，通过网站订购外卖并支付相关费用），抑或是间接为这些产品和服务买单（例如，纳税人可以享有定期垃圾回收的服务）。

> 📖 **定义：消费者**
>
> 消费者指的是购买物品或享用服务的人。

为了使一个组织更有效率和效益，它需要将其资产和资源集中起来，用以满足消费者的需求。组织所做的每一项决定都应聚焦在满足消费者的需求上。如果没有消费者的需求，组织就失去了生产或交付产品的动力。消费者在服务管理中有不同的称呼，如表2所示。

> 📖 **定义：资产**
>
> 资产指的是产品或服务中具有价值的部分。

表2 消费者，顾客，客户，用户？

消费者，客户，顾客，用户？	在服务管理中，许多组织会区分它的客户（提出需求并愿意为服务买单的人）和用户（只获得服务，很少影响需求）。"顾客"一词也经常被使用到，可以指客户或用户其中之一，抑或代表这两者。 对许多产品和服务来说，服务交付的流程并不像"一手交钱，一手交货"那么清晰。例如，纳税人在完成纳税后并不能对他们可以得到的服务直接做出选择。 消费者也可指代客户、顾客和用户。 在本书中，我们所提到的消费者指的是那些接受产品和服务的对象。我们也会使用到"客户满意度""客户服务"等常用术语。

2.2.1 组织能力

为满足消费者的需求，组织常常需要具备一些特定的能力。

> 📖 **定义：能力**
>
> 能力是完成一项目标或者任务所体现出来的综合素质。

能力代表了一个组织如何来交付满足其消费者需求的行动和成果。能力领域是由人、知识和流程等组成，可以包括这些方面：

- 人力资源；
- 财务；
- 市场；
- 销售；

- 客户服务；
- 信息技术。

> **现实案例**
>
> 人们很容易把能力看作"团队"或"部门"，但事实并非总是如此。例如，在某些组织中，可能有一个客户服务团队。在其他组织中，每个部门都有自己的客户服务团队，又或者客户服务外包，由其他服务提供者来提供。客户服务是组织的一种能力，不论它的管理框架是什么样的，也不论这些管理框架来自哪里，其目的是相同的。此外，能力还包括了知识和流程，而不仅仅是人。

有效的服务型组织非常专注于获取或开发它们所需要的能力，并以最高效的方式运用这些能力。一些组织通常会通过定期重组的方式来获取某项缺失的能力。

从历史上看，许多服务提供者都把数字化服务能力简单地等同于"IT"能力或者手段。直到最近，越来越多的人开始认识到，所有组织的能力在数字化转型中都起到关键作用。组织中的每个组成部分和每项能力都需要清晰定义其在数字化转型中的角色。例如，人力资源部如何适应数字化转型？是时候找到正确答案了！

> **现实案例**
>
> 有些组织用服务或产品的分类来区分它们的能力。这些类别包括：
> - 消费者可以直接购买的产品和服务；
> - 消费者可以观看或者亲身体验的产品和服务；
> - 消费者可以实现其特定目标的产品或服务；
> - 其他产品和服务。
>
> 对于每种产品或服务，都会有许多不同的组织能力。例如，购物网站可能涉及客户服务、销售、物流和IT等组织能力。

2.2.2 成果和产出

在本书中，我们更多讨论的是"成果"而不是"产出"。产出关注某一个具体的结果，例如，这个外卖比萨是否按时烹制出来？而成果关注的是消费者的综合体验。在这个例子里，成果可能是用其他方式烹制的时间，或者是让某个家庭能够轻松地享受一顿晚餐。

> **定义：成果**
>
> 成果指的是消费者与产品或服务交互所产生的最终结果。

图 2 显示的是一个具有销售、信息技术和人力资源等能力的组织。这些能力可以是组织内的部门或团队，或者是个人，又或者是一个具有多项技能的团队。关键在于，所有的能力都是

集中在为组织的消费者提供成果（也因此有了价值）。

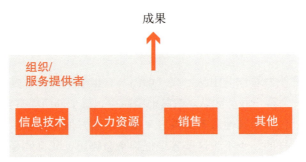

图 2　组织是一个服务提供者

> 🌐 **现实案例：不关注消费者的组织会有什么后果呢？**
>
> 　　杰拉尔德·拉特纳（Gerald Ratner）是英国著名珠宝集团 Ratners 的首席执行官。Ratners 主要通过其专卖店销售廉价珠宝和配饰，生意做得非常好。
> 　　1991 年，杰拉尔德·拉特纳向董事会发表演讲时，贬低自己公司的产品，说耳环是比大虾三明治还要便宜的"垃圾"，可能戴不了多久。
> 　　消费者逐渐远离，整个集团的市值暴跌了 5 亿英镑，公司几近倒闭。
> 　　这个故事告诉我们，作为服务提供者，如果我们忽视或者冒犯了消费者，那么我们将承担严重的后果。

2.2.3　好的服务提供者是什么样的？

好的服务提供者应该了解其交付的成果，并知道如何组织其能力以便更高效地交付这些成果。这也包括当消费者的需求发生变化时，能够及时发现并采取适当的应对措施。组织需要了解其所处的环境和情境，它所在的位置，包括：

- 消费者。消费者在哪里？目标人群是哪些？
- 竞争。谁是竞争对手？相比竞争对手，组织有哪些优势或劣势？
- 结构。这是一个地方、区域、国家还是全球性的组织？每种结构都为组织提供了范围和视角。
- 消费者文化。风俗习惯和行为准则影响企业如何运作。
- 法律法规。法律法规对组织有哪些约束？产品和服务是否受到政府监管机构的审查？是否需要遵守特定的行业标准？
- 挑战。组织面临的挑战是什么？例如，销售额的下滑、市场份额的下降、产品线或生产设备的老化。市场需求是否超过最大产能？这些方面对组织都会产生影响。

2.3 优化组织交互

既然组织被定义为服务提供者，向消费者提供产品和服务，那么组织内部的服务又会怎样呢？例如，IT 部门为销售部开发了客户关系管理（CRM）系统，除非组织决定将内部服务也商业化，否则组织的消费者不能使用这些服务。

为了解释说明，图 3 显示了人力资源（HR）部和销售部交互的一个例子。人力资源部正在围绕员工福利开展调研活动，并联系销售部协助。销售部可能请人力资源部发布新的招聘信息。

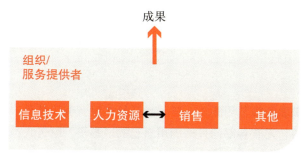

图 3　商业能力的交互性

需要强调的是，任何组织里每天都有不计其数的员工、团队和部门之间进行的交互、传递、沟通和各种审批。

传统的方法是通过在组织内部引入内部服务交付的方式来优化这些交互。例如，鼓励 IT 部门像对待客户一样对待其他部门，并努力达到其他部门的预期。在许多情况下，并不能像预期的那样成功，还会导致部门之间分化。IT 部门和其他业务部门相互独立，而且沟通很差。要求 IT 部门像对待客户那样对待其他部门，这样会在部门之间形成距离感，因此需要引入其他机制来尝试着改善这样的交互（例如，设立内部客户经理）。在这种情况下，焦点变成了 IT 部门的需求，而不是组织的需求。并且它还转移了所有人最应该关注的重要成果——对组织最终消费者交付的价值。

VeriSM 鼓励把此类内部服务能力看作是整个组织的一部分，而不是组织内部提供者和内部消费者之间的关系。人员、部门和团队整体协作，是同事关系，而不是消费者和服务提供者的关系。不同业务能力领域的员工应该将组织中的其他员工视为他们的合作伙伴——大家在一起工作，是为了给消费者带来成果和价值，必须有一种交流与合作的文化，才能成功地支持产品或服务的提供，否则服务管理就会受到影响。

2.3.1　影子行为

沟通与合作能力之间形成了协作关系。缺乏相互协作，组织能力就会独自分散地工作，团队间也很少甚至没有交互，这往往会严重影响到取得成果的效率和效益。我们以缺少协作的内部 IT 部门为例，这种关系被称为"影子 IT"。事实上，类似于"影子 IT"的情况存在于很多组织中。

> **定义：影子行为**
>
> 影子行为描述了组织在没有获得明确批准或没有充分考虑服务交付的情况下，在组织内部实施的系统、流程、解决方案和决策。

例如，营销团队购买了一款"软件即服务"（SaaS）应用系统，以帮助他们设计手册和横幅。他们并没有与IT、财务或高层管理等其他部门进行过沟通。那结果会怎样呢？IT部门现在需要对该应用系统提供支持服务，并确保该系统能够与其他IT系统兼容；财务部门必须调整预算；高层管理人员完全不知道这个重大决策。

VeriSM消除了许多组织中存在的壁垒和小团体。VeriSM能够促进沟通、协作以及在组织能力之间建立高质量服务的共享思维。

> **现实案例**
>
> 某政府部门需要大幅节约成本。第一步开始在财务部门裁员。结果其他部门无法获得财务的专业支持，无奈各部门只得聘用自己的"影子"财务人员来完成合同审核等相关工作。
>
> 这引发了很多问题，原因是这些人员并没有财务系统的所有权限，他们看不到大局。影子行为直接导致政府部门财务能力下滑的不良后果。然而为这些"影子"资源额外付出的成本，从组织的角度来看，并没有降低其预期的成本。

> **案例研究**
>
> ServiceNow是一家总部位于加利福尼亚的云计算公司，专注于工作流和服务管理，ServiceNow帮助客户提高服务水平、激励员工和组织。我们邀请了创新副总裁克里斯·波普（Chris Pope）来分享它们的消费者及服务是如何产生变化的，以及组织如何利用它们的能力来推动这些变化的经验。
>
> **生活在一个选择的世界**
>
> 对今天的消费者来说，做好一件事从来没有比现在还简单过。消费者渴望那些能把他们从忙碌生活中解脱出来的产品，每个消费者有绝对的选择权。从选择产品或服务，直到它们完整交付，消费者已经习惯于无缝的用户体验。那么为什么我们的工作还在原地踏步？简单来说，我们还无法摆脱手工操作，仅靠电子邮件来推动服务向前。这浪费了很多时间，导致员工瞎忙一气，还严重影响了生产效率。
>
> 在企业中不断推动服务革命，我看到的组织正在改变服务的交付方式，以缩小业务与IT之间的差距。虽然这通常始于IT部门，但服务革命正渗透到整个组织中，并且发展得很快。
>
> 人力资源部是服务转型的关键领域。运营自动化，例如人员查询和新员工入职等常见事务，已经让人力资源部的领导能够摆脱繁重的日常管理事务，更多地专注于战略举措，例如员工职业发展或人才管理。

同样，我们也感受到客户服务团队的需求，他们看到了创建一个完整平台的前景，将客户接触与后端流程连接起来，以实现客户的真正想法和期望。云的快速增长也推动了服务集成与管理（SIAM）的需求，因为组织想要管理多家云供应商，从中找到最能满足其需求的服务，并让他们专注在已定义的服务级别协议（SLA）。

在 IT 部门一种较为常见情形是，当我们在安装企业系统时，总认为越大就越好。这种理念往往认为，更多的领域、更大的屏幕、性能更强的服务器，会带来更好的服务体验、更高的性能，或者意味着更快、更便宜地完成更多的任务的能力。

在安装这些系统时，经常出现的一个问题就是提供解决方案时更多关注的是如何解决某个具体问题，而不是首先理解问题是什么，然后再提供解决方案来优化服务体验。最近在会见一家国有服务提供者的 CIO 时，他们提出的一个论点让我深有感触："只专注于局部并不能满足商业用户或最终用户的需求。"

当然，这个过程可以帮助交付或者实施一项服务，然而并没有什么概念和用户模型去关注交付系统所需的服务体验。在许多情况下，一群非常聪明的技术人员和架构师组成的实施团队，从来不会真正地消费或使用正在设计的服务。他们怎么可能确保需求方和提供方都能得到最佳的服务体验？一方面，IT 部必须与业务相关领域合作，从服务提供者和消费者角度出发来推动最佳服务体验的解决方案；另一方面，服务提供者和消费者必须推动并要求 IT 部能够交付与要求的服务体验直接相关的成果。

让我们一起数字化吧！

成功通向"数字化"之路是艰难的，因为它迫使组织对其业务流程、组织架构、技术支持框架进行变革，同时又要确保有足够的资源（人、时间和金钱）来推动变革向前迈进。

成为服务领导者

客户是数字化转型的推动力量，不管这是一个全局性的转型，还是 IT 部门的转型。服务为客户带来好处的同时也为企业创造价值。通信、医疗，到机场的出租车、预订酒店和餐厅，新的开发环境，甚至是我最近乘坐的航班，都是作为服务提供的。今天，所有的一切都是服务。

变得更加敏捷

为了跟上这种变化的速度，组织必须提高其业务流程的速度和效率。也正因为如此，我看到组织在不断地积极探索如何采用流程模型，将敏捷软件开发的原则更广泛地运用到企业中。

多部门团队

让所有人都朝着同一个方向前进，专注于成果是提高变革速度的基础。多部门组成的团队（在 Spotify 模型中称为"工作小组"）是推动敏捷工作方式的重要组成部分。这样的团队有一个明确的共同目标，虽然由有不同技能的成员组成，但大家都专注于端到端的"理念到价值"的交付。例如，一个团队可能包括产品经理、程序员、市场专家、质量保证（QA）工程师等。

七个成功的关键步骤或实践经验

- 树立榜样和先驱者

  与任何战略变革一样，数字化也需要组织的认同。成功的改变不是自上而下的，它需要整个企业都投入热情。找到那些有影响力的人，他们可以把你的信息传播出去，记住，每个层级都有榜样和先驱者。确保获得他们的支持，重点关注利益相关群体的具体利益。全力支持他们，并奖励他们所做的贡献。

- 定期和广泛的沟通

  完善的沟通是有效变革的基石。沟通不畅往往是变革失败的罪魁祸首。保持与员工的沟通——减少反对意见，并帮助他们做好变革的准备。定期向发起人和业务利益相关者传达你的目标、状态和成果也同样重要，这样可以确保得到持续的支持和反馈，并且意味着在你需要的时候可以获得帮助。

- 用可配置取代定制化

  数字化的现代管理流程是为了能把事情做得更好。但如果只是照搬了原来的流程，你将失去这个机会。尽量保留ITIL管理流程中被验证过的有效实践，仔细评估任何定制需求，确定是否有实际的帮助。不要为了变革而变革。避免定制化，你将节省维护成本，并且将来可以轻松升级到新的版本，使用新的功能。

- 认可成功标准并不断展示进展

  事先了解利益相关者的需求和痛点，然后你们会对成功的标准达成一致意见。这不仅可以获得利益相关者的全力支持，而且还确保了你交付的服务是符合他们期望的。然后，在整个设计过程中让利益相关者积极参与其中，定期检验你的方法和结果。这除了能让你一直保持正确的方向外，也可以让你及时展示进展和实际成果——这往往是利益相关者想看到的。

- 实施有效的变更控制

  把系统和流程做得更数字化，这需要建立一套规则。你必须先制定明确的目标和周详的计划。然后，你需要持续高效地执行这个计划——确保所有变更都经过了评估、批准和记录。避免不必要的范围变更——因为这会造成延误和返工，最终导致业务信心的丧失。而最重要的是，要采取措施防止那些随意的"不引人注意"的变更，因为这些变更通常都发现得比较晚，一旦发现极具破坏性。启用有效变更，不是扼杀它们。

- 本地培训

  为确保平稳过渡，你需要对IT人员和终端用户培训新的平台和流程。最好的办法是在本地进行培训，而不是把大家集中在一起培训。这样可以提高参与率，并创造一个更便于相互沟通的环境——允许员工提问题并获得实践经验。开展早期宣传，在临近上线前再配合详细的本地培训。如果需要提升本地培训的能力，可以考虑培养本地培训师的方式。

- 上线！

  现在，最重要的时刻到了，准备好上线。如果已经按照前面那些步骤操作，那么成功指日可待。但是，做好意外事件的应对措施也是很重要的。可以在启动后的几周内建立一个作战室——当一切进行顺利的时候，你可以提早关闭。另外，还要定义、评估和管理相关指标——例如最终用户使用率、更好的偏移率、首次修复率提高或更短的完成时间。

2.4 组织文化

> 📖 **定义：文化**
>
> 文化是塑造组织中人们行为的成文和不成文的规则、指导方针和实践的集合。文化通过行为变得可见：人们做什么和人们说什么。

组织文化是通过组织内人们的行为和人们对这些行为所传递的意图来表达的。从管理的角度来看，充分了解文化是至关重要的，特别是当组织发生变革时。变革通常并不困难，困难的是让受影响的人接受这种变革。了解变革如何影响组织，需要先了解组织文化。

文化既是某一项事务持续改进的动力，也可以成为一种障碍。文化，是组织"做事的一种方式"，如果改变它，会让人感到害怕、不舒服甚至愤怒（或者也可能更快乐、更有动力、更有能力！）。第 6.6 节提供了更多关于组织变革管理（OCM）的内容。

每个组织有其独一无二的文化。文化包含了组织的价值观、规范、系统、符号、语言、假设、信仰和习惯。文化能以多种方式表达，包括：

- 组织如何开展业务活动；
- 组织如何对待其员工、客户及更广泛的群体；
- 决策的自主权，提出新的想法和个人意愿；
- 权力和信息如何在组织内部层级间流动；
- 员工如何致力于实现集体目标。

文化应该是与服务提供希望形成怎样的组织类型以及计划如何满足消费者的需求并交付成果相一致。文化的相关内容，在第 4 章"服务文化"和第 22 章"客户体验和用户体验"中进行了讨论。服务文化的先决条件是强大的组织文化和认同。在成功的组织中，员工会分享组织的价值观和信念，与组织使命紧密相连。在服务文化中，员工能感受到比自己更强大的东西并秉承共同的信念。

> 🌐 **现实案例**
>
> 像脸书或谷歌这样的组织，它们对自身提供的服务及其服务对象都有明确的了解。它们的员工有强烈自豪感，与组织紧密相连，并对组织的最终产品或服务有强大的责任感。

2.4.1 如何改变组织文化

许多组织在进行组织文化变革时最终都以失败告终。这些失败常常源于组织的领导层。更具体地说，领导层没有认识到循序渐进的变革比革命性变革更有效。一系列细小且持续的变革比一个涉及组织方方面面的巨大变革更容易取得成功。吉姆·柯林斯（Jim Collins）在他的开山之作《从优秀到卓越》（*Good to Great*，2001）一书中指出，成功的领导人通常会进行循序渐进的变革，并加以适当的革命性变革。

> 🌐 **现实案例**
>
> BBC 在每位员工的 ID 卡上宣传公司的价值观和对员工的期望：
> - 信任是 BBC 的基础，我们是独立、公正和诚实的。
> - 观众是我们工作的核心。
> - 我们以高质量的节目为荣，让观众觉得物有所值。
> - 创造力是我们组织的生命线。
> - 我们尊重彼此，我们的多元文化能让每个人都尽其所能。
> - 我们是同一个 BBC，当我们一起工作时，会有伟大的事情发生。
>
> BBC 的工作人员觉得他们是这个大家庭的一部分，无论他们在哪个事业部工作，都和节目的最终效果紧密相连。这是一个非常小的变化，却带来了很大的回报。

2.4.2 "无责备"文化

"无责备"指的是员工知道在工作当中如果他们用正确的方法做事时出了问题，他们不会受到责备。如果员工是为了团队和组织在做正确的事情，他们不该因为失败而被责备。同时，组织应该专注于解决问题并找出问题的真正原因，确保不会再次发生。

表 3 列举了一些为创造"无责备"文化"该做"和"不该做"的事情。

表 3 创造"无责备"文化

不该做	该做
当做错事的时候责备别人。	分享错误并着手解决问题。
事情一旦出错就放弃。	从问题中寻找改进和学习的机会。
抱怨，抱怨，抱怨问题。	像一个团队一样讨论并寻找解决方案。
过分放大问题。	评估问题造成的影响并管理好它。
关注问题中负面的部分。	关注问题中正面的部分，并把它当作是一次学习的机会。
避免所有风险。	打破常规，让大家知道出错不会受罚，接受那些可以估算的风险。

在敏捷工作环境中（见第 17 章），"无责备"文化是必不可少的。敏捷工作的一方面就是进行回顾。

> 📄 **定义：回顾**
>
> 回顾是在一次迭代（交付一部分工作）后举行的会议，团队在会上讨论哪些地方做得好，哪些地方做得不好，以及哪些地方可以改进。

在回顾中，团队共同承担责任，而不是个人。团队中的每个成员都是平等的，为出现的问题共同担负责任。

"无责备"文化和集体责任会使团队内部能够开诚布公地对话。每个人可以坦诚地提出问题并对问题进行剖析,没有人会感到被冒犯或被指责。没有人会把它看作是对他们工作的批评,而是一次解决问题的锻炼,旨在找到问题的根源,并帮助团队进一步改进。团队应把提出改进的想法和建议作为一件很自然的事。团队也应该认可那些做得好的地方,并为对方所做的努力而相互感谢。

2.4.3 创业文化

在数字化服务时代要想取得成功,组织必须建立一种创业文化,使组织有能力应对各种变化,并把这些变化看作机遇,而不是威胁。

拥抱变化是创业文化的核心。组织总是在寻求最佳工作方式,探索更多的选择,如果这是一件正确的事情,那就去做。创业组织是一个学习型组织,如果哪里出现问题,他们会从中学习,并继续前行。创业型组织的特点包括:

- 信息流通;
- 授权;
- 包容;
- 反馈;
- 学习。

2.4.3.1 信息流通

在具有创业文化的组织中,相关信息必须能够自由流动。每个人都需要公开分享并接收关于其工作事务的相关反馈。管理者和团队负责人之间的沟通必须清晰、简明、没有歧义,让员工把精力集中在他们所完成的任务上。

2.4.3.2 授权

授权是指把决策权和责任一起转移给员工。这对许多管理者来说是一个挑战,因为授予他人相关权限后,会觉得自己对事务"失去控制",容易造成混乱,其实并非如此。实际上,授权是让员工自己做决策并采取行动,而不需要获得管理层的许可,从而激发其对工作的主人翁意识和投资意识。应该定义明确的界限和约束,何时需要共同参与决策过程,何时需要升级到上层决策。第 4 章会提到,授权是有效服务文化的重要组成部分。

2.4.3.3 包容

创业文化涉及员工参与策划和决策活动。决策不是关起门来或秘密进行的。包容可以给员工一种归属感,并增加他们对已商定的服务成果的承诺。包容还可以再进一步发展。服务提供者可以让消费者参与到设计、构建、测试和部署活动中来,这样可以确保信息及时反馈,以便所交付的服务能满足消费者的需求。

2.4.3.4 反馈

反馈应该是一个持续的过程。组织不应该等待年度绩效评估的时候再接收或提供反馈。管理者和员工需要知道他们在正确的轨道上,一切都在按计划进行。反馈应该是多方向的——下属和领导之间,以及同事之间。反馈需要高度的信任和尊重才会更有效。反馈应该与绩效紧密相连,并强调哪些需要改变以提高绩效[参见第 6.8 节组织行为管理(OBM)]。

2.4.3.5 学习

学习型组织是一种从内部和外部环境中学习,并随着变化和改进能做出相关反应的组织。对服务提供者来说,主要是指监控和衡量员工和消费者的反馈。作为创业文化的一部分,应鼓励员工主动挑战现状,并提出更好的办法。学习型组织支持不断提升技能、个人成长和教育,并鼓励自我发展。

2.5 组织治理

> **定义:治理**
>
> 治理是一个指导和控制的体系。

要管理产品和服务,使运营活动在一系列控制参数下正常运转。这些参数因组织而异,受环境、需求和文化的支配。这些参数是组织的治理原则、组织的实践和活动,所有决策都应基于这些参数。治理原则自上而下覆盖组织能力的各个层次。每种能力都通过自身的管理实践和活动来定义它们是如何在这些原则下运作的。

> **现实案例**
>
> 组织可能会制定这样的安全政策,规定其必须"尊重数据并遵守所有相关的法律和法规"。这个安全政策可以贯穿在组织能力的各个层次,例如:
> - 通过基础设施管理部门的管控能力实现只有门禁卡才能进入那些用硬盘和电子格式存储数据的建筑物。
> - 通过客户服务部门的能力实施了"整洁办公桌"的政策,所以桌面上找不到纸质笔记本以防止信息泄露。
> - 通过人力资源部门的能力要求仅在需要的时间段内存储数据,然后安全地处理掉。

每个组织都有一个治理和管理的体系。这两个不同的术语往往被不恰当地互换着使用。治理代表了组织的所有者或那些能代表组织的人的意见。治理提供了愿景,然后将这一愿景转化为政策。

管理,是为实施这些政策而做的一系列决策,并且遵循了治理机构所指明的方向。

治理通过下面一系列活动来控制整个组织:评价、指导和监控,见图 4。

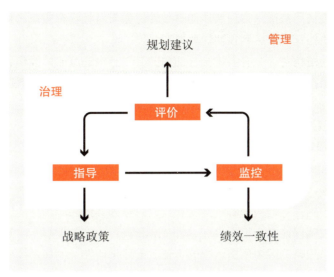

图 4 治理：评价、指导和监控

- 评价。根据已批准的计划和建议，分别来审视当前和未来的情况。
- 指导。构建和部署战略和政策，以确保目标得以实现。
- 监控。确保遵守政策（绩效一致性）且战略实施的效果是在可接受的范围内。

治理活动受利益相关者和组织需求，以及法律或监管要求的影响。它们属于组织的最高层（例如执行委员会、C 级管理层或高级管理层）。

典型的治理实践和原则包括：

- 构建和维护治理框架。根据组织的目标和宗旨（使命/愿景），定义框架结构、原则和实践。
- 定义职责。确保职责被理解、接受和授权。
- 确保价值主张。将产品和服务的成果与实现组织目标联系起来。
- 优化风险。定义组织的风险承受能力，并确保其被理解、沟通和管理。
- 优化能力。确保有足够的资源（人员、流程和技术）来支持实现组织目标。
- 确保一致性。检查组织实践是否遵从所有强制性法律法规，已定义的政策是否清晰、有部署和强制性。
- 建立利益相关者透明度。确保所有绩效和一致性活动（报告）的成果，得到有效沟通，并获得利益相关者的批准。
- 确保组织的可持续性。

这些实践和原则定义了这样一个治理流程：设计、构建、执行、监控和改进。即便不是所有流程，绝大多数情况下都是一样的（更多信息参见第 10.4.2 节），治理流程需要以下几方面的支持：

- 政策；
- 计划；
- 指标。

不要以为是治理领域内的事情，就不用被衡量和改进。例如，一个用来衡量组织目标实现情况的指标，将被直接用来衡量治理实践的有效性。如果目标没有实现，那么治理实践就没有被推动或者采取必要的行动来达到预期的效果。

关键的治理活动是构建一个有大量文件证明的（并且沟通过的）战略和计划。这个计划需要持续的维护，以保持其相关性。反映组织战略的战略计划，回答了以下几个问题：

- 我们的目标市场是什么或者我们的消费者是谁？
- 我们的价值主张是什么（和我们的竞争对手有什么不同）？
- 哪些产品和服务可以提供竞争优势？
- 实现和超越这些产品和服务，需要哪些能力（人力、技术、组织）？

每个实践和原则，在评价、指导和监控的管控活动中，都会受到影响。例如，职责原则要求组织明确职责，并确保它们被理解、接受和授权。作为其中的一部分，组织将在分配职责时评价可用的选项，以确保能力和组织目标、价值观和流程被充分理解。一旦分配了这些职责，就明确定义了在组织战略范围内所需承担的责任。最后是监控（例如，绩效考评），以确保战略的制定并遵守这些措施。

2.5.1 建立政策

实践和原则是用来定义组织治理的。而政策是用来定义实践和原则的"规则"。

> **定义：政策**
>
> 政策是一系列用作决策基础的指导思想或计划，特别是在政治、经济或商业领域。

政策是基于实现组织目标为导向，为执行人员提供的指导思想。好的政策能为执行人员提供清晰的行动指引，可以解释这条政策所支持的实践和原则背后的意义。政策指导决策，例如，"我们从供应商处获得礼品的政策是什么？"政策的管理包括对持续改进的承诺，例如更新、重写、废弃。随着时间的推移和组织的变化，治理实践和原则也将随之改变，支持性政策需要重新审查和完善，以继续满足组织的需求。政策的一般要素包括：

- 签发日期、签发组织和状态；
- 范围；
- 审批权；
- 所有者；
- 符合性或一致性的参考文献；
- 政策组件；
- 变更流程。

一般的治理原则，例如一致性、职责和绩效，将会有相关的政策。在图 5 中，一致性原则产生了一套安全政策，然后通过一系列活动确保其实现。并非所有的组织都有相同的政策，另外类似的政策在不同的组织中有不同的意图。

一些政策是与其他政策相互作用的。例如，一个安全政策可能与另一个风险政策存在相同的要素。为了便于管理，请确保只有一个"事实根源"——将政策之间的信息联系起来，而不是复制并最终失去对这些要素的控制。良好的文档实践是至关重要的！

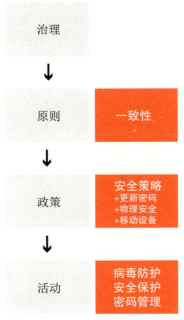

图 5　治理指导组织

政策应该用来解决以下问题：
- 持续改进；
- 质量；
- 风险；
- 知识；
- 测量和报告。

并不需要对组织的政策数量要达到一定的数量值。少数、清晰、便于理解的政策，要好于一大堆让员工不知所措的政策。

> **现实案例**
>
> "我接到一家媒体的电话，问我们的环保政策是什么？"
>
> 扪心自问："我们的政策是什么？"这样的问题被提及的频率是不是很高？政策是一个组织的重要组成部分，可以在员工手册、内网和入门培训手册中找到。政策由组织的执行管理层制定，并且需要通过法务的审查。
>
> 请牢记：政策能够指导行为，并产生最终的结果或成果。政策应该支持和指导有价值的成果产生。当政策不为人们所知、不明确或含糊不清时，人们会猜测政策到底是什么，并可能在执行过程中导致错误的行为。

政策是一个指引方向的战略工具。花点时间写出一个清晰明确的政策，并确保经过广泛沟通，对政策的执行是十分必要的。组织内的各个部门可能会编写自己的政策来支持它们的具体实践。这些政策适用于具体的某个部门，但也符合组织的整体政策。

政策是实现战略方向的一种手段，它是解决战略中有关"是什么"和"为什么"的问题，而不是解决"如何去做"的问题。"如何去做"取决于管理和组织的能力，并在各个流程和程序中进行定义。例如，研发和设计能力可能有其单独的信息安全政策。该政策将包括支持组织信息安全政策的控制措施，但也可能包括其他控制措施，以进一步保护其工作。

在任何提供服务的活动中，重要的是要回到治理政策，并确保持续遵守。通过这种"主动式"的管理，组织可以确保资源得到适当的利用，价值得以实现。在政策管理方面需考虑以下几点：

- 每个政策应该有一个所有者，负责其相关事务、维护和管理。
- 确保政策是通过相应的渠道发布（而不只是书面）。
- 定期审查和更新政策（每月，每半年，每年）。
- 政策应该说明不遵守的后果以及如何进行监控。
- 政策应该与其所支持的治理实践和原则对应起来。
- 确保组织对政策充分理解——提供必要的培训和验收确认（例如，要求员工签名）。
- 确保政策不被视为一个部门的责任，例如，法务或人力资源部，这样的部门具有整个组织某项集中的控制权力。

有关政策的示例，请参阅附录 A。

2.5.2 通过组织构架自上而下进行管控

图 6 显示了一个组织的基本治理结构。

在 VeriSM 模型中，服务组织通过服务管理原则来体现组织的服务能力，此类能力也基于组织治理和相互关联的管理网格来指导它们的活动，以满足消费者的需求。最终，他们实现了企业主和相关利益人的目标。需要注意的是，战略要求（使命、愿景、目标）从企业所有者向下传达到治理机构（通常是指导委员会），然后再到各个组织部门。还有一个回流的过程描述了不同小组之间的责任。

- 企业所有者和利益相关者对组织的成功（或失败）负责。他们的角色是用来设定组织的使命和愿景以及对绩效的期望。一旦确定，他们将权力委托下放给治理机构。
- 治理主体由来自组织的各个部门的代表组成，通常包括高级管理人员。该小组提供指导和批准那些能实现企业所有者和利益相关者需求的活动。
- 一旦获得授权，就会将构建、部署、支持和改进产品及服务的操作分配给来自组织的不同部门的代表所组成的小组或团队。这些团队在各部门中执行必要的工作。这些团队开展必要的活动来构建所需的功能，并最终报告其活动完成情况。请记住，部门不仅包括IT，还包括人力资源、财务、销售等。

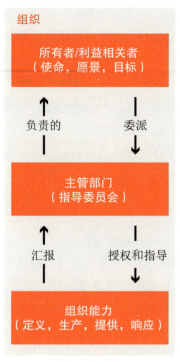

图 6　治理流

组织的各项能力组合在一起形成的运营模式是组织使命和愿景的一个结果。

> **定义：价值观，使命，愿景**
>
> 组织是建立在价值观、使命和愿景上的，见图 7。
> 它们为何如此重要？
>
>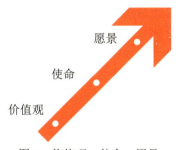
>
> 图 7　价值观、使命、愿景
>
> 价值观代表了一个组织的基本原则或行为标准。价值观通常以行为准则或价值主张的方式呈现。
>
> 组织的使命明确了组织存在的目的和意义。例如，谷歌的使命是"整合全球范围的信息，使人人皆可访问并从中受益"。
>
> 愿景描述了组织想要"成为"的状态。愿景展现了组织未来的发展方向和目标，意在鼓舞、激励。

2.5.3 治理和管理计划

一旦制定了治理原则,就会触发服务提供者组织内部和各个能力范围内的各种计划活动。通常情况下,这些计划活动每年举行一次,但是如果组织处于一个变化频繁的行业里,那么计划活动也会变得更加频繁。这些计划反映在实现组织目标和宗旨的短期、中期和长期的活动中。总体而言,这三个层面的管理计划是可操作的、战术性的和战略性的。

2.5.3.1 战略、战术和运营计划

战略规划一般由组织的高层制定,并与治理机构进行协作。它从组织的使命开始,展望未来(3年、5年甚至10年)并提出以下几个问题:

- 我们需要做什么(或不做)?
- 它为什么如此重要?
- 什么时候完成才能实现我们的战略目标?

战略规划的目的是指导组织的行动——确保最终目标落在一个确定的范围内,并实现组织领导层所规定的组织目标。战略规划的关键组成部分包括愿景("我们想在 N 年后做到什么样?")、使命("我们想要实现什么?")和价值观(定义组织的特征,例如谷歌的价值观是"不作恶")。

战术计划讲的是具体"到哪儿和如何去?"。战术计划通常将日常活动(运营活动)配合战略规划组织起来。战术计划是针对各种组织能力的更具体的计划——此外,它也用来指导组织内部员工如何去实现战略规划。这些计划通常需要 9~18 个月的时间来执行。典型组件包括:

- 具体目标和时限(例如,每季度增长25%,两个月内收入增加10%等)。
- 预算(例如雇用新员工或营销公司)。
- 全面的资产和资源清单——当前和计划的/需要的[人力资源、知识产权(IP)、财务等]。
- 与组织的营销、采购、投资、公共关系等关联的近期计划。

运营计划讲的是"做什么"。运营计划包括由一线经理执行的,有非常具体的确切结果的一系列活动。通常这些活动组合在一起维持着组织的整体功能和活力——换句话说,如果不能很好地开展好这些活动,将对组织带来直接的影响。运营计划可以是持续执行的计划(规则、程序),也可以是一次性的计划(例如,一次性销售活动、特定的营销或招聘计划)。

> 🌐 **现实案例**
>
> X公司的董事会就"在线下产品销售之外启动线上销售实现增收"的议题进行了讨论,对战略规划进行了更新,其中包括组织希望在18个月内开始线上销售产品,以增加组织的收入和业务范围。
>
> 战术计划将其细分为更具体的计划,包括:
> - 在两年内实现5万美元的线上销售指标。
> - 关于网站开发的预算,包括来自IT、销售、市场营销、库存和物流以及客户服务等组织能力的需求。

- 迅速提高产品知名度的营销计划。

  运营计划关注的是网站上线后的日常业务，包括：
- 更多客户支持人员来处理电子邮件和电话的查询。
- 网站的托管和维护。
- 线上订单和配送的物流计划。

3 在数字化转型的世界里运营

本章介绍

本章主要关注数字化转型对服务和服务提供者的影响，包括：
- 什么是数字化转型？
- 数字化转型对服务提供者和服务管理的影响。
- 新兴技术，如云服务，是如何影响组织的。

3.1 服务提供者所处的世界正在改变

数字化转型正在影响着当今的组织。新的商业模式，与顾客的互动方式以及新兴技术解决方案正在迅速地改变组织的运营方式。技术正在从传统的 IT 数据中心转移到组织的战略核心。这促使越来越多的人认识到，传统的严格定义业务功能的管理模型无法提供组织所需要的敏捷性。创新技术的快速发展使得服务可以从任何地方提供，并提供到任何地方，同时有更多新的机会可以帮助组织参与竞争，取得成长与发展。

这些机会带来了新的挑战。很多组织意识到它们必须尽快创新才能生存。科技可以带来竞争优势，而且变化的速度也在不断提高。企业不创新会导致顾客满意度下降、顾客体验糟糕以及组织竞争力降低。

已经实现组织能力提升的一个领域是全组织都关心的产品开发团队。从 21 世纪开始，开发团队开始采取敏捷的工作方式（见第 17 章），敏捷工作方式允许团队更频繁地发布迭代产品。这些敏捷的方法论改进了工作流程，并因此提高了组织的潜力，可以交付得更多更快。与此同时，组织也采用了精益技术（见第 20 章）、虚拟化及自动化技术（见第 25.3 节及第 25.4 节）以更快、更安全的方式交付，并在更低的成本下运营。

3.2 什么是数字化转型

定义：数字化转型

数字化转型是指数字化技术应用对全组织各个层面带来的变革，包括从销售到市场、产品、服务乃至全新商业模式。

科技已经不再仅是组织内部 IT 部门的事情,其他团队和组织能力都在探究科技如何可以改变业务流程、产品和服务。使用科技可以帮助组织找到突破口,进入新市场,并以更快或更盈利的方式交付产品和服务。这些收益有时被称作数字化颠覆。科技可以从根本上改变组织的运营以及组织如何交付产品和服务。

> **引用**
>
> 数字化转型是"以更加数字化的方式重新思考,重新塑造商业……是从根本上考虑交付渠道、运营、市场和销售以及顾客关注——所有的业务模块,并重新思考这些能否包装成新的数字化产品和服务,所有这些都是通过数字优先的方式来实现的"。
>
> ——戴恩·欣奇克利夫(Dion Hinchcliffe)

> **引用**
>
> 数字化转型是一种彻底的新的思考方式,关注组织如何交付价值给一个由顾客、生产者、提供者和所有者构成的生态系统。数字化转型带来了一种文化,挑战现状并积极寻找新的、创新的方式交付价值的机会。
>
> ——马歇尔 W. 范·埃尔斯泰恩(Marshall W. van Alstyne)

对现在的组织来说,数字化转型被内部和外部同时驱动。组织内部,组织如何运营并交付服务正在快速变化;探索创新技术和数字化能力如何更快地交付服务,建立顾客忠诚度并降低成本。组织外部,如何服务市场,顾客如何接受它们的服务,社交媒体的力量在快速变化,并定义组织如何工作及如何与消费者互动。

数字化转型帮助组织改变它们如何使用科技去接触新市场,创造新的收入来源并优化它们的运营。创新技术提供给组织更好的弹性,帮助它们对顾客的需求更加敏感。

> **案例研究**
>
> Auto Trader 是一家英国公司,建立于 1977 年,它发行了一本关于汽车销售的杂志。从 2000 年的每周销售 368000 本的顶峰时期,销售业绩逐步下滑,直到 2013 年 6 月,公司停止了印刷杂志。
>
> Auto Trader 从一家印刷公司转型成为一家数字化公司。它现在是英国排名第一的线上汽车购买市场。除了对个人顾客外,Auto Trader 同时为汽车经销商提供从价格到股份收购服务的一系列的全面服务。Auto Trader 通过利用数据化服务而使用数据创造了新的商业机会。
>
> Andy Humphrey,Auto Trader 的服务管理主管,分享了一些他们在这个过程中所学到的经验,我们把它们归纳为:
> - 转型;
> - 文化与原则;

- 组织结构；
- 流程；
- 科技。

这帮助你从这些方面考虑你自己组织内的各个领域。请记住，本案例中并不是每一条经验都对你的组织有帮助。

转型

对 Auto Trader 来说，从一个印刷品组织变成一个数字化组织发生了巨大的变化。它们雄心勃勃——变成世界领先的数字化组织，但是它们同时意识到需要把大的问题分解成小的问题，以易于管理。它们意识到缓慢的、稳定的变化能帮助自己得到正确的解决方案。

例如，在 2010 年，Auto Trader 开始使用敏捷开发（参见第 17 章）以获得软件项目更多的公开度。这一变化源于业务部门和技术部门糟糕的关系。这一微小的变化带来了巨大的改变。敏捷开发推动了更好的沟通、站立会议（Stand-up meetings）以及更多自动化的要求。当运营团队响应新的需求时，这种文化从开发团队扩散到运营团队。传统变更和发布流程受到的压力使 Auto Trader 意识到它们需要用不同的方式做事。

最初，软件通过"敏捷项目"进行交付，在最终项目完成后，团队会解散。这导致对上线产品缺乏明确的归属权，所以驱动了转型成持续的产品开发，使产品团队不断地改善并改进产品。

最终，一个自主的产品团队被重新组建了，而公司的高级管理人员随着一位拥有数字背景的 CEO 的雇佣而发生了变化。

2014 年，Auto Trader 在英国股票市场上市。在 IPO 阶段，它们需要说服潜在股东和投资人，相信这是一家稳定的公司并有强劲的未来。Auto Trader 的 CEO 将他们的数字化团队作为一个卖点。这家公司可以快速应对变化并安全地发布新产品。Auto Trader 的竞争者不会静止不动，所以 Auto Trader 必须保持弹性和快速响应。

文化和原则

在这一部分，我们研究文化决策和组织原则如何支持了 Auto Trader 的成功。

- 协同位置办公——公司将它的员工从 15+ 个地点搬迁到了一个地点。
- 减少外包员工——Auto Trader 选择使用长期员工而不是外包员工。
- 技术员工与面对顾客的团队坐在一起——协同位置办公的好处之一：建立了更好的关系和支持交流。
- 使工作可视化——Auto Trader 的办公室里到处安装了看板、显示屏和海报。员工可以随时看到公司内发生了什么，哪些服务没有被很好地执行。
- 所有面向外部客户的应用程序都是内部编写的，有限地依赖于外部供应商，连同协同位置办公与限制使用外包员工，这提高了 Auto Trader 的自主权与改进服务的能力。
- 更多的团队自主权——改进工作流。Auto Trader 发现职责必须逐次小幅增加委任从而给文化变革以时间。
- 信任团队 ——例如，信任技术团队去做一个变更。总的说来，Auto Trader 发现更多的自主权会导致团队成员更好的行为。在"旧的世界"，大家试图通过流程建立控制。在新时代，焦点是定义并移除瓶颈。

组织结构

基于 Spotify 公司的模型，并根据公司情况进行优化后，Auto Trader 将其产品团队分成"Squads 小组"和"tribes 部落"。小组从商务和技术上对其产品负责，并在高度自治及较少的干扰下运营。部落是在一些共同领域内一些小组组成的。

Auto Trader 致力于减少团队之间互相的依赖，以支持自主工作并减少项目经理及业务分析员之类角色的需求。

在 Auto Trader，运营角色和开发角色之间的界限正在变得模糊；在某种程度上，每个人都是开发者。运营有一个明确的目标，去领导，而不是去支持。

当架构变化一开始的时候，发布分析师像是开发与运营团队的中间人。随着发展，类似中间人的角色减少了。现在在 Auto Trader，服务管理被极大地包含在组织的产品小组中，而不是集中在一个服务管理团队中。

流程

在这一部分，我们将研究 Auto Trader 的流程如何支持它们的数字化转型。Auto Trader 服务管理的目标是使用尽可能低的治理水平并聚焦在影响顾客的价值交付上。服务的容量和可用性等领域都是指导产品团队的服务管理的一部分。

Auto Trader 聚焦于"轻"流程，使用最少的控制。它们的方法不是前瞻性地预测需要解决的问题，而是等待并观察是否出现问题。

流程需要具有可伸缩性，并且尽可能地自动化。让我们看看在 Auto Trader 变更管理是如何发展的：

- 持续交付是 Auto Trader 的一个标准，产品团队致力于持续部署（更多信息请关注第 23 章）。
- 变更管理权力下放给产品小组，小组领导负责工作的优先排序，并决定何时上线。
- 提前修复比回顾变更更常见，但是频率都不高。

在 2008 年，Auto Trader 的每个部门都有自己的变更咨询委员会（CAB）。每周平均花 3 小时回顾每次变更。现在，变更日志被记录在看板（Kanban boards，参见第 24.1 节）。每周变更咨询委员会花 5 分钟关注：

- 手动修改基础设施的变更；
- 高影响、高风险的变更；
- 需要不同团队支持的变更或跨小组和服务边界的变更。

变更管理是一个支持流程，而不是一个障碍。在 Auto Trader，通过将变更更小、更频繁地发布，将发布成功率极大地提升到当前的 99.2%。它们的态度从要求开发者问"我可以发布吗？"到问开发者"你为什么还不发布？"，将变更大量存储视为增加业务风险。更好的发布管理也意味着 Auto Trader 有着更少的变更冻结（变更被禁止的时期）。

技术

虽然 Auto Trader 的很多变化是文化和行为上的，仍有很多技术决策支持了转型，帮助他们达到每周 116 次发布。

> 这些技术决策包括：
> - 致力于自动发布流程——允许代理授权进行更改和减少手动错误。
> - 尽可能将一切搬上云。
> - 构建一个私有云平台，使产品团队能够更好地控制环境配置和应用程序发布。
> - 将大型的单一应用程序分解为简单的服务，小型团队可以有效地管理这些服务。
> - 努力建立自己的"混沌猴子"，通过随机创造失败来测试韧性。
> - 每个虚拟机运行一个应用程序，这是一种更昂贵的工作方式，但它支持最小化依赖关系的目标。
> - 将重点放在有效的监控上以确保其产品的运行性能能够被整个组织理解。
> - 高度关注发布自动化和自动化服务器配置。
>
> **Auto Trader 方式**
>
> Auto Trader 开发了"Auto Trader 方式"来指导新产品、流程、战略和服务的开发。这个方法是基于测试各种设想和假设来验证一个想法，从顾客、市场与运营、产品和科技以及商业的角度进行评估。
>
> 在附录 B 中，你可以发现一张"Auto Trader 方式"地图，以及一个精益的画布和假设抽认卡，你可以为自己的组织使用它们。

3.2.1 优化或颠覆？

在许多情况下，组织使用创新的技术和方法来增加现有的服务。这有时被称为"数字化优化"，不应与真正的数字化颠覆相混淆。数字化颠覆被用来描述一个行业、一种做生意的方式或者一个生态系统受到科技公司或掌握了数字化技能的同行的巨大挑战。这些挑战者制造的解决方案、商业模式和方法会导致客户行为和市场环境发生重大变化，要求现有的参与者相应地改变他们的策略。数字化颠覆通常发生在：

- 技术被用来从根本上改变一个组织的运营绩效。
- 技术从根本上将组织的营业范围扩展到新的客户和市场。
- 技术从根本上改变了获取顾客，或者从竞争对手手中赢得新顾客的方式。
- 竞争对手开始复制、模拟和改进挑战者组织所采用的技术和方法。

最终，颠覆与消费者有关。它经常发生在顾客体验的"最后一公里"。数字化颠覆的例子可能包括：

- 在零售商店（如衣服、书籍、家具）购买的物品在网上很容易买到，从而造成了购买者习惯的重要颠覆（例如，亚马逊）。
- 利用社交媒体来提高与之交互的消费者的影响力，并提供反馈给组织（例如，Tribesports）。
- 人工智能（AI）结合大数据（例如，用于医疗保健，扫描成千上万的医学报告和成果突破，在几分钟内为复杂的疾病提供推荐的治疗方法，而以前需要几个月，这将改变医生如何诊断和推荐治疗方法）。

数字转型需要对组织活动、过程、能力和模型进行深刻的转换，以充分利用它所提供的变化和机会。技术加速影响着整个社会。技术革新从云、大数据、分析、人工智能、机器学习、移动/移动化、物联网以及最近出现的虚拟现实技术都在推动着变化。

3.3 数字化转型与组织战略

数字化转型涉及整个组织。这包括所有组织能力的战略计划：市场、运营、财务、人力资源、内部管理和客户服务。数字化转型对战略计划的影响可能包括：

- 流程：组织流程如何优化、线性化和自动化？这包括内部操作流程以及为客户和市场提供服务的外部流程。
- "走向市场"战略：走向市场的方法可能改变。这包括新的收入来源、新的市场，或者寻找增加收入的新方法。核心业务本身可以通过新的盈利方式增强或被新产品和服务替代。
- 组织文化：组织必须赋能去主动寻找新的运作方式并尝试新的解决方案，并接受它们可能会失败。员工必须高度适应他们所服务的客户不断变化的需求。失败是学习的一部分；真正的失败是不能从错误中学习。
- 治理和服务管理原则：这将影响组织如何作为以客户为中心、敏捷、精益和服务驱动的实体来运作。这包括行为和绩效管理，在数字技术和管理实践方面的技能的发展，如敏捷、DevOps或精益（参见第17章、第18章和第20章）。技术人员需要高度适应正在迅速进入市场的技术变革，而服务领导者需要适应新的管理实践。
- 供应链及网络：供应商、合作伙伴和客户之间的互动可能会发生根本性变化。这些可能会更紧密地集成和实时操作。商业智能、数据和分析可以成为商业决策或服务客户的关键资产。新的合作模式可能为组织创造新的收入来源或其他价值。

3.4 数字化转型对产品及服务的影响

数字化转型正在促使组织重新思考它们如何利用和开发技术，基于一种由外向内的，"数字化优先"的方式。数字化平台为企业提供了一种更好地应对不断变化的消费者需求的方式。这种需求侧的经济利用技术提高了效率，通过利用社交网络、需求聚合、应用程序开发和其他有助于网络扩张的各种手段。

> 定义：网络效应
>
> 网络效应指的是随着越来越多的人使用它，一个产品或服务将获取更多价值。

"网络效应"的概念解释了，网络越大，参与者会越多。更多的参与者有助于供需之间找到更好的匹配，而更多的数据可以用于寻找供求之间的其他匹配。网络的规模吸引了更多的消费者，他们创造了更多的价值，反过来又吸引了更多的消费者。像优步（Uber）和爱彼迎（Airbnb）这样的组织是很好的例子。

与数字化转型相关的组织变更的例子包括：
- 通过使用实时管理系统、大数据和高级分析，提高业务洞察力和决策能力。
- 允许组织与消费者和供应商无缝集成，以创造供应链的效率，降低成本，减少手工工作和提高速度。
- 使用自动化代替或消除手工劳动。
- 利用技术产生创新产品、服务和工作方式。
- 消费者体验和成果的根本性改善。
- 能够在不同地方或任何地方提供产品和服务。
- 对产品和服务的市场营销进行根本性的改进，利用新的或创新的沟通渠道、社交媒体、线上广告等。
- 产品和服务的数字化实现，包括自动提供和提供灵活的交付机制。

3.5　数字化转型对服务管理的影响

在传统IT服务管理的范围内（请参阅第9.1节），我们关注IT组织的能力，使其更加敏捷、面向人员、面向服务、创新而且能够提供服务，以帮助组织最大化获得商业机会。通过数字化转型，服务管理不再只是IT的能力。由于技术无处不在，服务可以来自任何地方，因此在组织的几乎每个部门都存在数字化能力和使用它们的决定。服务管理必须提升到整个企业级别。

IT能力仍然和以前一样重要，但是这些能力需要与其他能力领域的能力相结合，比如人力资源、销售、市场营销或财务。产品和服务需要来自多个业务能力的输入，这些人必须一起工作才能实现组织的目标。需要在企业层面进行服务管理来协调这些功能。

服务管理在数字化转型中起着主导作用。数字化转型关注外部，高度关注消费者体验。通过制定有效的、透明的原则，帮助交付对客户有价值的服务，服务管理可以帮助将思维从"内向外"转变为"外向内"。所有的组织能力必须理解：
- 组织是如何创造和交付价值的？
- 支持价值交付的组织内的供应链是什么？
- 个人能力如何贡献或支持这些交付价值的供应链？

3.6　数字化转型的挑战

一旦有了变化，就会产生新的挑战。数字化转型彻底改变了许多传统的操作和思维方式。与数字化转型相关的挑战包括：
- 组织架构。传统的组织孤岛需要打破。"孤岛"可能存在于运营能力（如IT、销售或市场营销）。数字化转型需要跨越整个组织的集成能力，从而无缝地集成服务和产品提供。
- 文化。人们和组织习惯于以他（它）们惯常的方式工作。数字化转型改变了工作方式。组织需要交流创新的工作方式，打破阻力，让人们以新的方式舒适地工作。这将包括组织整体关注最终消费者，而不是内部流程和工作方式。换句话说，就是一种服务文化。
- 业务流程。这些可能没有良好的文档记录或被理解。因为数字化市场有新的规则，业务流程必须被重新构想。在非数字世界中运作良好的流程在数字世界中可能不起作用。业务流程需要进行优化或重新设计，以探索新的商业模式。
- 理解价值。许多组织对如何交付价值有一个全面的理解，但这并没有逐层分解到各个部门。因此，部门或能力领域是无法清楚地表达它们是如何支持交付价值的。它们可以讨论操作方面的考虑，以及它们遵循的流程，但不能将这些流程转化为如何交付价值。为了使数字化转型行之有效，每个人都需要了解他们在价值交付及实现组织的成果中所扮演的角色。
- 控制模型。在数字化转型的运营方式中，集中的、专制的强控制模式可能会放慢速度，并导致错失良机。需要一个"刚刚好"的控制模型。控制一切的旧模式都是对数字化转型的阻碍。为了从数字化转型中获得价值，一个组织只需要保留必要的控制，而不是控制一切。

3.7 新兴技术的影响

数字化转型之所以成为可能，是因为新兴技术（见第 25 章）。技术变革的快速步伐及其对组织流程、产品和服务的影响具有重大的意义。一些组织将利用技术变革的优势并取得更大的成功；另一些组织可能会忽视它，失去市场份额。无法适应和快速应对变化的环境，可能会威胁到在当今快节奏的世界中运营的任何组织的生存。

> **引用**
>
> 不是物种中最强的，也不是最聪明的，而是最能适应变化的幸存下来。
> ——利昂·梅金森（Leon Megginson）

> **现实案例**
>
> 许多行业正受到数字化转型的影响。例子包括：
> - 银行：使用网上银行、移动应用、聊天、文件向客户共享或提供信息。
> - 法律：使用人工智能来读取文件并识别关键条款。
> - 零售：转向网上购物，使用店内传感器，顾客行为分析。
>
> 组织可以将数字化趋势和新兴技术视为一种"颠覆"或"创新"。它们的观点可能是这关系到它们的长期生存。你还记得在 Blockbuster Video 公司发生了什么吗？

今天被认为是新兴和创新的技术很快就会变得很平常，因为它们被吸收到正常的工作生活或正常业务中去了。组织不能"免疫"，也不能忽视技术的影响。与此同时，服务提供者不应被最新的"闪亮的东西"干扰，他们必须在战略上进行规划，并定期审查技术如何在有效的交付和服务支持中发挥作用。

有效率和有效益地利用技术使服务提供者能够及时地响应不断变化的需求和要求。如果技术投资与服务管理原则和战略目标是一致的，那么该组织就可以利用其时间开发技术能力，而不是试图确定技术是如何运作的。

> **现实案例**
>
> 技术大趋势影响着全球的所有组织和个人。在这些大趋势中有三个非常著名的行业视角：
> - 2014 年，麻省理工学院斯隆管理学院的埃里克·布林约夫森（Erik Brynjolfsson）和安德鲁·麦卡菲（Andrew McAfee）将他们的重要研究成果发表在他们革命性的书《第二机器时代》中。他们描述了 21 世纪的技术如何取代了 19 世纪工业革命时代的蒸汽机，完成了工业的转型，他们还特别提到了自动化和人工智能的日益增长。
> - 与"第二机器时代"有关的是第四次工业革命的大趋势。像量子计算、纳米技术和自动驾驶汽车这样超级先进的技术曾经只存在于科幻小说中，但它们现在正在成为现实。
> - 第四次工业革命通常被缩写为 SMAC：社交、移动、分析和云。尽管这四个方面都有各自的技术元素，但云计算对当今的组织产生了巨大的影响，因为它"使技术民主化"。这意味着，云计算将先进技术应用到每个人的手中，缩小了小型组织和大型组织之间的能力差距。

3.8 云的影响

把先进的技术放在更小、更快速的组织的范围内，意味着它们可以与规模更大、速度更慢的组织竞争。2002 年出版的一本书中写道："不是大的吃掉小的……而是快的吃掉慢的。如何在商业中将速度作为一种竞争工具，詹宁斯（Jennings）和霍顿（Haughton）描述那些驾驭技术的组织是如何颠覆那些没有或无法驾驭技术的组织的。"这意味着那些忽视技术或者无法驾驭它的组织仍然受到技术的影响。这种影响很严重，正如埃森哲 CEO 皮埃尔·南佩德（Pierre Nanterme），在世界经济论坛中所说的："数字化是财富 500 强企业中超过半数的公司自 2000 年以来消失的主要原因。"

> **现实案例**
>
> 沃纳·威格尔（Werner Vogels）是 AWS 的首席技术官（CTO），AWS 目前是最大和最占主导地位的云服务提供商。Werner 谈到云计算是如何将先进的技术应用到每个组织中，从而实现了民主化 IT。
>
> 一个例子是 AWS 的全球分布式拒绝服务系统（DDoS）。所有 AWS 用户都可以免费享受这一服务。在 AWS 之外，一个组织必须以巨大的成本、复杂性、时间和精力来设计、购买、安装和操作它们自己的 DDoS 系统。从历史上来看，只有大型的银行和零售机构才有可能有那么多的 IT 预算。

创业公司通常会使用云计算，租用它们所需要的东西，而不是购买。今天没有投资者会给它们投资"浪费"在技术上。它们不允许用投资者的钱来购买或建造任何与它们公司的业务无关的东西：它们不能购买数据中心、服务器等，也不应该把钱花在需要做这些事情的人和流程上。这些 IT 项目以及所有相关的流程和人员都被称为"无差异的繁重工作"：也就是说，与它们的竞争对手相比，它们在业务上没有提供任何独特的价值，应该被外包给云服务提供商。创业公司通过租用一个服务的方式来取代旧的购买 IT 设备的方式。这是非常有益的，因为：

- 更快（对于初创公司速度非常重要）；
- 如果试验不成功，就可以关掉它（初创公司本身就是一种试验）；
- 云计算提供了最新和最好的技术。

云和自动化的结合影响了今天的组织：

1. 采用先进的技术，这些技术以前由于太昂贵、缓慢或复杂而无法使用。
2. "随用随付"模式为项目和创业公司提供低成本的试验过程。
3. 以前的人工过程的自动化。
4. 将 IT 基础设施管理等非差异化的繁重工作外包给云服务提供商，从而减少管理开销。
5. 以更短的时间和更低的成本进入市场，因为可以获得经过验证的服务和工具。
6. 组织能够专注于它们的战略目标，而不是技术。

4 服务文化

> 🔑 **本章介绍**
>
> 每一次服务的交付都是一个故事：有头、有尾、有中间过程。从理解用户需求开始，中期服务交付，直到后期服务完成，并确保消费者对这项服务满意。
>
> 具备高效服务文化的服务提供者可以把这种服务理念从头到尾贯彻执行下来。本章会介绍什么是服务文化和如何创造一种高效的服务文化。

4.1 什么是服务文化

> 📖 **定义：服务文化**
>
> 服务文化存在于这样的一种组织中，该组织内的员工、产品、服务和业务流程都是以最终消费者或客户为中心而发展起来的。

一般情况下，判定一种糟糕的服务文化要比描述一种优质的服务文化更容易。那么，如何定义"优质"呢？消费者经常会对他们所感受到的糟糕服务做出情绪化反应，你或许也能描述出一些类似的经历。研究表明，与优质服务的体验相比，消费者会向两倍的人群诉说其糟糕服务的体验。

通过可被观察的行为和该行为所产生的结果，文化的重要性凸显出来。消费者在与服务提供者的一次简单互动后，不大会谈论该服务提供者组织的文化。这位顾客可能过了很糟糕的一天（或者很精彩的一天）。但是，每一次互动，无论大小，都会给消费者和服务提供者之间的融洽关系添砖加瓦或是釜底抽薪。

在信息社会的当下，糟糕的服务体验在社交媒体上传播将对服务提供者及其声誉带来恶劣的影响。很难对文化下定义，因为它不是只看说过什么，还要看做过什么。服务文化通过服务提供者和用户/消费者之间的互动呈现出来。这也就是说，做过什么和用户感知到什么都变得非常重要。服务文化包括用户与组织互动过程中所感受到的东西。

> 🌐 **现实案例**
>
> 现如今，组织机构必须努力在各个渠道包括社交媒体上展示自己的文化和品牌。服务文化不只是关于如何与消费者互动，更包括如何与潜在的消费者或者非消费者的互动。
>
> 思慕雪果汁（推特号 @innocent）正是这样一个在社交媒体上表现出幽默感和环保文化的好例子，它经常与其他品牌账号进行互动。比如跟具有幽默诙谐服务文化的全球运输公司西南航空（推特号 @SouthwestAir）和维珍火车（推特号 @virgintrains）之间的互动。

服务文化不再是一个企业成功可有可无的选项。优质服务可以促进业务增长、盈利水平和客户留存。服务文化是每个企业员工的职责，并应该由上至下贯彻执行。服务文化需要在企业的各个方面体现出来，包括员工、能力、流程、技术、架构和治理。

为了创建一个高效的服务文化，每一个组织都需要理解是什么给消费者带来良好的服务体验。服务供应者应该了解：

- 消费者是谁；
- 消费者是做什么的；
- 他们是如何表达要求和期望的；
- 服务提供者应该如何满足这些期望。

4.1.1 服务文化的要素

服务文化包括服务提供者与消费者之间的每一次互动：包括预订、支付、咨询、投诉等。组成服务文化的几个关键要素如下。

- **适应性/灵活性**
  - 服务提供者能否在标准服务之外满足消费者的一些额外需求？
  - 是否有其他或可替换的方式满足消费者的多种需求？
- **重视产品质量的同时关注服务质量**
  - 服务提供者是否收集消费者提出诸如支持团队和物流等服务项目的反馈，并针对性地采取行动？这些互动往往反映了"真相时刻"。
- **消费者预期管理**
  - 服务提供者是否正确设置了消费者的预期？比如，是否明确高端产品会配套高端的服务？
  - 服务提供者是否满足了这些客户预期？
- **以消费者为中心**
  - 在服务提供者组织工作的每位员工是否愿意服务消费者，或者帮助别的员工更好地服务消费者？
  - 在服务提供者组织工作的每位员工是否了解什么是优质服务？

我们把这 10 个 E 开头的重要元素总结在表 4 中。

表 4　10 个 E：服务文化

元素	内容
同理心（Empathy）	把自己当成消费者。
卓越（Excellence）	超出消费者的预期。
授权（Empowerment）	允许员工维护消费者的利益。
亲和（Engagement）	表现得亲切和人性化。
易于做生意（Easy to do business with）	高效，容易接触。
全员参与（Everyone）	所有员工都理解他们对整个组织的贡献。
环境（Enviroment）	组织的文化。
体验（Experience）	产品和服务达成当初对消费者的承诺。
鼓励（Encouragement）	服务提供者的员工得到认可和奖励。
高效（Effective）	服务提供者交付了当初承诺的产品或服务。

> **现实案例**
>
> 　　荷兰银行决定利用数字化技术在其分行使用自动服务终端取代柜台出纳。这些终端可以非常快速地处理客户日常的交易。
> 　　终端安装好一个月后，客户的反馈并没有达到银行的预期。没人使用这些终端机，客户在留下的唯一的柜台前排起了长龙。
> 　　银行决定采取行动以确保它们能够为客户提供良好的服务体验。设置新的员工岗位以帮助客户了解如何使用这些终端机。银行并没有从这个变革中节约成本，却快速满足了客户的期望。
> 　　数字化转型的目的是减少与用户交互中的摩擦，而不是增加摩擦。服务提供者从节约成本的角度去推行数字化转型并没有体现出以客户为中心的文化。

4.2　服务文化为什么至关重要

高效的服务文化可以给消费者和服务提供者双方都带来益处。
- 对于消费者：与服务提供者的交流变得直接而容易，他们的反馈可以被听到，需求可以被满足。
- 对于服务提供者：员工清楚如何与客户交流，员工被充分授权并且更开心地与消费者打交道，他们的士气得到了提升。

对于以盈利为导向的企业，高效的服务文化可以促进消费者经常光顾消费。开心的消费者其实也在帮助企业做市场推广，他们会在社交媒体或者自己的个人网络里分享消费感受。这是一种高效（和低成本）的市场营销。对公共或非营利组织来说，他们也可以从高效服务文化中获得益处。快乐的消费者在与服务提供者交互的过程中分享自己的感受，帮助服务提供者持续做出改进。

图 8 展示了服务文化如何驱动业务增长。

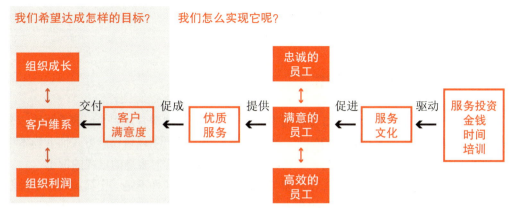

图 8　服务文化驱动增长

4.3 "优质"是什么标准

在服务文化中,"优质"需要消费者和服务提供者共同认可。

4.3.1 消费者对"优质"的理解是什么

从消费者的角度来看,"优质"意味着:
- 他们感到有人花时间去了解自己的需求。
- 他们相信服务提供者内有人会负责解决他们的需求:
  - 确保联系人会受理他们的需求。
  - 不需要催促服务供应者汇报更新和进展。
  - 消费者不会因为他们的疑问或问题被转到服务提供者组织中的不同团队而产生负面情绪。
- 有人会去检查该服务是否令人满意。

净推荐值(NPS)等衡量标准可以帮助评估消费者满意度。更多信息请参考第 22.2.4 节。

4.3.2 服务提供者理解的"优质"是什么

从服务提供者的角度,"优质"可以被理解为:
- 所有员工都理解各自的工作任务是什么,他们为什么不可或缺,他们如何与良好的消费者体验相关;
- 拥有足够的资源来交付需要的消费者体验;
- 员工的贡献被认可,他们的反馈都会有后续的行动跟进;
- 员工感受到紧密合作,是组织中的一分子,与组织的目标保持一致;
- 员工感受到管理层强有力的支持和支撑;
- 员工被授权去采取行动;
- 管理层不只是口头指挥,而是亲力亲为;
- 员工的价值被公司所珍视;

- 团队精神是自然而然的，是相互协作的；
- 无责备文化（见第2.4.2节）。

4.4 如何创建一种服务文化

服务文化中最重要的因素是通过行动而不仅仅是语言来向消费者证明他们的重要性。客户通常看重的是增值服务以及被重视的感觉。允许服务提供者的员工以自己的方式而非脚本化的方式为客户提供额外的服务，这就是一个很好的说明服务提供者对客户的重视的例子。

建设服务文化需要包括行为和工作习惯等方面的改变。这或许不是一个简单的过程，但的确是每一个希望推行服务文化的服务提供者的必经之路。文化变革要在整个组织内进行，就要认可组织内的每个部门都能够为提高消费者体验做出贡献。从教训中总结经验而不是责备过失的协作方式是至关重要的。一个部门、实体或者团队无法依靠自身改变组织文化。因此，在VeriSM方法中，服务管理原则必须从整个组织的角度出发。

> **现实案例**
>
> 儿童座椅有一个连接座椅安全带的部件。若要把儿童座椅从左手边挪到右手边需要卸下这个部件并挪到另一边。客户问商店能否多买一个部件，以便每次挪动安全座椅的时候不需要拆卸这个部件。
>
> 商场可以回复：
>
> "不好意思，这个是按照设计来的。"
>
> "我会问一下经理。"
>
> "我们也无能为力。"
>
> 商场实际这样回复：
>
> "我会打电话向厂商预订一个部件给你。稍后会电话通知你送达的时间并邮递给你。我也会把这个问题反馈给厂商以便改进设计。"
>
> 这个部件价值 2.7 英镑。30 年后这个客户依然讲着同样的故事并经常光顾这家商店。这家商店毫无疑问有一个很好的服务文化。它现在是英国最大的员工所有制商店。在低迷的市场环境中，2016 年它税前的利润增长率达到 20% 以上。

一个组织的高级管理团队应该积极推动以下方面来创造高效的服务文化：
- 授权；
- 激励；
- 行为；
- 管理职责；
- 贡献；
- 度量文化；
- 奖励和认可；
- 文化赋能。

4.4.1 授权

授权是服务文化中的一个重要因素，它可以确保所有的行动统一，并促成一次优质的服务交付。所有员工都需要有能力去提供优质的服务，被授权去为自己的行为承担责任，并且身体力行地对自己的行为负责是值得鼓励的。不做授权的政策只会让员工呆板地按照规定回答客户的问题，这会削弱员工的能力，同时也降低了满足客户需求的灵活性。员工需要授权来采取适当的行动。通过授权，员工能够有主人翁意识并有能力在与消费者互动中灵活应对。

> **现实案例**
>
> 一家美国培训组织将服务台和客服外包给一家供应商，提供 7×24 小时的全天候邮件和电话咨询服务。
>
> 服务台的员工被给予 250 美元的额度用来解决消费者的问题。如果不到 250 美元，员工可以自主决定。大于 250 美元可以通过升级问题来解决。
>
> 这种有限授权为员工限定了一个额度，他们在为消费者和培训机构争取最大利益的同时增强了信心。

4.4.2 激励

授权员工在日常工作中做决定和采取行动可以使他们受到激励。这种激励意味着更高的士气和更大的生产力，带来更好的消费者体验。作为服务文化的一部分，评估员工激励和适时采取改进行动是很重要的。高水平的激励和士气可以有效降低员工离职率。保留经验丰富的员工还可以改进服务文化，如图 9 所示。

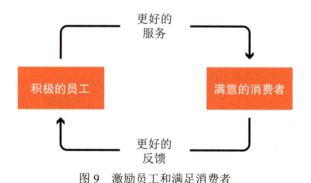

图 9 激励员工和满足消费者

> **现实案例**
>
> 一个大型啤酒厂确保所有部门的员工都参与一次集体活动，在这次活动中他们会发现从客户端到服务提供最末端的端到端的组织行为，包括：
> - 市场；
> - 关注袋装原料的到货情况——大麦和啤酒花等；
> - 酿造啤酒；

> - 质量控制；
> - 联络中心向酒吧和超市销售啤酒；
> - 为啤酒装瓶和打标；
> - 物流部门安排运送路径；
> - 卡车运输啤酒到酒吧；
> - 在酒吧用啤酒来服务消费者。
>
> 每一个参与这次活动的员工都理解了任何失败对端到端服务的影响。他们知道自己的角色在整个工作链中的位置，他们被激励更好地开展工作以确保组织平稳运转。

4.4.3 行为

在任何组织中，都有部分员工天生积极。积极的人会把这种感受辐射、激励其他人，就像供热系统散布热能。而消极视角也会让周围的人把激励和热情耗尽。在服务文化中，对同事和消费者表现以下内容很重要：

- 相互尊重；
- 感激；
- 礼貌。

这些会给员工士气带来正能量。尊重消费者是服务文化中的一个重要行为。在某些组织中，员工可能会消极地谈论消费者或取笑消费者的问题。这不是一个积极文化的标志。

为了创建一个可行的服务文化，组织应该着重定义一个"期待的行为"。首先要准确定位期待的结果，因为组织结果往往来源于行为。接下来，当员工或团队展现他们的服务文化行为时，他们需要通过认可和奖励来被加强。没有这些，旧的行为方式将会卷土重来，并导致绩效的下降和士气的损失（详情请看第6.8节的组织行为管理OBM）。

4.4.4 管理职责

高级管理者负责激励所期待的行为，认可与鼓励这些行为，并帮助把这些行为融入组织文化中。管理者需要按照他们期待员工的所为来积极行事，以身作则，而不是光说不练。

管理级别的员工同时担负将一切阻碍提供优质服务的因素扫清的职责。每一次行为都有助于实现预期的目标，即满意的消费者获得有质量的服务。当有员工不能解决的问题出现时，经理将履行他的职能去推动改变。管理层也需要准备识别不利于组织文化的行为，并采取行动。这些都将有助于积极文化的促进。

4.4.5 贡献

服务提供者组织内的所有员工都应该理解他们是达成最终成果和影响消费者的源头。所有组织层级的每个人都应做出贡献。直接服务客户的角色与首席执行官（CEO）的角色孰重孰轻还不一定呢。

通常展示一个组织的方式是从上到下的组织层级，CEO在上，然后是汇报给他们的高管团队，依次向下，直到最底层那些无人向他们汇报的一线员工。

图 10 的金字塔可以看成是另一种方式，反映出适合这种服务文化的组织形式。消费者也包含在内，并展示在最顶端。下一层是一线员工，他们因为与消费者打交道而变得十分重要。员工的上级经理位于再下一层，表示他们的角色是支持员工更好地提供优质服务。支持部门是用来支持实现高层级部门的需求的，传统的图中并不包含他们支持的内容。高管团队和 CEO 掌控高层的行动和控制组织方向，但目的依然是支持和赋能员工为消费者提供服务。

图 10　换位视角的组织视图

4.4.6　度量文化

考核数量往往比考核质量要容易得多。服务提供者常常衡量"有多少？""花了多长时间？"或者"有多快？"，但并不会考虑消费者体验的质量。重要的因素往往不容易被获取，包括消费者忠诚度，或者消费者是否愿意推荐该服务提供者。

在服务文化中，服务提供者需要考虑成果和消费者满意度，而不仅仅是发生了什么和何时发生。不要忘记，绩效考核是驱动行为的"指挥棒"。需要注意的是度量的目的，度量错误的事情往往会诱导错误的行为。

> 🌐 **现实案例**
>
> 　　一个客户服务台表现得不好，经理决定引入一种考评机制。员工需要在 20 秒钟内接听 95% 的电话。
> 　　一个月后，报告出来了。服务台员工超额完成了衡量指标，但消费者的满意度并没有增加。经过调查后服务台经理发现，在工作闲时，员工互相打客服电话，迅速地接起，并挂断后再次拨打。目标就这样达成了！

> ❋ **引用**
>
> 　　如果你给经理人一个数字化的目标，他会达成这个目标，即使这将把公司带向毁灭的过程。
>
> ——W. 爱德华·戴明（W.Edwards Deming）

4.4.7 奖励和认可

好的员工行为需要奖励。简单的奖励机制可以在整个组织内有效地运转。但仅仅奖励销售团队而不认可组织内其他团队，会使其顿感挫败。每个人对整体结果的贡献都应该被认可，奖励也不仅仅是一个金钱概念。当我们设计一套奖励机制时需要考虑以下因素：

- 对特定行为及时给小奖励；
- 在无预期的情况下给奖励；
- 奖励行为，而不仅仅是结果；
- 奖励同级，经理和下属；
- 公开奖励；
- 奖励团队，而不只是个人。

奖励机制需要不断地被监督确保它持续有效。如果奖励变成是可预期的，员工纵然努力也不会改变奖励的结果，其激励效果将显著下降，这是一件危险的事。组织必须要对奖励机制的"公平性"认知保持敏感。

> **现实案例**
>
> 在一些文化中，员工在受到重视或得到表扬后，他们的业绩会提高和改善。在其他文化中，或许不是这个样子。在设计"奖励"时需要理解文化差异。当合理的奖励奖给合适的行为时，绩效才会提高。如果奖励与行为之间没有必然联系，那么绩效是不会受到影响的。

4.5 文化赋能

4.5.1 技术

服务文化经常使用技术来达成它的目标。对消费者来说多样性的选择是一种差异化服务，因此多渠道的交付是必需的，如与消费者进行面对面、电话或通过社交媒体的交互。无论组织使用什么方式去与消费者建立联系，人的交互是必不可少的。技术可以帮到客服去自动反馈送达状态、信息更新、提供额外的服务或产品。请记住技术不是唯一有效提高客户服务的方式，有时候可能还会被看作是消极的、不够人性化的方法。我们需要考虑消费者对于使用科技的反馈。

> **现实案例**
>
> 电话给我们带来许多好的和不好的经历。把消费者的电话暂时挂起往往无法避免，那么如何能给这种情景带来不同的体验呢？
>
> 服务提示"你是排队中的第几位顾客"或者"请给我回电"的选项会让消费者感到被重视。但是一组重复的"你的电话对我们很重要"的语音提示是脚本化和空洞乏味的，

> 会带来消极的影响。
>
> 　　消费者在遇到问题而致电服务提供者时往往是情绪化或沮丧的，这个时候一个人工客服的快速拨通可以使消费者内心稍微平复。

技术也可以改进组织与消费者互动的方式，比如浏览之前联系的历史记录。目前在消费者交互领域的技术十分普遍，包括支付机制、服务交互应用程序、库存管理、通过"聊天"的信息服务、计划预约和自动跟进消费者。

4.5.2　流程

每一次消费者的交互都依赖于组织的内部流程。每个流程不是交付一个服务就是支持交付一个服务。组织内的方方面面都要有效和高效运转帮助服务成功完成，这包括组织内的所有能力。一个网上支付的过程就包含 IT、财务、库存管理、物流和安全的协同。任何一个环节的低效流程都会对消费者体验造成负面影响，所以组织要经常性地评估流程确保文化一致性。第 10.4.2 节对流程有具体的介绍。

4.5.3　领导力

领导力也是文化的赋能者。领导应该做到：
- 阐明他们所期待的文化类型并通过组织将其贯彻下去；
- 日常行为要与文化和他们期待的行为保持一致；
- 奖励正确的行为；
- 对不当行为及时采取行动。

5 人员：角色、素质和团队

> 🔑 **本章介绍**
> 服务管理中的"人"指的是谁？从一般视角到管理视角来理解，这里包含很多角色。本章将讲述服务管理中对人员的思考。

5.1 常见的组织角色

任何组织中都有领导者和管理者（表5）。虽然这两个角色有很大不同，但经常被互换使用。领导者和管理者在组织中都很重要，在不同的场景中有不同的作用。领导者致力于"做对的事情"，而管理者致力于"正确地做事"。

表5 领导者和管理者

领导者	管理者
• 设定目标和方向； • 挑战常规； • 探索通向卓越的新途径； • 激励、授权和鼓励。	• 资源驱动； • 计划、预算和组织； • 维持现状； • 风险最小化； • 关注结果。

通常来讲，员工有领导者和管理者的双重职责，并平衡这些行为来创造成功的环境。领导者和管理者的作用如图11所示。

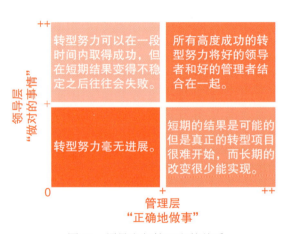

图11 领导者与管理者的关系

5.2 什么是服务提供者必须做的事

服务提供者需要领导者和管理者。在领导层面，服务提供者需要善于利用组织能力的领导者。这些领导者有运营知识，善于利用组织能力交付，而且交付的产品和服务不仅能满足需求，还能与竞争对手区分开来。组织中还有些其他领导者，比如战略领导者。有些领导者也可以在非组织结构上发现，比如那些鼓舞和激励同事的员工。

管理者需要监督生产和支持服务的活动。他们确保所有活动都在组织治理和服务管理原则（例如法律、法规、合同和组织）所规定的范围内。服务管理者的活动有助于服务提供者解决问题，并按约定的服务水平交付。

如今领导者和管理者都需要有效地管理人。情商是核心技能。管理者不仅要管理系统和流程，还要指导、帮助且处理好人员之间复杂的情感问题。现在高效的组织积极地寻找能够恰当地识别和响应他人情绪的员工。

5.3 情商

高情商是人员招聘和职场晋升的重要特质。根据情商 2.0（Emotional Intelligence 2.0）的数据统计，所有工种中有 58% 的绩效都与该技能相关。在 Travis Bradberry 和 Jean Greaves 的研究中，情商被定义为两种素质的四类技能。

- 个人素质
  - 自我意识——能够预测自己的情绪和倾向。
    关键技能：知道自己的动机，什么可以满足这些动机，知道什么人或者事会激怒他们。
  - 自我管理—— 基于自我意识，自我管理就是知道自己该做什么（或者不该做什么）。
    关键技能：能够掌控自己的需求，管理自己的情绪反应（倾向）。

情商 2.0 中有一个链接情商评估，提供了 66 种可以提高情商得分的策略。

- 社交素质
  - 社交意识——能够察觉其他人的情绪并理解他。
    关键技能：倾听和观察。
  - 关系管理——能够成功运用自己和他人的情绪成功管理互动交往。
    关键技能：沟通交流，冲突管理。

布拉德伯里（Bradberry）和格里夫斯（Greaves）认为，在生活中情商比智商重要两倍。情商是大多数日常活动的关键技能的基础（例如决策、自信、同情、沟通、时间管理），它几乎影响了你说的每一句话和做的每一件事。情商是可以被培养的，它能够提高个人素质。

5.4 服务管理的通用素质

理解服务提供者中领导者和管理者的需求是关键点。组织的所有领域——组织能力——协同工作帮助组织成为一个高效的服务提供者，并达成目标。因此，每个组织能力内的领导者和管理者必须培养相应的能力，以便彼此协作创造最有效的服务。

> 📖 **定义：素质**
>
> 　　素质是一系列相关技能、承诺、知识和技巧的集合，它可以使人在工作环境中采取有效的行动。素质表明有足够的知识和技能使人能够在各种情况下采取有效行动。因为每一个层级的责任有各自的要求，所以在人生的各个时期或者事业发展的各个阶段都需要职业素质。
>
> 　　国际上有几个公认的能力框架，如 e-CF4 和 SFIA5，可以鉴定 IT 所需的特定素质。
>
> 　　素质和胜任力之间有什么区别？
>
> 　　素质：从能力角度出发，描述了有效执行所定义职能的能力。
>
> 　　胜任力：从做事角度出发，描述了有效执行所定义职能所必需的知识、技能、经验和特征。
>
> 　　简单来说，素质聚焦在"具备什么能力（What）"，胜任力聚焦在"做的程度（How）"。尽管它们很类似，但有不同的重点和意义。

VeriSM 认为成功的服务提供者不仅需要技术知识，也需要业务和行为的胜任力。Gartner EXP（Executive Programs）研究了 25 种胜任力的清单（见表 6）。这些胜任力原本是为 IT 专业人才建立的，帮助其发展超越原有技术优势的技能，现在这些角色可以在组织内广泛使用，确保在必要的深度和广度上可以成功地支持消费者以及供应者的目标实现。

表 6　Gartner EXP 胜任力

技术（T）	业务（B）	行为（H）
T1 理解已有的系统/技术	B1 理解业务实践和路径	H1 领导、激励、建立信任
T2 设计和开发应用	B2 理解业务组织、政策及文化	H2 创造性和创新性思考
T3 应用程序、工具和方法	B3 商业行为	H3 聚焦结果
T4 整合系统	B4 理解和分析竞争环境	H4 战略性思维
T5 设计技术架构	B5 管理项目	H5 指导、授权、发展
T6 理解新兴技术	B6 管理 IT 应用中的业务变更	H6 建立人际关系和团队合作
	B7 计划、优先级安排和管理工作	H7 影响和说服
	B8 交流/倾听和收集信息	H8 原则性谈判
	B9 聚焦客户	H9 解决矛盾和问题
		H10 适当改变

表 6 里的信息不仅仅适用于 IT，还适用于整个组织。每一项能力都同时列出了所需的业务和行为素质。用这个清单很容易定义出组织角色所需的四个绩效层级（基础、精通、高级和教练级）。

以服务所有者为例，这是一个负责服务质量的角色，确保它从消费者和服务提供者的角度满足所定义的参数。服务所有者需要具备如下几个关键胜任力（可能还需要其他胜任力，具体取决于组织情况）：

- T1。理解提供和交付必要功能的系统（精通）。
- B1。理解业务需求和服务如何满足这些需求（高级）。
- B8。聚焦消费者需求，确保高质量的服务交付（高级）。
- H3。保障消费者需求在规定和认可的范围内得到满足（高级）。
- H6。在提供者和消费者之间建立关系和团队合作，以确保服务的持续交付和支持（高级）。

采购人员负责选择供应商、订立协议和合同，需要这些关键的胜任力：

- T1。理解提供和交付必要功能的系统，理解供应商的需求（精通）。
- B3。为达到组织价值最大化进行商业行动（高级）。
- H8。进行谈判以获得最合适的合同（高级）。
- H9。进行持续的供应商关系管理，解决冲突和矛盾（精通）。

为特定角色定义这些素质和活动，可以使员工知道他们的具体职责。如果在整个组织中定义这些角色，那么员工就可以规划出一条不仅在组织内部发展，而且也是其专业领域内发展的路径。

> **现实案例：Achmea 如何实施基于素质的人才开发三部曲**
>
> 在数字化时代，人才比以往更加重要。把适合的人放到正确的位置是人才开发的关键。今天的组织处于数字化转型的浪潮中，那些无法快速预测出下一波浪潮的企业将在竞争中被淘汰出局。
>
> Achmea 是一家保险公司，很早就意识到数字化将带来的挑战。其业务分布在六个国家，同时也是荷兰最大的保险公司。它们的健康险、寿险及其他险种几乎覆盖了一半的荷兰家庭。Achmea 大约有 14500 名员工。
>
> Achmea 需要员工改变以适应数字化市场的发展。这给 Achmea 带来一个挑战，如何洞察 IT 技能的差距，为 IT 专业人员提供发展方向。Achmea 的企业使命是成为学习型组织，找到一条可以度量和管理员工个人发展的途径。伊冯·维贝克（Yvo Verbeek）是 AchmeaIT 商业部开发经理，他说："最大的挑战之一，就是需要比较所有不同的 IT 角色和学习项目，以确定正确的发展路径。"
>
> 一个有效映射员工能力与学习项目的方法就是用职业素质进行对比的方法。职业素质是一种可以论证的才能，通过运用知识、技能和态度获得可观测的结果。职业素质之所以有效，是因为它超越了某项具体工作的基本要求。这些要求是在那些绩效最好的人员行为中被识别出来的。为解决数字化人才问题，Achmea 选择了 e-CF（e-Competence Framework）能力框架。该框架的 3.0 版本提供了数字化时代 40 个 IT 相关的素质概览，也被称为 e 能力，见图 12。这个框架被全球范围的企业和政府广泛采用，为各个部门提供了通用的语言，例如 HR、IT 和运营。

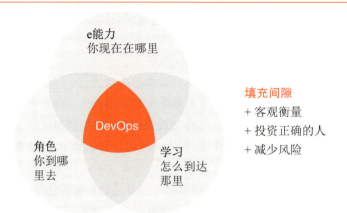

图 12　基于职业素质的发展（来源于 CEN）

Achmea 用"三步走"的方法实施了"能力本位法"的实现路径：

- 创建动态角色档案

识别未来所需的职业素质，首要的是识别当前不同角色的关键 e 能力。在 Achmea，通过使用 EXIN 提供的系统化和一致性的方法，将总计 40 个角色档案转换成一系列 e 能力。在确定了诸如服务级别管理人员和安全专家等角色所需的 e 能力之后，接下来就是重复采用此类实践以适应新的趋势和变化，并创造未来的应用场景。

- 度量当前 e 能力水平

将所需的 e 能力与员工目前的 e 能力进行比较。在 Achmea，2500 名 IT 专家通过在线调查问卷的形式创建个人的 e 能力档案，调查问卷会询问他们与 IT 相关的任务、活动和交付成果等方面的经验。然后会收到一份个人分析报告，告知他们的优势和有待发展的领域。

- 进行组织技能差异分析

组织技能差异分析提供了对组织优势、差异和待发展领域的洞察。在 Achmea，每一项分析都由针对超过 100 个团队、部门和角色的调研产生，这个结果将优先那些能帮助专业人员成长和更好地应对未来挑战的个人发展领域。基于这些差异分析，他们能够更大规模地调整培训和教育计划。

成功的关键

执行这些差异分析时，应用一致的方法来衡量角色描述、员工和培训项目是非常重要的。除此之外，采用的洞察结果也是依靠第一步识别出来的角色描述。一份好的角色描述报告是可以被反复使用，被利益相关者认同，被作为组织内的参照文件的。可以通过如下公式（见图 13）来评价角色描述的优劣：

图 13　Achmea 成功的关键

认可。员工对于他们自己或者同事描述的目标、职业素质和活动的认可程度。如果职业素质被定义得过于宽泛，将导致很难识别和转换为成功所需的预期行为。同样，如果一个角色描述包含太多能力要求也很难被认可。员工也无法聚焦于走向成功的关键行为。职业素质描述平均包含6～8个数字化能力。

更新。角色描述可以增加新的元素和启发。例如，某些隐性行为突然更加正式化也可以达到目的；同样，为职业素质定义新的行为或者技能也可以帮助为已有的角色描述赋予新的含义。

变化。员工多大程度上有动力改变到角色描述所描述的那样。这可以通过引导，比如参与新的项目，与内部专家沟通，参加特定培训或者取得认证。

从试验到持续实践

不同利益相关者会从基于职业素质的方法获得收益。通过识别IT专业人员之间的差距，当前角色和未来角色之间的差距，可以给管理层和人力资源部门提供对组织数字化转型所需资源的洞察结果（计划、时间、培训项目和招聘）。此外，还将帮助IT专业人员形成他们的发展路径，激发与管理人员就他们的职业发展进行更具建设性的谈话，促进他们的内部流动。这些对管理层和员工都有好处，因此，Achmea决定从试验阶段更进一步嵌入"能力本位法"。

在组织嵌入"能力本位法"的过程中，下面所述最佳实践被证明是非常重要的。

- 提供激励而不是评价

  员工不喜欢参与评价或者测试。使用自愿参与的方式邀请员工创建个人描述。Achmea因此分阶段邀请团队和部门建立他们的个人描述，一旦注册，管理者将会被邀请创建个人描述并且介绍这种方法的愿景。然后，管理者邀请其团队成员参与并分享该方法如何帮助团队，以及通过实用的建议来激励团队人员的个人发展。

- 不断更新角色描述

  要想保持角色描述中肯，最重要的是选择合适的角色专家并给予他们对这些描述的所有权。通过定期的技能差距分析，激励他们监控、修订角色描述和解释变化，例如团队内的新员工、新技术和技能与现有的素质相联系。Achmea确定了一个专家小组，赋予他们权限以确定一个现实的"基线"角色描述并不断修订。

- 创建未来场景以预测趋势

  当组织确定了各种角色的"现状"时，下一步就是定义"未来"场景：从现在起3～5年，组织希望自己发展到什么程度？创造机遇的关键趋势和所需资源的潜在威胁是什么？这些未来的场景将使Achmea等组织能够展望未来，并将战略资源规划转变为竞争优势。

5.5 学习路径和职业发展

显然，服务管理领域必备的知识其广度和深度是非常巨大的。不是每个服务提供者的员工都需要具备所有的专业技能。很多组织都在寻找某个专业领域的专家，但他们也需要具备组织内的丰富知识。这种类型的职业素质使得不同功能特性的产品和服务相互之间协同成为可能。这个理论被称为T型人才（见图14）。T型人才是创新、有效解决问题者，同时也能够与多领域的专业人士进行互动和相互理解。与 T 型人才相比，还有擅长一个专业但知识缺乏广度的 I 型人才，以及擅长两个专业的 A 型人才。

最重要的是理解 T 型人才。当员工是 I 型人才，全部经历专注在特定领域的知识和技能，工作场所将变成竞争的环境、缺乏互动。组织也许会从这些专家身上受益，但对这些人才来说没有明确的职业发展通道。这一点并不适合当今全球互联和不断变化的世界环境。

图 14　T 型人才

T 型人才需要开发哪些技能？应该关注以下这些领域：

- 至少在一个服务系统中的深度知识（T 的纵向）。
- 整个组织内的综合知识（和组织纵向）、技术、人员和共享的信息（T 交叉）。

发展个人的 T 档案，需要考虑：

- 如何定义核心技能？（例如专业知识的深度方面，需要开发哪些技能？）
- 需要具备哪些跨学科的技能？如何开发它们？
- 开发读写交流的技能，能够与非专业人士讨论相关专业问题，学习跨学科的词汇。
- 提高情商。

5.5.1　终身学习

在服务领域与其他行业中，员工尽早发展成为 T 型人才是很重要的。随着商业环境快速发展，服务管理领域中塑造可持续发展的人才是持续性的需求。为了适应需求，建议专业人员要有终身学习的心态。

> **定义：终身学习**
>
> 终身学习是指在人们的生活中提供或使用正式的和非正式的学习机会，以不断开发、改进就业和个人发展所需的知识和技能。

随着组织的不断发展，交付机制也在以同样的速度发展，仅仅依靠现有的知识已经无法满足需求，因为这些知识正在迅速老化，可能已经过时！必须拥抱变化，不断学习。拥抱批判性思维的能力，提升自我反省从而产生反思性实践。一句话概括就是，发展"自我学习"的能力。

> **定义：批判性思维和反思性实践**
>
> 当今组织所需的理想技能包括：
> 批判性思维。对一个问题的客观分析和评价，以便形成判断。
> 反思性实践。对自己掌握的专业能力进行回顾检查的过程，便于理解他人行动和决策的原因，并向其学习。

维持个人服务管理实践知识，需要针对相关知识进行系统化的学习。学习方式有多种，如正规的讲师授课或自助在线学习。按照优异者的学习理论，当对所学的环境、过程、目的和内容有更好的理解时才真正开启了有效的学习过程。更重要的是，学习有助于解放个体，也意味着学习是运用分配智慧的重要机制。学习应该是自由的，强调对概念的更广泛的认知和理解，同时逐步灌输社会责任型的价值观，还有助于对意外事件的应对能力。换言之，当处于最佳学习状态时，有助于满足现实世界的要求，因此他们可以毫不犹豫地跨界工作。所以对个人而言，必须了解对他们和组织来说什么是最重要的。

考虑一种不同的学习方式时，纵向扩展是很重要的。这是建立反思性观察的机会。杰出的学习理论家 David Kolb 提出了一个四阶段循环（粗略地讲，即执行—回顾—理论—计划）帮助学习者。结果好坏并不重要，重要的是个人客观理解结果对他们意味着什么，然后及时制定出相关的新方法和机制。服务管理的含义是什么？坦率地说，许多管理实践中的理论，它们是在组织内规划、部署和评估的，帮助服务管理人员有机会思考、学习和改进他们的技能，成为终身学习者。

5.5.2 职业发展

当员工通过终身学习发展了他们的技能后，作为专业人士积极参与社团活动也是很重要的。它是知识的延续和个人专业性的持续发展。这些行动鼓励个人有意识地思考如何发展职业。

> **案例学习**
>
> Cranford 集团是一家面向英国本土和全球的专业猎头、招聘和资源外包公司。它们非常关注 IT，特别是 C 级 IT、服务集成与管理、IT 服务管理领域，与多个不同行业的客户合作。我们采访了 Cranford 集团的运营总监彭尼·埃米特（Penny Emmett）和管理总监戴维·本特利（David Bentley），分享他们的观点，如工作环境如何改变，什么是合格的候选人。
>
> **现在的工作环境**
>
> 毫无疑问，工作场所在快速变化。随着数字化革命的推进，许多传统行业朝九晚五

的工作环境已经发生了变化。公司通过灵活安排员工的工作方式、远程办公和共享办公空间来吸引人才。自工业革命以来，自动化、算法和人工智能被认为是改变就业的最大因素，毫无疑问，这些将会而且已经产生了巨大的影响。悄无声息地，技术已经使得生活变得更容易，但也给招聘工作带来了许多挑战。

本质上来说，实现职业目标最重要的因素就是你自己。人是无法被替代的，人的因素是不能被低估的。最近的职场调研中发现一个值得关注的有趣现象：64%的"00后"说他们宁可少赚一点做喜欢的工作，也不愿意干钱多无聊的工作。对他们来说，发展机会、丰厚的养老金和工作文化氛围是最重要的。

对求职者的挑战

职场竞争激烈。雇主常常对有晋升计划的求职者有较高的期望。在这个如此众多噪声和技术的万物互联的时代，竞争模式转回到最基本的雇佣基础——个人品牌。

招聘者或者雇主会快速确定最佳人选。在你每一次面临职场选择时，第一印象非常重要，包括态度、声音、举止和沟通能力等。第一印象很快就产生了，所以非语言交流是关键。

从简历、面试、会议到展示，求职者在面试过程的每一个环节都必须表现出色。虽然2017年失业率低于1975年以来的平均水平，但是这并不意味着雇主会降低招聘要求。目前大约有1/6投递了简历的求职者会收到面试邀请。据统计，每个求职者在接受一个职位前平均将面试5个职位。面试过程也延长了，从初次面试到正式录用平均需要23天，超过50%的人需要经过三次面试。

品牌不再只为了商业

雇主品牌在HR领域是一个关键词，它是组织文化的综合概括。这使得潜在的雇员比较容易决定是否适合在这个组织内工作。在这个社交媒体盛行的时代，令人吃惊的是3/4的员工认为他们的雇主不知道如何提升社交媒体上的雇主品牌。然而个人是否也充分利用了这一点？

社交媒体可以展示民族精神、信仰、动机、独特的卖点（USPs）和品牌价值观。当今的求职者应该注意到品牌的价值，并将个人品牌用于提升其独特性上。这里没有机器人，只有那些能够胜任工作并超出预期的表现突出的技术人员。这就是你应该努力成为的人。也许你希望自己调整自己以具备某项专长或走上某个职业发展道路。在某领域成为做事亲力亲为或者成为更依赖于你的情商的人。事实上，情商往往是一个重要的差异点。能够识别自己和他人的情绪，并适当地做出反应，从而引导你的思维和行为，在这个变得更具技术化的环境里，成为最具人性化的因素。

你是一名优秀的求职者吗？

考虑如下领域：

- 你有一份与职位要求相匹配的简历吗？简历易于阅读，结构清晰，没有拼写或语法错误吗？
- 针对所申请的职位，你有相应的技能，或可以证明这些技能正在学习或培训的证据吗？拥有在不断变化的工作环境中学习的愿望是非常有帮助的。
- 你有仔细研究过希望加入的公司和公司领导人吗？在这一过程中培养好奇心和兴趣

将会使你脱颖而出。准备不足就是失败，因为信息随时都在你的指尖而你遗憾错过。
- 你是否加入到所选行业的人际关系网和自由活动中，以获得更多的知识和认识志同道合的人，形成一个强大的关系网来帮助你学习？通过结识新朋友，接触新的思维方式和经验来培养你的人际交往能力。
- 你是否培养了诸如倾听、同理心、渴望产生积极结果和解决问题等软技能？想办法通过经验、培训和知识收集来开发这些技能。
- 你有愿望、驱动力和自我激励吗？这些在学校是学不到的。你需要选择一条真正让你兴奋的职业道路。做自己喜欢做的事情，因为这会帮你度过艰难的日子，并鼓励你走完每一步。

5.6 专业精神和职业道德

什么是专业？首先，专业被定义为通过专门培训建立的一种学问，目的是向他人提供客观的建议和服务。最初有三种专业：医学、法律和神学，但随着社会的发展，出现了更多的专业，如牙科、土木工程、物流、建筑、会计学、护理、制药、兽医、心理学、教育学和社会工作等。

通常一份工作被认为是一种专业，这些元素是必备的。

- 知识主体（BoK）。辅以与专业相关的具体知识和技能；知识主体是不断维护和更新的，通过如下方式传递：
  - 初级专业教育。在所选领域的特定教育。
  - 认证。通过大学或者培训课程提供高质量的教育。
- 实践经验（技能开发）。经过检验的实践经验。在取得一份专业资格证或者认证之前，有档案记录的一些工作程序需要在合格的专业人士指导下完成。例如，在美国获得医生执照前需要三年的居住权。
- 认证/许可。认证是通过考试以证明能力，测试通过规定的最低限度的知识和技能；许可是类似的，但归政府层面管理，并负有法律责任；通常某种形式的强制的重新认证在这两个领域都会有。
- 继续教育（专业发展）。需要持续地学习，以确保专业人员保持必要的技能和知识（在知识不断更新的职业中最常见，如医学）。
- 专业协会。由专业标准高于自身利益且志趣相投的人组成的社区，定义了认证准则、道德规范和合格标准等。
- 道德准则。与顾客、同事和社会建立关系的界限。他们做什么和应该做什么？对正直、保密、职业素质等方面提出要求。
- 职责。个人对工作质量和效率的责任。关注生产出高质量的成果，采取行动避免亏损和缺陷。这应该是相对实际情况的，与专业人员的经验和（或）资历水平成比例。
- 谋生。这是与专业实践经验相关的个人工作行为的一个重要组成部分。

> 🌐 **现实案例：专业人员有多重要？**
>
> 下次你登机时想一想，你希望坐在驾驶舱的飞行员是通过了严格的专业认证，还是声称自己是一名合格的飞行员，却无凭无据？

请注意，在本次讨论中，信息技术（IT）和信息系统（IS）尚未被公认为专业。虽然有许多职业协会，其中许多都有道德规范、认证程序等，但对IT领域却缺少监督。因此在授予强制的专业许可之前，IT/IS仍然只是一份职业，而不是一种专业。

5.7 团队

到目前为止，本章集中于不同个体或"人"的技能；从定义领导者和管理者到素质、培养终身学习者和专业人员。现在我们来看看这些个人工作于其中的组织结构。组织需要个人能力，但很少有服务管理工作重点专注个人所产生的技能或成果。团队合作是更多价值的焦点和源泉。在本节中，我们将介绍团队是如何定义、形成和管理的。

5.7.1 团队开发

> **引用**
>
> 那些感到工作重要的人会尽一切努力工作。如果他能为自己的工作感到自豪，并参与系统的改进，他就会觉得这份工作很重要。
> ——W. 爱德华·戴明（W.Edwards Deming），《转危为安》（1986）

> **定义：团队**
>
> 团队是指"致力于一个共同目的、绩效目标和方法、相互负责的技能互补的一小群人"。

为了成功地开发、交付和支持产品和服务，需要一个有凝聚力的团队。虽然团队的每个成员都有自己的专业领域，但彼此相互合作是至关重要的。团队发展分为五个阶段。

- 组建期。小组的重点是相互认识，了解团队的目的。
- 激荡期。围绕着任务、愿景和解决问题的方法发生了分歧，这些激荡源于团队努力相互理解。
- 规范期。小组成员自觉或不自觉地接受了工作关系和小组规范。
- 执行期。团队的关系、实践和效率实现同步，团队工作持续进展。
- 休整期。小组任务完成，团队解散。

作为一个服务领导，你如何支持团队的形成？每一阶段都有领导策略和成功的关键因素，如表7所示。

表 7　团队的组建

阶段	领导策略	成功的关键因素
组建期	协调	• 挑选一个心中有目标的团队； • 帮助发展个人和团队的目标。
激荡期	指导	• 根据需要阐明任务； • 作为资源提供帮助； • 倾听和支持，建立信任。
规范期	授权	• 要求定期更新、检查进度； • 允许领导权转移给团队。
执行期	授权	• 定期检查更新； • 确保透明度（团队内部和其他群体没有隔阂）。
休整期	支持	• 用项目回顾（成功，改进）或者庆祝的方式来结束团队。

团队在不同的阶段将以不同的速度发展，其中一些团队可能永远不会越过激荡的阶段。此外，由于团队成员、任务或其他变化，团队可能会返回到以前的阶段。

5.7.2　建立一个团队

> **引用**
>
> 没有人能和我们所有人一样聪明。
>
> ——雷·克罗克（Ray Kroc），麦当劳

团队合作感（例如，感觉到某件事比自己更重要——努力实现组织使命或目标），建立一个有效的团队来完成一个特定的目标，这两个概念是不同的。某些团队失败正是因为他们将这两个概念等同起来，并期望改进结果。重点是团队已经成立，解决特定的问题。组建团队时，要考虑以下几点。

- 澄清。领导层定义预期明确的成果和团队绩效。
- 背景。团队成员理解"为何"作为团队的一部分，以及理解团队成果如何支撑组织的目标。
- 承诺。团队是否有参与的意愿，全员都感到团队的使命对组织的成功是重要且有价值的。
- 能力。团队是否认为每个成员都有必要的知识、技能和能力来完成任务？必要的资源（人员、时间、金钱）、战略和支持是否已就绪？
- 章程。该小组提出自己的使命、愿景和战略，以履行其使命，并将其与预期成果、相关时间表和显示其成就的措施联系起来。
- 控制。团队必须有一定的自主权，在领导层设定的范围内寻求解决方案，以及自我治理（保持团队成员对时间表/期限、承诺和结果负责任）。
- 合作。一旦团队成员选定，他们有时间沿着团队发展过程的各阶段（见第5.7.1节）有效地进行工作（例如制定团队规范，为团队领导和成员定义角色和职责，定义行为

准则）。
- 沟通。团队和组织之间以及团队成员之间互相、明确和诚实的反馈，对团队的成功至关重要（见第6.4节）。
- 创造力。团队的成果通常就是一种变化。组织内是否接受变化？组织是否拥抱创造性的思维和新思想？组织是否通过培训、会议、研讨会、教育等方式激发创造力？
- 后果。通常被视为消极的含义（例如惩罚），但实际上代表的是团队成员有责任心和对所产生的结果负责。此外，它还说明了组织整体文化和面对风险、报复、责备、奖励、认可、盈利能力和成功的态度。
- 协作。在团队内部和整个组织中，协作对于团队目标的实现至关重要。流程交接、资源的可用性，沟通和跨部门的合作是常见的任务。
- 文化。团队的本质在不断演变，从传统的层级结构转变为授权和协作的工作单元。这种团队文化的需求已经被当代特别是下一代员工（Y一代和Z一代，见第6.5节）提出，组织需要提供相应的工作环境。

5.7.2.1 失败和风险

团队发展的两个关键词是失败和风险。将失败视作学习机会，托马斯·爱迪生在发明电灯时反复失败，他说："我没有失败，我只是发现了10000种行不通的方法。"因此，失败的定义必须被明确。

> **引用**
>
> 失败不是一种选择！
>
> ——吉恩·克兰兹（Gene Kranz）
>
> 人生唯一的失败是不去尝试。
>
> ——佚名

这是非常清晰且不同的观点，两者都是鼓舞人心的，它们都以不同的方式激励人们。想象一个团队，他们都对其中一种观点产生共鸣，而不是另一种。领导必须了解他们的团队。风险容忍度或组织的风险偏好也会影响团队，理解和利用风险是非常重要的，它使得团队打破限制并进行创新。一定要确定团队的边界，允许可接受的冒险。

5.7.3 成功团队的特征

组建一个团队有很多要素。成功的团队有哪些特点？成功的团队拥有良好的关系，懂得相互交流，并能高效地执行任务。成功的团队具有这些特点。

- 了解团队的目标（预期结果），并致力于实现目标。根据需要对这些目标进行评审和更新。目标审查应该是定期举行。
- 接纳可接受的风险。不仅是在解决方案中，而且要在团队合作过程中接纳可接受的风险（如保留不同意见和沟通）。因此团队之间要开诚布公，相互信任。
- 开放、诚实和礼貌地沟通。鼓励个人表达，传递意见和潜在的解决方案。注意：沟通交流不仅仅是说，更应该是倾听（不仅仅是听到），准备深入思考的评论而不是立即反驳。要维护忠诚，不在团队外交流保密信息。
- 可靠的承诺和归属感。真正强大的团队花时间进一步发展他们在项目之外的动力。
- 多样性是关键。团队行为会因为每个成员的独特性而得到增强。不同团队成员常常带来不同的观点和方法（创造性和新观点）。这里要注意的是，限制个人加入不同团队的数量，允许整个组织的团队参与。
- 卓越的团队会评估他们的进展和流程，并关注如何提升其工作实践。此外，团队合作问题和冲突不被容忍，问题要靠相关方共同来解决。
- 团队共同制定决策。不仅仅是领导的选择（或者声音最大的成员）。决策是由团队及团队成员共同制定和支持的。

这些特征表现为分享、合作与协作、一致决策。

> **引用**
>
> 这是一个关注个体团队的问题，确保他们有不同的视角、不同的观点、不同的背景。
>
> ——戴维·格林（David Greene）

5.7.3.1 分享

团队成员必须打破界限，和其他成员自由地共享好的或是坏的信息。这里没有隐藏的动机，团队成员必须做好准备接受挑战，相互支持。整个团队要知道他们的目标是否一致，如果不是，要一起努力寻找解决方案。团队是敏捷的、灵活的、创新的和不断学习的，要作为一个团队进行学习，而不仅仅是团队中的个别成员。

5.7.3.2 合作和协作

团队成功的关键是合作和协作。团队需要识别并利用彼此的强项来达成共同的目标。整个团队需要为实现共同目标做出贡献，并向团队的其他成员提供支持和鼓励。当团队成员需要帮助时，所有团队成员都需要站出来提供协助。协作指的是与他人共同努力实现共同目标。当团队相互协作时，可以实现个体单独行动所无法实现的结果。在这种情况下，团队的力量实际上是大于个体力量之和的。

> **引用**
>
> 团队的定义是什么？在一起时，每个人可以做到更多。
>
> ——佚名

在一个协作的环境中，每个人的贡献都是有价值的。应该定期审视所在组织的协作水平，以确保达到预期的结果和确保平等。在成员之间相互协作的组织中，协作应该是理所当然的，也是正常的工作方式。如果有些人过于安静或害怕合作，有工具或技术可以帮助他们表达自己的想法，例如，在便笺上写出改进的想法。协作包括对成果的责任共享和资源共享。合作、尊重和信任是协作所必要的元素。

协作的另一个关键点是鼓励参与，包括：
- 提供反馈；
- 识别和解决问题；
- 学习和分享知识、经验；
- 分担甚至交换责任；
- 加强协作行为管理；
- 确定并保持承诺。

跨职能和跨专业的工作支持协作，因此，重要的是团队拥有跨组织的能力，包括不同的技能和观点。

5.7.3.3 一致决策

协作组织制定共识决策，因此他们需要为员工提供尽可能多的机会，在轻松和非正式的场合进行交流。共识决策听起来有点混乱。这并不意味着要少数服从多数，也不意味着人们应该保持沉默并同意某项决定以避免冲突发生。

如果团队成员认同某个决定，或者他们的观点被听到和理解，即使该决定、观点没有被接受，也会达成共识。一旦达成共识，某些团队成员对该决定"同意各自保留不同意见"，但他们仍然愿意为其成功而努力。

5.7.4 建立团队文化

团队文化促进且重视协作。通常情况下，组织奖励个人成就，专注于"赢"和"最好"。这不仅仅是在工作的环境，学校和家庭也是如此！管理层正在慢慢改变这些传统的奖励方式，更关注和强调团队协作。要想使团队文化发扬光大，应注意以下几点。

- 清晰地传达领导者对团队合作和协同的期望。
- 执行领导者以身作则，展示给组织中其他成员关于团队协同和合作所期望的一致的行为。
- 团队协同是一种组织价值。
- 团队协作应该被奖励和认可（薪酬、奖金、其他奖励）。
- 组织应该加强对成功团队的案例分享和宣传（例如，一日内签下大额销售订单；通过战略性采购降低25%的成本）。此外，对优秀的团队成员给予晋升的机会。
- 绩效衡量强调并认可团队合作。衡量需要反映整个组织的评价（称为360°测评），团队合作是期望的交互行为。

建立优秀的团队，赋予其具体使命，给出清晰的期望和职责。长期看来，团队建设活动（如破冰、游戏和挑战赛）往往是失败的，因为这些在研讨会或者周末活动的收获无法转换到办公室中。这些活动应该与具体的成果关联起来，组织必须理解，团队建设应该是工作活动的一项日常行为，并跨越整个组织各层面。

6 服务提供者面临的常见挑战

🔑 本章介绍

在本章中,我们主要讨论服务提供者所遇到的一些常见挑战。服务管理专业人员应能够提前认识到可能遇到的挑战,以便提前做好应对准备。

本章包括:
- 关系管理;
- 期望管理;
- 知识管理;
- 沟通管理;
- 管理X—代,Y—代,Z—代;
- 组织变革管理;
- 变革失败分析;
- 组织行为管理的方法。

6.1 关系管理

> 📄 **定义:关系管理**
>
> 关系管理描述了利益相关者之间是如何相互作用的。组织需要制定一个关系管理的策略并定期监控他们的关系。关系管理包括内部和外部的相互作用,例如:
> - 组织与其消费者或客户间的关系(通常称为客户关系管理)。
> - 组织内部各种能力的伙伴之间的协作关系(通常称为组织内业务关系管理)。
> - 组织与供应商之间的关系(通常称为供应商管理或合同管理)。

人们普遍认为,服务管理中对"人"的管理要比工具和技术的管理更难。许多组织认为关系管理是一个较大的挑战,所以我们在这里将对一些关键点进行讨论。关系管理需要考虑的具体方面如下。

- 内部关系管理

- "孤岛"与部落主义；
- 虚拟团队。
  - 外部关系管理
    - 消费者；
    - 供应商。

6.1.1 孤岛和部落主义

团队具有共同的形象，建立在共同的技能上——更多信息请参见第 5.7 节。他们在整个团队中形成了可被感知的地位，大家团结一致。但是每个团队都有潜在的风险，那就是以自我为中心，像这样的团队虽可能会做得很好，但只是考虑自身团队的利益和地位，这就是"孤岛"；因此团队会延迟变革并阻碍创新，这种行为也称为"部落主义"。

> **定义：部落主义**
>
> 部落主义指的是人们对特定社会群体的忠诚，以及这种忠诚影响他们的行为和对待他人的态度。

请注意，表 8 显示了一个真正的团队和一个有部落主义或孤岛主义的团队之间的区别。

表 8 团队与"孤岛"/部落主义对比

团队	"孤岛"/部落主义
共同的形象	共同的形象
信息共享	信息封闭
关注整体的目标（森林）	只关注他们自己的目标（树木）
主动建立社交关系网	孤立并封闭
我们和他们	我们 vs 他们
协作	控制

为了应对这一挑战，提高团队的工作效率，实现组织的整体利益，领导层应承担起明确定义目标并采取有效措施的责任，包括：

- 明确定义团队的角色和目标；
- 分享组织战略和主张；
- 在战略层面上明确各项举措的优先级，以支持团队内的优先顺序；
- 赋予决策权；
- 牢记协作与沟通。

6.1.2 虚拟团队

当今的技术进步与不断变化的商业模式，重新定义了传统面对面的团队。许多团队现在都是虚拟团队，成员遍布全球，且不受区域、语言、文化的限制。移动技术的出现，使"随时随地办公"成为可能，我们可以在任何喜欢的地方、时间进行工作，而不再受朝九晚五的工作时间限制。很多组织现在已开始考虑在全球范围内招募它们所需要的人才，团队成员也没必要集中在公司总部办公。借助沟通和协作工具，以及正确的管理，虚拟团队的工作效率可以和传统团队的效率一样高。当然，管理虚拟团队也面临很多严峻的挑战，以下几个指导方针可以帮助管理虚拟团队。

- 在团队建设初期，如果团队成员能够面对面地工作更好。面对面的方式对于团队成员之间建立关系和增强信任更有效。应该花费时间来建立团队的共同愿景与指导方针。可能的话，还可以考虑让团队成员之间多进行私人联络。
- 应明确任务并说明如何完成，而不只是明确目标。对虚拟团队来说，协同工作是一项挑战。
- 尽可能简化任务，分配到小组，并在任务完成后进行复盘回顾（复盘结果可以是对流程的改进或团队技能/能力的提升）。
- 保持持续沟通并明确沟通方式和规则。像面对面的会议一样，建立虚拟会议的基本规则（例如，消除背景噪声、语速、私聊）。此外，制订定期会议计划（例如，固定在某天的某个时间点），并考虑时区问题（尽可能进行时区轮换）。提前准备并公布会议议程。
- 利用最好的通信技术。如果虚拟会议的通信技术不可靠，那么会议的效果一定非常差。为了满足虚拟团队会议的需求，应确保通信技术可靠。
- 使用一致的沟通语言。即便是使用相同的语言，不同的文化背景对词的理解也不尽相同，所以要花费一些时间对重要的单词或短语进行讨论并达成一致的理解。
- 创建一个"虚拟咖啡机"。允许团队成员共享信息并加强社交关系，如果没有这种互动机制，会议将成为以任务为中心的会议，且将削弱已经形成的凝聚力，要充分利用好虚拟团建活动的实践。
- 跟踪并阐明承诺目标。虽然任务和流程已详细说明，但没有一种简单的方法可以查看和跟踪工作效率。建议使用共享的视觉工具，警惕虚拟微观管理的风险。
- 分享领导力和创造自主性。在团队内部分配责任，并鼓励团队成员之间相互指导。这样做有什么好处？增强参与度！
- 定期的一对一沟通有助于增强团队活力。通过一对一的会议来检查状态，提供反馈并保持成员和团队目标之间的一致性。

6.1.3　客户关系

服务提供者需要与消费者建立有效的关系。消费者可以是个人、其他组织，或二者的组合。对于数字化服务，服务提供者与消费者的直接接触较少，服务产品可以通过网站销售，或通过App进行消费。服务提供者需要考虑到消费者在数字技术交互时的体验。企业是否需要调整沟通方式以满足消费者的期望呢？消费者关系需要考虑的重要方面有：

- 互动；
- 精简的沟通；
- 定制化；
- 透明性。

6.1.3.1 互动

交互式沟通,而不是静态沟通,可以帮助服务提供者与消费者之间建立良好的关系。组织需要考虑以下方面:

- 应该如何通过社交媒体响应消费者?
- 是否需要提供(或自动的)聊天工具?
- 消费者期待的响应时间是多久?
- 服务提供者响应时间是多久?是否合适或需要调整?

6.1.3.2 精简的沟通

在数字化时代,企业可以通过电子邮件、短信、在线广告等多种方式和消费者取得联系,因此沟通过度成为一种普遍的抱怨。有效的沟通是精简的,并且不会被消费者"拒之门外",这样的沟通有助于在服务提供者和消费者之间建立一种有效的关系。

6.1.3.3 定制化

服务提供者可以根据消费者的特征进行个性化的联系。这样可以确保他们在正确的时间向正确的人传递正确的信息。千篇一律的沟通方式非常低效。自动化和分析技术,让服务提供者可以根据性别、社会地位等信息来确定适合的沟通方式,并向每个受众传递定制化的信息。

6.1.3.4 透明性

关系需要诚实和透明。在一个人们可以即时访问大量信息源和拥有庞大的同事和朋友网络的世界里,他们可以很容易地验证信息并发现任何不真实的情况。

6.1.4 供应商关系

> **定义:供应商关系管理**
>
> 供应商关系管理是业务中组织系统与第三方在原材料供应和服务的交付方面的互动过程。

供应商通常通过合同进行管理,所以合同管理是一个重要的考虑因素。从以往经验来看,组织和供应商之间的关系往往是供应商如何将组织与一个利润丰厚的长期合同联系起来,以及组织如何以最低的价格获得供应商的产品或服务,然后在不改变合同条款的情况下提出更多的需求。这可以说是一个"输和赢"的关系。在当今的商业环境中各类供应商相对容易接触,而组织可能分散在不同的地理位置上,应该基于自身的情况合理选择供应商。

如何建立良好的供应商关系呢?考虑下面这些要点。

- 了解整个供应链。它的成本和带来的价值。
- 充分利用供应商和组织之间的合作关系。创建两者可以共同参与的工作,而不只是供应商为组织单向服务。
- 委托方组织要肩负责任。应提前仔细做好计划,将紧急情况和危机的发生概率降到最低。

- 制定一组经过双方协商的指标来衡量绩效。"握手协议"（handshake agreement）很好，如果没有相应的衡量标准，委托方和供应商可能对交付的成果有非常不同的看法。
- 奖惩计划。对好的绩效进行奖励，对不好的绩效进行惩罚，奖优罚劣，同等重要。
- 沟通至关重要。确保任何计划或政策的变化都要得到充分沟通。考虑供应商是否需要在适当的计划会议（在遵守安全和保密的原则下）中派代表出席会议。
- 与供应商一起制订连续性计划。随时准备一份可实施的应急计划。
- 注重诚信。如果供应链被中断，应有及时的通知（免予处罚）。

现在许多组织从多个供应商获取服务。这带来许多好处，但也可能导致额外的管理开销。服务集成与管理（SIAM）是为支持多个供应商的组织而开发的一种方法，这部分将在第 19 章中介绍。

6.2 期望管理

> **引用**
>
> 愤怒总是来自对期望的失望。
>
> ——艾略特·拉森（Elliott Larson）

期望管理的能力是服务环境中最困难和被低估的技能之一，也是服务商面临的诸多挑战的根源。

> **定义：期望管理**
>
> 期望管理是"一个正式的过程，用于持续地捕获、记录和维护参与到交互中的所有相关人员的期望，包括期望的内容、依赖性和稳定性，并应用这些信息使得交互更加成功"。

期望管理做得好，可以让你驰骋于在商业环境中，且避免组织与供应商之间可能发生众多冲突。期望管理的一个信条就是"留有余地地承诺和超出预期地交付"。从消费者的角度看，承诺过多且交付不足等同于失败。

服务提供者通常会说"我们为此付出更多努力"和"我们要让客户满意"。能够提供比客户期望多一点的东西确实很好，但服务提供者也需要小心。如果他们经常超预期交付，这将为消费者设定一个新的期望水平。很快，超预期交付就会被消费者视为正常的服务，也就没有什么值得高兴的。

期望管理的关键要素有：
- 清晰；
- 永远不要假设；
- 要有一个备用计划（应急时使用）。

6.2.1 清晰

管理期望的第一条规则是理解期望的内容。不要做任何假设（见第6.2.2节）。公开讨论期望的内容、如何实现以及如何衡量是否成功。这些工作需要尽早去做，并一直循环下去。通过以下方式可以提高清晰性。

- 设定边界和提供框架。明确阐明目标和方向（它如何与组织目标的实现相关联），并定义其范围，甚至是定义哪些是有效性工作。通过这一步，为团队成员提供主动工作、融入、创新的空间。
- 提供状态更新。制定一个预启动会议以及定期的状态更新会议，参会者包括利益相关者和团队成员。这样做的目的，不仅是确保每个阶段的设置都高效，而且连续的会议也有助于将任务、产品或服务始终保持在预先定义和协商的边界及控制范围内。
- 分配角色。团队是否具备满足要求的必要能力？是否为每项任务分配了责任人？每项任务的联络人是至关重要的——这使得沟通变得更容易，报告也更容易。
- 明确风险和预算。定义潜在风险并制定应急措施（见第6.2.3节）的能力是一项随时间和经验不断积累的技能。如果有边界清晰的合适结构，风险和预算的制定及管理将会变得很容易。
- 信心。当期望值不切实际或计划的某些方面处于危险时，要大声说出来。虽然讨论可能会让人感到不舒服，但符合实际的成果对所有参与者来说是更加成功的。拒绝是一门艺术，一定要平衡组织的需求和团队的能力。开诚布公的交流，信守承诺，这两点将给所有参与者和团队增加信心。

> 🌐 **现实案例**
>
> 许多组织误以为建立复杂的文档就是追求清晰化。一个服务的文档包括复杂的合同、内部协议、报告计划、服务水平协议等。这些文件往往在起草时就有问题，知之甚少，执行不力。
>
> 这样会导致所谓的"西瓜效应"，即"绿色其外，红色其中"。服务提供者虽然满足了个体目标，但端到端的服务没有满足消费者的需求，它不能为消费者带来满意的成果。这应该是服务提供者担心的。
>
> 这可能对服务提供者来说是好的，已经达到它的目标了，但如果客户不高兴，他们将无法建立长期良好的合作关系。这种情况下，目标并不与业务的需求一致。
>
> 正确的文档管理很重要，但"清晰化"是以有效的关系、沟通和反馈为前提的。

6.2.2 不作假设

我们都知道关于假设危险性的警告——它们可能并不总是正确的。如果管理期望的前两个方面都实现了，那么这个原则就不会起作用。清晰化和良好的沟通（公开透明的）消除了假设。但是这里还有另外一个含义——对消费者和提供者来说什么是"足够的"。需要回答以下问题：

- 什么是成功？如何衡量？
- 怎样才算"完成"？

- 项目/产品/服务何时完成？

6.2.3 制订应变计划

应变计划指的是在意外发生时我们的应对措施。大多数项目都是从一系列明确定义的目标开始的。有些容易实现，有些则具有挑战性。这些目标实际上是基于一些关键假设的，如果这些假设不成立或环境发生变化该怎么办？考虑风险并制订替代方案或应变计划，需要明确：

- 什么会使关键目标置于危险之中？
- 发生这种情况的可能性有多大？
- 如何将风险降到最低？
- 有什么备选方案？
- 需要哪些必要的资源或支持？

制订应变计划是为了减小潜在风险及其影响。一定要与直接面对客户的一线员工进行讨论——他们的看法是什么？如何降低风险，或者如何确保意外不发生？小组讨论有助于培养更加积极主动和有意识的团队，而且他们能够对变化的环境迅速做出反应。期望通常是基于过去发生的事情——了解公认的惯例，并开发出更好的方法。

6.3 知识管理

知识管理在数字化企业中至关重要。越来越多的知识和信息呈现在越来越多的设备上。数字服务带来更多的数据。信息得到更快的处理和传递。信息泛滥可能是真正的挑战。

知识管理一直是关于创造、发现、整理和编纂知识的，以便在需要时能够找到。这些没有改变，但在数字化环境中，有更多的知识需要处理。组织处于快速和敏捷的世界中，并且需要对不断变化的需求做出响应，及时获取知识的能力就变得尤为重要了。

知识分为三种类型：意会的、显性的和隐性的。

6.3.1 知识的类型

6.3.1.1 意会知识

这类知识是来自个人经验，储存在你的大脑中。这是最难掌握的知识类型，它基于经验和直觉，比如，知道某个同事在某种情况下会做出怎样的反应。

6.3.1.2 显性知识

显性知识是以某种方式被记录、分类、标记，使它容易被发现的一种知识，这类知识更容易储存和访问。挑战就是如何保证它是最新的且有价值的。员工手册就是一种显性知识。

6.3.1.3 隐性知识

这是一种没有被记录但可能存在的知识。它通常融入组织的文化和运营中。例如，每个人都知道必须按下大门旁边的绿色按钮，才能开门出去。

6.3.2 知识管理的技能

需要新的技能来帮助员工应对知识管理带来的挑战。员工需要学习如何使用组织提供的工具和平台来获取和分享知识，这些工具和平台允许员工持续地获取知识——而不是在一定时间内完成了事；使用知识管理系统，并且衡量知识管理给工作效益带来多少提升。

知识管理所需要的一些技能包括：

- 创建；
- 整理；
- 组织；
- 分享；
- 利用。

另一个重要的技能是监控和衡量知识的使用情况。它有助于理解一项知识的价值，还可以确定知识是否需要更新或删除。

6.4 沟通管理

沟通太多，沟通不足，沟通方法不对或沟通形式错误是沟通中常见的问题。沟通对组织来说是一个真正的挑战。无论对何种应用——商业、服务交付还是个人来说，沟通都是一项重要的技能。良好的沟通取决于理解需求和沟通对象。下面的五个部分需要考虑：

- 发送者；
- 上下文信息（例如，发送者的情绪或非语言交流）；
- 接收者；
- 传递机制（例如，口头、邮件、文字、海报、视频等）；
- 内容。

以上五个部分一起发挥作用的时候，沟通效果会比较好。

6.4.1 沟通计划

提高沟通的清晰性是一种沟通能力。作为期望管理的一部分，应进行充分沟通。沟通并没有什么神奇的方法，基于利益相关者的明确需求是核心。明确的沟通计划应包括：

- 范围；
- 角色；
- 任务和责任；
- 时间表；
- 沟通的类型；
- 预期的和实际的沟通结果；
- 如何升级和与谁升级。

这个计划是一个动态的文件，应该在整个生命周期中进行回顾和更新。参与者也会改变沟通偏好。定期回顾计划，确保维护其重要性。

期望是基于个人的独特经验而形成的个人认识或观念。这些观念来自过去的经验，既有消极的一面，也有积极的一面。人们所期望的可能是过去已经发生的事情的再现。因此，请记住，倾听（沟通的关键部分）不只是听到顾客所说的内容，还要试图了解他们想要什么，以及他们的感受。

> **引用**
>
> 每当我问顾客需要什么的时候，他们总是会说需要跑得更快的马。
>
> ——亨利·福特（Henry Ford）

制定一个良好的沟通框架来支持该计划，包括以下内容。

- 提问和倾听的能力。沟通是双向的，确保我们能够接收信息，并提供反馈。
- 创建共享的待办事项列表。使用适当的工具，创建有助于跟踪任务、里程碑、交付物的清单。整个团队都能访问，每个人都知道谁什么时间做什么事。管理者可以掌握最新状态，积极支持那些可能陷入困境的人。
- 召开状态更新会议。考虑召开启动会和利益相关者及团队参加的状态更新会。启动会议应该包括以下几步。
  - 介绍；
  - 范围回顾：确保所有利益相关者了解到范围包括什么（不包括什么）；
  - 时间表回顾：明确定义交付日期和复查周期等项目，并讨论如何处理延误；
  - 需求回顾：所有需求都要记录下来，并达成一致，确保每个人都了解成果；
  - 沟通回顾：工具、时间、方法；
  - 下一步：简要回顾一下期望和任务分配，确保每个人都知道自己的责任以及下次会议之前需要完成的行动项目。

团队和其他利益相关者的状态更新会议在内容上有所不同。团队状态会议倾向于更快的，作为一种回顾和强调任务的责任感。团队状态会议应以对团队行之有效的方式进行。这些会议也有助于团队成员之间建立融洽的关系。利益相关者的会议（例如与执行董事会、发起人或消费者会议）会比较正式，可能包括以下报告：

- 自上次会议以来所做的工作；
- 目前正在做些什么；
- 公开的活动项目；
- 时间表和预算更新；
- 潜在的风险。

最后，服务提供者需要有能力发布"坏"消息。传递坏消息并非易事，当预见有可能出现问题的时候要发布出去，而不是等到真的出问题了才去做。请记住，在状态报告中，有部分内容是关于风险报告的——在这里披露事项，时刻准备着向利益相关者提示潜在的风险，有备则无患。

> 🌐 **现实案例**
>
> 2007 年，捷蓝航空公司在美国东海岸发生冰暴后 5 天内取消了 1000 次航班。捷蓝航空收到客户的投诉，但以最佳方式处理了这一情况：
> - CEO 没有推卸责任，而是写了一封公开道歉信。
> - 捷蓝航空清晰地解释了补偿方案，并表示尽快恢复运营（清晰化和沟通）。
> - CEO 多次接受公开采访，并致歉。
>
> 清晰的沟通帮助捷蓝航空公司将其声誉受到的影响降至最低。对于一个以客户服务作为差异化竞争优势的服务提供者来说，这是一个重要的成果。

6.5 跨代管理

管理、激励和留住员工对任何组织来说都是一个挑战。领导者和管理者必须识别出每一代人的独特特征，因人而异。表 9 提供了不同时代人的主要特征概览。

表 9 美国不同时代的特征

	婴儿潮时期 （第二世界大战后）	X 一代 "失落的一代"	Y 一代 "千禧一代"	Z 一代 "数字原住民"
出生年份	1945—1964 年	1965—1981 年	1982—1995 年	1995 年至今
普遍特征	• 野心勃勃 • 乐观 • 忠诚	• 个人主义 • 独立 • 足智多谋 • 质疑权威 • 自力更生	• 聪明 • 创造力 • 充满希望 • 业绩导向 • 技术控	• 及时行乐 • 精力充沛、热情高涨 • （缺乏社交技能） • 多任务
座右铭	• "生活为工作"	• "工作为生活" • "懈怠"	• "为快乐而工作" • "对我意味着什么？"	• "永远在线"
工作重点	• 信息、知识与逻辑规则主导 • 不重视权威或专家	• 注重权利和技能 • 关系和成果 • 热情	• 工作场地灵活； • 高绩效、难维系 • 团队导向 • 以家庭为中心	• 在线搜索 • 技术专家 • 企业家与创新
工作需要	• 传统的通信手段较强的职业道德	• 弹性工作 • 自我突破 • 多样化	• 灵活性、远程办公 • 能够兼职 • 快节奏 • 学习机会 • 管理并提供即时反馈	• 在培训上投资（提高技能） • 提供很多奖励 • 好的沟通和支持 • 提供理想的职位 • 提供影响社会的机会

每代人的特征也是广义的，理解这一点是非常重要的。随着时间的推移，每一代都会延续到下一代的发展中，新的一些行为也会融入其中（例如，五六十年代的人学会了发送短信和使用社交媒体发送信息）。

换句话说，隔代之间的差异会随着每一代人的年龄增长而逐渐消退。此外，每一代都得益于上一代的创新（例如，技术娴熟是"千禧一代"人的共同特质，但这些技术是"婴儿潮"

时期和"失落的一代"创造的）。

6.5.1　X一代

这一代中的大多数人都要面对和适应父母双方都在工作（"挂钥匙的孩子"），使他们成为更加独立、自力更生、足智多谋、自治、质疑权威的群体。他们看见父母过度劳累和压力过大，所以X一代倾向于走进不同的工作场所，敢于质疑管理者和权威，对企业忠诚度、社会地位和长期的职业生涯兴趣较低。这也形成他们的家庭观——重心在家庭上，并保持工作和生活之间的平衡。X一代更加强调他们的权利和技能、关系和成果。有效的领导是至关重要的，他们想为一个有能力的、值得尊重的管理者工作。

这个群体的管理者要意识到高度的独立性，给每个人分配完项目或是任务后，放手让他们去做。X一代希望能管理他们自己的时间（例如，灵活的工作时间，制定自己的时间表），解决自己的问题而不是被管理。最好的激励方式是说："照你的方式做"或"找一个新的方法来做这件事"。由于他们天生的质疑性和独立性，会议可能具有挑战性——想法会被否决，取而代之的是新的想法出现，因为X一代是创造性的问题解决者。效率是珍贵的，找到一个更好/更快的方式来完成任务是X一代的核心工作，因为那样可以花更多的时间在家庭上或去追求个人兴趣。

6.5.2　Y一代（"千禧一代"）

秉承"我能做任何事"的态度，Y一代希望被看到、听到和被接受。没有他们的父母那代人那样独立，在高效能和高成就的环境中成长，但仍然需要他们父母的职业建议。

Y一代是在快节奏环境中成长的，与他们的父母不同，他们希望接受管理并且在工作中能及时收到反馈。机会比支撑社会进步的工作保障和职位更重要，同时，公平性将会吸引Y一代。这一代人技术娴熟且团队融洽，同样以家庭为中心，希望在弹性的工作环境中，心态乐观，喜欢社交。

管理这个群体，请考虑如下事项：
- 团队的多元化使得团队合作是优先事项。通过描述组织的社会贡献来招募。
- 由于他们对技术的敏锐性，确保工作环境中有新技术的应用。通信方式倾向于即时消息、电子邮件或其他社交媒体。
- 多任务非常重要，停工是一种时间的浪费。
- 弹性的工作计划和轻松的工作环境很重要。再次强调社交化（在社交环境下工作也在进行）。
- 提供学习机会，包括报销学费或提供培训，以提升新的技能。
- 提供一个改变世界的机会。

6.5.3　Z一代

Z一代作为一个正在被研究的最新群体，也是发展中的一代人。大多数研究人员都认可这一群体始于1995年，但对结束日期没有获得普遍认同。然而，我们一致认为，这一代人的成长过程与其他时代的人相比，更具有不确定和根本的差异（例如，恐怖主义、气候变化和社交媒体的兴起）。这一代人生活在智能手机或便携式设备中，他们期望信息更及时——不愿意等待答案。经常接触数据流和互联网访问可能会产生一些影响，丧失概括或确认信息的能力，缺乏社交技能，但具备多任务的能力。这群人已经给人留下了热情奔放和活力四射的印象。

这一代人通常被称为"数字时代原住民"，他们是伴随着数据技术的发展成长起来的。

这对当今的管理者意味着什么？首先，记住这些人是公司的未来。这个群体可能难于管理，解决如下措施将带来持续好处：

- 创建一个职责明确的工作小组，确保有一个同级组长，一套容易理解的指令系统；管理者领导这个小组的同时也在这里教学。
- 建立一个能够经常变化以满足期望的奖励体系。
- 培训这个群体。Z—代需要更多的培训，如克服挫折、人际关系和社交技能等方面，以便更好地履行其职责。
- 提供机会，这个群体天生具有创业精神。创造梦想，并向他们展示如何实现梦想。

6.6 组织变革管理（OCM）

组织层面的任何变革都是具有挑战性的，在这里，我们将会讨论克服这些挑战的一些技巧。要实现组织变革，就要注意并接受这些观念：

- 变革总是需要较长时间，成本高于预期；
- 利益相关者管理是至关重要的（参见第6.6.2节）；
- 参与变革过程和变革决策的人，总比那些感觉自己被冷落的人更容易接受变革。

为了成功地实施文化变革，最好提前引进一些组织变革管理实践。它提供框架、准备、动力，给拥抱和接受变革的人们提供教育。这些实践包括：

- 科特"八部曲"；
- 利益相关者管理；
- 赞助；
- 支持计划。

采用任何新的管理实践、工作方式、结构或模式都包含文化变革的因素，没有有效的组织变革管理实践，任何组织变革都会面临较大的失败风险。

6.6.1 科特"八部曲"

约翰·科特（John Kotter）的《创建变革的八步流程》自从1990年出版以来，一直被成功地应用于组织变革。2014年，科特更新了步骤（变革加速器）来反映快速变化的世界。原来的八步流程依然是有价值并且有效的，因此，根据组织类型与文化来选择实施的模型。这两个模式都适用于战略变革、流程再造或是质量提高计划等情况。表10比较了这两种模型。

表 10　领导变革与加速器

领导变革（1996 年）	加速器（2014 年）
有序地应对变革	步骤是并行的和连续的
领导者是一个小而有授权的群体	代表整个组织的志愿军（多样性）
传统的层级组织	网络化组织（志愿军）与传统的层级组织的结合
线性的，单一的侧重点	更敏捷——不断地识别机会和完成变革

这两种模型解决了常见的转型问题：
- 自满；
- 缺乏领导力；
- 缺乏愿景；
- 沟通不畅；
- 缺少短期的成功；
- 太快放弃努力；
- 缺乏持续的衡量。

不解决这些问题会导致重新设计的资源浪费、策略失败、预期结果无法实现、未提高质量等后果。还要考虑对软性管理（例如员工激励）的影响，或是对消费者的影响（参考变革疲劳，见第 6.7.4 节）。提升管理技能来应对变革对服务领导者来说是至关重要的。这两个模型的八个步骤如表 11 所示，根据组织环境决定使用其中之一。

表 11　科特：领导变革与快速的细节

序号	领导变革（1996 年）	加速器（2014 年）
1	建立紧迫感——了解市场或竞争态势，并讨论危机或机会。	创造紧迫感——利用机会（情感的和理性的）吸引"志愿军"紧急行动。
2	建立一个指导团队——组建一个具有领导变革能力的团队，团队之间互相合作。	创建一个指导团队——创建一个能够引导、协作和沟通的高效的"志愿军"队伍。
3	制定愿景和战略——一个引导变革工作的愿景，一个规划实现愿景的活动的战略。	战略愿景和倡议——精心设计和快速执行的活动，有针对性地、协作性地将愿景变为现实。
4	沟通愿景——通过多种途径持续地传达变革愿景和战略是至关重要的，领导者也要言传身教新的行为。	招募"志愿军"——让大量积极参与的员工激发和驱动变革，从而实现共同目标。
5	赋能行动——消除障碍，改变破坏愿景的系统/行为，并鼓励冒险（尝试非传统的活动、想法和行动）。	消除障碍赋能行动——消除无效的流程或层级，允许跨组织创新。
6	创造短期成效——及时庆祝小的成效，认可相关的团队成员。	创造短期的胜利——收集并归类短期的胜利，来展示可见的业务成果。
7	巩固成果再接再厉——利用已有的成功，在其他系统、服务和实践中继续推进变革，为新的项目引入变革流程。	持续加速——战略上的适应加速变革的环境，会带来商业收益，并使组织更接近他们的愿景。
8	植入变革基因——将变革视为新的行为规范，确保变革成为企业文化的一部分，继续提升领导者和有效的管理实践。	变革的制度化——敏捷性和速度是商业需求，将新行为与组织的成功联系起来。

反映当今商业环境的两个最引人注目的变化是"志愿军"的概念和持续强调庆祝"小胜利"。

首先,"志愿军"。考虑一下当今的商业环境和Y—代、Z—代如何逐渐成为主要的工作群体(参见第6.5节),他们的主要特点是以人和团队为本,所以创建这个志愿军是非常必要的。只要变革对他们来说有吸引力,他们就会立即广泛参与进来。

其次,庆祝"小胜利"。利用不同时代人的影响因素,是什么驱动了他们的兴趣和支持?是随着Y—代和Z—代人的不断增长,改善的数据和取得的成果(一组的胜利)能满足这个群体的需求。正如科特所说:"胜利是结果的分子。"X—代、Y—代和Z—代都关注成就,因此,一定要以一种能引起团队共鸣的方式呈现这些信息。例如:

- X—代:胜利等于和家庭有更多的时间;
- Y—代:胜利创造社会变革;
- Z—代:胜利是赢得奖励。

无论采用哪一模式的八步法,许多阶段都是同时或并行地进行的。这八个阶段不是以纯线性方式执行的。一定不要跳过任何一个阶段;阶段1~4为筹备活动,为组织的变革做好准备;阶段5~7引入新的实践;最后一个阶段是将变革融入企业文化。跳过前四个阶段往往会产生阻力,没有坚实的基础。跳过阶段8通常会产生一个短暂的期望结果。

6.6.2 利益相关者管理

在任何变更计划中,确定"利益相关者是谁"很重要。

> **定义:利益相关者**
>
> 利益相关者是对某件事情,诸如产品、服务、项目或变更,感兴趣或关注的任何人。

从组织变更管理(OCM)角度来看,利益相关者是那些受到变更影响或影响变更的人。利益相关者可以是组织内部的或外部的,例如:

- 员工/雇员;
- 管理层;
- 高管;
- 股东;
- 供应商;
- 客户;
- 媒体;
- 政府机构;
- 合作伙伴;
- 项目/变更发起人。

虽然这个示例列表很长,但是理解每个群体的兴趣和变革带来的影响是很重要的。有一个简单的方法来做这个分析,使用一个四方网格(见图15)。方法很简单:根据权力高低和他们对变更的兴趣程度,将利益相关者(或利益相关者群体)对应到四个网格中,然后使用适当的参与和沟通（参见第 6.4 节的一个沟通计划）来管理他们。首先在项目或变更团队中完成此映射，然后在项目或者变更的整个生命周期中审查它——这些利益相关者可以变化。

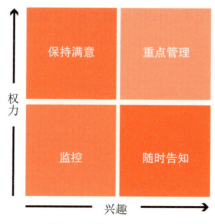

图 15　利益相关者分析

6.6.3　发起人

任何变更都需要一个发起人——一个人（或一些团队），不仅要捍卫变革，而且要在执行变革的团队和受变更影响的团队之间充当"缓冲区"。虽然发起人是利益相关者之一，他们的作用更积极主动。下面列出的一系列发起人需要适当开发一些技能，以便让利益相关者成为一个有效的发起人。这些技能包括以下几项。

- 沟通。信息的清晰性至关重要，变革将会影响他们的同事和员工，对发起人来说，不仅传递信息而且能够接收并处理反馈，是一项必要的技能。
  - 中间人是执行变更团队和受变革影响的团队之间的联络人。良好的沟通技能是接收信息和传递信息的必要条件。
- 说到做到。身先士卒，宣传变革的好处和驱动力。
- 辅导。在团队和个人进行变革的过程中辅助他们。并不是每个人都很容易或乐于接受变革，发起人需要强调变革的必要性（视此为治疗师的角色）。
  - 阻力管理器识别并制定缓解和克服阻力的策略。这些活动与辅导活动一致。

6.6.4　配套计划

为了管理 OCM 活动，有三个可用的配套计划。第一个是沟通计划，在前面的章节中已经讨论过了；另外两个分别是培训计划和阻力管理计划，简单讨论如下。

- 培训计划。简单来说，记录下支持变更必要的技能，并将这些技能与当前可用的其他技能交叉使用。服务提供者要制订合适的计划来获得所需的技能。
- 阻力管理计划。利用利益相关者分析，主动识别潜在的阻力行为。一旦识别出来，创建规避举措（比如针对性的沟通、培训、会议和反馈渠道）来克服它们。

6.7 变革为什么失败

有这么多很好的策略来管理变革，为什么还有很多变革会失败呢？调查资料显示，只有 1/5 的变革能获取成功，2/5 的变革是失败的，剩下的大多是成败参半。导致变革失败的原因主要包括：

- 低效的沟通；
- 变革搁置；
- 太多同时进行的变革；
- 变革疲劳；
- 缺少主人翁意识和参与度。

6.7.1 低效的沟通

沟通有助于可能受变革影响的人提前做好准备。预先设定一个沟通的期望；在变革计划中确定沟通的时间，然后进行开放式的问题讨论。熟悉环境和人员参与都可以帮助缓解但不能彻底消除沟通中的抱怨。在任何情况下，针对信息不足或信息泛滥的抱怨将依然存在。

> **引用**
>
> 任何傻瓜都可以批评、谴责和抱怨——而且大多数傻瓜也都是这么做的。
> ——戴尔·卡耐基（Dale Carnegie），《如何赢得友谊和影响力》（1936）

6.7.2 变革搁置

想象这样一种情况：大量的精力和资源投入到变革中，促使变革快速取得成效。但是当"闪亮的物体"开始变暗时会发生什么呢？变革将被暂时搁置下来，通常发生在变革开始后的 2～3 月内。领导者和管理者应该保持信息清晰一致，与受影响最大的团队共渡难关，处理各种抱怨和应对阻力，否则变革将不会向前推进。

6.7.3 变革太多

变革失败的一个原因是太多的变革同时进行。想想组织的需求，组织不仅要拥抱变化，创造变革以及融入变革，同时也要管理日常运营！

> **现实案例**
>
> 一个组织被要求替换 30 多个国家的核心运营和金融系统。除此之外，由于市场压力，IT 需要启动一个替代的网络电子商务平台，创建一个全球外包服务台，管理 IT 基础设施的整合服务，并实施新的销售工作。这是一项比其他事项优先级都高的变革！
>
> 尽管所有的举措都得到了高层支持，员工都能清晰地看到变革带来的好处，但对员工的要求太高了，最终没有一个项目能达到预期的效果。

6.7.4 变革疲劳

> 📋 **定义：变革疲劳**
>
> 变革疲劳是一种组织文化，由于历史上有些变革失败或效果不佳，导致缺乏进行变革的动力。这样会影响参与者的士气，可能成为变革的阻力。

"变革疲劳"意味着员工或消费者感到与公司脱离，而难以接受变革。当变革太多、太快，让人感到困惑和无助时，可能会发生这种情况。一些前期的变革没有达到预期成果也会导致此类情况。人们可能无法理解变革是如何相互联系的，它们是如何支持组织的目标或对他们意味着什么，他们只想了解"我能从中得到什么好处"。

为了克服变革疲劳，你应该接受变革中存在一些阻力是正常的，并且尽量不要短期内尝试太多的变革。传递全局信息——为什么会发生变革？变革之间如何关联？它们如何支持组织目标？有时候，员工很难理解影响他们的小变革实际上是大变革的一部分。

确保每个变革都能得到预期的结果，能够有效地沟通。激发员工士气，无论取得多小的成果，都值得庆祝。最后，营造一个透明的反馈和改进机制，让所有人都能参与进来。

6.7.5 缺乏责任感和参与度

为了帮助利益相关者对变革感到满意，他们需要以一种主人翁意识参与进来。强加到某人身上的变革通常是让人产生抗拒。

许多先进的工作方式（包括敏捷，见第 17 章）都注重自主性，允许团队去找出哪些地方需要变革。定期的反馈与跨组织的协作，会让人感到自己被重视。

6.8 组织行为管理（OBM）

6.8.1 什么是组织行为管理

在人类行为学中，组织行为管理是应用行为分析的一个分支。它是一种经过验证的、在组织环境中可以提高和改进个人及团队绩效的科学的方法。根据 B.F.Skinner 和其他人的科学实验发现，组织行为管理展示了如何在保持甚至提升质量和士气的同时增加绩效。它可以使"态度"和文化发生持续改变。组织行为管理可以帮助组织控制行为。

6.8.2 为什么组织行为管理如此重要

所有的业务成果，好的、坏的、期望的、不期望的、预期的和意外的，都是人们行为的结果。大多数组织都意识到这些行为非常重要，却没有一种行之有效的改变行为的方法。

交付有效的服务，是指员工在交付或支持产品和服务时，必须采取适当的行动。这些行动通常是"结构化"的、针对特定目标的可重复的一系列行动。组织交付和支持产品的方式在不断地变化，且越来越复杂。组织内使用的管理实践和过程也需要适应这种变化，最终改变员工的行为方式。

不懂得如何改变人们的行为，可能会对组织交付价值的能力产生负面影响。在日常生活中，不恰当的行为会导致成本和风险增加。修复这些不良反应需要付出很多的努力。

> **现实案例**
>
> 在汽车行业，所有汽车制造商都必须遵守国家和国际上有关残留颗粒和二氧化碳排放的规定。在一个汽车型号获得批量生产之前，汽车必须通过排放测试和安全测试。最近有人发现，一些汽车制造商已经找到了绕过法规的方法，似乎通过了测试。
>
> 这种行为对制造商产生了事与愿违的后果。他们不仅要支付高额的罚款，还要承受由此带来的一系列负面影响，如声誉受损和股价下跌。他们必须改变生产流程，才能确保其产品能够通过排放测试。
>
> 无论是在个体、团队还是战略层面，我们都必须从组织中了解和消除不当行为的来源。

人们普遍认为行为改变是困难的，甚至不可能实现，因为人们总是会抵制变革。但是，组织行为管理方法可以帮助达到预期的效果。

6.8.3 什么时候应该使用组织行为管理

组织行为管理关注绩效问题，并通过管理行为变化来解决这些问题。对一个组织来说，从当前状态转变为组织期望的状态，就意味着员工必须自我调整和适应变化。在适当的环境下，他们会这样做。创造这样的一种人尽其才的环境是管理者的责任。组织工作方式的任何变化意味着有一些行为必须停止、改变，必须学习一些新的行为。当我们准备采用新的管理实践作为管理网格的一部分时（见第 10 章），应注意它们对行为的影响至关重要。

组织行为管理有三个组成部分：
- 绩效的概念；
- ABC模型，包括后果分析技术；
- 七步组织行为管理协议。

理解绩效的概念是关键。定义"期望的绩效"有助于确定重要的成果。具体来说，员工需要理解什么是期望的绩效、它们意味着什么以及它们如何形成结果与成果。

一旦确定了预期的绩效，那么 ABC 模型对当前绩效水平进行分析。也就是绩效的基准测量，收集绩效数据，并比较当前绩效和期望绩效的差异。ABC 模型及其相关的分析技术就可以指明需要做哪些改变以达到期望绩效。组织行为管理协议通过系统化地应用一些成果到绩效中来帮助改变组织行为，从而获得更高、更好的绩效水平。组织行为管理塑造绩效达到所需的和更高的水平。

6.8.4 绩效

所有的组织绩效都必须与关键的成果和结果挂钩。任何绩效改进措施要持续进行下去，理解绩效的概念及其在组织变革中的作用至关重要。组织的变革有许多领域和角度，如战略、架构、工作方式等方面的变革。所有这些组织变革的共同点是他们影响到人。更具体来说：它们改变了人们的工作方式、交流方式以及管理方式。

从理论上讲，每一个组织变更都应该是有益的。有益的变更会带来更好的组织绩效。这就是绩效概念在任何组织变革中都起着重要作用的原因：它是衡量组织变革有效性的标准。

如图16所示，绩效由两个要素组成：结果和行为。行为决定结果。因此，绩效有两个衡量标准：实际的结果和产生这些结果的行为。两者都可以被合适地衡量。组织需要衡量结果，并将其与客户的价值、关键成果、成本管理、风险管理等联系起来。

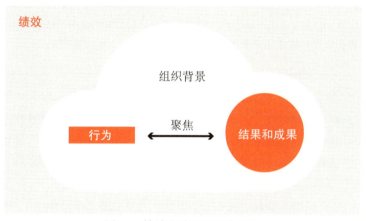

图16 绩效由结果和行为组成

为了能够创建这样的链接，组织必须定义结果。然后，再定义产生结果的行为。更好的结果是指：给客户带来比以前效率更高、成本更低的有价值的功能。当员工偏离于用正确的方式做正确的事时，结果会导致负面影响，潜在的包括价值、客户满意度、成本和风险。

定义正确的绩效是一种管理责任，需要避免一些风险：

- 定义了错误的结果（例如，用衡量代替了实际结果，或定义了不形成关键成果的结果）。
- 没有明确定义期望的行为（例如，必须"更加以顾客为中心"，这是什么意思？）。
- 以"命令和控制"的方式定义期望的行为（没有让实际的执行者参与进来；直接告诉做什么，微观管理）。
- 在还不知道所需的结果之前定义行为，这被称为"活动陷阱"。
- 根据"其他人"所说的内容定义结果（包括过分依赖最佳实践指导）。

6.8.5 分析法

在行为科学中，ABC模型被广泛使用。这个模型也被称为"三重偶然性"，因为公式中有三个变量。

- A代表前因，行为表现之前的一切事情。
- B代表行为，行为表现，能产生当准确定位和衡量绩效时定义的结果。
- C代表后果，行为表现之后的一切结果。

图 17 展示了 ABC 分析法模型。

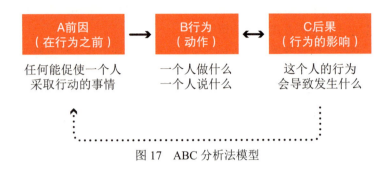

图 17　ABC 分析法模型

注意：从 C（后果）到 A（前因）的虚线，它表示学习过程。我们从过去的行为中学习到的东西（这些行为所产生的经验和成果）将成为未来行为的前因。

> **定义：操作行为**
>
> 操作行为是一种特定类型的行为，它可以被其他人观察到，并且是在执行者的环境中进行操作。我们通过操作行为与周围环境交互，包括物体、植物、动物和人。例如，在你的手机上选择一个电话号码，然后和某人进行交谈，就是一种操作行为。

ABC 分析法模型可以用来解释"操作行为"。所有无法观察到的行为，例如思考和做"白日梦"，都不是操作行为，因为它们不与环境进行交互，也不会产生其他人可以观察和处理的结果。类似这些行为也被称为内部行为。内部行为在被付诸行动之前不是增值活动。例如，如果有人认真思考，并想出了一个绝妙的计划，但并没有付诸行动，那么其他人也就不能与之合作或提供建议。操作行为应该为执行者、同事或消费者带来价值。为了产生价值，你要么做一些事情（可观察的身体行为），要么说些什么（可观察的言语行为）。如果你把自己的想法留给自己，这可能只对你有价值。问题是：你的同事或客户如何从中获益？答案是：当你把这些想法转化为行动和语言时。

改变行为可以通过使用前因和后果来完成。

6.8.5.1　利用前因改变行为

实现行为改变最常见的方法是把大部分的"变革能量"集中在前因上。前因指的是在行为表现之前的任何事情。普遍的一个误解是，前因会导致行为。

使用前因来改变行为和激励他人的例子包括励志演讲、主张价值观的视频片段、将客户放在首位的海报、政策、程序和流程等。这些都是使用前因改变行为的例子。

如果这些都不奏效，组织可能会发表更多的演讲、海报和邮件，或者雇用顾问来确保每个人都能理解变革的必要性以及组织的方向。

这种类型的方法可能需要花费大量的精力、时间和金钱。如果这些都没什么效果的话，它可能就无法产生可行的结果，例如可持续变革的行为，或改善的绩效。

核心假设是，如果向员工解释为什么必须改变行为，他们就会改变他们的行为。

这些活动无效的原因往往很简单，前因与行为之间没有因果关系。前因很容易被忽略。当人们意识到忽略某些前因很安全，这些前因将立即失效。

6.8.5.2 由结果改变行为

美国心理学家 B. F. 斯金纳（B.F.Skinner）指出：行为是其后果的一个函数。简单地说，人们做事情仅仅是因为行为产生的结果（后果）。因此，要改变行为，一种可能的方法是改变行为的后果。后果是跟随行为而来的任何东西。行为产生的后果有四种。两种类型增加产生这些后果的行为的发生，而两种类型减少产生这些后果的行为的发生。表 12 显示了四种类型的后果。

表 12　行为后果

后果	描述
得到你想要的东西	操作行为产生了你想要由这种行为产生的后果（对象、结果、情绪）。例如，通过加强锻炼（行为）来减肥或让自己变得更健康（想要的结果）。
避免得到不想要的东西	操作行为让你避免或回避了你不喜欢的后果。例如，交通灯变成红色，所以你刹车停车，避免事故。
得到了不想要的东西	操作行为产生了一些你不想要的东西。比如，你不小心把手放在一个热炉子上，被烫伤了。
没有得到想要的东西	操作行为花费了时间、金钱和精力，然而并未得到预期、期望的结果。例如，你打电话给朋友，迫切地想要和他讨论一些事情，但每次打电话的时候，收到的总是语音信箱。结果会引导你调整你的行为，你可能发送一条短信给他，而不是打电话。

人们从后果中学习，并根据后果调整行为。人们可以从自己行为的后果中学习，也可以从观察别人经历的后果中学习。例如，当你看到一名司机因超速而被警察拦下时，你可能会放慢自己的车速。从组织的角度来看，我们可以将这一点从个人扩展到团队——团队也可以从他们的行为后果中学习。

6.8.6　将后果与绩效联系起来

交付产品或服务可能需要复杂的行为链。产生某种结果的方法往往不止一种，比如解决客户的问题。有时，"错误"的行为会产生正确的结果，而"正确"的行为会产生错误的结果。当你观察组织中的工作人员时，你会注意到他们的行为模式是"好""不太好"和"不希望的/坏"行为的混合体。

从服务提供者的角度来看，请记住，员工的行为通常会表现得跟培训时的一样，并且会从组织文化中学习行为。

当"错误、坏或不期望"的行为成为一种习惯或组织文化的一部分时，困难就会出现。行为产生后果，组织利用这些知识来调整环境，从而让人们用正确的方法产生期望的结果。这意味着要定义什么是正确的表现，当人们表现出期望的行为时，会增加正向的后果。同样，我们给不希望的行为增加负面的后果，或者从不希望的行为中消除正面的后果。为了有效地做到这一点，组织必须：

- 定义期望的结果；
- 定义所期望的行为；
- 定义适当的后果。

下面介绍 OBM 协议的由来。

> **现实案例**
>
> 一对母女一起游览一个主题公园。她们在游玩时，女儿丢失了玩具。她们到失物招领处找到了丢失的玩具，但工作人员要求她们填写一张长长的表格，并在第二天才可以取回。
>
> 从 OBM 的角度来看，组织需要分析这种类型的行为。工作人员是否在按流程办事？他们是在担心没有完成表格的后果吗？这种已经让客户不开心的行为是否有正当的安全理由吗？
>
> 当一个组织看到奇怪或非预期的行为时，需要问一下为什么会发生，这可以从当前执行者的交谈开始。

6.8.7 协议

为了指导学习过程，组织行为管理 OBM 提供了一个七步法。步骤见表 13。

1. 明确绩效；
2. 衡量绩效；
3. 分析绩效；
4. 提供绩效反馈；
5. 设立（子）目标；
6. 强化期望的行为；
7. 评估、总结和调整。

表 13　OBM 七步法

步骤	详述
明确绩效	可通过两个步骤确定绩效： • 结果； • 产生结果的行为。 首先是结果，其次是行为；这似乎是与正常期望相反的，但是如果没有清晰的定义与业务成果相关联的预期结果，就难以识别必要的行为。
衡量绩效	在明确绩效之后，收集绩效数据（例如，在给定的时间框架中产生多少确定好的结果？）。一旦收集了数据，就会创建一个基准。
分析绩效	可用以下两种技术进行分析能力： • ABC 分析； • 后果分析。
提供绩效反馈	下一步是向个人或团队提供具体的绩效反馈。反馈关联到绩效水平，通过这种方式，执行者就会明白他们可通过做哪些不同的事情来提高绩效。在一个自主管理的团队环境中，反馈能让团队成员在没有显性的方向下知道需要做什么。
设立（子）目标	改进最好是渐进式的实现。要明确了解绩效需要提升到什么水平，我们需要设置最终目标和子目标。设定最终目标是一种管理责任。子目标的功能是建立尽可能多的机会来庆祝成功时刻（快速胜利）。当每一个小目标实现了，都需要进行庆祝。

续表

步骤	详述
强化期望的行为	为了让指定行为成为一种习惯，就需要经常强化。强化增加了指定行为的频率，从而提高绩效。在强化个人或团队的行为时，要注意以下风险： • "认知错误"：有价值的或正面的效果不被执行者认为有价值或正面的。绩效不会增加，这将导致人们认为奖励并不起作用。 • "意外错误"：绩效与奖励/强化之间没有产生联系，这存在强化错误行为和降低绩效水平的风险。
评估、总结和调整	每个 OBM 的引入都需要评估。当引入成功的时候，我们可以分析并解释它为什么起作用。当没有产生期望的结果（提高性能，正确的行为）时，我们需要检查发生了什么。关注点正确吗？衡量是否可靠和精确？我们是否使用了合适的强化手段？解决这些问题，需要领导力、强大的沟通技巧和可靠的数据。

> 🌐 **现实案例**
>
> 在一些文化中，关注个人的绩效会给组织带来负面结果。例如，它会导致团队的偏袒。另一种方法是将变革作为提高组织绩效、减少浪费或增加价值的举措。随着敏捷和精益（见第 17 章和第 20 章）被采用，团队内部的自治、自我指导和学习更加被重视。
>
> 例如，对 OBM 应用更精简的方法和变革可以包括：
>
> 1. 从一个组织做什么开始。
> 2. 使工作可视化，理解所有活动。
> 3. 用不责备的方法来衡量和让失误或错误可视化，例如，这是一个系统错误而不是一个人的错误。
> 4. 让团队认识到改变的必要，进而改进自己并负责这些改进（没有改变的阻力）。
> 5. 授权团队进行决策和改进。
> 6. 承认没有真正"必然正确的方法"，所以让团队根据他们的经验选择最适合他们的方法（来自多个管理实践的想法）。
> 7. 如果改进无效，就废弃它，重新开始！这支持了尝试和学习的文化。

PART 2
VeriSM 模型

在第二部分，我们将探讨 VeriSM 模型，并介绍与模型管理相关的概念。
- VeriSM 模型
- VeriSM 模型：治理
- 与消费者共同开展并完成工作
- VeriSM 模型：服务管理原则
- VeriSM 模型：管理网格
- VeriSM 模型：定义
- VeriSM 模型：生产
- VeriSM 模式：提供
- VeriSM 模型：响应
- 适配 VeriSM 模型

7 VeriSM 模型

> 🔑 **本章介绍**
> 本章主要对 VeriSM 模型进行简要介绍，详细内容将在后面的章节中阐述。该模型主要对如何在组织内定义、生产及提供产品和响应进行了概要的阐述，而对具体活动或使用的管理实践则没有涉及。

VeriSM 模型是一种组织级的服务管理运营模式，其中包括：
- 治理；
- 服务管理原则；
- 管理网格，它使得多种管理实践可以灵活搭配并集成应用。

> 📋 **定义：服务管理运营模型**
>
> 服务管理运营模型体现了组织将如何实施其战略，以及如何通过其产品与服务向客户提供价值。

组织战略与服务管理运营模型之间存在双向关系。一方面，运营模型的设计是从战略中推导出来的；另一方面，组织的战略可能受到运营模型改进和变更的影响。

采用 VeriSM 模型可以为组织带来：
- 定义治理要求；
- 定义服务管理原则；
- 为产品和服务创建符合组织/消费者需要并满足治理要求和管理原则的管理网格；
- 管理一个产品或服务从需求定义到交付给消费者的各个阶段。

使用 VeriSM 运营模型的好处包括：
- 一致与合规；
- 连贯性；
- 优化的流程和资源；
- 减少冗余和重复；
- 决策优化；

- 降低成本；
- 提升价值。

每个组织都有自己的运营模型——这是组织日常工作的基础。企业需要不断反思：现在的运营模型是否达到预期的效率和效益？

如果运营模型不能实现组织所期望的结果，那么组织需要向目标运营模型转变，从"当下"模型向理想的"目标"模型转变。

组织文化（见第 2.4 节）影响运营模型的设计和实现。随着时间的推移，消费者的需求、组织自身的需求、目标、产品、服务、流程以及组织的规模和结构都在变化。因此，实施的运营模型需要有快速适应、迅速响应和敏捷的特性。

每个组织应定期回顾其运营模型，以保证该模型可以继续满足其要求。以下问题可用于指导回顾：

- 当前的模型是在围绕组织流程和需求的基础上建立的吗？
- 有没有最新的流程文档？
- 问题、风险和机遇是否被明确地定义出来并在运营模型中得以体现？
- 有清晰的职责分配和问责机制吗？
- 战略目标是否已经在部门、组织的能力和团队层面分享并同步？战略目标是否被深刻理解并以便将其达成？
- 是否通过系统性回顾要实现的目标来确保我们的工作没有偏离既定目标？
- 是否有适当的衡量机制嵌入运营模型？
- 该模型是否对改善组织级的合规性、一致性有利，并成为必要的支撑要素？
- 与同行标杆企业数据相比，当前的运营模型处于怎样的位置？是否有竞争力并保持与时俱进？

图 18 显示 VeriSM 模型的组件。

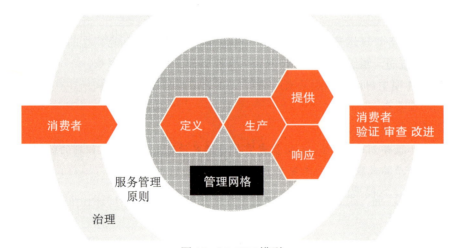

图 18　VeriSM 模型

为了支持价值交付，VeriSM 模型定义了几个关键领域，其完整描述可以在后面的章节中找到。

- **治理**：指导和控制组织活动的基础支撑系统（见第2.5节）。
- **消费者**：对于产品和服务提出需求，体验产品和服务并提供反馈，进一步参与验证、审查、改进活动。
- **服务管理原则**：基于组织治理原则，为交付的产品和服务提供保证，例如有效解决质量和风险问题。
- **管理网格**：定义组织如何将自身的资源、环境和新兴技术与不同的管理实践相结合，以创造和交付产品和服务。
- **定义**：为满足约定的需求构建一个（产品或服务）解决方案。
- **生产**：通过创建解决方案（建设、测试、部署）确保成果可以满足消费者的需求。
- **提供**：新的/变更的解决方案的可用性。
- **响应**：在消费者遇到性能问题、突发事件、疑问或有任何其他要求时，能够及时给予支持。

VeriSM 模型内，治理和服务管理原则是稳定的要素，只有在组织发生变化时才会改变。管理网格是灵活可变的，可以根据产品和服务的需要进行调整。

7.1 始于消费者

消费者提出的需求（预期结果）在 VeriSM 模型中被总结为定义、生产、提供和响应阶段的驱动力。如果不了解消费者的需求和愿望（通常来讲二者极为不同！），服务提供者则无法有效地满足客户需求。

第 11 章详细涵盖了收集消费者实际需求和要求的详细描述。管理网格允许服务提供者以不同的方式响应消费者的需求。定义、生产、提供和响应阶段可以多种方式进行，如并行、迭代或递增，通常的选择是最有效地向消费者交付价值的那一种方式。

7.2 终于消费者

VeriSM 模型终结于消费者接受的产品或服务，提供反馈和更新的需求。当服务被消费时，他们的性能和体验受到消费者的持续评价。消费者会问："这些服务够好吗？""期望中的需求和成果得到满足了吗？""有哪些可以改进的地方呢？"

服务提供者也会从他们的角度问类似的问题："我们能更好地提供服务吗？""我们是否履行了合同上的义务？""能利用哪些技术和管理方法使我们的服务更有效率？""是否有效和高效率地实现了我们的战略目标？"

VeriSM 模型的核心是与消费者的关系，而消费者和产品服务提供者之间的透明度水平至关重要。沟通对服务提供者和消费者来说都非常重要，也是服务提供者提供产品或服务的众多能力（例如财务、销售、客户服务等）中的关键。

7.2.1 反馈

反馈不仅仅是服务提供者接收消费者在体验产品和服务时获得的信息。反馈可以发生在任何时间，是 VeriSM 模型中不可缺少的部分。当产品和服务被定义、提供和交付时，组织必须能让消费者参与进来并听取他们的反馈，并据此采取进一步的行动。

8 VeriSM 模型：治理

🔑 **本章介绍**

治理设定方向；没有明确的治理策略和原则，组织的任何层级都不可能做出准确的决策。治理是 VeriSM 模型的基础。

在第 2.5 节中，我们讨论了治理和管理及其对组织的重要性。VeriSM 模型中，治理和管理的原则是通过服务管理原则和管理网格部署实现的，见图 19。

图 19　VeriSM 模型：治理

从服务管理的角度来看，治理关系到组织的战略诉求，并将战略诉求转换为目标和任务（图 4 所示的"指导"活动），然后提供报告和审核的框架以评价进展（图 4 显示了"评价"和"监控"活动）。服务管理包含了战略诉求，并清晰地把它们表达为用来形成管理网格和 VeriSM 模型各个阶段的服务管理原则。治理还集成了产品和服务的开发、生产和交付中涉及的各种能力并使之更加连贯高效。

"好"的治理

"好"的治理在组织中是什么样的？概括起来包括：

- 透明度高。如何做出决策，以及由谁来做决策，应该是对所有员工清晰可见的。此外，在对应的组织结构中对已经做出的决策应设立申诉的流程机制。
- 责任清晰。治理层对其决策和与决策相关的结果负责。
- 响应及时。有效的治理需要在类似或相近的需求之间找到平衡，并排列优先级。
- 效率和效益。治理应该能够做出使资源利用效率最大化的决策。
- 平等和包容。一个组织健康，表现为其所有成员都能感觉到在决策过程中他们的利益被考虑进去了。
- 参与度高。任何受到影响或对决策有利害关系的人都应该有机会参与决策过程。
- 可持续性。组织治理可以确保对所有利益相关方通过可持续的、适当的方式提供价值。

9 VeriSM 模型：服务管理原则

> 🔑 **本章介绍**
> 在许多组织里，服务管理被看作是 IT 部门的职责范围。在 VeriSM 模型里，服务管理原则是在组织架构层面进行定义的。这些原则为产品和服务团队提供了有力保障，可以让他（它）们使用不断演进的管理实践方法。

管理是由一系列相互关联的元素组成的，其中包含政策、流程及步骤。它们指引组织在治理设定的范围内完成必要的任务，并最终完成组织的目标。在 VeriSM 模型里，需要满足治理目标的管理活动或者实践是通过服务管理原则来定义的，这些原则应用于所有的产品和服务，它们充当管理网格的"护栏"，在产品或服务的生命周期中根据需要进行定制，见图 20。

图 20　VeriSM 模型：服务管理原则

9.1 服务管理的历程

过去几十年，服务及服务交付概念在所有行业中逐渐发展成熟。

> **定义：服务和服务管理原则**
>
> 服务：满足一个明确的消费者需求。
>
> 服务管理原则：适用于所有产品和服务的高阶需求，并为管理网格提供"护栏"。

服务管理最初是通过整合所有服务行业的实践来定义的（例如，医疗健康、政府服务、公共事业、教育、安全、消费行业等），并由此创建最佳实践的管理框架。

随着服务管理实践的成熟，创建高效益和高效率的服务交付所需的信息已经能够被获取。传统服务行业里的许多最佳实践同样适用于技术服务。随着越来越多的服务包含了技术性元素，IT服务管理（ITSM）诞生了，并发展成诸如 ITIL 和 ISO/IEC 20000 不同的框架和标准。

ITSM 发展得越发成熟，而最初服务行业中的服务管理实践也在它们自己的领域内变得成熟起来。近年来，业务服务管理（BSM）和企业服务管理（ESM）的概念出现，主要是为了弥合 IT 和业务运营之间的鸿沟，特别是将业务需求放在 IT 运营中最重要的位置。

- 业务服务管理（BSM）——"是一种定义好的方法论，用于监管和评价业务信息技术（IT）服务。BSM是由效用、流程和技术组成的一个组合体系。BSM技术工具被设计用来增强IT人员审视和处理技术基础设施，从而增强支持和维护关键的业务服务"。
  - BSM在ITSM中处于最顶端的位置——推动一种更加具备商业思维的服务交付方式。
- 企业服务管理（ESM）——"描述了贯穿一个企业组织的服务流程和技术的使用"。
  - ESM还描述了业务管理软件，它为业务流程提供了一个集成的视图，用以跟踪资源投放以及承诺是否达成。

随着这些"新服务管理原则"的发展，人们可以看到服务管理的概念从单个组织能力扩展到整个组织。

> **案例研究**
>
> ITRP 研究所的总经理 Martijn Adams 分享了关于他们企业服务管理（ESM）需求增长的经验。
>
> **ESM 对你意味着什么？**
>
> ESM 意味着员工有一个地方可以去，在这里无论他们有何问题或者疑问都可以得到帮助。通过智能手机上的"帮助"按钮，可以访问公司或组织提供给他们的所有服务。
>
> **为什么 ESM 变得越来越重要？**
>
> 我记得一些软件工具供应商在 2000 年时谈论过 ESM，但是直到几年前它才真正被组织所接受。我认为这是员工期望、新交付模式和组织数字化日程表的结合。
>
> 今天的员工，在他们的个人生活中，习惯于在手机 App 上通过简单的点击，以一种快速且易于理解的方式访问各种信息。他们期望公司提供的服务也是这样的方式。等电话通知、不得不去多个部门询问、由于流程的不连续导致长时间的等待等，这对他们来说都是不能接受的。

> **组织的数字化意味着所有部门都在关注 IT 解决方案以改进服务交付**
>
> 人力资源部门、厂务部门、车队管理部门等不再仅仅是使用工作站、打印机和 ERP 系统。他们正在寻找能解决部门一切事务的技术解决方案。SaaS 解决方案是其中一种，这些解决方案已经可以为所有类型的服务和其他技术发展提供服务，例如智能电话的本地化服务（对车队管理人员来说非常有用）。
>
> 当你提供服务时，必须管理它们以使得服务管理成为所有部门感兴趣的部分。当员工期望所有服务能得到有效交付时，包括跨功能的服务，你就能自然而然地完成企业服务管理的部署了。
>
> **ESM 实施能够带来哪些好处？**
>
> 使员工感到快乐！不管有什么问题，都有一个平台或地方可以去寻求帮助，而不必想去哪里，去问谁；员工会得到更快的反应，没有各部门之间的推诿。快乐的员工工作效率更高，离开公司的可能性也更小。我观察到的另一个好处是，在向 ESM 服务模式转型过程中的组织，各部门之间更加透明公开。他们之间有更多的讨论，更多的合作，并坐在同一张桌子上吃午饭等。

9.2 服务管理的好处

服务管理的核心好处包含以下几方面。
- 聚集消费者。需求被理解并被满足。
  - 可管理的期望值；
  - 明确定义的沟通。
- 提供和管理一个能满足组织战略和需求的，并且是高效的、有效的和经济的服务集合。
- 是可重复和可扩展的流程。高生产率和低浪费。
- 满足监管和合规的要求。
- 结果的一致性。这是可测量的，成果导向。
  - 可视及透明的交付；
  - 成本与交付的收益是一致的。
- 持续改进。与组织的使命和愿景保持一致。
- 定义的角色。指定的责任和职责。

从历史来看，服务管理的应用是有限的，事实上这些原则和实践只被单一部门采用与适用。虽然这个部门可能已经完全采纳了这些原则，但只有有限的组织受益。在遇到瓶颈或其他障碍之前，局部的改进只能提供局部的好处。的确，部门级的实践和流程更加高效和有效，但是对整个组织的影响并不如设想的那样好。一个部门可以创造改变（我们已经看到它发生了），但是对组织来说，要实现服务管理的全部好处，整个组织必须采用相同的原则。

举例说明

拿一支蜡烛,点燃烛芯,让它慢慢地燃烧。从管理的角度来看,这是自上而下的方法。

传统服务管理所采用/应用的举措一直在试图从中间点燃蜡烛——这有多难? 要将蜡烛一直融化直至点燃烛芯,就会烧到手指。你可能会气馁,但一直坚持下去,终于点燃了蜡烛。看一看蜡烛,两头都被点燃了,虽然很慢,但可以非常肯定,蜡烛的上半截和下半截都被烧掉了。

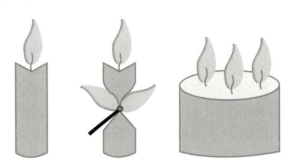

VeriSM 就像一根有三个或四个烛芯的蜡烛,光线更强,整个蜡烛消耗都是一样的。烛芯就像是组织的各种能力,它们都是为了消费者和组织的利益而协同工作的。换句话说,没有浪费资源。

VeriSM 通过对"服务提供者"的重新定义来解决传统服务管理的局限性。整个组织都是服务提供者,而各个部门是支持组织的能力,因为组织是产品和服务的提供者。所有的能力都是一起为实现组织的使命和愿景而努力。他们相互合作,相互支持,并克服困难。这不仅对组织有好处,对消费者也有好处。服务是以恰当的功能和合理的成本,在合适的时间交付。

现实案例

当组织中的部门(各个具有能力的单元)认为自己是独立的"孤岛"时,它们之间就会出现不和。

X 组织是一个能源销售代理机构,向客户销售天然气和电力。销售部门希望能够通过使用电子邮件系统的"out of office"功能让客户知道他们何时不在办公室。但 IT 部门有其他的想法,其中一位 IT 经理看到过一篇新闻报道,某办公室职员因为邮件设置而被别人知道他们在度假,最终他们的家庭活动被彻底扰乱。因此,他们拒绝启用"out of office"功能。

结果呢?销售人员和 IT 人员的关系很糟糕,而客户也发现主要联系人是联系不到的,因此每个人都痛苦。

在 VeriSM 中,客户或消费者需求是最重要的。销售和 IT 需要共同合作找到一种向客户传递信息的方式。即使公司安全规则可以阻止不在办公室的消息被启用,但也可以找到另一种方式:也许是共享邮箱。

9.3 演进的服务管理

从 VeriSM 的角度来看产品和服务，将组织内的服务管理划分为单独的个体（例如 ITSM，见表 14）是非常狭隘的，不是富有成效的。"服务"作为一个观念，是组织要传递的一些信息。没有必要区分或维护单独的管理协议，因为组织的所有部分在产品和服务的交付中扮演着一个角色。尽量简单化！

表 14 将焦点提升到 ITSM 之上

将焦点提升到 ITSM 之上
在 VeriSM 中，IT 能力只是众多组织能力中的一种（例如，人力资源、财务、销售、营销、制造），它们必须协同工作并努力保持同步以交付产品和服务。
组织是服务提供者，它的能力决定了所提供服务的"质量"。为了有效地交付产品和服务，组织需要改变 IT 部门和其他业务部门对 IT 在服务交付中所扮演角色的看法。
组织不仅需要利用 IT 的技能和能力，还必须挖掘其他能力。一个可以利用其所有能力来创建一个产品或服务的组织，能使其与竞争对手区别开来，并主导市场和垂直业务领域。
IT 团队必须在组织结构中成为一个"平等的合作伙伴"。作为在组织战略和规划方面的积极参与者，IT 与其他传统组织能力在这些方面应保持一致，IT 能够从收益、成本、问题、风险、风险防范等角度讲解其积极开发技术的各种可能性，并帮助组织实现其使命和愿景。
跳出"部门"限制，关注组织能力也有助于支持采购决策。对于那些内部能力较弱，或者需要具备某项专业技能的组织，可以选择更加专业的外部服务商获得帮助。

9.4 服务管理和 VeriSM 模型

在 VeriSM 模型中，服务管理原则适用于所有产品和服务。这些原则为产品和服务提供了"护栏"或界限。因为这些"护栏"是基于治理目标的，所以新的或升级的产品或服务将满足这些目标。服务管理原则通过政策管理在组织中传播。

每个组织根据其治理原则开发自己的服务管理原则，为服务管理创建量身定制的方法。这些原则定义了组织目标以及该如何去执行，并明确具备价值的部分。管理网格允许产品和服务团队以任何最有效的方式工作——只要他们仍然在服务管理原则范围内。这些原则及其相关政策可能涉及如下内容：

- 资产和资源利用；
- 变更；
- 连续性；
- 财务；
- 知识；
- 衡量与报告；
- 绩效；
- 质量；
- 法规要求；
- 关系管理；

- 名誉；
- 风险；
- 安全；
- 采购和商业规划。

每个组织的治理需求和服务管理原则都不同，这里不可能面面俱到，但表 15～表 18 提供了一些关于原则如何影响管理网格结构的说明。

表 15 安全原则案例

安全
原则：组织应遵守的与保护客户数据相关的所有法律法规。
管理网格：按照这项原则就可以开发产品和服务。例如，在存储客户数据时应采取加密措施，记录只保存一段时间，确保将纸质表单切碎等。

🌐 **现实案例**

"成果导向"方法并不新鲜。英国金融行为监管局（FCA）和律师监管局（SRA）之前都采用过。

例如，律师监管局（SRA）的一个关键原则是"以每个客户的最佳利益为原则"。这取决于组织如何实现，但它必须能够自圆其说证明其遵循了这些原则。以成果为指引的监管关注积极的结果导向，从而达到保护客户和公众的目的。

参见附录 C，了解更多关于"设计安全性"的信息，以及如何通过 VeriSM 模型应用通用数据保护条例（GDPR）。

表 16 财务原则的案例

财务
原则：所有新产品和服务在上市第一年都将获得 20% 的投资回报。
管理网格：产品或服务开发所需的资源需要有预算并跟踪它们的使用。选择的管理实践应该是按照成本效益原则，如果目标不能实现，要尽早提示。可能会使用创新性的技术解决方案。

关于财务管理的相关内容请参阅附录 D。

表 17 和表 18 展示了两种不同的变更原则，反映出对待风险截然不同的态度。

表 17 变更原则案例（1）

变更
原则：组织的消费者将会被保护，以避免被失败的变革影响。
管理网格：产品和服务的开发与改进应重点关注尽量减少对消费者的影响，比如准备详细的变更计划、影响评价和进行全面测试。

表 18 变更原则案例（2）

变更
原则：产品的改进将尽快交付；组织接受因变更所增加的风险。
管理网格：产品和服务的开发与改进更专注交付速度。测试可能不太全面。部署可能是自动化的，以消除手工干预和延迟。

　　服务管理原则提供了保障；管理网格为组织提供了设计、开发和操作选项。一些原则与其他原则之间有关联，需要特别注意，以便捕捉到每项政策中的内部关系。例如，变更原则通常与风险、安全性和服务质量原则相关联。在每个政策中，链接共享信息（一个策略将是信息的来源）并且不重复（复制和粘贴意味着每次在一个文档中有一个变更，变更必须在所有相关文档中进行）以使维护活动更容易。

> **现实案例**
>
> - A 组织重视创新和市场速度，这意味着更高的风险偏好和对新服务投资的更大容忍度，并接受可能较低的投资回报率（ROI）。
> - B 组织重视它作为一个道德组织的声誉。它对风险的偏好较低，在所有服务中都会考虑声誉可能受到的影响。
>
> 　　A 组织和 B 组织的服务管理原则必须在组织内的所有产品和服务团队之间进行沟通，每个决策都受到服务管理原则的影响。

10 VeriSM 模型：管理网格

🔑 **本章介绍**

一旦定义了治理要求和服务管理原则，组织就可以开始构建自己的管理网格（Management Mesh）。通过管理网格，团队可以利用自己所拥有的资源、管理实践、环境和新兴技术来灵活地打造组织的产品和服务。

管理网格概念提供了一种灵活的方法，我们可以用它来管理和使用目前服务管理领域中存在的众多框架、标准、方法、管理原则和哲学思想，这是 VeriSM 模型所独有的，见图 21。

图 21　VeriSM 模型：管理网格

管理网格包括服务提供者在开发以及提供产品和服务时可用的资源、环境、管理实践和新兴技术（见图 22）。管理网格的每一条线代表一个元素，当这些元素结合时，它们构建了一个强大的结构去满足需求。

使用管理网格的支持，专注于为消费者和服务提供者提供价值。每个组织都将拥有基于他们自己的文化和能力的管理网格。第 10.5 节和第 15 章将详细介绍如何构建管理网格。

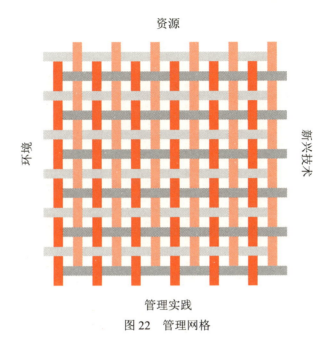

图 22 管理网格

> 🌐 **现实案例：一个尺码适合所有人？**
>
> 　　在 20 世纪 50 年代初，美国空军为了给"平均身材"的飞行员量身设计打造驾驶舱，测量了 4000 多名飞行员 140 个部位的尺寸。
> 　　然后统计包括身高、胸围和袖长在内的数据，定义了 10 个"平均尺寸"飞行员，他们认为每个飞行员的尺寸会在某个"平均尺寸"上下 30%范围内。
> 　　接下来，科学家将每个飞行员的尺寸与"平均尺寸"逐一对比。
> 　　发现在 4063 名飞行员中，没有一名飞行员全部在这 10 个"平均尺寸"的范围内。
> 　　不存在完全符合"平均尺寸"的飞行员，就像不存在平均组织一样。
> 　　因此确保服务管理方法能够适合个别组织或服务是非常重要的。

　　图 23 是个示例，展示了组织中的一些元素可以作为管理网格的一部分。需要注意的是，这个图只列举了网格中的一部分元素作为例子，图中所展示的元素并不是网格所涉及的全部元素。而且并非图中所示的每个元素都应当或者能够马上应用。

　　元素可分为四类：
- 资源；
- 新兴技术；
- 环境；
- 管理实践。

　　管理网格的每一个元素都能够给服务提供者带来利益，同时也给消费者带来利益。大多数组织对其资源和环境有很好的了解，但是理解新兴技术则是一项挑战。组织如何有效利用其当前投资，并证明花在新技术上的投资是合理的呢？

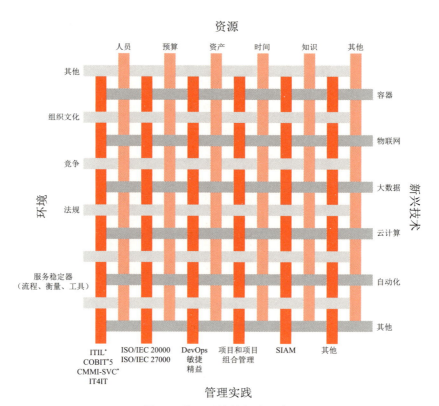

图 23　管理网格的部分元素

VeriSM 鼓励组织利用一系列管理实践，根据具体情况或要求，每种实践都有其自身的优势。只关注任何一项管理实践，可能无法提供管理上所需的广度或深度。管理网格中的每个决定都将根据需求制定，确保它是一个专业的决策，而不是仅仅基于追求"时尚"的技术或管理实践。

10.1　资源

资源是组织用来创建产品和服务的要素。其中包括但不限于以下元素：
- 预算；
- 资产；
- 人员；
- 时间；
- 知识；
- 其他资产。

一些资源可能在组织内部，而其他资源可能来自其他的（外部）服务提供者。

10.2 新兴技术

技术组件（比如，服务器、大型机、路由器）是用来交付产品和服务的资源。管理网格中的新兴技术领域，更多是战略层面的。它专注于整体技术的优势，比如云服务、自动化和物联网（IoT）。如何利用这些新的技术给服务提供者和消费者带来利益呢？当机构建立自己的管理网格时，它们需要考虑新兴技术产生的影响和带来的新机会。

新兴技术对服务管理和服务提供者组织带来的影响，在第 3.7 节里有详细描述。

10.3 管理实践

VeriSM 优异的独特性和有效性在于它能够分析、评估和使用一个管理实践组合。传统上，服务提供者往往采用单一的方法论或管理工具，这使得他们的手段缺乏灵活性。在过去的五年中，出现了各种新的管理实践，都旨在为数字服务的消费者增加价值，包括 DevOps、敏捷、精益等。使用 VeriSM，组织可以在产品或服务上选择和应用一系列管理实践，就像从工具箱中选择工具一样。

管理实践的组合可以针对不同的产品和服务进行灵活配置，也能轻松适应新管理实践的出现。在第 16～24 章中，会讨论更多最新的前沿的管理实践及其服务管理注意事项。在第 15 章中，提出了一种方法来帮助组织选择和组合管理实践以建立自己的管理网格。附录 E 简要介绍了服务提供者通常使用的一些常规管理实践。

10.4 环境

组织需要将它们的环境作为管理网格的一部分，特别是考虑以下问题时：
- 竞争对手在做什么？
- 政府监管和立法方面关注的是什么？
- 文化方面需要注意什么？
- 服务稳定器：衡量、工具和流程是什么？这些是最新的和可行的吗？

> **现实案例：环境评价方法**
>
> 作为组织战略评价的一部分，有几种常用的方法来分析环境，如 SWOT 或 PESTEL 分析。
>
> SWOT 分析（参见第 24.4 节）从内部（优势和劣势）和外部（机会和挑战）的角度审视组织、项目或提议的业务线。
>
> PESTEL 分析探讨了可能影响市场增长（或下降）和潜在业务方向的外部因素，包括：
> - 政治。政府通过监管和立法进行干预。
> - 经济。探讨经济的稳定性和影响。
> - 社会。年龄、健康和安全、文化和态度等因素的影响。

- 技术。技术变革对企业界的影响。
- 环境。可持续性问题，"绿色"环境的努力和任何生态倡议及其影响。
- 法律。合同义务和当地法律。

不同的商业和行业关注 PESTEL 分析的不同方面：国防承包商可能对政治因素和技术因素更感兴趣，而非营利组织可能对社会因素或环境因素更感兴趣。

10.4.1 服务稳定器

服务稳定器是适用于大多数（如果不是全部）产品和服务的服务提供者环境的组成部分。服务稳定器是：

- 工具，如服务管理工具；
- 流程；
- 衡量。

随着每个产品或服务的建立以及每次调整网格，稳定器都被视为环境的一部分。您应该解决以下问题以确保稳定器正常工作：

- 是否有需要调整的流程？
- 是否需要开发新流程，或者现有流程需要淘汰？
- 现有工具是否提供支持新产品或服务所需的功能？
- 是否定义了新产品或服务的指标？
- 是否需要新的监控功能？

10.4.2 流程

> **定义：流程**
>
> 流程是"一种被记录下来的可重复使用的方法，用来执行一系列的任务或活动"。

大多数商业活动都涉及重复性的任务（例如，接听客户的电话，提交发票，管理投诉……）。将一个流程用文档的方式记录下来用以处理重复性的任务有许多好处：

- 组织可以确定管理任务的首选方法；
- 任务可被持续地执行；
- 避免每次执行任务时员工都要重新创建方法而浪费时间；
- 可以快速培训新员工去执行流程；
- 流程化后的工作可以被衡量和评价；
- 可以作为下一步工作改进的基准。

一个流程有一个或多个输入，对它们执行一系列活动后，转换为一个或多个输出。一个流程描述文档通常包括：

- 流程的目的和目标；

- 启动流程的触发器；
- 流程活动或步骤；
- 角色和责任；
- 流程的衡量标准，包括服务等级、目标和关键绩效指标；
- 流程输入和输出；
- 升级路径；
- 相关工具集；
- 数据和信息要求。

每个流程应该有一个所有者。所有者是确保流程被正确定义、执行和审查的唯一的、负责任的角色。在较大的组织中，流程管理者可以是组织架构的一部分，这些角色负责流程活动的执行。

10.4.2.1 流程的历史

"流程"的概念并不是源自信息技术时代。随着制造业的发展，流程在20世纪初得到普及。休哈特（统计分析和控制或休哈特控制图），戴明（通过计划─执行─检查─处理循环进行质量管理）和朱兰（质量管理）开发了正式的模型。日本在第二次世界大战后取得了突破性的发展，在朱兰和戴明的专业（各自独立工作）支持下，开发了许多技术，用来提高生产流程的效率和效果。

> 🌐 **现实案例**
>
> 在20世纪50年代初，丰田开发了丰田生产系统（TPS），建立了一个新的范式，也称为精益制造（Lean Manufacturing）。TPS使用新工具创建了一个目前仍在使用的管理模型，其中包括：即时生产、看板、Poka-Yoke和VSM（价值流映射）。其他影响工艺开发的模型包括全面质量管理（TQM）和摩托罗拉的六西格玛，由市场调整并最终创建精益六西格玛（Lean Six Sigma）。

信息技术的进步使得流程建模、分析、设计和自动化达到了前所未有的水平，各软件供应商开发了丰富多样的解决方案。

10.4.2.2 流程设计

流程应该被文档化，以便在整个组织内共享和使用。流程模型是一种设计和映射流程的方法，在开发新流程或更新现有流程时非常有效。

图24显示了一个简单的流程模型。

图24 简单流程模型图

> **现实案例**
>
> 许多管理人员抱怨说,由于新员工在第一天上班时没有设备或访问权限,而无法工作。同意新员工入职的流程包括:
> - 输入。来自上级经理并通过帮助台请求的新员工表格。
> - 程序。建立新的用户账户、订购硬件和家具,申请与角色匹配的系统访问权限。
> - 输出。新员工第一天上班是否得到所需的一切?
> - 控制和批准。团队经理,安全考虑,反馈。
> - 资源。参与新用户设置的支持团队以及用于授予访问权限的所有工具。
> - 指标。新员工在入职第一天是否有产出?

10.4.2.3 流程改进

"如果无法量化,就不能说被有效管理。"为了促进流程的持续改进,它们必须通过一系列指标来衡量。 应该选择量化指标从不同的角度来分析流程(流程是否在预期的时间表和资源中交付了预期的结果?流程是否支持组织目标?流程的价值主张是什么?)。

流程分析可以确定需要改进的方面。流程应该对其范围和目标有一个明确的定义,取决于分析的角度:战略、战术还是操作。考虑到消除不必要的交接、减少浪费、降低成本、控制流程的业务规则、合规性需求和治理等重要方面,对流程进行全面的观察是至关重要的。

在大多数组织中,很难获得流程的端到端视图。只有少数人对活动有完整的了解,因此,各级员工都参与流程设计和执行非常重要。一种有实效的做法是演练,检查流程模型中收集的信息是否与实际工作场所中发生的情况一致。这确保了该流程反映了工作完成的过程。

在分析流程时,组织可以创建一个流程执行图,这样做的首要好处是:提升管理人员和执行人员对活动的理解。他们确切地知道流程是什么以及如何执行。通过分析还扩大了对以下需求的理解:提高效率、有效性,消除浪费,降低差异性和角色定义。流程分析是建立和改进流程模型的基础。它支持分享员工对流程的看法,并确定改进的方向。

10.4.3 工具

良好的流程需要适当的工具来支持。"适当"非常关键,即使用与需求恰好匹配的工具。工具的优势体现在三个重要方面:用工具执行流程比手工更快;执行流程时准确、一致;可重复执行流程。 要选择最好的工具,首先要设计流程(功能要求、工具规格等),以便采购最好的"匹配"工具。 购买"成套"解决方案的组织通常不会获得预期的成效,因为他们没有适当地规划该工具的用途。

10.4.3.1 服务管理工具

服务管理工具用于控制和管理服务管理流程。市场上有很多产品,经常套件销售,综合管理多个流程。服务管理工具的核心元素包括工作流管理、变更管理、报告和仪表盘。

服务管理工具的现代化体现在通过链接和传输记录,以及自动化和用户自助门户实现功能之间的整合。这些工具支持所有组织功能,而不仅仅是IT。例如,用于报告故障的工具也可用作HR的沟通入口或作为设施请求的入口。

10.4.3.2 自动化

《牛津英语词典》中"自动"的定义是:"一个设备或流程在没有或者很少人为控制的情况下能够自行工作。"服务管理工具的进步使得流程元素或整个流程的自动化成为可能。工作流程自动化可应用于变更管理、问题管理或请求管理,支持基于业务规则自动给支持团队和个人分配记录和任务。这里需要注意的是,虽然自动化通常可实现节约成本等诸多好处,但是如果使用了错误的流程,会给组织带来负面影响(例如,成本增加、客户流失、士气低落)。

10.4.3.3 报告及仪表盘

报告能力能够简化从原始技术型和业务型的数据到供领导者、支持人员和关键决策者使用的智能数据的转变。许多工具都集成报告功能并提供简化仪表盘,具备导出选项的流程报告或查询功能。

> **现实案例**
>
> 智能信息支持分析和智能决策。在许多情况下,会因为缺少信息而做出错误的决定。
> 例如,某位高级经理访问服务台,惊讶地发现呼入的电话超出了工作人员所能支持的数量,造成很多电话和服务被遗漏,服务目标未能达成。经理便仓促做出一个决定,要求马上采取行动改变现状。事实上,这是一个孤立事件,总体来说,服务台在几天或几周内的测评中均达到了所有目标。
> 背景信息对于支持决策至关重要。

当存在多种工具及数据源的情况下,需要使用平台、技术不可知的报告和分析工具来生成一致、准确、可靠和及时的报告。一个特定的报告和分析工具会带来其他一些能力,如执行计算、度量服务性能、整合和执行多个数据来源的单个操作,以及自动排期和发布报告。

10.4.3.4 选择一个工具集

选择服务管理工具集应视为重大决策给予适当的考虑。需要一个合适的关注度以确保做出正确的选择,所选工具能够支持和支撑组织的目标。选择工具集的过程可以分为四个阶段。

1. 工具策略是选择工具集的第一步。该策略应概述要实现的目标,需要支持的流程和本身所需的能力。该策略还应包括如何部署(例如,内部部署或通过云解决方案)。

2. 明确并定义需求以确保评估和选择正确的工具。功能需求定义了工具集需要发挥什么作用,在选择工具之前应该明确。功能需求是工具需要执行的活动,应该从流程模型、流程所有者和流程执行者等多方面收集数据。其他的请求数据通常包括有关成本、部署选项、维护协议、支持合同和更新处理的常见信息。

3. 接下来进行供应商评估。目前市场上有很多提供工具集的供应商和产品。应该依据工具策略来创建供应商和产品的短名单。在执行评估时,先创建一个方案征集书(RFP),并邀请供应商响应所述要求并询问他们的产品如何满足所述的功能需求和一般信息。应制定一个标准来对他们的响应方案进行评分。

4. 选择流程包括将设定的标准应用于 RFP 的每个要素。为了获得每个供应商/产品的总体分数,每个要素都被加权处理然后再进行合并。权重应该考虑什么对组织最重要(功能要求还是成本)。为每个供应商/产品计算得分,并确定最合适的工具。

10.4.3.5 服务管理工具的核心功能

管理失败

服务管理工具通常具有工单和工作流管理模块。这样可以实现问题记录的一致性,通过捕获强制性信息以支持问题调查和解决,例如问题的优先级和类别。工作流功能是将记录的信息分配给适当的团队或个人来调查和解决问题。当前比较先进的功能包括自动分配、知识匹配甚至自动解答。

管理变更

服务管理工具集应该能够记录和管理变更工作流。变更管理模块确保为每个变更请求捕获相同的强制性信息,以便根据相关的风险和影响评价对变更进行分类。工作流管理有助于变更批准流程以及实施已批准变更的任务分配和管理。

自助服务

与人工手动的交互相比,自动化可以节省成本并提高速度。消费者现在普遍期望通过技术交互,其中允许用户管理自己的请求是一个重要的考虑因素。大多数服务管理工具都具有自助服务的基本功能。服务管理工具如何部署确实取决于组织,但是要遵循"简单"的原则来确保成功。许多组织创建功能来支持问题报告,信息请求(报告"我该怎么办?"的请求),业务项目(电话、技术、办公室)的请求,以及对一般组织流程的支持(新员工招聘、安全变化、支付系统)。有关自助服务的更多信息,请参阅第 21 章"左移"。

10.4.3.6 集成工具集的好处

随着技术不断融入商业运营的各个方面以及日常生活,数据的管理和使用是至关重要的考虑因素。随着服务管理工具的部署,需要注意的是确保捕获和存储的数据可以通过各种工具都能访问到。这是集成服务管理工具集的一个关键优势。数据输入一个模块中,然后另外一个模块被启动,公用数据立即生效并建立链接。 这可以实现有效的事件管理、活动调查、数据分析及报告。

> 🌐 **现实案例**
>
> 　　一家大型卡车租赁公司使用在家办公的销售支持人员。申请一辆卡车的电话将被自动链接至一个"开放"的代理人,并将由他处理这个请求。对于任何租用卡车的常规需求,代理人至少需要六个应用程序来完成预定。 六个应用程序中几乎没有共享的数据。当代理人疯狂地在应用程序之间复制和粘贴数据时,用户必须两次甚至三次提供大部分相同的信息。难怪消费者感到沮丧,销售支持代理人士气低落。

10.4.4 衡量

10.4.4.1 为什么要衡量

衡量一个服务从理解两个关键概念开始:服务和消费者。 服务如何与消费者交互是通过提供消费者所需的结果来实现的。简而言之，消费者获得服务的好处或价值。同样重要的是，消费者不一定需要了解服务是如何构建来实现这个价值的。服务如何构建是服务提供者关心的问题。服务衡量必须是对服务提供的成果或结果（见图25）进行量化和定性。衡量基础服务元素、技术或应用程序对管理服务的服务提供者而言是非常重要的，然而这些措施本身并不能反映服务衡量的全部视角。

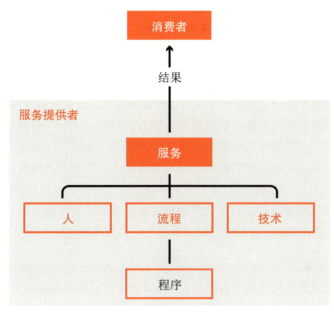

图25　服务交付结果

一个服务的价值必须从两个角度来看：消费者和服务提供者，见图26。从消费者的角度来看，价值取决于服务是否提供或实现预期的成果。如果从服务所感受到的价值超过了接受或获得服务的成本，那么就是实现价值了。服务提供者还必须明白为什么服务对消费者有价值，并且证明提供服务的价值与提供服务所需的成本和工作量相比是否合适。

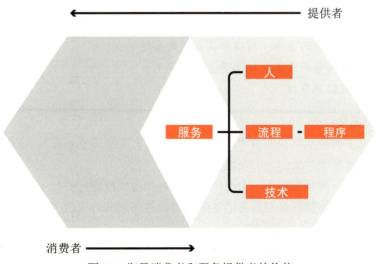

图26　衡量消费者和服务提供者的价值

影响服务价值的衡量因素有四个,这四个因素也同时实现了服务管理。
- 消费者。服务提供给消费者的是什么?该服务满足消费者的要求了吗?消费者是否通过使用服务感受到价值?服务所交付的成果是否符合消费者的要求?
- 组织。服务提供什么可以使组织能够实现其使命、愿景和目标?
- 提供者。提供服务产生的价值与提供服务的成本相比如何?服务的需求是什么?服务提供者是否有足够的资源来满足需求?支持流程是否有效和高效?
- 合规性。服务如何确保组织遵守适用的法律、法规和合同承诺,它们是什么?

服务衡量必须考虑所有这些因素。

10.4.4.2 质量成本

质量是描述优质或无缺陷、变异和不足的一种衡量标准。质量是服务衡量的一个重要方面,因为质量对感受价值具有重要影响。提供者作为服务交付的一部分,应该定义并提供一个规定的质量等级。影响这个质量等级的因素包括提供者的声誉、品牌、行业标准和法律法规。

关于对质量要求的决定不能掉以轻心。消费者和提供者都必须考虑和衡量质量成本与服务的交付结果和价值的对比。更高的质量水平通常伴随着成本的增加,因为提供者可能不得不投入额外的资源或者增强或开发新的能力来提供期望的质量水平。并非所有的服务都需要最高水平的质量。重要的是消费者和提供者对投资和回报以及它们与成果交付之间的关系有清晰的认识。

10.4.4.3 使用衡量

衡量交付结果对服务价值的感受有重要影响。服务衡量必须是量化服务交付的结果或成果。良好的服务衡量提供了以下好处:
- 实现基于事实的决策;
- 确定潜在的改进地方;
- 促进趋势分析;
- 确认服务的性能和价值;
- 支持对服务需求的理解;
- 分享有关服务的信息和知识;
- 提供服务交付的透明度;
- 支持了解服务提供的成本(从服务提供者的角度);
- 支持了解服务消费的成本(从消费者的角度);
- 为以后的比较提供基准。

10.4.4.4 要量化什么

服务衡量反映了服务从原点到消费点的性能或成果。衡量的重点应放在服务交付的结果或成果上,而不是服务单个组成部分的表现。

许多组织错误地只衡量服务的一个组成部分,例如流程或特定的技术,将该结果用来衡量整体服务或交付成果。虽然许多对服务的各组成部分的衡量的确提供了有用信息,但这些单独的衡量并不一定能反映整体的服务表现。

确定要衡量的内容需要服务提供者考虑到所有利益相关者。通过考虑所有的角度,服务提供者可以确定需要交付哪些结果和成果,并定义和捕获一套足以量化这些成果的指标。报告注意事项见表 19。

表 19　报告注意事项

考虑	建议指标	示例
组织	适合于支持业务目的和目标的服务成果	创建的新产品包的数量
消费者	• 消费者体验/满意度 • 质量 • 成果满足 • 价值 • 成本	推荐服务提供者的消费者的百分比
提供者	• 提供成本 • 利润 • 服务组件性能 • 效率 • 效果 • 质量	供应成本降低百分比
合规性	• 政策遵循 • 合同义务 • 遵守法律和法规 • 符合行业标准	上一时期未经授权的变更的数量

关于衡量什么的具体决定必须纳入业务规划和后续服务设计,并将重点放在目标和目的上。衡量必须是:

- 具有成本效益。获取衡量的资源投入不应超过衡量的价值或效益。
- 平衡。采取均衡的服务衡量方法、而并非专注于单一组件,是非常重要的。
- 适应性。无论服务组件有任何更改,服务衡量都应提供可靠和持续的评价手段。
- 最新。这些衡量是否仍然反映消费者的需求?

现实案例

下面所列的是一些大型产品和服务提供者使用的与服务相关的量化指标。

市场份额

所服务市场的百分比。

客户满意度

服务如何满足客户的期望?

遵守服务水平协议

交付服务的运行情况如何;它是否符合既定的服务目标?

客户忠诚度

客户是否再次使用该服务?

成本表现

服务成本与其他相近服务的成本相比的水平如何?

收入表现
　　服务是否符合计划的业务收入目标？
预算表现
　　服务构建和交付成本是否符合计划的成本和支出？
服务可用性
　　当消费者需要时，服务是否可用？
服务表现
　　服务响应时间和整体性能满足消费者需求和目标的水平如何？
供应商表现
　　供应商提供服务的水平如何？他们是否在既定的目标之内执行？
服务合规
　　服务是否按照法律、法规和行业法规的要求运营和交付？
服务灵活性
　　该服务能否适应不断变化的业务需求的水平？是引领市场还是落后于市场？
服务容量
　　该服务满足消费者当前和预期的需求水平如何？
服务可恢复性
　　在重大业务中断的情况下，服务的恢复情况如何？
支持技能
　　服务提供者的技能与构建、管理和运营服务所需的技能保持一致的水平如何？

10.4.4.5　报告

为了实现服务衡量的好处，明确和认可的报告是必要的。衡量服务报告的重要性不亚于捕捉这些指标。报告是服务管理的一个重要方面，因为它可以帮助消费者评价服务是否提供了预期的价值。报告还使服务提供者能够管理服务并主动推销自己。为了满足消费者和服务提供者的需要，报告必须是：

- 相关。所提供的信息符合该主题。
- 及时。信息在适当的时候呈现。
- 适当。所提供的信息适合受众。

报告的背景主要由报告的受众或接受者决定。报告的受众可以是消费者、提供者、高级管理人员或其他人。因为每一个受众都有特定的报告需求，所以相同的衡量信息可能会根据不同报告背景而有所不同。例如，服务提供者可以产生比提供给消费者的成本报告更详细的内部成本报告。为消费者生成的报告可以反映服务启用或交付的成果，而服务提供者也可以报告处理的交易数量、用户数量、服务可用性、组件容量以及关于来自服务的其他交付物。

报告需要有针对性的方法来传达服务绩效信息和价值理解，并始终考虑报告的受众。以下问题有助于确定什么以及如何报告服务衡量：

- 报告对象是谁？他们的角色是什么？
- 报告的目的是什么？为什么要做？接收者想知道关于该服务的什么内容？

- 审阅报告中的信息会导致采取什么行动？这个问题的答案是理解报告价值的关键。
- 谁应对由审阅报告信息后需要采取的行动负责？
- 需要什么数据？确认正在采集正确的量化指标以满足报告接受人或小组的要求。
- 报告应该多久生成一次？为了实用，报告必须及时制作和交付。
- 报告的媒体或格式是什么？如何格式化或呈现信息有助于报告中所含的衡量指标更有效。

如果这些问题无法解答，可能就不需要报告了。

10.4.4.6 何时报告

要使报告有效，必须及时并定期完成。获得正确的信息、在合适的时间、恰当地提供对于做出明智的决策至关重要。例如，包含高阶信息的操作报告不适用于服务的日常管理。理解信息将如何被使用是确定报告频率、时间范围和细节的关键因素。

表 20 描述了何时以及如何报告的建议方法。

表 20　何时和如何报告

报告使用	频率	媒体 / 格式
运营	每日 / 实时	仪表盘
战术	每月	趋势报告
战略	每季 / 每年	计分卡

表 21 显示了人力资源能力的工作示例。

表 21　何时以及如何报告：HR 示例

报告使用	频率	媒体 / 格式	内容
运营	每天	仪表盘	• 日常人事变动（例如，招聘 / 离职 / 工作变动） • 入职状态（例如，安全操作、培训……）
战术	每月	趋势报告	• 空置岗位数目 • 请求—雇佣周期时间（例如，从申请到雇佣的时间。随着时间的推移）
战略	每季	计分卡	• 人才到业务的目标 • 训练 • 薪水 vs 预算

别忘了，异常报告也可以在任何时候由组织环境中任何点触发。例如，当一个员工被执行纪律程序时，表 21 中提到的人力资源能力可能需要创建一个例外报告。

10.5　建立网格

每个组织根据可用的资源、环境、新兴技术和管理实践建立自己的网格。根据组织的规模或产品服务的复杂程度，管理网格可以简单或复杂。随着时间的推移，组织的管理网格将发生变化，可能包含新的工作方式并根据需要添加元素以实现组织的成果。

只有理解组织治理和服务管理原则，才能建立网格（见图27）。在这些界定的范围内工作，服务提供者可以制订战略计划来满足消费者的需求。一旦需求和战略计划达成一致，组织将用管理网格来利用组织资源、环境因素、新兴技术和管理实践。服务提供者会根据需求选择最佳元素来制订战术和运营计划。关于选择和整合管理实践，更多信息可以详见第15.1节和第15.2节。

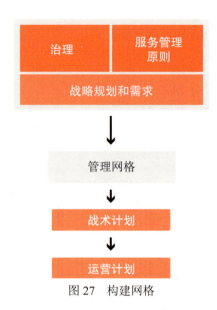

图27　构建网格

随着组织战略或消费者需求的变化，网格可以轻松调整。服务提供者评估需求，并基于组织资源、环境因素、新兴技术和管理实践，定义或更新新的战术和运营计划。

> 🌐 **现实案例**
>
> ABC公司希望扩大其在德国以外的服务，目前该公司在德国运营。它正在开发一个针对大学生的新社交媒体平台，并希望至少覆盖15个国家。
>
> ABC公司过去已经开发了产品和服务，因此它对其管理网格需要整合的内容有一个概念（见图28）。要创建新产品，它应该评估网格是否需要伸缩。例如：
> - 资源。它有所需要的资源吗？它有时间、金钱和技能吗？它应该寻找一些额外的外部资源吗？例如，在每个新国家，它是否需要营销专家吗？需要会多种语言的员工吗？
> - 环境。它是否对它希望进入的每个国家的立法有一个很好的理解？
> - 新兴技术。它能使用人工智能，或是机器学习作为新平台的一部分吗？
> - 管理实践。什么样的开发方法是合适的？是否需要更新它的某些流程（例如，消费者支持）？如何管理这个项目？

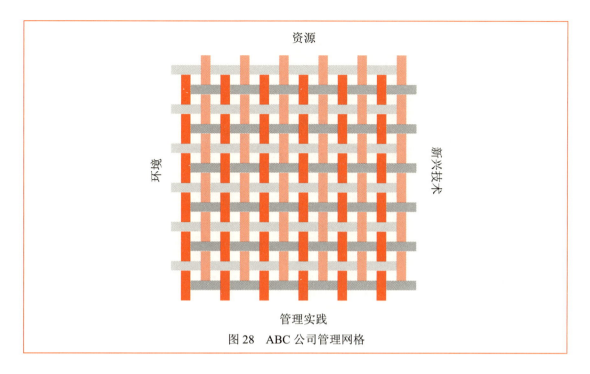

图 28　ABC 公司管理网格

11 VeriSM 模型：定义

本章介绍

本章和第 12～14 章讨论使用 VeriSM 模型从开发到实施各阶段的高阶活动。每个组织会应用管理网格选择最合适的方式来开展活动。

任何产品和服务的高阶阶段包括：
- 定义（第11章）；
- 生产（第12章）；
- 提供（第13章）；
- 响应（第14章）。

产品和服务的开发并不总是线性的、连续的流程。有时不同的阶段同时发生，或者不断重复。不同的能力会在不同的阶段起作用，而在其他情况下，相同的能力将贯穿于所有四个阶段。

11.1 目标

定义阶段确定了与产品或服务的设计有关的活动和支持成果。组织治理和服务管理原则提供"防护"，确保产品或服务不仅满足性能要求，同时满足对质量、合规、安全和风险的要求，见图29。

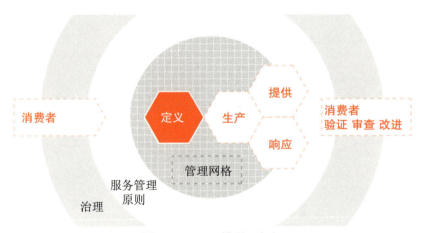

图29 VeriSM 模型：定义

11.2 活动

在高阶维度上，设计阶段通过以下这些活动进行，见图30。

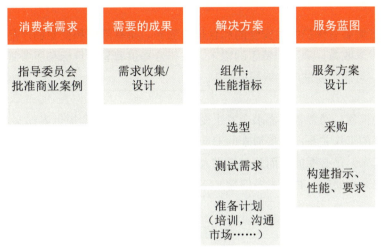

图30 定义：活动

向组织汇报明确的消费者需求。这些要求可能以正式的商业案例的形式出现，如同事之间的对话，或者一部分消费者的反馈或新的需求。不管请求是如何呈现的，它都要经过一个初步的评审过程（例如，参见第 3.2 节和附录 B 中的 Auto Trader 案例研究）。新需求将根据当前交付的产品和服务进行评估，以寻求重用和其他效率，以及需求如何满足组织战略。如果被拒绝，将提供拒绝的原因；如果被接受，那么开始定义特定需求的工作。

一旦确认了需求，则根据需求和治理边界设计解决方案，并考虑以下内容和领域：

- 管理网格元素；
- 哪里和如何获取资源；
- 测试要求；
- 提升组织准备度，包括培训、沟通、营销。

服务蓝图将作为产出物以指导生产阶段的活动（构建、测试、部署）。解决方案设计可能是一个迭代的过程，这取决于需求的完整性。

11.3 消费者需求

消费者需求从一个概念开始。在许多组织中，这将在商业案例中定义，但也可以使用其他非正式的方法。商业案例的批准触发了一系列活动，以阐明最终用于创建服务蓝图的消费者需求。如果服务提供者的组织不使用正式的商业案例，那么投资的决定和批准仍然需要是可见的和透明的，符合治理要求。

> **现实案例**
>
> 服务提供者更新服务使其符合新的欧盟通用数据保护条例（GDPR）。没有消费者会对此提出具体的要求，但法案要求这里进行相应的更新。服务提供者必须主动满足这些要求。
>
> 消费者需要有保护的、安全的和合规的服务。所有新的和变更的产品和服务都应该为消费者带来收益，满足消费者的需求，并符合提供者管理目标和服务管理原则。如果他们没有，为什么提供产品或服务呢？

随着时间的推移，消费者的需求会发生变化。沟通是消费者和提供者动态交互的一个关键因素。建立良好的工作关系，保持清晰的双向沟通是很重要的。这不仅对于消费者定义他们的需求（现在和未来）是必要的，而且对提供者来说在他们的活动中保持一定的透明度，以支持消费者的需求也是必要的。有关更多信息，请参见第 6.2 节"期望管理"。

11.4 需求收集

收集需求的方法有很多种。大多数供应商有预先确定的脚本，通过访谈、在线表单或检查清单等手段收集关于产品或服务非技术和技术方面的信息，具体包括：

- 影响消费者的环境。用户数量、性能要求、关键操作次数。
- 关于"优秀"的定义。服务、性能、功能等。
- 价值主张。

通常收集以下需求和信息。

- 功能和性能的要求。
  - 产品/服务需求。功能支持的流程/成果是什么，组织的重要性如何，它将如何被使用？消费者体验，消费者将如何参与及如何与新服务进行交互，性能参数是什么（尽量减少等待时间……）？
  - 日常操作。需要对当前环境要进行哪些变更（技术、数据中心、技能/能力、支持团队/服务台、后勤……）？
  - 基础设施和设备。新基础设施的组成需要什么，哪些设备有变化？
  - 能力。不仅要了解供应商的能力，还要了解其他服务提供者、供应商、合作商和消费者的能力。这个知识将推动设计回答"我能承诺什么？"。
- 监管，法定和合同要求。
- 以前的设计信息（经验教训）。
- 组织标准或行为守则。
  - 财务——开发、维护和改进的成本是多少？
  - 营销——收益是什么，这项服务与其他服务的区别是什么？
- 失败的潜在后果。
- 与组织的服务管理原则（安全性、风险、变更……）相关的要求。

通过与服务范围内一系列利益相关者的多次讨论及意见收集和完善，需求最终达成一致。在解决方案创建开始之前，一定要理解新功能对消费者的成本价值关系。如果服务具有较高商业价值，则通常需要更高的质量（意味着更高的费用）。如果一项服务的商业价值较低，则服务成本可能会降低。

> **现实案例**
>
> 服务提供者和消费者理解他们在需求收集中的各自的角色分工是非常重要的。消费者指定需求和期望成果，而不是指定解决方案；这是服务提供者应该提升价值的地方。例如，一个组织在高级管理团队参加安全博览会后遇到问题：小组带回来宣传手册和产品信息，坚持要购买一系列用于保护物理信息和虚拟信息的安全产品，由此产生的是一个拼凑的方案，无法与现有系统完美集成而且还难于管理。
>
> 深层次的问题是消费者指定解决方案而不是解释他们需要保护什么。

11.5 建立解决方案

一旦对需求达成一致，就可以创建新功能的操作层面的计划和策略。设计中的关键要素包括性能（例如，可用性、容量、连续性）以及新服务或变更的服务的安全性。这些元素是相互关联的，它们在服务中将持续发挥的关键作用远远超出设计阶段。这些领域需要应用组织的整体服务管理原则，具体包括：

- **可用性**。何时使用产品或服务？在什么条件下使用？通过谁？设计以降低风险并达到商定的成果。
- **容量**。需要哪些资源来提供服务？有多少用户？哪些数据将被生成（并保存）？从技术和人的角度看需要哪些功能？理解服务需求，并有足够的可用资源来满足需求。
- **连续性**。服务需要连续性评估，例如在发生严重故障时如何继续提供服务？服务需要多久才能恢复？与其他所有元素一起工作，确保任何故障转移环境与运营基础架构兼容，同时确保满足故障转移环境的性能要求。
- **安全**。除了现有的公司控制之外还需要哪些额外的安全控制？安全与可用性共同确保技术设计可以降低风险并加强数据和信息保护。

这四个要素协同作用，依据治理要素和服务管理原则所定义的界限为新的或变更的产品及服务创建解决方案。

> **现实案例**
>
> 研发部门提出新的要求，需要支持一种新型香水的开发。具体包括：
> - 实验室和配套设备 24×7 小时可用。
> - 储放、培养和实验所需空间的容量。
> - 连续性包括配方、研究记录、样品的非现场安全存储和专业实验室设备。
> - 安全包括实验室的安全、数据的电子存储和记录。

应用管理风格，如表 22 所示。

表 22 应用管理网格

应用管理网格
基于组织约束（例如风险容忍度、资源可用性等），用于开发或改进服务的管理网格将因组织之间以及产品和服务之间的差异而有所不同。 由于需求各异，即使在同一个组织内网格也会因产品和服务的不同而不同。世界上有没有一种万能的解决方案呢？绝对没有，解决方案及如何开发和交付总是基于组织能力、环境、技术、管理实践和服务管理原则来针对性制定的。

完整的设计将考虑和解决以下内容和领域。
- 风险。记录组织的风险承受能力和约束，以确保设计将风险管理调整到适当的水平。
- 人员。确定角色并确保角色所有者都得到充分的培训（包括全部消费者和提供者）。
- 供应链或网络。明确供应商的采购理念和供应商管理。
- 设备、基础设施和技术。正式确定能力、可用性、安全性和连续性的要求；识别技术资产。
- 定义一个管理数据，信息和知识的架构，并确定对数据中心的影响。
- 确定事务如何发生以及由此产生的成果（可交付物）。
- 指标。与消费者一起定义什么是"足够"和什么是"好"（性能阈值）。
- 掌握正在进行的支持和改进活动所需要的知识。
- 支持对应的流程和程序，保证其全部正常工作。

这些细节构成了服务蓝图。根据管理网格的架构和所选择的管理实践，设计要么包含新增加的改进，要么提供完整的功能，或者介于两者之间。

一旦完成部署，设计中涉及的所有领域都应该进行严密监控，是基于以下两个原因：

1. 确保符合之前达成一致的性能参数要求。
2. 如有必要，可以改进用于创建设计的技术。

这些数据是衡量和报告的基础（参见第 10.4.4 节），也为服务交付建立了必要的透明度。

11.6 服务蓝图

服务蓝图是服务提供者规划产品或服务以满足消费者需求的结果。该产品或服务不仅要满足约定的要求，还要满足质量、安全、风险降低、合规性等服务管理原则的要求。蓝图详细介绍了设计规范，其中包括服务组件（硬件、软件、基础设施/设备、数据等）、测试要求、性能要求、实施策略，为达到透明度所做的沟通计划、培训要求和早期生命支持规范/支持服务。

蓝图成为生产阶段的指导性文件，也是服务的历史记录。这对针对未来产品和服务的重新设计活动，追踪意外性能问题或改进整体"定义—生产—提供"活动都是非常有用的。

12 VeriSM 模型：生产

🔑 本章介绍

生产阶段主要是进行产品或服务的构建、测试和实施。在这个阶段，控制变更是最基础的管理活动。

12.1 目标

生产阶段把服务蓝图作为起点，在变更控制的管理下开展（产品或服务）的构建、测试和实施等活动，见图 31。

图 31　VeriSM 模型：生产

12.2 活动

生产阶段的关键成果包括：

- 把在定义阶段创建的服务蓝图转化为实际的产品和服务。
- 确保（产品）功能和性能达到认可的水平（符合顾客定义的标准）。
- 确保安全控制到位。

- 知晓并降低风险级别。

这些成果是通过变更控制和构建、测试、实施和验证等活动来管理和协调的，见图32。

图 32　生产：活动

12.3　变更控制

控制变更是生产阶段的基础活动。变更的定义是：增加、移动、修改或移除所有（或部分）产品或服务。变更在服务组织内是不可避免的，特别是基于效率或者是改进的需要。举例来说，修正错误，调整财务流程，实现一个新功能或是满足规范或合同的条件。变更具有风险是与生俱来的，风险的控制水平直接关系到变更能否顺利开展。充分理解变更以及如何管理变更非常重要。

变更管理长久以来被定义为服务管理的"核心"流程。通常情况下它被作为流程来实施，对一个变更提议进行回顾和批准（或拒绝），并对该变更从开发到部署阶段进行管理。随着新技术的应用，如云计算、物联网（IoT）、大数据和新的管理实践，传统的变更管理理念和流程需要改变。随着精益、敏捷和DevOps方法的出现，变更控制依然很重要，但传统的基于流程的官僚做法已经被调整以适应这些方法论。更多信息请参考第23章"持续交付"。

> 🌐 **现实案例**
>
> 　　当服务通过商业云来获得，那么购买云服务的组织将失去对技术组件的控制，因为技术变更是由云服务商来控制的。关注点就变成了是否符合法规的要求，以及是否满足合同中规定的性能目标。

不管是沿用传统的服务管理方法还是其他不同方法，变更控制的原则（例如保护客户免受不必要的变更的负面影响）总是有效的。记住：不是所有方法在所有的环境下都是适用的。服务管理原则、管理网格和客户需求指导着设计和部署活动。

控制变更应考虑的基本活动如下：

- 记录变更。
  - 识别变更了什么？它对现有元素将产生什么影响？
  - 随着组织的成熟，信息的准确性应该被审计。
- 计划变更。要考虑业务日程和资源的可用性（并且在合适的时候沟通计划）。
- 批准变更。
  - 不仅要考虑客户，还要考虑运营和支持团队以及利益相关者（取决于变更的内容）。
  - 使用合适的批准机制（例如，对有些变更自动批准）。
- 回顾变更。
  - 变更起作用了吗？结果是否符合预期？有哪些经验教训？

如果变更失败了，应该花点时间了解失败的原因，并采取必要的措施以防止再次失败。

这些活动可能是自动进行的，也可能是手动的，但它们必须按照服务管理原则开展。很多组织的服务管理原则要求用文档形式，具体描述做了哪些变更、什么时候做的、为什么做以及谁批准的。

变更控制的范围见表 23。

表 23　变更控制的范围

变更控制的范围
作为变更控制的一部分，各组织应该考虑如下内容。
• 了解风险。"做"的风险和"不做"的风险完全不同，需要重点考虑。有能力回退或"向前修复"变更，在需要时有能力恢复服务。
• 在任何变更部署前需要做好准备工作。
• 测试已完成并且结果可接受。
• 支持流程是否到位？员工是否接受过培训来操作、维护和提供支持？合同签了吗？
• 是否获得有效的信息（如 手册、文档和供应商的详细信息……）。

12.4　构建

使用服务蓝图的说明书，可以创建新的服务、产品和支持系统。大部分服务需要某种形式的供应链来购买和交付所需要的组件：从代理机构提供的某项技术到整体服务。管理服务提供者需要协调这些元素的获得，并成为潜在的服务集成者（参见第 19 章的 SIAM 原理）。因为在这个活动中有很多灵活的部分，所以检查清单和结构化的计划很有用。

在整个创建过程中，如下几个元素需要解决。
- 购买和接收必需的组件。
  - 为跟踪和管控资产的目的，获得组件的详细资料。
- 确保组织的能力已经准备好。
  - 销售。相关的销售系统是不是已更新并准备好卖新的产品？相应的培训计划做好了吗（或已经开展）？
  - 营销。沟通计划是什么？如何将产品推向市场？向谁推销？
  - 人力资源。有正确的技术和能力吗？要（招聘）新的员工吗？新招聘的员工准备好了吗？
- 财务。有没有资金购买新的产品组件？影响总预算的是哪一项？投入产出比是多少？折旧方案如何？会计系统能计算/支持新的产品线吗？
- 信息技术。所有服务的容量和可用性已经被回顾和更新了吗？所有必需的支持都准备好了吗？（组织上准备好了？）技能和素质都到位了吗？
- 其他被要求的能力。
■ 基于服务蓝图来创建服务。

一旦服务被创建，之前决定的测试计划（有期望的性能标准）就会在下面的活动中执行。

12.5 测试

在测试活动中，产品或服务是按照制订的计划来测试的。测试需要涵盖各种情况，并且要和组织治理相关联。与此相关的，发布机制必须要基于事先定义好的发布计划来测试。如果可能，创建一个模型来加速未来的发布。这个模型会有预定义和详细的发布条件，还将包含治理要求和服务管理原则。测试的类型见表24。

表24 测试的类型

测试的类型包括
• 功能性。要求的功能令人满意吗？ • 可用性。消费者能用吗？ • 复原。有没有影响到当前的产品特征？ • 兼容性。能和其他产品和服务一起工作吗？ • 性能。能像要求的那样工作吗？ • 有效性。能满足有效性的目标吗？ • 故障切换。能对错误产生响应吗？
• 安全。是安全的吗？ • 监管。能满足监管的要求吗？ • 用户验收。能处理"真实世界"的任务吗？ • 连续性测试。能满足连续性的要求吗？ • 价值。这个产品或服务所产生的价值是之前设计的价值吗？ • 成本。这个产品或服务是在要求的成本范围内吗？ • 可持续性。这个产品或服务能持续地给利益相关者带来价值吗？

每个组织能力必须提供要开展哪些测试？如何开展和运行这些测试？以及结果如何被回顾？

测试的一个主要的成果是了解风险——有哪些明显的风险，并且设计是不是有效地把风险降低到组织风险偏好的范围内，同时也满足客户的需求。在变更的产品或服务部署使用以前，这些结果会被回顾，要么被认可接受，要么因不在可接受范围内被拒绝。被拒绝的变更会退回重新设计，或者调查测试失败的根本原因，或者被放弃。这个决定需要征得消费者的同意。

12.6 实施和验证

一旦部分或全部的产品或服务满足测试需求，它就会按照约定的时间表、需求、影响和其他的因素（第 17 章和第 18 章将进一步讨论敏捷和 DevOps 等管理实践）实施。

产品或服务一旦被实施，不仅是功能和性能，整个构建服务的过程也会被回顾。这个回顾的目的是检查和改进，如果需要的话，还包括活动的效率（时间、资源和成本）和发布模型的有效性以及整个过程的控制。

13 VeriSM 模型：提供

> 🔑 **本章介绍**
>
> 如果客户意识不到一个产品或者服务的存在，就很难让他们开始去使用。提供阶段既包括确保产品和服务正常运转的日常工作，也专注于服务提供者所展开的营销活动。营销是服务提供的重要部分，更多的客户意味着更多的反馈和交互，这会为改进产品或服务带来更多的数据。

13.1 目标

在提供阶段，产品或服务是可消费的。服务提供者需要衡量其性能，以确保服务继续满足商定的标准和一致性要求。在衡量标准检查工作完成后，服务提供者会继续努力，促进、保护、维持所提供的服务，并在必要时加以改进。相关情况见图 33。

图 33　VeriSM 模型：提供

注意：应用于生产阶段的安全性、可用性、生产能力及持续性，这些服务管理原则将会在提供阶段发挥作用。一旦部署了一项服务，根据服务管理原则的约定，服务提供者应确保所提供的服务是受保护的、安全的、可用的。

13.2 活动

提供阶段包含以下活动（见图 34）。

- 保护。包含应对物理和逻辑相关的安全需要、减少风险和持续性计划的活动。治理会提供必要的指引，使设计工程师可以定义合适的管控，设计结果可以满足组织的目标。
- 衡量和维护。包含确保服务可用性、确保性能表现保持在被认可的目标和范围内的相关活动。
- 改进。包含维护和改进的活动，这些活动应满足新业务线的新服务、现有服务外新增的或额外的功能、技术更新或新的技术。

图 34 提供：活动

支持这三项活动的是服务的营销和推广，服务提供者往往很擅长通过营销服务获取商业利益，却忽视了组织能力的内部营销和意识提升。VeriSM 模型建立在能力与如何相互支持的关系上，增强这些跨能力关系的一个关键方法是围绕内部营销和推广进行良好的沟通。

> **现实案例**
>
> 营销和沟通是任何变更都必不可少的。荷兰某铁路组织打算推行一个新的办公环境标准，这是个费时又费钱的项目。从最终用户（消费者）来看，需要一个新的用户接口，将数据迁移到云端使其适用于新的工作方式。组织的许多能力领域都会受到这一变化的影响。
>
> 新标准的推广采用的是一个经过优化的营销和沟通方案，其中包含一系列推广和沟通的渠道。通过把内部广告、引语、管理通信、邮件和社交媒体完美地结合起来，使得用户愿意投入精力完成任务，并且积极参加所提供的培训。
>
> 从消费者的角度看，整个迁移是很成功的，而且提高了组织内部的生产力。

13.3 服务营销 / 推广

13.3.1 营销

确定客户的需求并进行沟通，使组织的服务和产品满足客户，这项活动就是营销。营销不仅是广告宣传，还包含市场调研、分析、计划、推广和品牌化等。成功的营销应该为服务提供者带来利润或需求的增长。

13.3.1.1 市场调研

市场调研是指收集并记录消费者所需产品和服务的信息。市场调研的目标是通过监测营销活动带来的业务成果来支持营销决策并掌控营销业绩。

市场调研活动包括对竞争对手的分析，研究它们的产品和服务、目标市场、价格策略、销售地点、客户特征（例如年龄、兴趣、性别、所用的产品和服务等）。市场调研可以通过对潜在客户的概念测试获取关于产品和服务的反馈。市场调研也可以用来了解消费者的意愿，即消费者愿意为某项产品或服务花费多少钱，以及何时何地有采购意愿。

13.3.1.2 市场计划

利用市场调研收集到的信息，市场策划活动将决定营销目标、细分市场、所需的关键信息和可利用的关键沟通渠道。市场计划应根据市场调研的结果来评估现状，制定未来的营销目标以及达成这些目标的最佳策略。计划应当足够详细地描述要使用的资源、渠道筹备活动（如何开发广告内容）以及市场活动开展的地点和时间。根据活动的开展和监测带来新的数据，计划也应该按需调整。

13.3.2 推广

推广是指如何向消费者介绍组织产品和服务的策略以及相关的活动。推广的目的包括：

- 吸引有产品和服务需求的消费者。
- 使现有消费者使用更多的产品和服务。
- 引导消费者并且在必要时改变他们的观念。

推广还包括增加产品和服务认知度的活动，把市场调研发现的消费者定位为最可能的潜在客户。

13.3.2.1 推广计划

市场计划制订完成后需要制订推广计划，具体内容包括：

- 需要推广的产品和服务的描述。
- 细分市场和目标群体。
- 推广产品和服务要开展的活动。
- 活动开展细节，例如要使用的渠道和方法。
- 活动内容以及如何开展。
- 如何监测具体活动以确定最后的成果。

13.3.2.2 沟通渠道

把产品和服务推广给客户有多种渠道，例如：

- 互联网。提供了多种推广产品和服务的方式，例如引向官方网站的广告和链接。
- 电子邮件。这是一种成本相对较低的沟通方式，可以直接推送给那些需要产品和服务的客户群体。
- 数字化设备。可以通过移动设备直接同客户沟通，发布直接会让客户对产品和服务产生兴趣的应用，或者在客户使用的应用上发布广告。
- 社交媒体。通过各类站点吸引有相似兴趣的客户或者普通消费者群体，进行在线互动（举办比赛、发放赠品、组建兴趣组等）。
- 产品手册和海报。提供产品和服务的详细信息。
- 杂志。投向具有共同兴趣爱好的客户群体，这些兴趣恰好可以被组织所提供的产品和服务满足。
- 电视和广播。投向某节目的忠实客户群体。
- 推广礼品。可以赠送给客户群体的小礼品，例如日历、咖啡杯、笔、钥匙环、T恤、帽子等，用来打广告并为公司产品和服务建立正面的形象。
- 展销会。展销会可以吸引对公司产品和服务感兴趣的客户，在展销会上有机会直接同客户沟通。
- 联合推广。可以跟其他公司联合推广，共享市场空间和客户并共同受益。
- 忠诚度项目。如果客户继续购买产品和服务，奖励他们优惠价格或赠品等类似的特殊项目。

在制定推广战略时，重要的是评估哪种沟通渠道是最有效的。需要在推广成本和预期收益之间寻找平衡。

13.3.2.3 推广流程

制订推广活动时可以采用图35所示的方法，它起到指引作用。

图35 推广开发步骤

1. 吸引注意

用什么来吸引客户的注意？如果不能在几秒钟内获取他们的注意力，客户就会离开，必须用最有效的信息在几秒钟内介绍服务和产品优势。客户需要快速地从这些信息中捕捉到他们需要的内容。

2. 开发兴趣

推广应该将客户的初始注意力转化为真实的兴趣，鼓励客户继续阅读、观看或聆听，同时应注重客户如何从产品和服务中受益。

3. 培养欲望

客户一旦产生兴趣，就应该进一步培养欲望，利用客户持续的兴趣来培养其需求的意识。应该让客户看得出产品或服务的价值，并确定这就是他们即刻需要的。

4. 鼓励行动

客户的欲望被培养起来后，需要将其转化为行动。相应地，这会把客户进一步推向实际购买。行动可以包括联系或安排一次会面，方便客户进一步了解产品和服务；也可以用紧迫感激励客户行动，比如不尽快行动就会错失优惠价格或者额外的免费产品。

> **🌐 现实案例**
>
> 一家公司实施了一个基于云的客户关系管理（CRM）系统的项目，系统的用户是移动销售员工、呼叫中心员工和高级管理层。
>
> IT 部门管理这个项目，并关注项目的截止日期和系统的交付。系统上线后，IT 部门认为项目非常成功；但公司其他部门并没有使用这个系统，而且系统从未完全启用过。最终，项目宣告失败，系统被关停。在这个过程中，如果应用了 VeriSM 方法的话，就可以避免一些问题：
>
> 1. 在项目一开始就引入更多的组织能力，而不是把它当作一个 IT 项目。
> 2. 关注在组织内推广新的服务。
> 3. 更清楚地定义成功的标准，成果应该是给业务带来的益处，而不是按时交付一个软件。

13.3.3　品牌化

品牌化是指为组织及其提供的产品和服务创建一个通用的一致的形象。一旦被创建，品牌就会被使用在所有的推广活动中。其目的是将这一形象植入客户脑海中，使得组织产品和服务会立刻被关联激活。一个有吸引力的品牌也可以增加产品和服务的吸引力，并很快为其建立起积极正面的形象。

13.4　保护

安全相关的活动大多隐藏在背后而不为客户所关心。然而，作为服务的使用者，消费者必须担负起安全责任。产品和服务的使用受组织安全政策的约束，这些政策定义了组织员工在数据安全、信息安全、物理安全等方面的规范行为。安全政策应该涵盖组织所拥有的技术、密码、处置技术、服务权限、数据和信息以及其他相关领域。

保护活动包含了风险管理和确保服务持续交付的措施。附录 A 提供了一个关于权限管理的信息安全政策案例，它需要作为服务管理原则的一部分来制定。

13.5　维护

任何公司的日常运营活动都注重于维持持续的、既定的绩效水平。以最常见的办公室为例，这些活动包括办公环境的维护 [采暖、通风、空调（HVAC）、清洁、公共设施、租赁] 和保持适当的供给水平（消耗品、办公桌、储存空间）。对服务交付而言，情况与之类似：基础设施的维护是必需的（备份和恢复服务、数据监控、软件和固件版本维护、老旧设备更新）。

除了这些"物理上"的活动外，服务提供者还需维护组织结构信息，确保数据、信息和知识资源都是最新的、可用的及可实施的。它们需要替换或更新过时的信息，并将不再相关的信息息存档（如果储存成本较低，评估永久删除是否会带来负面影响也是非常重要的）。

员工是另一项需要持续维护的知识和信息资源，确保员工不仅接受过专业领域（根据需要）

的培训，而且接受过足够的跨专业培训，这一点非常重要。要降低在危机处理和员工变动（如退休、工作调动、离职等）过程中因为知识欠缺导致的风险，跨专业培训就显得尤为重要。

为了支持跨专业培训和信息的获取，内部的知识应该用文档记录下来。这不仅是为了效率，也是为了解决知识差距并降低对个人"英雄"的潜在依赖。技能库就是一个非常有用的工具，值得发展并保持。知晓需要何种技能和能力非常重要，这可以帮助组织了解所需要的岗位，并为招聘流程创建岗位档案。

> **定义：技能库**
>
> 技能库是一个"员工技能、能力、资质和职业目标的列表，用来为内部招聘和晋升发现合适的候选人"。

还有一项需要维护的信息源是用来交付服务的资产信息。尽管采购部门可能拥有公司已采购物品的信息（如生产库存、物流供给、技术设备等），但实际上仍存在其他逻辑的、概念的或自然环境的资产（如系统、服务、数据中心等），更多资产管理的内容可以参见附录 F。

理解服务资产使用和交互的方法十分重要，这些信息不仅应该在产品产出时记录，也应该对变更或故障修复事件进行记录。信息不仅要记录，也需要维护，因为过时或不准确的信息没有任何价值，也会导致错误的决策。需要在合适的时间段审核信息的准确性并消除误差。这意味着要能够找到信息不准确的原因，然后调整并消除根源。

13.6 改进

在持续服务的基础上，还应该抓住并落实改进的机会。所有利益相关者都有责任发现和提交改进建议。可以在不同层次上管理改进，从运营层面上的决定到影响整个组织的决定。无论决定落在哪里，组织管理会协助做出决定，确保改进是在组织方针授权范围内的。

本书无法列出改进的所有内容，这里简单罗列几个方面供参考。

- 新产品或服务。新的业务线需要新的解决方案。
- 新技术。技术在飞速地进步，可以利用什么将组织和竞争对手区分呢？这将成为组织管理网格的一部分。
- 考核结果。审核指标和报告可以根据绩效和使用情况，确定是否有必要在服务上投资。
- 兼并和收购。增长带来了兼并某些服务领域的需要。
- 合适的规模。出售一条业务线（拆分活动）。
- 改进交付。服务本身没有变化，但交付服务的方式可以改进。
- 采购策略。检查绩效数据、使用情况、市场相关度之后，一项服务可能被外包/转包，或者转为一个商业产品。
- 社会或环境的关注。服务提供者在特定领域有了新的责任。

改进的理念是组织文化的一部分，它由于组织的方向和目标需要而发生，永远不会自发。

14 VeriSM 模型：响应

> 🔑 **本章介绍**
> 在第 4 章，我们讨论过服务文化的重要性。本章将讲解如何在服务提供者和客户之间建立直接沟通，服务提供者怎样响应客户将会影响客户对整个产品或服务的看法。

14.1 目标

作为服务的一部分，服务提供者需要定期与消费者沟通。在响应阶段，服务提供者响应消费者的问题、疑问和需求；有时候需要跟那些不是消费者，甚至可能永远不会成为消费者的人进行互动（例如，在社交媒体上互动）。相关情况见图 36。

图 36　VeriSM 模型：响应

14.2 活动

有效的响应通常只需几个关键活动，其中最关键的是记录互动。简单列一下响应活动（见图 37）。

- 明确一个可以通过多种渠道（如邮件、电话、社交媒体、面对面）接入的单点联系方式，不鼓励其他的联系入口。这可以被看作是"单点服务"，内部员工和消费者都可以用这种方式寻求帮助。
- 记录意味着保存一份档案，是获取服务质量信息的一部分（如服务记录、趋势分析、未来决策和改进服务的信息）。它也可以提醒关于疑问、投诉和其他问题的响应。
- 管理记录响应是如何处理的。当然，为了更加透明，消费者应当有知情权。
  - 问题很少只发生一次。开发一个系统把问题和响应连接起来。一次性解决问题！

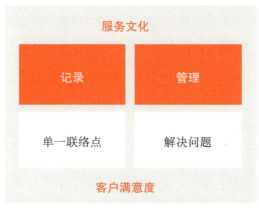

图 37　响应：活动

响应阶段需要有坚实的客户服务和服务文化支撑。服务提供者响应不同事件的能力会影响消费者和他们使用产品和服务的能力。记住，响应阶段也包括同非消费者群体互动。这些互动也需要有效地管理。需要考虑以下这些活动。
- 需求。寻求信息、帮助、投诉或其他问题。
- 问题。一些事情没有按预期发展，或者消费者不能正常使用服务。
- 根源事件。理解"为什么"会发生问题。

14.3　需求

消费者可能会对所接受的服务产生疑问，或者希望体验一种新的服务或附加的功能。服务提供者需要对这类互动有所准备。通常，这些需求可以被一些自动的机制处理，比如"购物车"，或者可以通过面对面的接触方式直接处理。在管理需求时，务必将用户体验铭记于心（参见第22章），并考虑下列事项：
- 系统是否可以简单清晰地获取（记录）需求？
- 一旦被记录，所有的需求是否都被审核和评估过？
- 需求是否在既定的时间内被满足并有相应的状态更新？
- 是否有定义好的工作流和必需的权限检查点？
- 是否允许提需求的人关闭或升级需求？

需求示例：
- 信息需求；
- 寻求帮助；

- 常规工作需求（如报表、状态报告、办公室变动、背景调查、安全权限）；
- 申请标准设备（如电话、个人设备）；
- 服务权限；
- 新的服务请求；
- 投诉；
- 感谢；
- 对产品或服务的一般性反馈。

组织用同样的方式处理需求和问题，这太常见了（请看下面的"问题"案例）。这样做可能是权宜之计，但必须小心谨慎。从管理的角度看，这两种情况需要明确区分，否则会导致对服务的误读（例如，高估或低估实际的故障数量）。

> **现实案例**
>
> 社交媒体和论坛上最常见的一个服务管理问题是："密码重置，是需求，还是问题？"
> 将密码重置看作问题会导致服务提供者报告出惊人的数据。密码重置通常可以很快地被服务台的第一个联系人解决，所以解决效率看上去会很高。将他们记录为需求，会使服务提供者争论是不是服务"故障"，它从功能上是正常的。
> VeriSM 是什么观点？没有一个简单的答案。这是由管理组织决定的！需要着重考虑：
> - 密码重置是否被及时地管理着，以给用户一个良好的体验？
> - 是否可以确定问题的根源？是否有方法自动重置密码并把权利交给用户？

14.4 问题

许多服务提供者把服务中断定义为"事故"。"问题"则是一个更广的术语，包含消费者察觉到一个故障，以及真的出现的故障。

所以，当一些事情没有按照期望或既定方向发展，或者被客户察觉出表现并不如预期或既定标准，那它就有可能是个问题。问题无处不在——用户可以报告系统无法访问、文件丢失或损坏、有设备不能工作等问题，或者基础设施监控发出某些设备的性能警报（如温度警报、容量超限警报、安全漏洞等）。

务必要记住的是：问题需要记录并按照适当的优先级（根据紧要程度）处理，重要的是尽快让消费者恢复使用产品或服务。

在记录问题时，记录的类型（详见第 14.6 节"记录"）取决于组织的需要，但最佳实践建议，任何联系都应当被记录下来。如果有些问题有相同的根源事件，那应该把这些记录都关联起来。

> **现实案例**
>
> 如何知道某些事情出现问题了？许多公司在使用非标准方式寻找答案，例如：
> - 微博上使用"@"功能；

- 非常规的服务交互。例如，无法通过应用购买；
- 使用人或者工具监控脸书上的聊天。

14.5 根源事件

你多久会听到一次高层管理人员用下列方式询问：
- 我们的产品价格为什么是竞争对手的两倍？
- 我们的回头客为什么减少了24%？
- 我们的网站为什么一直出问题？

这些问题中"为什么"最为关键。这种情况下，高层管理人员是在寻找事件的原因（或者多个原因）。而这些是根源事件，有时也被称作"问题"。

> **现实案例**
>
> 问题和它的根源事件是完全不同的：同样的问题有可能反复出现（如办公室供暖系统一直出故障），尽管不断地在恢复服务但问题仍然时有发生。
>
> 供暖系统反复不断地出故障让人恼火的程度不断升级，最终触发了对供暖系统全面的故障调查，寻找问题的根源。
>
> 对于问题，关注点是为用户尽快找到解决办法。对于一系列相互关联的问题，主要是寻找原因并采取措施防止问题再次发生。一旦找到了根源事件，就可以根据经济上是否值得解决它而做出决定。

有很多众所周知的方法可以用来调查重复发生的问题，如 Kepner-Tregoe 理性思考法、石川图（Ishikawa figures）、关联图（Affinity diagrams）等，在你的组织中使用最有效的方法并将其流程记录下来。不管采用什么方法，不断询问"为什么会发生"直到问题解决为止。

什么时候应该做记录？
- 问题的根源找到了，但不能立刻解决；
- 问题的根源还没找到；
- 某些东西已经明显坏掉了；
- 怀疑某些东西是错的。

成熟的组织会主动寻找潜在问题并在它们影响服务交付前解决掉，这些主动行为需要管理层的支持和理解。预防比解决问题要"便宜"得多，特别是和定性衡量相关的方面（如声誉、忠诚度、士气）。

14.6 记录

每一次沟通都应该被记录下来。不管通过何种方式引起上报人注意（电话、面对面交流、传真、电子邮件、社交媒体、自动化），同记录系统的交互都应该是简单便捷的。

一旦事件引起了服务提供者的注意，至少要获取到一些基本的信息。记住，获取到的细节是衡量／汇报、运营记录、趋势分析、改进和决策的基础。这类信息包含：

- 事件报告人的详细联系信息；
- 事件的描述；
- 调查和解决事件的措施。

支持这类活动的工具有很多种，使用其中任何一种工具都可以获取很多信息。然而，不要记录没有用处的信息，所有信息对于服务提供者和消费者都要有重要和明确的价值。信息不是免费的——收集和维护它们都是有代价的，而且还要考虑到很多数据保护和监管方面的要求。部署工具时请仔细想一想：你可以用工具来记录信息，但这并不意味着你必须要用它！

每一条记录都应该有一个负责人，责任制会确保事件被按照既定的方式管理，并给予消费者信心。当问题出现时，联系人必须是明确的。组织需要制定一套责任制的工作方法，既要给消费者提供适当的信心，也要反映客观事实；例如，责任人已经下班或者休假了，问题会被怎么解决？

> 🌐 **现实案例**
>
> 　　一家电信公司以前因客户服务满意度低而闻名。这家公司有很多部门，彼此不清楚应该联系谁，因而信息在部门之间被流转时发生丢失。
>
> 　　后来这家公司转变了它的服务方式并启动了推广活动，承诺客户首先联系到的人会从始至终地负责客户的问题，无论责任落到何处。
>
> 　　这一变革对客户的服务体验和满意度产生了极大的积极影响。

14.7　管理

不同的组织、服务提供者管理事件的方式不同，可以分为直接和间接两种方式。很多公司都设立了支持中心或服务中心，允许客户通过多种渠道联系支持人员报告问题或提交请求。这些渠道包括电话、电子邮件、社交媒体或通过现场拜访直接沟通。

随着信息获取的便捷（常见问题和在线视频）、客户期望值的改变，客户支持的架构也在适应性地调整。现在支持客户的方式包括自助服务、自愈恢复（故障自动解除）、自知服务（固件升级和补给订单）、互助支持（询问同事）等。

对大多数服务提供者而言，现场支持的需求永远不会消失（人跟人的交流的机会）。这可能是消费者的倾向，也可能是财务方面的要求——比如律师或者投资顾问，这两者收费都非常高。想要有效利用律师或顾问的时间，直接沟通要好过寻求一个解决方案（详见本章末关于 Cherwell 软件公司的案例分析）。

一致性是响应活动里重要的组成部分。在第一个环节中问题信息被记录下来，一旦问题被记录，就将进入调查环节，直到问题被解决。要确保解决问题的活动被记录在案，并且被加入知识库中或者分享给相关的人员。消费者应该能预期服务内容，客户体验在不同的沟通交互中也不应该有显著差别。

管理环节中的一个重要内容是透明化。这就要求跟消费者沟通以下方面：
- 时间表——预计解决时间。
- 状态——跟消费者沟通正在进行中的工作以及问题何时可以得到解决。

问题解决后，回访消费者对解决方案和处理过程的满意度，这对服务提供者来说是至关重要的。使用支持服务很可能是消费者与服务提供者唯一的交互途径。定义、生产和提供环节对客户而言是"水下冰山"而不可见，所以响应很可能是消费者对服务提供者形成第一印象的机会。

通常可以通过调研和面访来衡量满意度。除非可以保证书面表述的准确性，不然调研是会产生偏见的，而且只会得到非常满意或非常不满意之类的答案。所有的信息都是片面的。参见第 22.2.4 节，可以使用净推荐值（Net Promoter Score）来衡量满意度。

可以考虑用一个简单的开放式问题来收集满意度（以降低人们对调研的厌倦感），然后尽快跟进以表明服务提供者十分在意。问题应该是："我们今天达到您的期望了吗？"切记，收集了反馈但将其忽略会比根本不收集反馈更让客户生气。

案例分析

Cherwell 软件是一家私营的全球化软件公司，专门从事服务管理、资产管理和工作流自动化产品。它们是 Cherwell 服务管理体系的创造者。贾罗德·格林（Jarod Greene）是公司产品市场部的副总裁，分享了他们的观点——未来的技术支持以及自动化、人工智能、机器学习在实践中所扮演的角色。

究竟是谁需要一个服务工程师？

根据高德纳（Gartner）的报告，IT 服务台的费用平均占到总 IT 费用的 5.8%，有些公司会高达 15%。这一点儿也不奇怪，这些 IT 服务台费用中的 87% 是人力成本。看上去很简单，对吗？寻求降低和优化 IT 成本的公司只要降低和优化 IT 服务台人员的费用就可以了。此外，随着人工智能和机器学习的实现，记录再跟进，获取再分配的 IT 服务台观念已经过时了。

那么从今往后三年，究竟谁会需要一个传统的 IT 服务工程师呢？是的，就是你。

人工智能很可能会取代低薪、重复、入门类的职位。自动化会消除或减少人们大量单调的、琐碎的、低附加值的工作，最终去承担更复杂的和传统上由人去做的工作。这是一个对 CIO 很有吸引力的话题，特别是把服务者换成那些可以支持利润增长和提高生产效率并同时降低成本的人工智能。对这些领导者而言，人工智能带来了把 IT 组织运营变得更好、更现代化的机会。这些领导人也认识到多达 60% 的寻求 IT 服务的接触可以被自动化或者被用户自己解决，而更少的电话和邮件沟通可以让组织分配更多的时间和资源到更有价值的事情中去。有了时间和资源，IT 部门可以做些非比寻常的事情。但别忘了，价值最终是由消费者决定的——很多时候就是 IT 直接支持的部门和组织服务的最终消费者。

IT 服务工程师的必不可缺，是因为他们交付价值的能力，尽管他们的角色会以不同方式进化。

未来的 IT 服务工程师会更多关注技术咨询而不是技术支持

IT 服务台一直被安置在业务和技术（甚至包括业务使用的"影子 IT"）之间，组织期望通过消除阻碍完成工作的技术问题来提高生产率。随着越来越多的工作变成自助服务和自动化，他们的角色会更加注重于提供能帮助业务用户更好做出相关技术决定的指引和见解。Siri、Alexa 和 Cortana 完全可以（应该）触发一个密码重置需求，从知识库中调取一个常见问题的答案，或者开启新员工入职的流程。但是，用户会需要 Brad、Jane 和 Steve 这样的人在 CRM 系统中创建正确的报表，依据工作属性帮他们理解哪个移动设备和应用最有帮助，并在微软 Office 365 中通过生产率工具显示出来。目前这种支持和专长被分散于组织和外部供应商中，但用户对于技术支持的期望是不能由机器完全实现的，而是由同时精通并融合了客户服务和技术能力的人。

根据最近 Okta 的研究，一个员工使用的现成的应用数量在每天 10～16 个，比上一年增加 20%。随着定制、本地的和云应用的增长，用户会在数据、工作流和集成上投入更多，因为他们需要在不同应用间不停切换才能保证效率。业务关系经理可以跟不同的利益相关者和群体进行战略性合作，以求在业务和技术之间达成一个更健康的关系，传统的服务台在面对"靴子落地"这种需要一对一跟用户合作的需求时，会显得缺乏效率。这对寻求前沿技术以获取新竞争优势的组织来说会是一个极大的推动力。

未来的 IT 服务工程师会处理不可知性

根据 ITIL®（服务运营 1），服务台原则提供了一个单点联系人以满足用户和 IT 人员的沟通需求，致力于使客户和 IT 服务提供者都感到满意。他们的主要目标是记录问题并完成服务请求，这一定义让鼓励服务人员承担更广泛的职责显得更有价值。当 IT 组织更多地引入精益和敏捷的概念，IT 服务工程师和应用开发团队的联系就会更加紧密。组织会因为收集到更好的业务需求以及更理解这些需求是如何驱动业务目标而受益。我们会根据需要采用最恰当的渠道和方式来"管理事件"，反之，会让标准分类来决定解决方案的路径和预期响应的时间。作为为了持续交付而建立起的反馈循环的一部分，有些问题需要服务工程师直接同应用开发组沟通。精益和敏捷的目的是快速交付有质量的 IT 服务，未来的 IT 服务工程师也会据此运作。

未来的 IT 服务台工程师会在信息系统平台上工作，而不仅仅是在 IT 服务管理工具上

现在的 IT 服务工程师主要通过 IT 服务管理工具工作，这些工具帮助他们在整个周期中管理事件和需求，同时提供必要的趋势报表，减少瓶颈，并证明 IT 对业务的价值。更多的 IT 服务管理工具在努力提供更强大的协作和数字化工作场景方面的功能，但它们很可能永远不会成为把用户和员工集合起来的交互系统，这意味着 IT 服务管理工具需要在更大的生态系统中发挥作用，涵盖员工入口、客户入口、核心系统、后台系统和物联网系统。这些跨系统的可见性会给未来 IT 服务工程师服务端到端用户体验时提供所需的环境，因为他们整天都通过不同的入口在众多的系统中穿梭。未来的 IT 服务工程师会关注获取尽可能多的员工技术历程的信息，并发现从宏观层面将工作流程化的机会。当作为销售人员的 Frank 在为他的指标而奋斗时，他可能会因为在 CRM 系统、内容管理系统、邮件和社交媒体中的许多技术操作而更加抓狂，他的效率也会因此变得低下。如果有人可以从技术层面理解 Frank 同这些系统的交互，发现 Frank 对系统的理解和业务功能上的差异，并提出提高效率的建议和方案，这将是极具价值、乐于被接受，并对公司利润目标有直接影响的事情。

结论

所以，如果技术成为组织达成结果的推动剂，帮助消费者获取需要的资源，那么这些服务的价值就会体现出来。新的流程、方法和技术可能会改变提供服务的方式，但对技术资源的需求却不会改变。IT 组织应该培养人员以支持这一角色，就从现在已经展示出这方面能力的人员开始。业务或许不需要一个传统的 IT 服务台，但他们缺少了技术的协助又怎么演变成一个数字化的业务？这一角色是服务的领导者应该去寻求的。

15 适配 VeriSM 模型

🔑 本章介绍

VeriSM 模型并不是向公司和组织提供一种"一刀切"的解决方案。相反，它为组织提供了一种方法，利用各种管理实践、新兴技术及其自身环境和资源，为它们和它们的消费者创造最大的价值。

15.1 选择适合的管理实践

在管理网格中如何选择适合的管理实践，应当基于组织整体战略和需求，考虑哪些实践能够更好地为它们提供服务。

首先检查组织的当前状态，现有的实践和能力是否可以达到期望的成果。如果不能，则需要确定是环境问题还是能力有限，最终选择适当的管理实践方法。每一个管理实践都将涉及一个或多个关键目标。从图 38 我们可以看到适配 VeriSM 模型的高阶流程。

图 38 适配 VeriSM 模型

15.2 集成管理实践

一个服务提供者组织通常都会有一个现行的管理实践。采用任何新的管理实践都需要集成到运营模型，而不是独立地建立一个管理实践"孤岛"。

> 🌐 **现实案例**
>
> 一个大型组织选择了 ITIL® 作为它们的服务管理实践。而它们的开发团队则采用了 DevOps 作为一个新的管理实践，以期待提升他们的 IT 能力以及与消费者的互动。

> 然而因为 DevOps 是被孤立应用的，管理层很快就开始抱怨 DevOps 团队与他们的问题管理团队缺少沟通，因此工作优先级没有被有效地设定，员工没有专注在正确的工作上。
>
> VeriSM 模型推荐使用一系列的管理实践来实现增值，但这些实践必须是集成的，并且必须置于组织的治理需求和服务管理原则之下运营。实施不同管理实践的团队之间的沟通是成功的关键要素。

单一的管理实践不能解决一个组织的所有需求，通常我们会选择几种做法来解决不同领域的需求。 比如一个组织可能会选择 DevOps 来提升开发工作的速度，选择 SIAM（服务集成与管理）来更好地管理供应商，通过快速迭代来获取面对变更需求的灵活性。它们是互补的，不应相互孤立，应确保所有管理实践协同工作。

关于如何集成先进的管理实践有如下一些指导原则。

- 确保任何一个专业人员都是某一能力领域的一部分，而不是孤立地向各自不同的管理层汇报（例如，快速迭代团队）。管理"孤岛"往往会导致优先级错位、团队冲突、互相指责、故步自封以及其他一些问题。
- 为每个管理实践建立清晰的范围并且定义如何与其他的管理实践对接。这可能会涉及一些接口、交接流程、职责范围、衡量标准和目标，以及它们之间如何互相沟通。
- 有一些实用的工具使得各个管理实践中的工作互相可见，比如看板、信息墙（详见第24.1节）、海报、业务快报以及参与其他团队的一些会议。这些沟通的目标使每个团队的工作都透明化并且形成"我们在同一条船上"的团队文化，以确保组织成果的达成。
- 选用在不同实践中具有交叉技能的人员。这意味着，举例来说，工作于持续开发测试团队的人员也熟知SIAM（服务集成与管理）的实践。可以考虑定期召开会议，由一个管理实践的团队向其他团队介绍和展示其理念与行动，以更加了解和熟悉。
- 可以使用管理网格作为管理现有的所有实践、资源、环境和新兴技术的工具。经常性回顾管理网格以确保它是更新的。主动搜寻可能存在的问题并确保它们都得到解决。

15.2.1 逃离"孤岛"

服务管理代表着服务提供者整合其所有功能的能力，以便提供有价值和结果的服务形式。传统上，服务管理被视为组织内 IT 能力的一部分。发展中的组织已经意识到，要成为一名成功高效的服务提供者，整个组织的能力和行为必须全盘考虑，用来交付创造价值的成果。

一个或多个服务提供和支持组织中的每一条价值线，又是由组织中的各种能力交付和支持着。组织中的各种能力必须无缝地结合在一起才能使这些服务提供正确的产出，满足价值的需求。管理实践为组织生产服务的交付和支持提供了一种可持续、可复制的方法论。

服务提供者必须对自己的视角和行为进行变革，从多个孤立能力的集合体转变成一个集成了所有能力和实践的组织，并使得它们的协同运作成为服务管理的一部分。对很多组织而言，这意味着它们的组织运营方式发生了一个巨大的变化，这个变化需要深思熟虑来实现向一个服务组织者的转变。

15.3　成功运营模型的要素

让任何组织采用和使用一个新模型总是会带来特别的挑战。员工和组织能力团队都会有自己的认知、想法和价值观。这些可能会导致阻力产生，适应缓慢，甚至只能停留在目前状态无法前行。采取行政命令加严格管控的方式似乎是最快速、最直接的推进方式，但这种方式的成功率非常小。下面列出了一些常见的成功要素，很多组织靠它们确保新运营模式的变革得以成功。

- 组织变革管理。通过一个组织变革项目把利益相关者拉到一起，让他们和新运营模式的目标产生关联，从而打破他们对变革的抵制（详见第6.6节）。
- 高管的支持承诺。高级管理层需要站出来领导和支持一个共同的未来愿景，所有管理层能够持续地分享和沟通同一个愿景的有关信息，这是至关重要的。
- 全员参与。提供一系列的机会使得员工有机会参与，例如工作坊、员工大会、反馈机制、讨论小组以及其他沟通事件。虽然使得全员认可和参与是一条漫长的道路，但很少有人会在参与愿景的开发时，还对其产生抗拒。
- 赋能。确保所有的支持体系能够支撑新模型的运作。一些典型的失败包括源于IT系统不能充分地支持愿景或人力资源的激励政策没有鼓励正确的行为，抑或组织架构成了"拦路石"。务必要确保这样类似的领域也被考虑进变革项目，以避免它们成为成功的障碍，或者降低新模型计划下的可能收益。
- 衡量。确保清晰的衡量标准和报告机制都能够到位，定期地发布这些报告可以展示变革的进展，使得组织对于未来愿景的实现保持热情高涨。

15.4　衡量运营模型的绩效

衡量绩效是理解运营模型工作原理的关键。组织和运营模型在现实中都非常复杂，永远无法被完美地设计。即使达到完美，组织或运营模型的环境也会改变，产生调整的需求。

为了了解运营模式何时运行良好、何时需要调整，我们必须对模型的绩效进行衡量。在评估绩效时，可以观察两种类型的衡量指标。

- 滞后指标。滞后指标即衡量行动的结果并以"产出"为导向。滞后指标通常很容易衡量，但很难影响和改进。
- 领先指标。领先指标即以"输入"为导向。它们很难被衡量，但更容易施加影响。领先指标更加关注未来的绩效和持续改进。

> 🌐 **现实案例**
>
> 本案例将展示滞后指标和超前指标是如何被应用到服务台模型上的。
> - 滞后的绩效指标诸如"响应时间""个人接单量"，或者"单均处理时间"。然而这些指标并不能提供一个全局的视图。
> - 超前指标诸如"复杂度""分类的个人能力等级"，甚至"工作干扰度"。这些超

前指标可以对结果产生极大的影响,例如员工培训、工作流改进、建立新的知识库等,都可以影响上述指标。

对于领导人和普通员工的绩效指标都需要有很好的定义,相对来说,超前指标对于理解不同人员的贡献比滞后指标更加重要。

组织可以利用可视化来开发和跟踪绩效指标,并将其作为日常工作的一部分。可视化能够让整个团队看到自己的指标,使他们理解,允许他们对指标的定义提出改进意见,并且对不尽如人意的绩效水平做出反应。建议每个团队每周至少有一次例会,讨论他们的指标,让所有团队成员参与,并决定采取什么纠正措施。

定义一个运营模型中的衡量指标,需要能够覆盖整个运营模型。这些指标可以从最顶层被分解到团队和个人的层级。这将使得每个人都清楚模型是如何运作的。可视化和分享衡量信息可以使得员工有更强的主人翁意识和授权意识。指标数据既可以顺着组织架构从团队讨论或部门层级向上汇总,也可以通过高级管理层或战略会议向下拆分,指标的细节程度或聚合程度都需要与受众对象相适应。

15.5 持续适配

图 39 所示的管理实践是一个常用的实践案例集合,用于定义、生产和提供数字化服务。更多的实例可以在附录 E 的表 30 中找到。

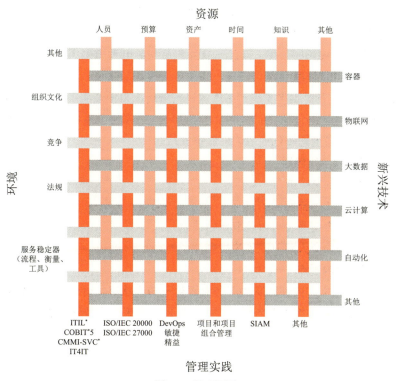

图 39 管理网格

随着时间的推移，当前的管理实践终将过时，而新的管理实践将会出现。一个有效的服务提供者会定期地对自己的管理实践进行整体回顾，以确定是否已经产生了相关的变化。一旦新的管理实践被证明能够给组织带来利益，那么管理网格则需要做相应的更新。

> **案例分析**
>
> **关于服务组织**
>
> NHS Digital 是一家专注于将信息技术应用于健康关爱领域的英国政府机构。服务管理部门是 NHS Digital 服务与保障理事会下属的一个部门。这个部门的角色是管理和保证 NHS 在英格兰和威尔士所使用的所有主要 IT 系统的日常运维，覆盖到 70 多个涉及健康与社会关爱领域的系统。这个案例显示了它们如何应用多个管理实践来转变它们的服务能力。
>
> **背景**
>
> 在 2016 年 8 月之前，NHS Digital 的服务管理部门是基于职能的组织架构，由专门的团队覆盖以下服务：
> - 事件管理；
> - 问题管理；
> - 变更和发布管理。
>
> 最初大部分服务都是外包的，直到某次战略调整使得关键服务被拿回来由内部团队负责开发。这些内部开发团队号称自己是 DevOps 团队，他们确实执行了一些运维活动，但同时服务管理团队也在并行展开这些运维活动，于是导致了一些摩擦，使得服务的运行不是十分顺畅。
>
> 还有一个需求被提出，关于回顾所有外包服务的治理模型。为帮助服务管理团队的转型，有两个项目被创建了：
> - peClean：专注于对现有流程和工作流进行分析，以便新服务能够顺畅引入；
> - Service Optimization Agile Project（SOAP）：专注于重组服务管理实践以便提供更好的外包服务治理和创新的内部服务支持。
>
> SOAP 项目的目的包括：
> - 服务管理团队的文化变革；
> - 提升内部团队和外部团队的交互；
> - 提供更好的机会使员工可以获取新的技能；
> - 提供更多更好的个人职业成长的机会。
>
> **客户/利益相关者的观点**
>
> 在过去的模型中，内部团队的服务管理处于游离状态，好像他们是外部的客户。这些内部团队越来越多地绕过服务管理，因为在他们看来，服务管理是：
> - 官僚的；
> - 不灵活的；
> - 被孤立的；
> - 被阻碍的；

- 与新的服务交付模型格格不入的；
- 难以参与的。

转型

服务管理部门开始着手探索必要的变化，同时验证可行性来开发一套解决方案，在能够集成外部供应商以及内部 DevOps 和 TechOps 团队的同时，为最终用户提供优化的成果。

这是一项艰巨的事业，它包括：

- 对整个部门 110 多名员工进行重组；
- 对组织文化进行变革；
- 改变职业发展路径的规划；
- 改变和供应商的关系。

图 40 展示了原服务管理部门的组织架构。

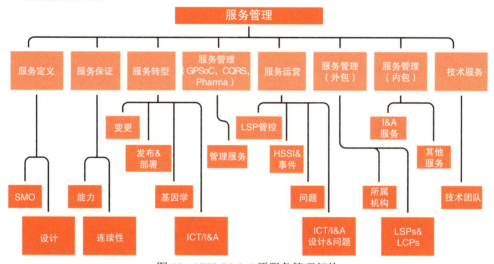

图 40　NHS Digital 原服务管理架构

这导致了服务管理中混乱和复杂的沟通路径，见图 41。

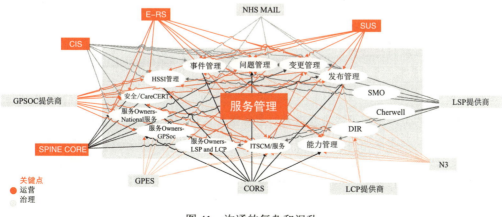

图 41　沟通的复杂和混乱

这种架构被称为"单元"的新概念取代。这是一个多学科的团队,致力于许多同类型的服务,如图42所示。水平项用于为部门管理的所有服务提供支持,这些水平项提供了贯穿各个单元的中央化集成功能,这样就能维护一个跨服务的总体视角和专业技能……

关键点 ● 运营 ● 治理 ● 横向层级	单元格1 OS&CORE 白金	单元格2 E-RS 黄金	单元格3 I&A 银	单元格4 ICT	单元格5 GPES/ CQRS&GP 付款银	单元格6 Lorenzo NHSMai12 白金	单元格7 N3&HSCN 白金	单元格8 SUS,SUS PLUS,NDSD & DSP银	单元格9 GPSOC (incl,HUS) 黄金	单元格10 LCPs 协问能力 &药剂学
DIR/CHERWELL										
SMO	+事件 +问题 +发布 +能力 +可用性 +服务级别 +提供商 +利益相 关者	+事件 +问题 +发布 +能力 +可用性 +服务级别 +提供商 +利益相 关者	+事件 +问题 +发布 +能力 +可用性 +服务级别 +提供商 +利益相 关者	+事件 +问题 +发布 +能力 +可用性 +服务级别 +提供商 +利益相 关者	+事件 +问题 +发布 +部署 +能力 +服务级别 +提供商 +利益相 关者	+事件 +问题 +发布 +部署 +能力 要求 +服务水平 +更变协调	+事件 +问题 +发布 +能力 +可用性 +服务级别 +提供商 +利益相 关者	+事件 +问题 +发布 +部署 +能力 +服务级别 +提供商 +利益相 关者	+事件 +问题 +发布 +部署 +能力 +服务级别 +提供商 +利益相 关者	+事件 +问题 +发布 +部署 +能力 +服务级别 +提供商 +利益相 关者
HSSI和安全										
变更										
CENTRAL SM TEAM										
ITSCM/BCM										

图42 水平支持单元

这些单元和开发团队紧密合作,形成了一个真正的DevOps团队。由于单元中的成员都是有多项技能的,同一个团队可以对核心流程提供整体的服务,减少了团队之间的工作交接,这使得客户服务水平得到了提升。

同时,与服务管理部门之间的沟通也变得更加简单和有序,见图43。

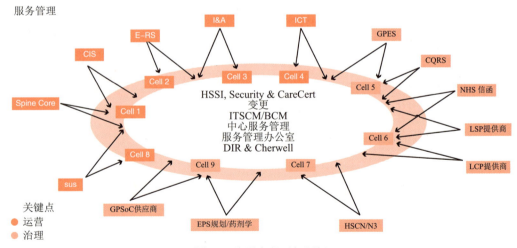

图43 沟通变得更加顺畅

多技能的工作单元可以管理更大的业务量并且对未来可能的需求保持了一定的灵活性。它允许了员工去学习更多的新技能或流程,拓宽职业道路,为他们的工作增加了多样性,从而提升了员工的满意度,更好地保留了员工。单元模式可以应用敏捷思考、快速迭代的思路,并且对现存的问题加以解决。

单元的日常工作包括：
- 和开发团队之间的日例会；
- 事件的分流、回顾和跟进；
- 发布的审查与协调；
- 每月的业绩报告。

沟通

对于这种类型和规模的项目，沟通永远是最重要的。

在宣布这个项目之前，部门内的士气总体还是不错的。沟通在其中的重要性就在于维持较好的士气直到项目顺利完成。为此下述一些工作在很早的时候就部署到位了：

- 创建了一个专为 SOAP 项目设立的 SharePoint 站点；
- 为项目组获取一个专用的电子邮箱；
- 鼓励所有的团队成员将这个 SharePoint 站点的网址和邮箱地址添加到他们公司邮箱的个人签名中；
- 海报被张贴在办公区域中，宣传这个 SharePoint 站点和邮箱地址，确保在每张办公桌都能看到至少一张项目的宣传海报。

这个 SharePoint 站点被用于集中采集正在进行中的变革信息，同时也包含了一些互联网上类似项目组织原则的公共资源。

项目组还举办了一些工作坊，帮助服务管理部的员工清晰地了解项目的目的和重组将会给他们带来的影响。工作坊的时间安排以及一些类似 WebEx 的远程工具使得 94% 的员工都可以进行及时有效的沟通。

在这些工作坊上，与会人员被鼓励去通过一份"机遇与挑战"的列表来表达他们当时的观点。项目组收集到各种观点，总体上都是积极的。当然他们也帮助项目组找到一些亟须在项目早期就应该考虑和解决的问题或顾虑。

其中一些顾虑也被列入了 FAQ，放进了 SOAP 专属的 SharePoint 站点。

项目组的转型工作是用一种敏捷和快速迭代方式组织起来的，每个迭代开始时决定使用组织已定义的任务放进某个迭代中，然后基于每个迭代展开工作。在每个迭代的末尾，业务变更经理会组织一个部门级别的沟通会来通知大家项目的进展，包括在上一个迭代中已经完成的工作以及下一次迭代的计划。一开始只是每个团队派一个代表来参加会议，避免影响每个人的工作，后来大家认为这是个改进机会，需要让全员都能够参与。

利益

随着项目的推进，很多好处都彰显出来。首先文化上的积极改变让人看到了一个优质的未来平台，这一点就很让人惊叹。服务管理部门人员的工作态度一直都是正确的，只不过之前被错误的运营模型给误导了。

服务管理现在有了如下变化：

- 以客户为导向；
- 在部门内真正"发声"；
- 更加具有主人翁意识；
- 降低了部门人员流失率；

- 人人都具有"我能"的态度。

NHS Digital 的服务部门现在变成了一个富有激情和激励的工作组织，证据就是组织内的其他员工都申请来这里工作。

新的工具和工作方法被运用于服务管理部门，例如：
- 迭代，站会（站会是组织内每天召开的短会，一般 5～15 分钟）；
- 分享工具（Trello，Slack，Jira，Cherwell，Splunk）；
- 多元化技能；
- 用户故事板甚至 MV；
- 全生命周期的职责设计；
- 自我治理。

总体来说，这个部门现在可以做到：
- 持续的发展和改进；
- 可以通过对资源使用的回顾来决定何时裂变出新的单元；
- 专注于跨单元的技能学习和发展；
- 横向发展管理实践的社群；
- 集成服务管理的工具集。

PART 3
管理实践和新兴技术

在本部分中,我们将介绍一些新的管理实践,这些实践是为了支持数字化服务的创建和管理而发展起来的。VeriSM 支持组织用统一的模式去应用它们。这些实践包括:

- 敏捷;
- DevOps;
- 服务集成与管理(SIAM);
- 精益;
- 左移;
- 客户和用户体验;
- 持续交付;
- 看板;
- 约束理论;
- 改善型套路(KATA)/改善(Kaizen)。

我们还考察了组织可能评估并作为其管理网格一部分的新兴技术。

随着新的管理实践和新兴技术进入他们的市场,每个服务提供者都需要不断地更新他们的知识。

16 演进的管理实践

> 本章介绍很多的管理实践与服务提供者相关;数字化转型正在改变服务提供者的工作方式,就像它正在改变它们的产品一样。本章介绍演进的管理实践。

过去 5 年来,因为新兴技术、数字化转型和消费者日益增长的期望,涌现出很多新的管理实践。服务提供者认为它们需要用更短的时间、更低的成本做更多的事情。近年来,这种情况只增不减。

在下面的章节中,将会介绍一些演进的管理实践。有些实践虽然近期才出现,但已被广泛应用。或者起源于制造业等其他行业,后被应用于服务管理和数字服务。这些实践包括:

- 敏捷;
- DevOps;
- 服务集成与管理(SIAM);
- 精益;
- 左移;
- 客户和用户体验;
- 持续交付;
- 看板;
- 约束理论;
- 改进型套路(Kata)/改善(Kaizen)。

这个列表并不全面,它基于作者对服务提供者所采用的主要实践的经验。并不是每个实践都适用于所有组织,应该认真思考添加到组织管理网格中的一切新实践。在选择管理实践之前,首先需要明确组织的能力差距和亟待解决的问题。谨记:组织不应该被别人的实践所影响,而应选择最适合自己的。

常见的成功因素

无论组织采用何种管理实践,都会有一些成功的因素。谨记:任何新的管理实践都是一项组织变更,因此应该采用适当的组织变更管理(OCM,见第 6.6 节)和组织行为管理(OBM,见第 6.8 节)技术,以确保管理实践的采用和落实。

管理实践中常见的成功因素包括:
- 保持对新的角色、准则和实践的组织承诺,不退回到过去的工作方式中。
- 高级管理层的承诺、赞助和强化。
- 文化变革。
- 团队或能力需要进行重组的结构性变化。
- 支持工具和自动化,同时认识到仅依靠技术不足以改变行为。
- 信任和能力之间的协作,以及对合作中可能出现问题的包容。
- 认识到改变需要时间,新的管理实践并不是解决所有组织问题的"灵丹妙药"。

表 25 列出了使用这些管理实践可以解决的常见问题。

表 25 管理实践情景分析

情景分析	DevOps	敏捷	精益	SIAM	客户和用户体验	左移	持续交付
希望消除内部冲突,打破开发和运营团队之间的壁垒。	×						
希望消除与部署相关的操作混乱、缺陷和错误。	×						×
需要快速获得具有商业价值的产品或服务。	×	×	×			×	
产品或服务上线后预期会发生快速变化。	×	×	×			×	×
希望减少开发和部署服务和产品所涉及的手工活动。	×		×				×
组织寻求差异化或独特地推销它们的品牌、产品和服务的方法。					×	×	
组织寻求一种策略,使开发人员与消费者需求保持紧密联系,了解消费者如何感知产品和服务的价值。					×	×	
组织寻求一种策略来获取市场份额并留存客户。					×	×	
组织寻求创新的解决方案以使自己在市场中独树一帜。					×	×	
组织寻求可以显著改进它们的产品和服务的方法。					×	×	
成功的产品或服务需要能快速确定特定解决方案或方法。		×					
对满足消费者需求存在疑虑或对消费者需求不太了解的情况。		×					
希望能够预测开发成本。				×			
必须严格控制产品或服务的范围,并清楚地反映解决方案变更的成本和时间影响。		×					
提供有效管理产品或服务改进的方法。		×	×				
最终状态不完全清楚的产品或服务。		×					
组织希望有效地管理和优化它们的供应商,以获得更好的服务。				×			
组织需要快速进入市场或在短期内交付服务。		×		×			

续表

情景分析	DevOps	敏捷	精益	SIAM	客户和用户体验	左移	持续交付
组织寻求快速提升或启动供应商治理工作。				✕			
组织希望快速获得新技术和业务解决方案。		✕		✕	✕	✕	
组织希望专注于创新核心产品或服务,而不是管理和协调许多供应商。				✕			
组织面临着从少量供应商向众多供应商转变。				✕			
希望最大限度地减少测试风险,并在它们变得过于昂贵而无法修复之前找到集成和测试错误。			✕				✕
希望最大限度地减少与测试工作相关的延迟。			✕				✕
希望更有效地管理和处理大量变化的服务和应用程序。	✕	✕				✕	✕
希望降低运营成本,提高客户满意度。			✕		✕	✕	
希望显著改善并持续改进服务或产品制造过程。			✕		✕	✕	
希望停止由服务和产品的问题造成的"救火"。	✕						
组织寻求降低开发、部署和运营成本的方法。			✕		✕	✕	

案例研究:Atlassian

Atlassian 是一个重要的全球协同软件供应商,该软件帮助团队组织、讨论和完成共享工作。Atlassian 与超过 85000 个大中型公司进行合作——包括花旗集团、eBay、可口可乐、Visa、宝马、NASA,提供项目跟踪、内容创建和共享、实时通信和服务管理的软件产品,包括 JIRA 软件、Confluence、HipChat、Trello、Bitbucket 和 JIRA 服务台。

我们对 JIRA 服务台产品营销主管 Helen Yu 进行采访,以下内容分享了 Atlassian 当前(2017)对未来发展趋势的看法。

你在市场/客户领域,看到了哪些变化?

自动化与机器学习(ML)将继续在我们的生活中,尤其是在 IT 领域发挥更加重要的作用。没有 IT 专业人士愿意花一整天的时间从事诸如密码重置、数据库访问设置、订购新硬件等这样简单的工作。感觉从事低价值的任务所花费的每一分钟都很不值,不如把时间用到跟业务伙伴的合作中去,比如研究新技术的解决方案、为客户提供认可的服务等。使用机器学习,这又向前迈进了一步。机器学习目前主要应用在消费技术领域,但随着技术的发展,可以运用自动化的行业和业务范围将会继续拓展。与其认为受到威胁,IT 从业者还不如积极面对,积极思考当前的职位、角色可能带来的变化,主动寻求高附加价值的工作,才能脱颖而出,如帮助市场部门选择合适的技术。完成这类任务需要将信息技术和业务知识相结合。

你的客户有哪些新的工作方式?他们对工具有什么要求?

企业正在变得更加敏捷。如果一个公司过去在市场营销中有一个新的想法,技术通常是瓶颈。公司原有的支撑类信息管理系统,如财务、生产、客户关系管理等都是为了稳定而设计的，很难进行修改。敏捷开发和云服务从根本上改变了开发速度，重塑了我们对可能性的定义。

这样一来，更快地进行战略迭代的压力就回到了业务部门。销售和营销团队也会变得敏捷起来。传统的业务流程或组织中的一些活动，如新客户开户、新产品发布也变得更加灵活高效。测试和迭代将成为从营销、招聘一直扩展到财务计划和分析部门的新口号。为了能够跟上业务部门的速度将带给IT团队的巨大压力。

围绕控制和可预测性而设计的旧流程将不再有效。一个很好的例子，就是英国的第一新闻品牌——每天有超过200万读者的《每日电讯》，它们决定把部分IT组织进行外包，然后又改变方向，把它们重新收回企业内部。它们原本可以使用敏捷开发理念、支持新流程落地的工具来实现这一目标。因此，IT团队需要深入理解业务的走向，否则它们仍然会被"影子IT"项目搞得措手不及。

在这个全新的世界中，IT最大的优势，已经变成与业务伙伴的协作，而不是系统或者网络知识。因此，IT工具必须改变，变得更具协作性。流程和系统应该变得更加开放和透明。从IT人员口中听到"不"是不被接受的，业务用户希望听到"什么时候"或者"为什么"。

以前的协同工具（即使近三五年前），都不支持这种新的工作方式。在默认情况下，它们是封闭的，所有人都很难及时、顺利地访问到相同的信息。

复杂且烦琐的授权体系，不能真实反映让工作顺利完成的流动性。有些工具由于缺乏流程手段，导致业务用户能够随意改变想法，最终效果也无法保持一致。未来IT的挑战，不仅针对开发人员，而是促进整个公司员工的敏捷思维形成。

我们也看到更多的客户接受"左移"技术——通过自助服务和自动化技术从高成本的交付方式过渡到低成本的交付方式。在爱彼迎，使用值得信赖的社区交易平台，人们可以浏览，发现和预订遍布在全球各地的特色民宿。这家公司也拥有服务台软件方面很好的商业情景。爱彼迎公司的首席财务官证实，通过投资在JIRA服务台，将25%的服务案例通过自助服务进行自动化，节省2个全日制员工，同时带给真实的客户更加触手可及的信息。

如何开发你的功能来予以响应需求

敏捷、透明和协同，是Atlassian产品的核心。在JIRA服务工作台，默认情况下案例是开放的，每个人都可以参与讨论（除了敏感的情况下才成为私密信息）。开放的协同架构系统将允许用户、IT、开发人员和其他任何人都能够迅速掌握问题的前因后果，能够充分贡献自己的专业知识。我们努力使每个接触点的协同都是没有障碍的，比如可以随时"@"一名合作伙伴或团队成员，完成对知识文章的在线协同编辑；也可以在产品中集成的聊天室里，实时快速地对突发事件进行响应或者答复。

Atlassian有许多方法允许非技术用户、代理人和开发人员进行协同工作，实现所有IT流程的端到端的应用。敏捷也是如此。在很多方面，Atlassian已经成为软件领域敏捷开发的代名词。但是随着IT和业务团队变得更加敏捷，我们已不断扩充这些"敏捷"功能，希望能够对新用户产生更多的积极意义。几年前，我们对产品线做了一个很大的改变，将JIRA旗舰产品分为三个独立的产品（即按照团队的不同变成不同的应用）。每个团队都需要的基本服务，任务管理、工作流、协同、权限等都是共享平台的一部分。

在这层 JIRA 平台之上，是分别提供给开发人员（JIRA Software）、IT（JIRA Service Desk）或业务用户（JIRA Core）的不同应用。尽管每个团队都有不同的需求，但他们都希望解决同样的敏捷、生产力和协同方面的问题。例如，JIRA 服务台具有与 IT 相关的自动化和 SLAs 的功能，而营销团队使用 JIRA Core 来管理他们的项目。

Atlassian 最近还收购了 Trello，这是一个非常受欢迎的任务管理和协同工作的工具，该收购有助于利用这一波敏捷浪潮来改变公司内部团队的工作方式。

最后，我们也投资于机器学习，提供智能化的服务，为我们的产品带来新的生产力和易用性。一个很好的例子，就是 JIRA 服务台的智能搜索功能，它可以从每个成功的搜索过程中进行学习，并构建一个公司术语的自定义字典，这样用户就可以在友好的语言环境中寻求帮助，并且始终能找到他们想要的东西。

你看到了什么趋势？

在机器学习、敏捷和协同工作方面，我们已经讨论了很多内容。当你把这些东西放在一起的时候，最核心的一点是，IT 的角色正在改变，变得更好。通过自动化，更多的事情现在可以由机器人来完成，从简单的事情（比如重置密码）到更复杂的事情（如在高峰时间提供计算能力等）都可以通过机器人来完成。

事实上，麦肯锡公司（McKinsey & Company）估计，在美国的某些行业，有高达 45% 的工作岗位在 20 年内实现自动化，将在薪水方面节约惊人的 2 000 000 000 000 美元。这可是两万亿美元啊！

与此同时，云计算已经将 IT 从软件的主要采购者角色中移除了。虽然 IT 团队将这些趋势视为威胁，但我们相信这些变化带来的更多机会和机遇。如果 IT 部门从传统的日常工作中解脱出来，可以有更多的时间帮助业务伙伴使用新兴信息技术，在日常工作中取得更大的成功，成为"守门员"而不是"消防员"。

我们通过与 HDI（The Help Desk Institute 帮助服务台协会）合作，赞助进行了第一手资料的研究，通过调查近 200 个 IT 团队，了解他们的技术、流程和员工的使用习惯，让他们自我鉴定与业务伙伴的配合程度以及他们的流程成熟度，最终甄别出各项能力方面都很出众的高绩效团队。我们认为，高绩效团队具有以下五大特点。

业务第一：在流程成熟度方面得到较高评价的 IT 团队，将 IT 项目与公司销售收入绑定在一起的比例，是一般团队的 2 倍；与企业共享目标的比例，则是一般团队的 8 倍。

掌握技术：与业务保持一致的 IT 团队，计划进行数字化转型的比例，是一般团队的 2 倍；而这些组织中，有 46% 的团队，非常注重信息技术给企业带来的投资收益（ROI，投资回报率）。同时，这些团队更有意愿投资在机器学习、预测分析和客户体验工具等先进技术上。

投资速度：高绩效的 IT 团队，使用敏捷的比例，比一般团队高出 18%；实践 DevOps 的比例，则要高出 15%。

客户第一：100% 的高绩效 IT 团队，将客户满意度指标纳入团队绩效考核。

积极主动：高绩效的 IT 团队，在过去两年中拥有问题管理规划的比例，比一般团队多 2.5 倍，并且增加了自动化工具的应用。

17 敏捷

> 🔑 **本章介绍**
>
> 为了满足不断变化的业务需求适应新技术,服务提供者可以尝试着"变得更加敏捷"。那么,"变得更加敏捷"意味着什么呢?
>
> "敏捷"不是一个单一框架或者标准,也不再仅仅用于软件开发。在第17.7节,你将看到最广泛地使用敏捷方法的概述。敏捷具有指导性的价值观和原则,它主要从思想观念的角度出发,而不是具体的行动步骤。没有一套可下载的文档或规则,能让你的组织立刻变得"敏捷",它只是一种思维方式而已。

17.1 什么是敏捷

"敏捷"一词的定义,包括快速变化和良好协调的能力;或者,它可以指快速思考、解决问题和提出新想法的能力。敏捷型的组织,可以快速变化、灵活和健壮,能够快速应对意外的挑战、事件和机会。敏捷型组织通常与行动迟缓的"恐龙型"组织形成鲜明对比,后者被认为是难以应对不断变化的客户需求。

敏捷是产品和服务开发的强大工具,能解决许多常见的开发问题,如成本、进度可预测性和范围渐变等。敏捷重组了开发中涉及的活动,以更精益、更聚焦业务的方式实现了相同的目标。

敏捷的工作方式,是为了在产品和服务开发工作中快速应对期望的工作方式的变化。首先,程序员和其他职能岗位之间紧密协作可以确保产品或服务交付预想的功能,虽然这可能不是最初要求的功能,但持续的沟通有助于确保需求被清楚地理解;其次,使用小型的、自组织的团队可以确保信息不会丢失的同时快速地交付价值;最后,团队采用"检查和调整"的态度,将不断学习融入他们的工作之中。

频繁地以较小的增量交付产品和服务,意味着需求的变更是可以被欣然接受的,而不是被害怕甚至被拒绝。它们可以很容易地合并,并根据反馈调整解决方案。敏捷思维的核心是,接受改变是不可避免的,甚至可以把它当作是一个更好地满足客户需求的机会。

17.2 关键概念

17.2.1 敏捷宣言

图 44 展示了敏捷宣言的关键组成部分。

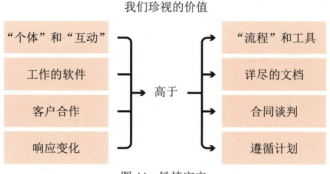

图 44 敏捷宣言

该宣言是在 2001 年制定的，记录了敏捷软件开发的基本概念。来自不同编程方法领域的 17 个开发人员制定了这个宣言，有许多地方目前还存在争议，但是可以在宣言中看到达成共识的部分。

宣言的措辞是很重要的。它认为右边的条目有价值，但是强调左边条目的价值更大。该宣言鼓励团队在"产生'恰好的'文档"和"生产和维护可用软件"之间找到平衡。敏捷宣言鼓励团队更加珍视结果而不是制成品，换句话说就是，成果比产出更重要。

17.2.2 敏捷的价值观和原则

在敏捷宣言中有 4 个价值观和 12 个原则。这些是敏捷工作和运作的核心基础。这些价值观和原则一起展示在图 45 中。

图 45 敏捷的价值观和原则

敏捷开发的 12 个原则如下。

- 满足客户的需求。当解决方案得到定期增量发布，而不是在发行版本之间等待较长的时间时，客户会更加满意和愉悦。这就避免了传统的大发行周期，这种周期需要更长的时间，而且更容易混乱。
- 需求变更。通过一系列具有时间限制的"冲刺"来管理产品待办列表，避免了当客户请求特性或新需要时的延期。开发工作更适应变化，并且可以在每个冲刺开始时快速地处理需求变更。
- 频繁交付。敏捷团队在冲刺或迭代中工作，在每个冲刺结束时交付可运行的解决方案，而不是等待整个项目完成。
- 每天一起工作。业务人员和开发人员在整个项目中协同工作。每天的站立会议为沟通反馈提供了大量的机会，确保了解决方案能够满足业务需求。
- 激励每一个人。团队始终得到支持。在每个冲刺结束时，可运行的交付成果增强了客户的信任。这反过来又使团队成员受到激励，从而更好地工作。
- 面对面的交流。每天的站立会议、冲刺回顾和冲刺计划会议，让人们面对面地工作。这些持续且结构化的交互形式使沟通变得有效。
- 基于交付的进度。进度是通过交付可运行的软件来衡量，而不是根据任务是否完成或者耗费时长来衡量。
- 可持续的活动，一致的节奏。通过在冲刺中使用产品待办事项表和"分块"，使团队交付可执行的软件的速度是可复制的。
- 持续关注。持续关注待办事项表、每个冲刺的范围以及相应的设计和细节，能够使我们在包容变更的情况下保持稳定的速度前进。
- 简单性。将产品待办事项表划分到冲刺中，使开发工作简单而直接。不管正在开发什么，都要采用相同的方法。
- 自组织团队。团队成员可以担负责任、分享想法并定期与他人交流。这就带来了更高质量的解决方案。
- 常规的团队回顾反思。每天的站立会议和冲刺回顾相结合，让团队可以使用学到的经验来更有效地工作和成长。

17.2.3 敏捷思维模式

用敏捷的价值观和原则发展敏捷思维模式，也被称为成长性思维模式。这与表 26 中所示的固定思维模式不同。

表 26 固定思维模式 vs 敏捷（成长性）思维模式

固定思维模式	敏捷（成长性）思维模式
避免失败	快速失败
避免挑战	迎接挑战
抗拒改变或改进	持续改进
详细的计划	基于反馈来不断改进计划

敏捷转型项目是通过改变人们的思维模式进而改变一个团队的模式。

> **引用**
>
> 我不会因为你犯了错误而生气，但我不能接受你什么也不做。如果你做了某件事但是犯了一个错误，那没关系。但如果什么都不做，你将被替换。
>
> ——马云，阿里巴巴

17.2.4 冲刺（Sprints）

冲刺（Sprint）是一个固定时间的迭代工作，在此期间要开发和实现产品的增量功能。冲刺一般是两到四个星期，最短可以是一个星期。

17.2.5 产品待办事项表

产品待办事项表是一个按优先级排序的需求列表，记录待办项目。产品待办事项表可以来自很多渠道，但它是由产品负责人掌控的，产品负责人负责对列表中的条目指定优先级。

用户需求通常被编写为"用户故事"——来自使用者视角的一个简单声明，描述了需求中的"谁（who）""做什么（what）"和"为什么（why）"。在冲刺计划会议中，根据产品负责人指定的优先级，将待办事项加入到一个冲刺中。

17.3 敏捷的收益

在数字化转型和快速变化的时代中，使用传统的连续的瀑布式开发方法，会带来许多挑战。瀑布式开发首先需要明确所有的业务需求，然后设计、构建和测试，这会减缓开发的速度。完成这些工作后，开始咨询客户，这时他们的需求很可能已经发生了变化。这就导致了返工、成本增加、客户满意度降低、延期交付等情况的发生，在产品或服务的开发过程中没有获得任何收益。

敏捷尝试着在短的增量周期中交付成果，减少延期并且快速获得反馈，在响应中改进解决方案。使用敏捷的主要收益包括以下六个方面。

- 更快的交付。使用固定的时间周期，固定周期的迭代可以更频繁地提供新功能。如果提前交付可以带来价值，即使没有完全完成，解决方案也可以用于生产使用。
- 提升利益相关者参与度。利益相关者参与整个过程。这包括一些活动，例如指定功能优先级、冲刺计划会议、评审解决方案和指导解决方案等，这些都是通过直接反馈完成。这极大地增加了利益相关者的满意度，并减少了返工。因为能更快更频繁地交付工作成果，利益相关者就会增加对开发团队高质量交付能力的信任。
- 可预测的成本和进度。由于冲刺是在可预测的固定时间段内执行，成本是可预测的，范围限制在每个时间段内可执行的工作量。利益相关者可以看到每个功能的成本，以及交付的时间。这对决策什么时候功能可以实现，是否需要增加额外的冲刺具有间接的好处。有关敏捷财务规划的一些信息，请参阅附录D。

- 关注价值。通过允许利益相关者确定待办事项列表中的功能的优先级，解决方案团队可以更容易理解什么是重要的，并且能够交付具有更高价值的功能。
- 适应性。当解决方案团队在每一次冲刺中，专注于交付一组已达成一致的功能集时，就有机会不断地重新排序和更改整个产品待办事项列表，新的或变更的待办事项列表可以计划在后续的冲刺中。这就提供了对变更的适应性，而不是使整个项目脱离正轨。
- 改进的质量。在每次迭代中频繁构建、测试和评审，快速地查找和修复缺陷，尽早识别期望偏差，从而提高质量，利益相关者可以更快更频繁地提供反馈。

17.4　敏捷的挑战

在采纳和使用敏捷作为管理实践时，组织可能会遇到一些挑战。例如：
- 保持对敏捷角色、准则和实践的承诺，而不会退回到旧的工作方式。
- 获得客户的认可，在冲刺期间及解决方案范围内不会发生变化。
- 保持团队的专注，确保计划中的待办事项列表任务不会超出范围。
- 保持日常会议的简短，专注于进展和遇到的问题，使其不会变成更长的方案设计会议。
- 维持利益相关者对所需级别参与度的承诺。
- 确保高级管理层"说干就干"，并支持敏捷作为一种开发方法。

17.5　选择敏捷作为管理实践

17.5.1　敏捷方法何时最有效

敏捷方法适合的情况可能包括：
- 早期成果需要尽快展示。
- 组织想要"验证"一个想法并得到反馈。
- 对满足需求有疑虑，或者需求没有被完全理解。
- 组织需要发布一些功能来获取收入。
- 快速推向市场是一个竞争优势。

> 🌐 **现实案例**
>
> 某政府部门发布内部网的项目失败了，这个失败的项目使其受到了很大压力。该内部网址在提供一种通用的方式，方便所有员工进行沟通、提供讨论空间，并且改善部门内部跨职能沟通的能力。
>
> 项目团队封闭开发了6个月，很少与该网的最终用户进行接触。当它上线时，用户对质量、可用性和功能都不满意。该政府部门决定在未来的开发中采用敏捷的方式。它

们使用敏捷来交付许多业务价值，包括：
- 更多的透明度和利益相关者的参与。
- 更好的决策，以及在整个项目中改变决策的能力。
- 更优的质量解决方案，听取反馈进行不断改进。
- 更小的风险，让问题及早被发现。

17.5.2 敏捷何时效果欠佳

敏捷可能效果欠佳的情况包括：
- 开发人员已经在协议中框定了工作范围，并且将被支付固定金额的报酬。
- 非常大型的开发工作，有多个解决方案和成百上千的开发人员。
- 开发团队不太容易见面或沟通。
- 固定范围和固定期限的项目。
- 开发过程中几乎没有客户参与。
- 快速的变更不易被非常保守的组织机构接受。

17.6 敏捷和服务管理

图 46 展示了在使用 VeriSM 模型时可能重复出现的表现形式。

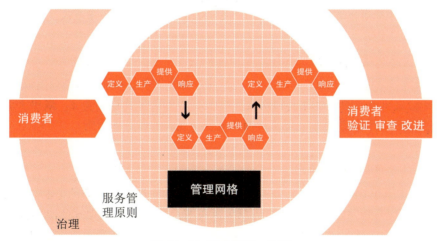

图 46　VeriSM 模型：敏捷

敏捷和有效的服务管理之间的关系包括：
- 使用敏捷实践来迭代地构建产品和服务，提供更大的客户满意度，增加客户和供应商之间的透明度。
- 使用敏捷实践来持续改进服务，在冲刺中维护待改进的事项列表，并实现这些改进。
- 可扩展的敏捷解决方案可能被用于以类似DevOps的方式来构建服务，让一个团队专注于为服务构建功能和用户场景，而另一个团队则专注于该服务的基础支持设施。
- 使用敏捷去开发实践、进展和"迭代及增量的工作方式"，这样组织就有了足够的管控和架构——通常被称为敏捷服务管理。
- 使用敏捷的思维方式来创建跨职能团队的服务管理架构,取代孤立的"变更管理""问题管理"团队等。

> **定义:敏捷服务管理**
>
> 敏捷服务管理(Agile SM)确保服务管理过程能够反映敏捷的价值并被设计出来,提供"足够的"管控和架构,有效和高效率地交付服务,从而以客户所需要的时间和方式,帮助客户获得成果。

17.7 敏捷的其他实践

17.7.1 Scrum

Scrum 是一个迭代的、增量的敏捷框架,用于完成复杂的项目。Scrum 是最著名的敏捷框架,但是敏捷思维高于 Scrum 实践。Scrum 最初是为软件开发项目创建的,但它也适用于任何复杂的、创新的工作。Scrum 包括 3 个角色、4 个工具和 5 个会议。

- 角色:产品负责人、敏捷教练、敏捷团队。
- 工具:产品待办事项列表、冲刺待办事项列表、燃尽图、潜在可交付的增量。
- 会议:发布计划会议、冲刺计划会议、每日 Scrum 会议、冲刺评审会议、冲刺回顾会议。

17.7.2 规模化敏捷框架(Scaled Agile Framework®,SAFe™)

SAFe(规模化敏捷框架)是一个公共可用框架,在企业级的规模应用精益敏捷原则和实践。SAFe 将精益和敏捷的思想集成到软件开发中。它在企业级的规模上,聚焦于迭代和增量开发、产品开发流程和精益思想,应用于拥有大量从业者和团队的组织。

17.7.3 规范敏捷交付(DAD)

DAD 是一个过程决策框架,它为交付敏捷解决方案提供了更全面的方法。它使用现有的方法,如 Scrum 和其他实践,并结合这些方法来实现一个更大的端到端的解决方案。DAD 充分利用众多实践,目标是提供一个单一的框架,让团队结合自己的情况使用解决方案,从而不再需要单独使用这些方法。有了 DAD,所有相关技术的结合都已经完成。

17.7.4 极限编程(XP)

对于软件开发来说,极限编程最应该被看作是敏捷的。目标是在进行开发活动时,将传统的软件工程实践利用到"极限"来提高软件质量,并且响应不断变化的客户需求。

XP 基于一些价值观:
- 简单。做需要做和要求做的事情,不要多做。当失败发生的时候,采取一些简单的步骤减少它造成的损失。创造一些令人自豪的东西,并以可接受的成本维护它。

- 沟通。每个人都是团队的一部分。每天面对面地交流，从需求到代码都一起完成。在一起协作，设计尽可能好的解决方案。
- 反馈。尽早地展示软件，仔细聆听，并做出任何需要的变更。
- 尊重。把每一个人都看作是有价值的团队伙伴。尊重客户的专业知识，反之亦然。管理层尊重团队的权利，接受他们在工作中的职责和权利。
- 勇气。告知真实的进展和预估。不要因为计划是必须要成功的，就为失败找借口。随时适应变化。

> **现实案例：寻求群集（swarm）的支持**
>
> 群集最初是一个敏捷软件开发的概念，它指的是团队中的每个人都在同一时间从事同一件事情或任务的情况。在这个真实的片段中，群集应用于改进组织对服务消费者的响应，并且增加在提供响应时团队内部的知识共享。
>
> **传统的响应结构**
>
> 在大多数组织中，对客户做出响应的员工结构都是类似的（见图47）。
> - 一线员工直接与客户进行交流，记录基本信息，并尝试解决客户提出的问题。
> - 二线员工为一线员工提供一个升级点，并且去处理那些更复杂、更耗时的案例。
> - 三线员工为二线员工提供一个升级点。
>
> **精益的响应结构**
>
> 从精益的角度来看传统的响应结构，我们有可能看到它们是如何产生浪费的。例如：
> - 层级创建队列导致等待时间的增加。这个请求变成了一个待办事项，而不是一个正在进行中的活动。
> - 层级在客户和他们的案例的最终解决之间引入多个阶段。
> - 在没有项目职责或问责制的团队之间，层级可能导致"踢皮球"情况的发生。
> - 层级可能会导致"英雄"的诞生，例如依靠某个层级的一个人来了解一切。
> - 在多供应商环境中，层级会让情况变得更加复杂，在确定正确的供应商时，可能会有额外的等待时间。
>
>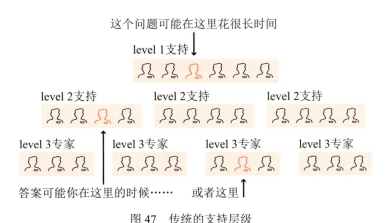
>
> 图47 传统的支持层级

应用群集进行支持

为了弥补分层系统所产生的问题，一些组织在对客户的响应中使用了"群集（swarm）"的概念。这个群集专注于网络协作，并包括以下核心原则：

- 没有层级；
- 从一组到另一组没有向上升级；
- 每一个请求都直接转给最可能的解决者；
- 接受这个案例的人负责解决问题的整个过程。

一个例子

如果一个案例不能在首次接触点上得到解决，那么它将被迅速鉴别，并根据案例类型分配给两个群集中的一个，第三个群集则致力于剩余的待办事项。群集是一个致力于解决案例的小团队。

高严重性群集

这个群集将被分配到关键的案例中，很可能是那些对组织成果有很大影响的案例。群集中可以有一个成员，致力于沟通，其他团队成员则负责和解决案例有关的活动，包括研究、协调和测试等。为了促进知识共享，员工可以轮岗，并将有经验的和没有经验的员工混合在一起工作。

调度群集

这个群集定期会面来评估案例，找出能迅速解决的案例。该群集要确保本来能够迅速解决的请求，不会在队列中为了等待正确的专家而耗费数天时间。员工轮岗将促进知识的转移和分享，减少对"英雄"的依赖。

待办事项群集

这个群集处理的是那些没有被高严重性群集或调度群集所解决的案例。群集成员来自不同的部门（还可能来自外部组织）。

群集的好处

寻求群集支持的收益包括：

- 更快速地响应和解决客户的请求；
- 群集内员工之间的知识转移；
- 群集内员工之间的关系更和谐；
- 不会有很多案例被分配给不合适的团队或人员；
- 关注整个待办事项列表，减少待解决案例的数量。

缺点/风险

有一些潜在的问题需要注意：

- 从客户的角度来看，这样会导致不可预测的响应时间；
- 增加解决案例的成本（解决案例的收益需要与员工的时间成本进行权衡）；
- 某些案例永远不会被选中解决的风险是存在的（这里需要管理监督）。

18　DevOps

> 🔑 **本章介绍**
> DevOps 是从 IT 社区发展起来的，它是改善研发团队和运维团队之间关系的一种方式。从以往情况来看，相互冲突的优先级导致研发团队尝试尽可能快地发布新功能，而运维团队则为了让实时服务不受到干扰而尽力抵制这些新发布。
>
> 许多专家错误地认为，DevOps 只是技术上的变革；事实上，DevOps 在文化层面的变革才是最有显著意义的。

18.1　什么是 DevOps

DevOps 是一种文化和实践，强调软件开发人员（Dev）和 IT 运维人员（Ops）的协作，从而可以快速、频繁、安全地构建、测试和发布可靠的解决方案，同时注重产品管理、软件开发和专业运维之间的沟通与协作。其主要目标是更快地发布软件、部署软件更改，并以较少的错误和中断完成所有工作。DevOps 提出了跨职能团队的概念，他们在各个阶段都拥有特定的产品或服务，这让他们有更多的机会去理解工作的成果以及改进的方法。

在 VeriSM 模型中，DevOps 在生产区域内工作，被用来提高跨越构建、测试、部署和交付活动的速度。其目的是缩短解决方案向交付区域相关生产活动转移的时长。来自提供和响应阶段的反馈将是对已部署软件的迭代和改进的输入反馈，将成为开发软件的迭代和改进的输入。图 48 展示了 DevOps 实践的发生地点。

传统模式中软件开发团队与 IT 运维团队分开工作。开发团队开发了一个可发布的产品，然后将其移交给运维和质量保证（QA）团队，但是这种线性交付结构会产生问题：运维人员可能会发现许多需要处理的错误或问题，QA 人员可能会发现在开发过程中没有找到的测试错误。运维人员对稳定和控制的需求与开发人员的需求相冲突，开发人员希望能迅速地将产品推出并适应快速的业务变化，所有这些都造成了计划外的延迟、返工和不可预料的成本。QA 还需要考虑客户服务的可用性、容量和性能，以及客户将使用的服务功能和特性的质量。

DevOps 在开发人员、质量保证人员和运维团队的协作之间引入了一种创新的方法，不是将工作从一个团队转交到另一个团队，而是一起协同工作，共同发布（见图 49）。通过这种方法，解决方案可以安全地构建、部署和运维。因为三个团队在一起发布，所以延期是最小的。运维人员还可以专注于提供新的解决方案来支持开发人员，例如，更快地提供开发环境。

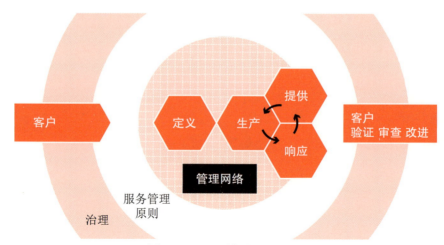

图 48　VeriSM 模型：DevOps

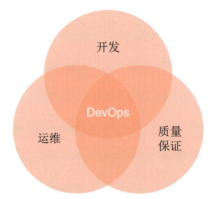

图 49　DevOps 将 Dev、Ops 和 QA 结合起来

为了让这些工作更加有效，DevOps 提升了其他演进实践的使用：
- 持续测试；
- 持续交付；
- 使用自动化提高速度；
- 敏捷；
- 精益。

这些实践在其他章节中有更详细的描述（参见第 17 章、第 20 章和第 23 章）。

18.2　关键概念

18.2.1　DevOps的价值观

　　DevOps 的价值观有助于建立一种共同的文化。这些价值观用一个缩略词可概括为 CALMS，即文化、自动化、精益、衡量和分享。CALMS 为进行 DevOps 实践提供了一个简单的框架。

- 文化：即DevOps关于人的方面，包括沟通、协作和运维行为。它要求员工怀有对DevOps实践、原则和文化的转变意愿。此外，组织结构还需要调整，以便克服所有障碍。
- 自动化：这包含能够自动化测试和部署软件等任务的工具。目标是尽可能多地从DevOps价值链中去除人工环节。自动化的好处包括减少错误、更快的操作速度和工作标准的执行。
- 精益：DevOps使用精益，耗费更少的资源为客户创造更多的价值。许多精益概念被用于改进流程、引导开发和运维任务的开发工作，这允许更快地部署和增加对变更的适应性。
- 衡量：没有衡量，任何管理实践的价值都无法证明。从DevOps的观点来看，衡量是必不可少的，并且是其运维工作的常规部分。衡量结果需要定期评估，并在出现意外偏差时采取行动。
- 分享：DevOps有一种很强的分享创意和问题的文化，它更好地促进了沟通和协作，提高了DevOps团队成员的技能，并且帮助组织不断地改进，防止团队之间的相互指责和误解（参见第2.4.2节不抱怨文化）。

18.2.2 DevOps的三种方式

DevOps的三种策略描述了DevOps的核心理念。

18.2.2.1 流程化和系统化思维

组织需要从左到右地理解并增加工作流。第一种策略是在一个集成的系统中，描述从创意到产品的工作流。如果通过减少、消除瓶颈或约束来改善工作流，则会更快地产出价值。

18.2.2.2 反馈

组织需要创建更短的反馈循环，从而持续改进。改进机会被确定或问题被解决的速度越快，在开发过程中产生的影响和延误就越少。此外，随着开发过程中解决方案的进展，修正的成本也会增加（参见第21章左移）。

18.2.2.3 持续尝试和学习

组织需要创造一种鼓励尝试的文化：愿意承担风险并在失败中成长。开发团队不应该害怕失败，当他们失败的时候，应该"快速失败"，恢复并继续前进。在DevOps环境中，重复和实践被认为是掌握任何活动的必要条件。

18.2.3 持续测试

有了持续的测试，开发人员可以使用自动化测试工具，随时进行更改，然后自动测试将针对这些更改运行。如果测试失败，则该更改将被退回进行修复。如果成功了，那么它就会自动被提升为发布版本。使用持续测试，允许开发人员更快地改进代码，并消除与测试相关的任何延迟。

18.2.4 持续交付

DevOps 的目标是使用自动化来执行许多部署任务，这些任务可以包括管理版本、系统和用户验收测试、创建代码部署包、调度和分发软件包。有了持续的发布和交付，这些功能都是自动化的。

一个持续发布的过程可能包括：
1. 开发人员签出代码到他们自己的开发工作区中。
2. 完成更新后，将更新提交给共享的版本，控制存储库。
3. 自动进行分支合并，合并到指定的版本中。
4. 监听存储库，变更发生时马上就会被检出。
5. 这些更新将被提取，并自动触发单元测试、集成测试和验收测试。
6. 如果测试成功，那么将它提交到部署环境，部署团队将会得到新的版本已经就绪的通知。
7. 如果测试失败，那么回滚变更，开发人员会得到通知，他们有一个需要修复的问题。
8. 这个过程不断重复。

当准备从他们的模拟环境（Staging area）提交到实际生产环境时，如果生产中出现故障，就应该制订应急计划。在理想情况下，需要程序快速从生产环境中回退部署。有关持续交付的更多信息，请参阅第 23 章。

18.2.5 使用自动化来加速

DevOps 的一个关键实践是尽可能地将部署活动进行流程自动化。自动化可以消除人为错误，它运行得更快，并且强制执行部署过程和工作标准。在应用市场中有很多提升自动化的工具，包括对软件进行自动化的构建、自动化测试、自动化发布和自动化部署的动作，本质上是自动化整个应用程序生命周期的管理过程。

在市场上，供应商不断地对自动化领域进行处理和改进。许多可用的工具都在演变为开发套件，它们集成以支持 DevOps 计划，也称为应用生命周期管理（ALM）工具。

18.2.6 基础设施即代码

应用基础设施即代码（有时称为声明式配置管理）、自动化构建和配置环境，就像代码一样，配置信息被编译和执行，其目标是消除基础设施配置活动中的人工干预。这大大加快了配置过程，减少了人为活动导致的错误，并为构建所需的基础设施执行了强制标准和工作流程。

18.3 选择 DevOps 作为管理实践

18.3.1 DevOps 何时最有效

可以从 DevOps 获得收益的情况包括：
- 需要快速获得业务价值的解决方案。
- 期待能够在上线后快速变更的解决方案。

- 希望消除通常与软件部署相关联的缺陷和错误。
- 希望消除内斗,打破开发和运维团队之间的"孤岛"。
- 希望在开发部署服务和产品的过程中减少人力投入。

18.3.2　DevOps何时效果欠佳

DevOps可能效果欠佳的情况包括:
- 对于如何整合开发和运维团队,几乎没有管理层支持。
- 当一个组织有这些文化,例如倾向于聚焦在工具和技术,而不是过程、人员和构建协作文化。
- DevOps只被开发团队使用,而运维团队很少参与(一个孤岛)的组织。
- 以低CALMS能力运作的组织。
- 多年来一直使用传统的实践操作,管理着组织遗留的应用程序。
- 在开发团队和运维团队之间缺乏信任的组织。

18.4　DevOps 的收益

　　DevOps的一个关键目标是通过敏捷的方式开发解决方案,增加业务价值,从而持续交付产品和服务,以及时满足客户的需求。DevOps试图打破由长期的延期、大规模部署和频繁出现的错误这三个组成的循环,这些都是传统的IT开发和部署工作所造成的。使用DevOps实践的主要好处包括:
- 更短的开发周期。从工程代码到可执行的产品代码实现更短的时间跨度。
- 更短的发布周期。快速且频繁地将代码发布到生产环境中,这样可以更快地推出解决方案和产品,并且在竞争中领先。
- 减少失败。DevOps使用敏捷来构建简短的、迭代的解决方案和产品,从而更容易发现代码缺陷。
- 减少部署失败。通过让开发团队与运维团队协同工作,使得移交和部署问题的数量大大减少,这就减少了通常在部署时发生的操作混乱。
- 提升创新。通过一种高度信任和跨团队共享的文化氛围,可以使团队成员自由地尝试不断改进他们的服务和产品。这将带来更加创新的解决方案,并培养数字化转型的机会。
- 更低的运维成本。优化的工作流和更短的发布周期,带来的更少缺陷和更快的部署,可以减少人力投入,并降低总体运维成本。

> 🌐 **现实案例**
>
> 　　在市场竞争加剧的驱动下,一家金融机构采用了DevOps,试图更快地向其客户提供新的产品和服务。
>
> 　　创建一个由T型专业人员组成的多技能团队(参见第5.5节)更快地成功交付了解

决方案，减少了问题。另外，他们也发现了一些原本没有预料到的好处，比如团队文化与士气的改变等。这些包括：
- 员工们更快乐，士气也提高了，因为他们觉得自身"有用"并且更有效率。
- 员工们越来越渴望向其他团队成员学习，并分享他们自己的知识。
- 员工们觉得他们有更多的时间去创新，因为他们并不总是在匆忙解决问题。

18.5 DevOps 的挑战

开发团队和运维团队之间的挑战已经无法再被夸大了，运维人员可能会认为开发人员总是交付质量差的软件，而忽略了现实世界的系统约束；开发人员可能认为运维人员反应迟缓，总是声称生产环境处于风险之中。事实是，应用程序、产品和服务越来越复杂，新的技术和服务来自世界各地，在不断变化。这些发展加剧了两个团队之间的紧张关系，当务之急必须要找到一种平衡。

虽然DevOps能带来许多好处，但必须对文化有一个清晰的聚焦，而不仅仅是聚焦于工具和自动化。DevOps的关键挑战包括：
- 让组织认识到采用DevOps文化比部署工具和自动化能力更重要。
- 让组织认识到DevOps并不是一个"新团队"。
- 克服错误的观念，认为DevOps可以被用来淘汰IT运维（有时被称为"NoOps"）。
- 认识到DevOps是协作性的，因此一个团队不应该以牺牲另一个团队的利益为代价来完成所有的工作。
- 能够在变更（开发）和稳定性（运维）之间取得平衡。
- 在变更控制中提高效率，减少或消除瓶颈及约束。
- 为使用传统的开发和运维实践的遗留应用程序开发一种方法。
- 克服技能差距，提供开发和运维之间的交叉技能。
- 克服DevOps绕过了治理活动和控制的观念。

18.6 DevOps 的多样化实践

18.6.1 Rugged DevOps

除了常规的 DevOps 速度和质量特性之外，Rugged DevOps 专注于创建能够生存、防御、安全、适应性强的软件，它的主要目标是在 DevOps 实践和解决方案中包含安全性的考虑。

安全漏洞被看作是影响产品或服务稳定性的缺陷，Rugged DevOps 将安全和风险管理嵌入持续的交付流程中。通过快速识别安全问题并提供自动审计跟踪，消除了组织对 DevOps 创建和生成脆弱或易受攻击系统的担忧。

18.6.2 DevSecOps

DevSecOps 将传统的 DevOps 方法与跨越整个安全生命周期的安全集成方法结合在一起。

Rugged DevOps 主要关注解决方案和产品的软件开发方面，而 DevSecOps 关注的则是整个生产过程。它们的共同目标是将安全性"左移"，但侧重于更全面的安全检查和控制。DevSecOps 有力地促进了供应商工具和行业实践的改进，以确保在快速开发的 DevOps 环境中，安全开发及交付解决方案和产品。

安全服务交付从开发流程的最早期开始，伴随整个生命周期，直到完成部署和生产环境。它的原则是：每个人都负责安全，并确保在设计、开发、构建、测试和部署期间的安全性。这种生命周期方法与传统方法不同，传统方法在解决方案准备部署和操作之前，往往很少考虑安全性。DevSecOps 使用"左移"思想（见第 21 章），在交付流程的早期识别和解决问题，它利用自动化来实现弹性、测试、检测和审计。

18.6.3 ChatOps

ChatOps 是一种交流方式，支持协作并帮助团队在一个统一的、通常是虚拟的聊天室中协同工作。它支持对话驱动的开发和交付，并且有助于缩短反馈循环。例如，开发和运维团队可以使用相同的聊天室并分享问题。每个组织使用 ChatOps 的方式都不相同。包括：

- 用新的基于聊天的工作流替换电子邮件和会议。当聊天室的成员执行他们的工作时，会提出、分享或显示信息，以便与其他团队成员进行培训和交流。
- 通过聊天为客户快速提供他们需要的信息。这可以通过对话或简单的聊天内容查询来实现。
- 使用高级机器人实现通用开发和部署任务的自动化。在这里聊天可以用于应用程序和数据共享。
- 部署以聊天为主的应用程序。
- 为了提供越来越多的数据、工具和协作，把聊天作为检索工具。
- 在聊天系统中管理其他工具和过程。

在聊天中共享的信息需要进行管理，并在相关的情况下转移到知识库中。ChatOps 是由对话驱动的协作，因此人们可以在一起工作的方式越多，他们在构建服务和产品方面就越有创新精神。

18.7 DevOps 和服务管理

DevOps 可以通过"左移"来提升服务管理实践，使它们更精益，并自动化服务管理任务和活动（见图 50）。它引入了效率（通常是通过自动化），从而为服务管理活动创建了一个更有效的流程。

一般来说，服务管理可以从应用 DevOps 的概念和方法中获益。运维团队的一个普遍问题是将他们的运维需求和对开发团队的疑虑集成在一起。很多时候，运维的关注点是在部署之前需要详细地检查清单，例如，已完成的用户验收测试（UAT）、分配的网络容量、已配置的服务器、交付给目标站点的未安装的设备、电力升级、楼层清理和安装人员准备就绪等。尽管这些都很重要，但是开发团队可能会沉浸于设计、构建、测试或其他任务。在部署之前，将这些未执行的检查清单看作是干扰，从而导致了开发与运维的不配合，也导致许多 DevOps 的失败，因此简单地把这些团队放在一起是行不通的。

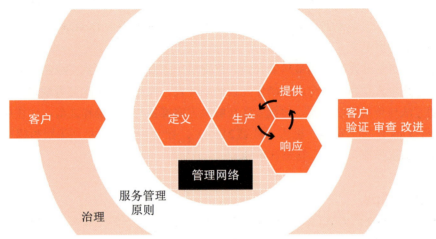

图 50　VeriSM　模型：DevOps

　　开发和运维需要集成它们的所有活动，这样就可以将整个生命周期中的应用程序一起完成。开发和运维团队必须一起设计、构建、测试和部署到实时生产环境中。此后，DevOps 实践、原则和工具被用来提供特定的操作，并尽可能地使用精益和自动化的方法来完成这些工作。

19 服务集成与管理（SIAM）

> 🔑 **本章介绍**
>
> 越来越多的服务提供者选择关注其核心竞争力及外包其他活动（参见 3.7 节和 3.8 节）。
>
> 与其他服务提供者合作可以降低成本及增加价值，但也会增加管理上的开销。SIAM 已经发展成为应对这些挑战的管理实践。

19.1　什么是服务集成与管理（SIAM）

服务集成与管理（SIAM）是一种管理方法，定义了一套原则、实践和方法，用于管理、集成、治理和协调多个服务提供者的服务交付。SIAM 对于一个客户和多个供应商的传统多源生态系统的关注程度不同，它提供治理、管理、集成、保障和协调，确保客户组织从服务提供者处获得最大价值。

SIAM 引入了一个服务集成商的概念，提供一个单一的、公正的接触点，通过这个单一接触点来管理服务的使用、绩效和交付。在服务提供者和消费者之间，通过"客户的声音"来协调他们的关系，承担管理服务提供者的责任，使客户能够专注于他们的核心业务。无论是烘焙蛋糕、制造汽车还是经营连锁酒店，都可以轻松应对。

SIAM 作为一种"服务中介"方式，越来越成熟，并在全球范围内被采用；SIAM 作为服务管理方法，越来越受欢迎，帮助客户组织更轻松地管理多个服务提供者。

SIAM 生态系统有三层：

- 客户组织（包括所保留的能力）；
- 服务集成商；
- 服务提供者。

SIAM 生态系统与其他（多）供应商管理方法的主要区别在于服务集成商的引入。SIAM 生态系统的服务集成商层用于端到端服务治理、管理、整合、保障和协调（见图51）。

服务集成商层关注落实一个有效的跨服务提供者组织，确保所有服务提供者为端到端服务做出贡献。它提供对所有服务提供者的运营治理，并与客户组织有直接的关系。

服务集成商层可以由一个或多个组织提供，包括客户组织。如果服务集成商层由多个组织提供，它仍然作为一个单一逻辑服务集成商。服务集成商可以包括一组人或多个团队。

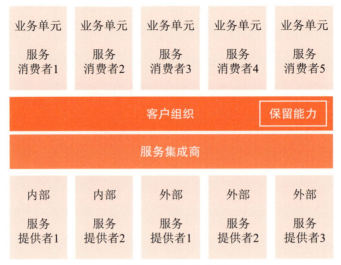

图 51　SIAM 生态系统

迄今为止，SIAM 生态系统主要用于 IT 服务。但随着其成熟度的提高，SIAM 模型越来越多地应用于非 IT 服务和数字化转型项目。关键是随着服务提供者数量的增加，服务整合和管理的价值也在增加。

19.2　关键概念

19.2.1　服务代理

服务代理商通过单一联系人为客户提供不同类型的产品和服务。例如，培训代理商可以和组织一起工作，使它们能够获得许多不同类型的培训课程：技术、管理、软技能等。培训代理人不提供任何课程，但是它为客户提供资源、提供建议，进行研究和管理培训安排。

IT 职能在未来的作用可能是服务代理的角色，它不会有数百个技术设备，不会利用资源做物理网络布线，也不会拥有大量的技术人员，甚至是服务台的人员，但是它将能够：

- 提供建议；
- 找到服务和产品的供应商；
- 管理合同和供应商绩效；
- 整合支持活动；
- 为取得有效的服务和产品解决方案进行研究，达到业务目标。

服务代理有助于管理异步、松散耦合的服务，在这些服务中，独立组件一起协同工作来完成任务。服务代理在帮助组织实现业务成果方面扮演着关键角色。交付不好的服务直接影响结果，组织能够向自己客户提供的服务，无论这些服务是由一个服务提供者还是由多个服务提供者来交付，都是如此。然而，由于复杂性的增加以及服务提供者之间需要进行交互，当有多个服务提供者时，成功交付的挑战会更大。

19.2.2 外包

"服务代理"的概念是传统外包方式的演变。外包使组织可以专注于核心业务，同时更好地利用其他公司提供的专业服务。一些组织只外包简单的服务，如批量发邮件或明确的业务流程，如薪资管理。有些则外包更复杂的服务和整块业务功能，如人力资源管理。

外包可以为客户组织带来很多好处，包括：

- 降低成本，节省时间、精力、人力、运营和培训成本；
- 可以自由地专注于核心业务；
- 获得更高水平的技能/经验，从而提高非核心业务流程的效率和生产力；
- 将内部资源分配给其他岗位的能力；
- 减少员工数量；
- 更伸缩自如的能力；
- 节省资本支出；
- 共担业务风险；
- 迎合客户新的和挑战性的需求。

但是，也有一些挑战和缺点，包括：

- 被不符合组织要求的合同锁定；
- 未能正确定义外包范围；
- 无法调整外包服务（无论是增加还是减少资源）；
- 内部知识缺失；
- 因为与外部供应商共享业务信息，对安全性和机密性构成潜在威胁；
- 与采购和管理供应商关系相关的交易成本。

> **现实案例**
>
> 一家保险代理组织将其 IT 职能外包给外部供应商，这两个组织共同签订了一份为期 5 年的合同。很快，保险代理组织意识到当前的外包服务并没有完全满足它们的需求，而且变更合同的成本会非常高。"影子 IT"对这个组织来说是一个风险，因为其他部门开始协商不同的合同，以获得满足自己目标所需的 IT 技能和资源。
>
> 在 5 年的合同结束时，保险代理组织决定采用 SIAM 方法。这样可以保留外包的好处，并专注于其核心业务，同时允许从多个供应商获得服务。"影子 IT"服务也可以通过 SIAM 模型进行管理，因此整个组织都可以访问所需的 IT 功能。使用 SIAM 可以：
> - 更好地拥有和管理供应商；
> - 减少"影子 IT"及合同重复的风险；
> - 具备更强的适应性和可扩展的 IT 能力。

19.3 选择 SIAM 作为管理实践

19.3.1 SIAM什么时候有效

从（委托）客户组织的角度来看，外部采购服务可以带来真正的好处。它可以更具成本效益，使组织能够专注于最擅长的领域，并使其能够获得其他专业组织提供的世界领先的服务。越来越多的组织寻求在其服务中包含数字元素，快速可控地获取专业技能可以减少数字化转型的学习曲线和时间。可以从 SIAM 受益的情况包括：

- 希望有效管理和优化多家供应商，提供更好的服务的组织。
- 需要快速上市或短时间内交付服务的组织。
- 在供应商治理方面遇到问题的组织。
- 希望获得现代技术和业务解决方案的组织。
- 希望专注于核心产品和服务创新，而不是管理和协调供应商的组织。
- 从少数供应商到多个供应商转变的组织。

19.3.2 SIAM什么时候效果欠佳

虽然 SIAM 可以提供很多好处，但在某些情况下，它不一定是最合适的。这些可能包括：

- 客户组织的情况。依赖数量非常有限的服务提供商并且需要与其存在更直接的关系。
- 组织提供的服务具有独特的价值，如果服务外包，可能会出现价值丢失的情况。
- 所提供的产品和服务是独特的，很少或没有供应商可以提供适合的解决方案。
- 只使用一个供应商的组织。
- 在制定企业协议方面遇到挑战的组织，或与许多自治业务部门合作的组织。

19.4 SIAM 的收益

SIAM 的主要收益是：

- 单点集成。在多个服务提供者中拥有单一来源的合同管理、交付和执行的能力。
- 供应商集成。使组织能够快速构建在多源服务交付环境中交付、管理和治理服务的能力。
- 缩短上市时间。利用服务代理功能，快速整合和集成服务，以支持商业服务和产品。
- 对需求的响应速度。通过与供应商、专业技术人才和专家的服务代理关系，扩大了可以快速获得的额外服务。
- 降低服务成本。增加供应商之间的竞争压力，从而降低服务成本，提高交付质量。
- 聚焦于战略。允许客户组织专注于客户和核心业务功能。

19.5 SIAM 的挑战

应用 SIAM 面临的一些挑战是：

- 认识到委托机构没有下放所有的责任，仍需要积极参与其采购模式，为所有服务提供者指明方向，并提供对服务集成商的持续管理。
- 来自现有供应商的一些服务可能需要考虑重大的转换成本。
- 服务集成商的间接费用可能会超过使用它们的价值或收益。
- 服务、流程和工具的跨供应商整合可能会按照每笔交易执行，也可能会导致大量的集成工作和长时间（多年）的启动阶段。
- 组织存在一定的风险，可能失去对服务的理解和控制（被服务集成商获得）。

19.6 SIAM 的其他实践

19.6.1 首要供应商

签订了购买协议的组织被称为"首要供应商"。该协议约定委托组织只能通过首要供应商来采购特定的产品和服务。首要供应商相当于代理，代表委托组织从多个分包供应商处采购服务。

一个首要供应商合同给委托组织和供应商组织带来许多收益：
- 为首要供应商提供一定程度的未来采购的确定性。
- 给客户组织价格的确定性。
- 客户组织的合同中规定了对于（特定的）产品和服务，只和一个供应商合作，从而减少了管理开销。

使用首要供应商的一些挑战，例如：
- 客户组织可能会丢失一部分对于首要供应商所管理的分包商的控制。
- 需要保证首要供应商管控的所有分包商必须遵守客户组织的企业安全和经营原则。

19.7 SIAM 和服务管理

SIAM 以许多服务管理流程和实践为基础。采用 SIAM，可以让组织受益于使用多个供应商，当它们的需求发生变化时，也很容易增加和减少供应商。即便使用了服务集成商，客户组织仍然需要对绩效进行管理、衡量和报告。因此，客户组织需要考虑：
- 完全理解期望外包的内容，以及期望的收益。
- 是否具备成功谈判合同的技能。
- 市场上是否有服务提供者满足其需求。
- 是否能够管理供应商的绩效，并理解这样做的开销。
- 需求在未来如何改变。

服务集成商和供应商需要考虑以下几个方面：
- 合同是否可行（服务集成商是否可以维持所需服务的财务成本）？是否存在商业冲突？服务集成商有可能必须与其他提供商或其他集成商合作，它们是直接竞争对手，但现在必须密切合作（例如，有可能在知识共享方面发生冲突）。
- 客户组与服务集成商是否具有良好的文化匹配？
- 他们是否能够提供服务所需的技能和资源？
- 组织、服务和交付策略在未来如何改变？

20 精益

> 🔑 **本章介绍**
> 精益帮助组织了解全局。通过优化不同的技术、员工的生产力、资产和职能孤岛，利用精益重新聚焦到组织管理。精益优化并促进了产品和服务在孤岛间的水平流动，并向客户交付价值。

20.1 什么是精益

精益管理的目标是将消费者的价值最大化，同时尽量减少浪费。简单地说，精益能消耗更少的资源却为消费者创造更大的价值。一个理想的精益解决方案（如果是可行的）将会零浪费地为客户带来价值。精益的实践和概念可以应用在 VeriSM 模型的所有领域。

精益是一种持续的思考和运作方式。它并不意味着一次性的战术或成本削减。采用精益实践的组织必须转变它们的领导、运作和工作方式，以创造价值。当着手精益转型时，强烈建议考虑以下三个基本问题。

- 目的：组织将帮助消费者解决什么问题，从而实现其目标？
- 流程：组织将如何审视其价值流和流程以消除浪费和不必要的工作步骤？
- 人：组织如何确保每个关键价值流和流程的责任、所有权和持续改进？

精益思想起源于精益生产，最初是为丰田汽车制造发明的装配线方法。因此，它被称为丰田生产系统（TPS）或即时化生产。精益生产原则也被称为精益管理或精益思想。组织采用精益来减少生产过程中的浪费，并减少这些过程导致的产品缺陷。

20.2 关键概念

20.2.1 精益原则

精益将五个原则应用于精益转型主题的每个流程或服务。这些原则如图 52 所示。

1. 确定价值。从消费者角度确定服务或产品的价值。这些产品或服务能向消费者提供哪些价值？服务如何帮助消费者获得成果？有时在这一步之前，必须确定消费者到底是谁。

2. 绘制价值流。建立一个产品或服务的生产过程的价值流图（见第 20.2.8 节价值流图）。合并或者消除那些既不需要也不创造价值的步骤。

3. 创建流动。创建稳定的、可预测的流动，最小化步骤之间的延迟。保持服务或产品顺利地流向消费者。

4. 建立拉动。随着流动的引入，可以让客户从相邻的上游活动中主动获取价值。这意味着通过采取一些对顾客很少或者几乎没有价值的步骤来消除浪费（以及因此导致的延期）。在一项服务中，应尽可能减少或消除批处理。"拉动"通过在前一个步骤完成后立即启动下一个步骤来实施。

5. 持续改进。如步骤 1～4 那样，持续进行过程改进，直至建立"完美"价值并且没有浪费。完美也许并不能完全实现，但是可以无限接近。这一原则与精益生产文化密切相关。

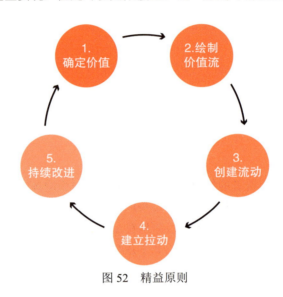

图 52　精益原则

20.2.2　流动

流动描述了产品或者服务是如何通过流程来移动的。有效的流动是让工作以可预见和稳定的方式移动。无效的流动则会让工作产生不可预知的停顿，导致等待、返工或者产生不必要的交接和工作量。有不良流动的流程通常会遇到一些瓶颈，并且没有明确定义的流程设计。

20.2.3　拉动

拉动可以减少各操作步骤之间的浪费。传统的非精益的思想认为，批量工作中的流程运作最有效。但精益思想却不这样认为，因为在批量工作中，等待本身就会导致延误。一旦错误发生，整个批量工作将会处于风险状态。另外，工作会在每个流程中的步骤间累积起来，需要更多的资源来处理这些累积的工作。通过拉动，所有这些都被消除，因为工艺以"单件流（Single piece flow）"操作。工作一旦从前一步骤移交过来，就应当马上开始下一步骤。只有这样，才能让工作流程形成持续的流动，并削减浪费。

20.2.4　浪费

把时间用在对顾客不能产生价值的活动上就会产生浪费，产品的缺陷也会导致材料浪费和处理它们所产生的时间浪费。有两种类型的浪费：必要的和不必要的。必要的浪费是指对生产组织而言，必须要进行，但并不为客户带来价值，比如措施管控、规章执行、文档记录等；不必要的浪费对任何人都没有带来价值，如产品缺陷、双重控制和等待时间。

> 🌐 **现实案例**
>
> "我可以做到，但我需要看到签字。"等待审批、授权或管理层确认是浪费的主要来源。
>
> 组织使用管理实践和技术能够自动化或消除等待。

20.2.5 连锁浪费

产生多种浪费的过程会导致连锁浪费。这种多米诺效应是在一种浪费形式会导致另一种浪费形式的情况下发生的。比如，用一个有问题的烤箱做饭会耽误很多时间，从而导致饭菜供应中断。许多情况都会产生浪费，如缺陷、等待时间、库存等。理解浪费的连锁效应，可能会促使前期投资时做出最佳选择（也许是一个质量更好的烤箱！）。

20.2.6 生产节拍

生产节拍是任何过程的心跳节奏。一个过程中顾客对于产品的需求率决定了这个过程的节拍时间。过程中的每个步骤必须被定制为具有相同的节拍时间，创建一个平衡的产品流（没有瓶颈），并为员工提供良好的工作环境。

20.2.7 周转时间

周转时间表示产品或服务从请求到交付所需的总时间。这通常由服务提供者和它们的客户来定义。周转时间不仅包含实际工作所需的处理时间，还包含前个工作单元到下个步骤的等待时间。

20.2.8 价值流绘制与分析

价值流绘制用于可视化和理解价值如何在流程中流动，以及信息是如何促进流动的。价值流应该用来评估当前或将来的状态过程。它们可以被用来识别一个过程中的浪费或者被用来描述实际的工作流、信息流和材料流。

绘制价值流所需的步骤如下：

1. 选择并审视要绘制的过程。
2. 从顾客的角度（价格、速度、质量、准确性等）定义价值。
3. 收集数据并观察实际的工作现场（Gemba：日文术语，价值被创造的地方），包括流程步骤、执行时间和等待时间。
4. 绘制当前价值流的状态。
5. 找到当前价值流中的浪费，包含过程中任何的过度处理或者不必要的步骤，以及任何需要减少或者消除的不必要等待。

6. 分析趋势、关系和根本原因的数据。
7. 绘制未来的流程状态。
8. 制订一个转移到这个未来状态的转换计划。

20.3 选择精益作为管理实践

20.3.1 何时应用精益效果较好

适合应用精益实践的情况包括：
- 希望减少运营成本，提升客户满意度。
- 希望持续改善服务质量或者提高产品生产率。
- 希望确保达到服务目标与客户期待。
- 希望规避救火式的问题处理方式。

20.3.2 何时应用精益效果有限

下列场合应用精益效果并不明显：
- 当精益转型的启动成本大大超出了可以获取的潜在收益。
- 在非服务/生产领域内应用精益（如减少员工人数）。
- 在创新流程中应用精益。
- 试着在短时间内应用精益解决大的问题。
- 服务需求不可预测的情况下。

20.4 精益的收益

利用精益实践可以减少浪费，从而得到如下好处：
- 减少因延期造成的计划外劳动，减少返工和缺陷。
- 降低运营成本。
- 优质的产品和服务，提高消费者的满意度。
- 通过专注于有价值的活动而不是无价值活动（浪费）与返工，使得员工价值最大化。
- 可预测的能满足预期目标的服务交付绩效。

> 🌐 **现实案例**
>
> 　　一个制造组织为零售连锁店生产玻璃纤维部件。该组织的营业利润率非常低，正常利润率为2%～3%。项目中的任何错误和浪费都将减少利润。因此，该组织引入精益来最大限度地减少错误并且降低成本。它们发现引入精益后最显著的好处是：
> - 整个公司增强了团队意识。每个人都为精益努力，员工们感觉到被授权并且参与提出改进建议。

- 一个更安全的环境。工厂的可视化管理和更好的组织减少了事故和相关的延误。
- 更好的质量。更少的浪费和错误，通过聚焦在问题解决和错误预防来实现，从而保证利润率。

20.5 精益的挑战

虽然精益有可能带来诸多好处，但也存在一些挑战，其中包括：

- 在转型过程中争取高级管理层参与。
- 保持正确的聚焦，精益是一个包含工具的思想体系而不是一套工具。
- 持有"偏爱"项目和资源的个人。
- 获得受转型影响的每个人的承诺与参与。
- 利益相关者为达到短期目标撇开原则，以实现"看起来不错"。
- 组织倾向于责备个人而不是关注流程缺陷。
- 针对精益概念和技能开展长期的沟通和/或培训。
- "做得精益"与"变得精益"（非常不同）。
- 消除提高效率即意味着裁员的误解。
- 克服"时间不够或人员不足"的借口。
- 获得资金支持转型工作。
- 消除小公司无法从精益转型计划中受益的误解。

20.6 精益的其他实践

20.6.1 精益六西格玛

精益六西格玛是精益和六西格玛方法的组合，目标是通过改进期望的平均值和方差的可预测性来改进过程。使用精益六西格玛意味着应用统计分析来处理流程中不需要的差异的根本原因。这是一个非常强大的方法，可将流程或流程步骤导向更可控和可预测的计划。

六西格玛方法的一个关键目标是降低发生缺陷的可能性。缺陷是指交付给客户指定要求以外的任何内容。为了实现六西格玛的目标，一个过程或服务每百万次不得超过 3.4 个缺陷，或者说是要达到 99.99966% 的成功率。

在组织内完成的每个六西格玛项目都遵循一系列步骤，并具有特定的价值目标（缩短流程周转时间、减少污染、降低成本、提高客户满意度、增加利润等）。DMAIC 是一套用于已存在项目的步骤，即定义、度量、分析、改进和控制。对于新的开发项目，请遵循 DMADV（定义、测量、分析、设计和验证）步骤。与精益项目一样，精益六西格玛项目一般不应超过三到四个月。再大的工作量也应该拆分为三到四个月的增量。

20.6.2 业务流程管理（BPM）

业务流程是实现特定业务目标的活动或活动集合，例如支付发票、分派维修服务、接收订单或为客户开票等。业务流程管理（BPM）是一种使这些工作流程高效和适应变化的方法。它通常被看作是一种流程优化方法。BPM 的目标很像精益：减少人为错误并专注于使这些流程更高效。

BPM 通常用于改进内部业务流程。它旨在优化企业的核心业务。BPM 产品和支持工具在市场上广泛存在，其中包括以下元素：

- 流程发现和项目范围界定；
- 流程建模和设计；
- 业务规则引擎开发；
- 模拟和测试。

20.6.3 全面质量管理（TQM）

全面质量管理是质量改进的常见管理方法。虽然在各个行业中并不完全相同，但主要集中在客户需求、期望和价值观念驱动下的持续服务改进。在全面质量管理中，组织的所有成员都参与改进流程、产品和服务。全面质量管理计划中使用的关键概念包括：

- 质量是由客户的需求和要求驱动的。
- 最高管理层对质量改进负有直接责任。
- 质量提高来自于分析和改进工作流程的系统。
- 质量改进是一项持续的工作，组织内的所有部门都应该进行。

全面质量管理的核心是改进活动的"计划—执行—检查—行动（PDCA）"循环。对流程和产品的控制与持续改进来说，这是一个反复的四步方法，被称为戴明循环。每次循环都会使组织更接近质量目标，例如可以获得由某国际标准所定义的某种国际认证。

20.7 精益和服务管理

将精益概念应用于服务管理，就是通过消除整个组织的浪费来确保服务和产品的不间断流动。为了实现精益目标，应该对过程进行识别，然后对其进行研究和评估浪费。这可以通过以下方式实现：

- 以价值流图的形式记录正在研究的过程，以确定延误点和低效率。
- 确定最大的问题并分析根本原因，然后将其消除/减少/改善。
- 从常见浪费类型（参见第20.7.2节）中查看这一流程，找出改进的机会。

20.7.1 改善服务管理流程

在精益工具箱中，有几种工具和技术可用于改善流动。所有这些工具都需要持续的管理聚焦、支持和加强。可应用的具体工具和技术例如：

- 服务系列。识别哪些类型的服务具有相似的流程流动，并随后为每个服务系列定义特定的流程。
- 前置质量。确保减少或消除误解和缺陷的任务被识别并放置在流程开始时。通过设计一个流程来实施前置，以便尽早完成服务，这可以将更多关注投入处理更复杂的任务的服务中。
- 识别并消除瓶颈。所有过程至少有一个瓶颈，因此通过识别和消除瓶颈来改进流程。瓶颈通常以在其前面具有异常大量的工单或订单库存为特征。注意：当一个瓶颈被删除时，通常会出现一个新瓶颈。
- 在每个流程步骤中实施调度。根据排队理论，队列（或此情景下的进程）中的平均等待时间产生于多个服务"在同一队列中等待"。这意味着流程步骤中的大部分工单或请求都会在由调度员管理的未分配的队列中等待。处理工单或请求的操作员应该只能获得他们能力范围内的工单或请求。

20.7.2　在服务管理中处理浪费

表 27 中列出的浪费类型是制造业和其他行业中典型的浪费类型。它们同样适用于服务管理解决方案和产品。

表 27　浪费类型

浪费类型	描述
存货	多余的产品和材料没有被使用
才能	对人的技能和知识的使用不当或效率低下
等待	在一个过程中等待下一步的浪费时间
动作	人的不必要行动
缺陷	修复数据错误、程序错误或其他类型的故障的工作
运输	数据或者产出中的不必要行动
过度加工	生产超过客户要求的质量水平
生产过剩	在需要或在需要之前，创造多余的产出

案例分析

绘制价值流在微软公司的应用

微软在与客户合作时通过绘制价值流来发现其产品或服务可以改进的地方。

这个过程包括举办一个展望日——这是用来理解应用程序、服务或流程的范围,以及潜在的约束,如立法或法规要求。它为人们相互了解、建立合作关系、通过黑客节活动来发现待改进的领域提供了一个重要的机会。

证明

"虽然有些团队过去没有大量的合作,但很明显,这一天将是一次非常有成效的探索活动。"

展望日的议程包括:
- 客户资料。识别组织,该组织的服务内容,以及任何与该组织依赖或关联的其他组织。
- 绘制产品或服务架构。
- 绘制流程的价值流,如发布新功能。一旦流程被绘制,则更容易识别存在浪费的区域和改进建议。

证明

"部署过程容易出错,常常需要人工干预。"

黑客节的目标是从价值流图的结果中被识别出来的。在黑客节期间,微软与客户合作专注于所识别的浪费领域开发解决方案。这些解决方案经过开发、测试,然后确定是否被采纳。黑客节通常是有时间限制的,一般在三到五天。

组织价值

对微软来说,绘制价值流有助于获悉当前流程中需要改进的地方,使消费者能够最大限度地从微软的技术和专业服务中获得价值。客户可以从价值流绘制过程中改进关系和从建立的关系中受益。

证明或推荐

"事实上,分隔出和意识到那些浪费对我来说很有意思。"

"价值流绘制练习……对团队和个人也是一种相互信任和熟悉的练习。"

下一步:
- 确定组织中一个浪费明显的流程。
- 确定合作团队,记住包括为流程提供输入或从流程接收输出的相关人员。
- 进行绘制价值流的练习。

21 左移

> 🔑 **本章介绍**
>
> 许多新兴的管理实践都专注于更快、更好地服务最终消费者。左移使组织分析开发和支持活动,并着眼于怎样才能使决策和信息更接近消费者。

21.1 什么是左移

左移是方案开发和交付的一种方法。利用左移,将开发、构建、运营和支持等活动推到生命周期的更早阶段(在项目时间轴上移动到左边),如图 53 所示。左移的目的是通过践行越来越贴近消费者的行为从而使效率提高。左移是一种需要对人员、流程和技术进行变更的战略,知识管理、自助服务和自动化在其中扮演着重要角色。

测试是左移的常用示例。测试活动被提前到设计或构建阶段,以便尽早发现缺陷,从而可以更容易进行补救。左移的实践和概念被嵌入到 DevOps、敏捷或精益,以及其他实践中,并且可以应用到 VeriSM 模型中的任何领域。

随着左移的应用,传统的开发和运营方式被转变了。通常在后期阶段完成的活动被转移到早期阶段。例如:

- 通过自助服务将支持活动推向客户。
- 将部署和发布活动推进到开发(DevOps)。
- 根据设计规范自动配置资产和组件。
- 将一些测试活动推进到设计阶段,缺陷更容易补救。
- 根据设计规范自动构建解决方案组件。

通过将活动推到左边,消费者可以更快地得到服务,同时解决方案得到更快地开发,解决方案组件缺陷更早地被发现,解决方案变更更快地被实现。几乎产品和服务开发、交付的任何领域都可以从左移思想和实现中受益。

当实现左移时,必须认识到,为设计、测试、部署、支持以及其他领域提供支持的系统需要检查,并在必要时以左移的方式进行改进。除了使用的技术外,人员和流程对支持左移活动也至关重要。

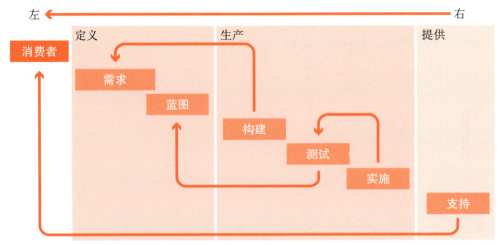

图 53 左移如何工作

21.1.1 左移和VeriSM模型

在定义和生产阶段，左移可以聚焦于服务质量、可用性和问题预防。我们的目标是在设计过程中阻止问题出现，而不是在测试期间或服务上线后等待检测问题。这是通过预测可能发生的问题，并在设计阶段开发用例来处理的。在左移的情况下，测试不仅仅是在服务定义结束时的活动。

在 VeriSM 模型的提供阶段，左移包括构建和自动化等领域，其中包含发布打包、映像构建和软件部署等。它可以为这些项目构建模板，并通过自动化进行聚合，从而可以直接从早期的生命周期开发活动中触发这些项目。

左移可以作为产品和服务持续改进的一部分。这些活动应该用左移思维来检查，看看有什么机会可以提高客户满意度、降低运营成本和交付成本。例如，一个导致客户受挫的服务可以通过将一些交付活动移动到更接近客户侧而获益。例如，通过增加客户自助服务能力改善服务。

21.2 关键概念

21.2.1 什么类别的活动可以左移

左移的典型活动包括支持、测试和部署。它可以将解决方案组件的部署推到定义阶段。一旦配置了组件规范，组件就可以自动设置并转移到部署环境。

对于支持活动，需要协助的部分被移到更靠近一线运营和消费者，减少了总的等待时间和单次解决问题的成本。例如，目前由二级支持团队处理的一些问题左移到一级支持团队来处理，或者服务台当前处理的问题被"偏转"到自助服务职能（零级）（见图54）。通过对问题类型的有效审查和左移策略，即使是三级问题也可以通过自助服务来解决。成功取决于实行良好的策略、良好的信息和对消费者优秀体验的承诺。

图 54 技术支持的左移

例如，考虑一个已经升级的问题。平均而言，每个问题有 10 个来自不同支持人员的"动作"——每个"动作"都增加了解决方案的总成本。为了确定哪些升级可以被减少或消除，每个升级的原因以及升级的数量都需要分析。然后组织可以部署策略，启用左移方法，包括：

- 培训一级支持人员在第一时间处理更多类型的问题。
- 通过手册和方便获取的常见问题原因和解决方法来增加一线人员的知识。
- 将第二级和第三级人员轮值到一级支持团队中，在那里他们可以直接处理呼叫和分享知识。
- 通过更好的设计来改进解决方案，减少问题的数量。
- 提供替代性的技术支持渠道给客户，例如嵌入解决方案的常见问题与解答（FAQs）。
- 使用众包或消费者论坛来解决问题。

左移策略应该是有意识地改进产品或服务的交付和支持，而不是为了省钱而设计的。成本节约或许会出现，但是单纯为了省钱而采取左移很可能弊大于利。

> **现实案例**
>
> 　　一个抵押贷款提供者，试图通过取消电话支持而将其转为自助服务来减少客户支持成本。门户网站的推广很差，结果很多客户都不知道这项服务。那些使用该服务的顾客发现使用起来很困难，导致投诉增多。
>
> 　　该公司的动机纯粹是削减成本效益，而不是为了客户利益。当对客户进行调查时，他们发现客户更愿意同客服代表沟通抵押贷款事项。因此，该公司将自助服务门户的范围简化为简单的查询管理，并恢复了电话支持。
>
> 　　抵押贷款提供者不仅损害了其与消费者的关系，而且还花费了大量的成本来弥补这一失误。

21.2.2　为非IT活动使用左移

左移通常被认为是一个 IT 概念，但它在数字化服务中应用得更广泛。非 IT 活动也可以从左移实践中获益。例如，订购产品和服务等流程，可以不通过销售代表，直接"左移"给客户操作。当客户购买协议被确认时，付款处理可以被直接触发。

21.2.3　左移的关键能力

左移成功依赖于三个关键能力。

1.知识管理：知识需要在组织内部以及外部消费者层面上共享。知识共享也适用于自动化；例如，聊天机器人需要知识，哪怕只是一个 FAQ 列表，才能回答消费者的问题。

2. 自助服务：这是零级支持的支柱。当知识管理和自动化最终帮助消费者时，自助服务能力才是提升客户参与度的核心引擎。重要的是，这并不要求一定是自助服务门户。基于人工智能（AI）技术，自助服务也可以通过电子邮件（提供包含最佳方案的自动回复）、聊天机器人和虚拟个人助理（如苹果的 Siri 和亚马逊的 Alexa）来进行。

3. 自动化：随着自动化能力的应用，组织可以得到的好处不仅仅是提高解决/供给的速度和因为减少人力成本所带来的成本降低。自动化还减少了人为错误，增加了任务适应性（因为改变自动化任务比改变人类的工作方式更容易），并且可以期待有更好的客户体验。

21.2.4 自助服务

自助服务是一种运用了左移概念的技术，它允许消费者在没有他人干预的情况下可以直接访问和接收服务（例如，不用打电话给服务台或联系技术人员）。自助服务可以为消费者提供广泛的功能。例如：

- 重置密码；
- 访问知识库得到问题的答案；
- 从应用市场下载应用程序；
- 在线报告和记录问题；
- 网上购物；
- 通过FAQ和其他信息/知识进行自助服务；
- 获得广播警报和更新通知；
- 协作能力，如社区、论坛和其他类似的互助机制；
- 部署新的服务功能和软件更新。

自助服务可以比传统的人际互动更有成效。消费者可以快速和直接地访问所需的服务。然而，在采取自助服务过程中也存在一些挑战。这源于一种大家普遍接受的常识，即消费者认为与某个人打电话会比使用自助服务更便利。因此，需要采用某种策略来激励消费者尽量多使用自助服务，从而减少他们拨打客服电话的次数。在引入自助服务功能时，要小心传递对当前情景来说恰当的信息。很多时候所传递的信息与真正的想法恰好相反，致使消费者认为他们不被重视，或者认为服务提供者在逃避与他们沟通。

21.3 选择左移作为管理实践

21.3.1 何时应用左移效果较好

左移实践的最佳适用情况包括：

- 组织希望在所要交付的服务和产品的开发周期中有更早更快的改进。
- 组织需求减少开发、部署和运营成本的途径。
- 组织寻求改善开发、测试和运营团队之间的协作。
- 在组织内部测试和质量保证活动是一个瓶颈，这一瓶颈降低了完成工作的能力。

- 组织寻求降低修复缺陷的成本。

21.3.2 何时应该左移效果不佳

有些情况下，左移可能不是最好的选择，例如：
- 组织是结构化的，并以一种开发、测试和运营团队之间很少沟通的方式在运营。
- 在开发和测试技术方面投资很少的组织。
- 具有抗拒改变的研发文化。
- 很小的开发项目。
- 降低成本是项目的唯一期望结果。
- 缺乏正式的知识管理方法的组织。

> **现实案例**
>
> "忘记密码了吗？只需单击这里重置它。"
>
> 听起来耳熟吗？左移的一些元素是如此普遍，我们甚至不再注意它们，但是对消费者和服务提供者的影响是显著的。

21.4 左移的收益

左移是许多进步实践的核心。例如，敏捷、精益和 DevOps 都使用了左移的做法。应用左移的好处包括：
- 及早发现和修复缺陷，能够针对方案提出一个减少风险、成本、时间和影响的简单补救措施。
- 返工应尽量避免，从而使资源被高效利用。
- 员工可以更专注于服务质量和成果。
- 改进开发人员、测试人员和运营人员之间的协作。
- 更快地交付软件的解决方案和软件更改。
- 通过将解决方案交付变得更有效率、将活动更接近消费者来完成，降低运营成本。
- 更快地解决问题和提供所请求的服务。
- 支持成本显著降低。通过尽可能向左移动，在更少的时间内，使用低技能的资源，处理了更多的问题。

左移策略也提供了"无形"的收益，例如：
- 支持人员可以集中精力做增值的工作。理想的情况是，使用自助服务和自动化来消除简单而重复的任务。
- 消费者获得更好的体验。解决/提供的速度是满足消费者期望和需求的关键因素。

还可以从使用自动化脚本、工作流自动化和第三方工具/系统编排中获益。此外，人工智能和机器学习往自动化的"动手能力"中加入了"动脑能力"，从而扩展了自动化的能力。

21.5 左移的挑战

当应用左移时，所有领域都可能面临挑战，而不仅仅是技术上。例如：
- 在精益技术中提升技巧的需求，如绘制价值流帮助识别瓶颈和流程的问题。
- 要确认转移瓶颈必定导致效率的变化（提高）。
- 促进在开发、测试和运营团队中产生协作文化。
- 获得所有利益相关者对左移活动的一致认可，以及需要左移的程度和实现左移的手段。
- 克服当前在开发和测试实践中面临的难题。
- 实现一定水平的自动化和工作流管理技术。
- 从左移的能力中创建业务案例或投资的合理方案。
- 量化采用左移相关技术的影响。

知识管理对左移成功的重要性不应被低估，需要建立一个具有"规则集"的知识库和人工智能技术的生态系统。随之而来面临的挑战：
- 组织认为知识管理"只是"一个技术项目，不包括人和行为的元素。
- 将知识管理作为一个不必要的活动，其影响是人们不愿意或声称他们没有时间记录他们所知道的事情。
- 更专注于知识类文章的创作而不是知识访问、使用和重用，所采用的指标会导致错误的行为。

21.6 左移的其他实践

21.6.1 测试驱动开发

测试驱动开发是一种敏捷实践，用于将需求转换为测试用例，然后在较短的开发迭代中实现这些案例的解决方案。对于每个后续的迭代，解决方案会被改进以通过新的测试。这颠覆了传统的解决方案开发实践。在这些实践中，需求被定义，未经证实的软件或其他元素被构建，然后用测试来发现它们的缺陷。在测试驱动开发中，需求一旦被定义，左移测试立即展开，并且只构建能通过测试的解决方案元素。测试驱动开发方法可能包括以下步骤：

1. 识别功能和用户案例。确定在给定的开发迭代期间要完成的一系列规范和需求。
2. 添加一个测试。编写一个测试用例，测试这些功能和用户案例。
3. 运行所有测试。包括当前和之前的迭代，以查看新测试是否失败。如果新的测试确实失败了，团队需要解决它；如果新测试成功，那么解决方案已经包含了新测试所需的功能要求。
4. 编写代码。仅编写新代码以通过新测试（如果新测试在步骤3中失败），不要编写被测试的功能之外的代码。
5. 再次运行所有测试。在这一步，重新运行所有测试，如果测试失败，则重新调整代码。这一步不仅要测试为新测试编写的代码，还要测试由于新代码而有可能导致其他失败。
6. 清理解决方案。解决方案代码或其他元素被重构或清理，以去除重复的元素或其他为测试专门创建的项目。

7. 重复这个循环。回到步骤1，开始一个新的迭代。

在上述循环的情况下，迭代应该非常小。这个想法是通过逐渐增长的小迭代来构建越来越大的解决方案。

21.6.2 左移测试

左移测试描述了将测试活动从开发生命周期的传统位置转移到开发生命周期早期阶段的过程。通过左移测试，测试活动会更接近构建过程，从而尽早发现缺陷，更容易进行补救。通过左移测试，服务提供者可以更好地处理快速变更，并且可以快速实现更多的产品发布。运营风险和成本也会降低，因为缺陷发现得越早，解决它们的成本越低。

这些原则支持左移测试的成功。

- 自动化。伴随着自动化测试，整个面向测试的构建过程是自动的。这包括一些自动化活动，如版本控制、发布管理、构建测试运行和实现持续测试的设施。目标是尽可能减少对测试的人为干预，在测试活动中提升速度，并实施构建和测试标准操作流程。
- 可测试性开发。每个开发人员应确保解决方案的质量。这包括测试驱动开发活动和加速测试周期。开发人员在开发阶段就能意识到预期的结果。
- 连续反馈。整个开发生命周期都应该有反馈机制，而不只是在发布之前。必须建立一个持续的反馈机制，以便测试人员能够在开发阶段和开发阶段之后不断地向开发人员提供反馈。采用敏捷开发实践，可以通过使用冲刺评估和冲刺回顾会来支持反馈机制。
- 运营驱动测试。确保测试用例广泛覆盖功能业务流程和成果，以及特性和功能测试，这样可以避免在将解决方案部署到实际生产环境中时可能发生的意外和冲突。测试用例应该被维护和保存起来，以免将来需要时再次创建。
- 关注质量。定期执行质量评审和审计以便尽早检测到错误，这样可以降低主要缺陷出现在生产和部署阶段的可能性。定期检查时，测试人员关注的是质量，而不是专注于检测缺陷。
- 开发与测试并行。在开发的同时进行测试，这样不仅可以提高解决方案的质量，而且可以增强开发、运营和测试团队之间的协作。在开发生命周期早期进行测试可以降低成本和解决方案失败的风险，也可以减少返工。

21.6.3 左移的支持

左移可以应用于传统的解决方案支持活动。通过将解决方案的能力和交付能力直接转移到前端，减少了客户的等待时间和整体的支持成本。在前端修复一个问题的成本可能较低，但是当升级到更高层次时，成本会急剧上升。这些急剧增加的成本主要来自先进的技术以及因处理和沟通问题所增加的管理成本。

21.7 左移和服务管理

左移可以应用于服务管理，因为它试图将问题解决方案移至第一线或尽可能接近客户来提高满意度和降低成本。此外,其他领域如定义、生产、提供和响应阶段也可以受益。在左移的情况下,服务管理的影响将对正在开发和交付的服务进行新的观察,并持续关注活动如何能够向左移动。消费者越容易直接获取服务,如自助服务、自动化或其他方式,他们的满意度通常越高。这样,服务提供者的运营和交付成本较低,同时其员工也可以更专注于创新和持续改进。

> 🌐 **现实案例**
>
> 　　某呼叫中心有 20 多个支持人员,每月可处理 12000 多个电话。如此巨量的电话给员工带来了很大的工作压力,并且导致消费者的体验较差。该组织决定采用左移模式来寻找方法,以尽可能有效地识别和解决问题。他们的目标是让所有人(包括消费者)参与到这个过程中,并发布常见问题的答案,从而使服务更智能化、更快捷、更具扩展性。
>
> 　　此外,呼叫还增加了电子邮件功能,支持消费者将问题发送到呼叫中心。消费者可以将问题输入电子邮件中,后端系统会捕获电子邮件,扫描并获取关键字和关键字的顺序。一个规则集将根据找到的关键字确定问题可能是什么。然后,记录被自动生成并分配给一个工作队列。这样消费者就不用直接联系呼叫中心及排队等待电话回复。
>
> 　　采取这项措施后,其效果非常明显。很快,近 50% 的消费者是通过电子邮件寻求帮助的。组织在响应消费者的时间上有了很大提高,并且大大减少了团队成员解决重复问题的时间。该呼叫中心接听的电话数量从每月 12000 次降至不足 5000 次。

22 客户体验和用户体验

本章介绍

当消费者满意时,服务提供者就会蓬勃发展。但是服务提供者如何知道消费者是满意的?它们又是通过何种方式令消费者满意的呢?本章将介绍客户体验和用户体验(分别为 CX 和 UX)以及员工体验(EX)对 CX/UX 的影响。

22.1 什么是客户体验

客户体验或消费者体验(CX)是指产品和服务的消费者与其生产组织之间的关系。CX 回答的问题例如"与这个组织合作容易吗?""对消费者来说,事情变简单了还是更困难了?"

用户体验(UX)是客户体验的一个组成部分。管理用户体验可以确保提供的数字化体验是有价值的。例如,组织的网站或应用程序是用户体验的一部分。这有时也被称为数字化体验(DX)。

在 VeriSM 模型中,客户体验和用户体验被嵌入所有阶段(见图 55)。用户体验的活动主要发生在生产阶段,一旦提供服务,用户体验就会通过用户反馈的方式被确认。客户体验发生在所有阶段,以确保服务交付过程中整体消费者体验是积极的。

客户体验是客户对他们所得到的品牌或产品的所有互动的总和,包括感知和情感。人们对产品的印象以及如何被对待的感受,对他们未来的关系、忠诚度和消费有很大的影响。

图 55　客户体验和用户体验

CX 一直以来都很重要，但由于客户赋权的增加，在最近几年发展势头尤其迅猛。客户可以在全球范围内在线即时分享他们的观点，不管是好的还是坏的观点，会立即影响潜在的未来业务和服务提供者的声誉。随着社交媒体的使用越来越多，客户的决策也受到其他客户的影响。

尽管客户体验的评审可能不是最终决定因素，但是对一个组织或服务的潜在客户来说，客户体验对购买决策的影响越来越大，尤其是在糟糕的体验被发布出来后。负面的评论或不满会对供应者组织造成直接的不良影响，如销量下降、股价下跌和客户流失。客户反馈不仅关系到产品和服务，还关系到组织对事件、问题或投诉的响应能力。

> **现实案例**
>
> 许多旅行者在没有查看酒店的评论和相关信息的情况下，是不会在 Tripadvisor 网站预订该酒店的。
>
> 亚马逊的产品评论和评分也会影响客户购买，例如产品质量、发货信息以及服务提供者对任何问题或投诉的处理等。

良好的客户体验将会：
- 提高客户的信任度、忠诚度、保留率和推荐率；
- 提高品牌价值、销售额和市场份额；
- 改善财务业绩和增长；
- 成为一个关键的竞争优势。

客户体验不仅仅是一种理性的体验（例如，手机的应答速度、运行时间、速度和便利性或配送）。超过 50% 的客户体验是关于顾客在潜意识里的感受。换句话说，客户体验不仅仅是"什么"，还包括"如何"。为了说明这一问题，著名分析公司 Forrester Research 发布了一份全球各大品牌的客户体验指数。他们评测的是客户在过去 90 天内与某组织进行互动的体验感受，例如：
- 与该组织进行商务合作的成功率有多大？
- 与该组织进行商务合作的便利性如何？
- 该组织对客户需求的响应度如何？

客户体验的一个关键因素是，它从来不是静态的；今天良好的客户体验与几年前的定义有很大不同。这可能受到许多因素的影响，例如：
- 技术变化；
- 人口预期（考虑婴儿潮一代、X一代、Y一代和Z一代之间的差异）；
- 竞争；
- 经验。

组织的所有能力都需要认识到客户体验的重要性，尽管它们可能并不是直接与消费者打交道。但是对组织来说，每个能力都需要了解它们的活动、服务和产品对最终消费者的潜在影响。员工对工作环境的期望已经被融入客户体验驱动的管理中，尤其被关注的是那些能持续为更多的客户体验做出贡献的内部能力领域。

> **顾客永远是对的……是这样吗?**
>
> 我们经常会看到"顾客永远是对的"这句话,但这句话究竟正确与否?如果顾客不理智,或者不断提出不合理的要求,抑或性格粗鲁、态度蛮横呢?
>
> 顾客并不总是对的,但顾客始终是顾客。无论情况如何,服务提供者的能力条线都需要共同努力来完成,创造可接受的解决方案。如果在特定情况下客户感到不快乐并且不可能改变这种状况,未来的销售和顾客留存率就会受到影响。服务提供者需要关注他们如何确保此类情况不再发生。

客户体验包括设计和应对消费者的互动,满足或超出消费者的预期。目标是满足消费者的需求,这样可以为其带来良好的体验,不仅仅是针对产品和服务,还包括提供者组织。

客户体验非常重要:消费者的体验越好,他们就会回购更多的产品和服务。通过技术的力量,消费者可以在众多竞争者之间做出选择。提供良好的客户体验可以促进销售,增强组织的竞争优势。客户体验越好,客户愿意为产品和服务付出的费用就越高。

客户期望对客户体验有很大的影响。对于任何互动,客户的期望都会影响他们对体验的判断。客户期望是由两个方面组成的。

- 表面意识。这些都是书面的、事实的,是基于合同/产品/服务的,例如产品规格或服务水平。
- 潜意识。这些都是不成文的,并不是基于某些证据的。

客户体验:参观咖啡屋

表面意识方面:

- 营业时间;
- 菜单;
- 价格;
- 位置;
- 免费 WiFi。

潜意识方面:

- 环境优美。干净,舒适,放松(不紧张);
- 服务速度。不必排队太久;
- 客户服务质量。乐于助人和专业的员工;
- 优质产品。品种齐全,口感一致;
- 与"同行"见面。其他客户是志同道合的人群;
- 享受/尊贵的机会。可口的食物/饮料,特殊选项/赠品;
- 物有所值;
- 与众不同。新鲜的、令人兴奋的、有季节性变化;
- 道德的和可持续的业务。企业道德,环保。

22.2 关键概念

22.2.1 员工体验

员工体验（EX）是客户体验的重要组成部分。在消费者有较多选择时，各个组织会针对他们所提供的客户体验进行竞争。在这种情况下，组织需要能够理解、相信并能体现组织策略的快乐员工。快乐的员工会宣传这个组织。此外，快乐的员工是忠诚的员工，忠诚的员工对企业来说非常重要。他们的经验丰富、技术娴熟，工作效率很高，从而可以进一步发展客户体验/用户体验/员工体验的能力。

员工的满意度会随着时间的推移而逐渐消失，有时可能是因为一些"特别细小"的琐事（琐事往往会发展成大问题）。例如，办公场所的温度总是不合适（太热或太冷），团队核心成员有可能会离职。定期的员工调查可以帮助发现问题，如果这些小问题长期得不到解决，就会变成大问题。组织应该注意这些细节并在产生严重后果之前采取措施。

> **案例研究**
>
> "HappySignals"是一家初创公司，它帮助企业以自发驱动的方式发展内部关系。我们对他们从 20 多万名员工那里收集到的统计数据进行分析后发现，应该鼓励企业与员工多加沟通。
>
> 员工体验的一个重要考虑因素是，组织内部的员工在需要的时候能否轻松地获得帮助和支持；例如当电子邮件或公司内网之类的内部系统出问题时。在该问题上，HappySignals 的首席执行官萨米·卡利奥（Sami Kallio）与我们分享了一些最新研究结果。
>
> **某个事件的总成本与员工的体验有什么关系**
>
> 当从业务角度计算一个事件或请求的总成本时，要算事件管理的直接成本 + 员工失去的时间成本。
>
> HappySignals 使我们有可能了解和衡量损失的生产力
>
> | 工单成本 15 € | 生产损失 150 € /工单 损失时间3h，内部成本50 €/h |
> |---|---|
>
> IT 工单的直接成本
>
> "HappySignals"的核心创新之一，是要求员工在事故处理完成后立即估计他们在事故中失去了多少工作时间。基准测试包括 11 万份来自 200 多个不同的组织和 90 多个国家的反馈。根据这个基准测试，事故导致的平均丢失工作时间为 2 小时 55 分钟。在计算一个事故的平均成本时，按常规的内部成本为 50 英镑/小时，并将损失时间约算为 3 小时，这意味着事故的实际成本是 150 英镑 + 事故直接管理成本（15～20 英镑）。这里的关键是，员工失去的时间成本几乎是事故直接管理费用的 10 倍。
>
> 当然，总会有一些工作时间丢失，但是根据"HappySignals"的测量，每个公司的平均时间是 2～5 个小时。重要的是，失去的时间与员工的经历密切相关。

正因为如此，我们相信所有的服务台提供商和团队都应该专注于员工的体验，并让员工轻松自如地提供服务体验。

我们认为需要的主要指标是员工体验和事故丢失的时间。这两个指标清楚地展示了服务前台所提供服务的业务价值——不需要其他衡量标准。

但不管怎样，员工还是会抱怨的，对吧

的确，员工的期望越来越高。造成这种情况的原因之一是所谓的消费化。然而，"HappySignals"认为这并不是唯一的改变。从我们的角度来看，更重要的问题似乎是，员工对电脑和软件的了解越来越多。在实践中，当这些有IT能力的员工需要服务台的帮助时，对服务台的员工来说，意味着对他们的能力要求更高。"HappySignals"预测，这些服务代理人的技能将会对员工满意度越来越重要。

当然，总有一些员工对服务不满意，但这并不意味着你不应该听他们的。你总可以从这些员工身上学到一些东西，并寻求改进。

员工喜欢什么和讨厌什么

在这里，你可以看到在IT问题领域中存在良好或糟糕的服务体验的最常见原因。在"HappySignals"调查中，员工被要求选择1～3个理由来回答满意或不满。每条横线表明员工选择该因素为主要原因的百分比。

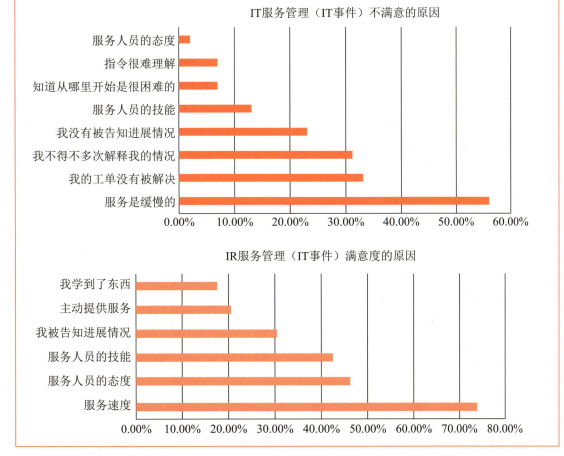

从终端用户反馈分析中可以清楚地看到，服务的速度对员工来说是最重要的。但重要的是要明白，影响幸福感的实际速度是员工对问题解决的预期速度。对员工来说，速度意味着从他们发现问题的第一时刻到他们有解决方案的时间。

在速度之后，满意和不满的属性相差很大。为了让员工真正热爱你的服务，你必须有一个具有良好服务态度的、有丰富经验的服务代理人。但如果我们看看消极的因素，态度不好并不是导致员工不满的常见原因。最常见的原因是感觉被玩弄了（"我不得不多次解释我的情况"——32%），甚至更悲哀的是，服务台根本无法帮助打电话的人（33%）。

以员工为导向的工作方式——从哪里开始

- 通过信息的及时展示来关注员工体验：如果想要变革服务部门的文化，使其朝向更多的员工和价值驱动，那就在每个事件处理后获取反馈，然后立即向解决问题的代理人展示反馈信息。员工的即时反馈会帮助他们学习，使他们更有动力，因为大多数反馈都是积极的。
- 优先考虑员工：当设计开发一个服务时，如果不知道它将如何影响员工的工作经验，那么先不要做任何事情。最简单的方法就是与组织中不同类型的非 IT 员工进行交流。在这些交流中，你应该注意倾听和学习，避免在你要求他们提交意见的会议上去试图教育和解释这个服务。
- 关心服务代理人和他们的技能：如果他们的工作经验丰富，那么你也有机会让员工感到快乐！培训员工很重要，因为这样可以促使员工的技能越来越熟练。
- 开放式沟通：公开分享衡量结果给业务利益相关方，提供者和服务代理人，这样每个人都能从中学习，并关注最重要的问题。同时，要及时通知员工你的行为是基于他们的反馈。
- 停止衡量传统类型的指标：我们知道这并不容易。但我们从员工的反馈看到传统的指标不利于员工体验的成长。我们的建议是首先衡量员工的经验和传统的指标。然后，当你的组织已经准备好了，有足够的经验从员工驱动的方式来查看服务时（可能需要 1～2 年），你就可以放弃传统指标并开始仅衡量服务的业务价值。

22.2.2　什么是用户体验

用户体验（UX）是客户体验的组成部分。本质上，用户体验是我们如何才能确保提供良好的数字化体验，例如，组织的网站或手机 App 就属于用户体验。用户体验有时会与人机交互设计领域的"UI"（用户界面）相混淆。

用户体验对于任何数字化产品或服务都很重要。不管解决方案设计得多么完美，如果用户不知道如何使用或无法看懂产品导航，他们就不会再回来了。关键是通过简单易用的产品和服务交互提供丰富的体验，用户只需几秒钟就可以决定一个解决方案是否值得他们花时间去了解。用户体验是至关重要的。

22.2.3　数字化体验

数字化体验也被称为数字化客户体验，它是通过全方位/数字渠道、平台和接触点来实现和超越不断变化的客户期望。它指的是组织如何将数字化体验集成到产品、服务和交互中。需要对数字化体验进行监控和衡量,以便客户反馈能够应用于识别改进的。

22.2.4　净推荐值®

许多组织对他们的产品和服务、他们的消费者以及他们自己的员工和组织能力都有一些假设。客户体验使用像"净推荐值(NPS®)"这样的技术来衡量消费者的满意度和测试假设的合理性。净推荐值使用从 0～10 的指标来衡量消费者推荐一个组织的产品或服务的意愿(见图56)。净推荐值可以测评消费者对公司产品或服务的总体满意度,以及对该品牌的忠诚度。

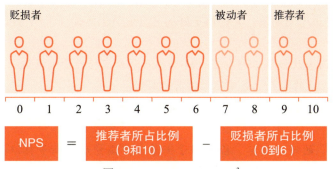

图 56　Net Promoter Score[3]

给净推荐值打分如下:
- 推荐者(得分9～10)是忠实的爱好者,他们将继续购买并充当组织的营销人员。
- 被动者(得分7～8)满意但不热情,将来可能会选择其他产品或服务。
- 贬损者(得分0～6)是不满意的,不忠于品牌,也不会对组织有正面评价。

从推荐者的百分比中减去贬损者的百分比,会得出净推荐值的分数。

22.2.5　用户体验设计

用户体验设计通过提高产品或服务的可用性、可访问性和普遍接受的趣味性来提高用户满意度。

22.2.6　客户体验设计

客户体验设计是关注质量和客户体验的产品和服务的设计实践。客户与产品或服务的每一个交互接触点都应该是根据品牌保证设计的、稳定的、个性化的体验。客户经常会回想起他们购买的产品或服务的详细信息。这些细节可以给他们很好的购买体验,并为重复购买做出贡献。

22.2.7　客户体验vs用户体验

虽然用户体验和客户体验的概念非常相似,但这两个词语是不可互换的。客户体验包括每个客户接触服务(支持、服务交付、Web 界面、移动和销售)以及消费者与组织品牌之间的互动(购买、投诉和调查)。用户体验是客户体验中的一个特定组件,它特别关注产品或服务的可用性。客户体验和用户体验是紧密相连的，其中一个并不一定比另一个更重要。有时候用户体验非常好，但是客户体验却非常糟糕。因此，两者平衡很重要。

例如，随着移动端继续成为消费者选择的平台，组织越来越专注于创造无缝的、一致的消费者体验。反过来也是如此，传统渠道提供的服务（呼叫中心和实体店）需要和体验流畅的新应用一样有效和令人愉快。

良好的客户体验有时可以克服用户体验的不足。例如，用户在与产品交互时可能会有一个使用的问题，但客户体验很好，以至于他们觉得整体体验很好。

22.2.8　成功驱动程序

为了更好地满足员工的期望，并提供更好的客户或员工体验，组织可以采取各种措施。这些包括：

- 组织建立承诺来改善员工的期望。这需要一个专门的投资来改进，而不是零敲碎打地增加消费者喜欢的能力，希望他们能有所帮助。
- 不要对需求和期望做出假设。对员工或消费者的期望做的假设往往是造成服务失败的主要原因。
- 拥有"正确"的绩效指标。检查用于衡量客户满意度的衡量标准。有些可能是内在的，有误导性的。通过电话、电子邮件、自助服务、聊天和走访等不同的访问渠道和沟通渠道来比较他们的相对满意度，以及产生良好和糟糕的员工体验的各种要素。
- 理解技术和流程是如何使用的。在未清楚了解整体情况和期望的业务成果的情况下，拼装服务的不同部分，通常只会交付一个次优的解决方案。例如，在服务台添加自助服务技术，并取消电子邮件来增加自助服务使用率的做法，这可能会对消费者和服务提供者造成损害。
- 在员工中建立以客户为中心或以客户优先的文化。让他们成为忠实的拥护者。
- 促使糟糕的经历有一个积极的结果。当消费者产生抱怨时，有效地解决问题或抱怨仍然可能创造一个积极的结果，从而将糟糕的体验转化为良好的体验。

22.3　选择客户体验/用户体验作为管理实践

人们可能会认为，关注客户体验/用户体验是一种文化转变，而不是管理实践。然而，它对数字化服务的成功以及本书中提到的相关技术产生价值是极其重要的。

22.3.1　什么时候客户体验/用户体验有效

使用客户体验/用户体验原则提供了许多好处，实际上它们可以为几乎所有产品或服务增加重要的价值。客户体验/用户体验原则的最佳部署场景包括：

- 组织希望差异化或独特地宣扬他们的品牌、产品和服务。
- 组织正在寻找一种策略，以使开发人员与客户的需求保持一致，以及他们如何在组织的产品和服务中感知价值。
- 组织寻找一种策略来获取市场份额并留存客户。

- 组织寻找创新的解决方案以便在市场中脱颖而出。
- 组织寻找能够显著改善他们的产品和服务的方法。

22.3.2 什么时候客户体验/用户体验效果不佳

在有些情况下，客户体验/用户体验可能不会为服务提供者提供十分重要的价值。这些包括：
- 供应商提供几乎没有竞争性的产品和服务。
- 现有客户对价值的感知超过了投资于客户体验/用户体验改进的预期收益。
- 在组织中，提供者缺少客户体验/用户体验技能。

22.4 客户体验/用户体验的收益

对客户体验/用户体验的重点关注对服务提供者有很多好处，包括：
- 客户留存率更高；
- 拥有更多信赖提供者品牌的忠诚客户；
- 增加产品或服务的市场份额；
- 消费者愿意复购相同或新的服务；
- 减少客户投诉；
- 增加推荐和重复购买；
- 提高竞争力和市场份额；
- 提高客户满意度。

22.5 客户体验/用户体验的挑战

与使用客户体验/用户体验相关的常见挑战包括：
- 缺乏一个贯穿全组织范围内的、完整的客户体验策略，无法确保一致的方法和价值观。
- 让组织认识到对客户体验和用户体验的需求和投资。
- 缺乏客户体验/用户体验的技能和能力。
- 在客户体验/用户体验增强方面缺乏投资或管理层的兴趣。
- 产品和服务在当前市场中产生的负面影响较大。
- 缺乏创造力和创新力。
- 就一组适当的衡量标准达成一致，以演示客户体验/用户体验的价值。

22.6 客户体验/用户体验的其他实践

22.6.1 用户旅程地图

用户旅程地图描述了消费者与相关的组织在某个特定活动中的所有交互和接触点，例如购买产品的过程中，或者在与组织发生关系的整个生命周期内。它涵盖了所有的渠道，包括面对面的、电话、电子邮件、网站、聊天、聊天机器人、邮件和可穿戴技术等。

每一个旅程接触点都是"真相时刻"。当客户和组织接触的时候,给客户一个机会来形成或改变他们对组织的印象。

旅程地图能够识别和可视化产品或服务的客户体验,包括客户的使用动机,以及客户的目标和期望。用户旅程地图关注的是客户的观点,而不是提供者的内部流程和方法。他们用解决方案和服务来可视化接触点,以及客户的行为和反应。用户旅程地图还包括来自客户调查、呼叫中心统计和 web 分析等方面的指标。

在构建旅程地图上有五个步骤,如图 57 所示。

- 定义——确定目标、目标客户和市场位置,并收集数据进行后续的调查和分析。
- 研究——与客户进行研究,以更好地了解他们的动机、愿望和期望,并通过可观察的数据来验证。
- 人格——创建反映一系列客户类型和角色的人格,通过他们的眼睛和视角将产品或服务可视化。
- 体验地图——使用前面步骤的数据,绘制当前的状态体验和理想的用户体验蓝图。
- 激活——确定一个优先的改进路线图,并指派团队成员进行改进。

图 57　构建旅程地图

22.6.2　设计思维

设计思维是一种亲身实践的、以消费者为中心的解决问题的方法。它提供了一条通向市场差异化和竞争优势的创新途径。设计思维过程有六个不同的阶段。

- 移情。识别并理解消费者如何与产品和服务进行交互。
- 定义。定义问题,考虑解决方案,然后倒退演绎来确定未来服务或产品中最重要的元素。
- 创想。打破限制和规则,寻找差异,产生一系列疯狂或激进的想法。
- 原型。为生成的每个想法构建可行的结构。
- 测试。测试原型,并从潜在的消费者处获得反馈。
- 实施。设计、构建和部署最好的想法。

纵观历史,最好的设计都是从以人为中心的创作过程中得来的。设计思维概括了领先的创新方法,并建立了颠覆性和领先的解决方案。它为数字化转型提供了一种重要的机制。

22.6.3 人格分析

有许多方法可以识别消费者的需求,其中包括需求收集、采访利益相关者和用户、进行调查和执行可用性测试。作为一种有效地识别消费者需求的方法,人格分析越来越受欢迎。通过创建角色和虚构的用户来指导新产品或服务的视觉和设计。人格分析还可以作为改进现有解决方案的催化剂,从而更好地与消费者需求保持一致。

人格划分为行为、典型的活动、角色、动机、期望和感觉。名字代表人的性格和形象,把人物带到了现实生活中。尽管人格是虚构的,但它是基于真实用户的知识。

> **🌐 现实案例**
>
> 考虑下面的人格示例:
> - 吉姆是一名贷款官员,在一家大银行工作,使用在线贷款发放系统。
> - 他负责审批贷款,并与客户密切合作。
> - 他重视与客户在一起的时间,不喜欢把时间都花费在在线系统上。
> - 他重视那些与客户互动时建立更有认知度的活动。
> - 他喜欢与客户和同事分享他的贷款知识。
> - 吉姆尽量避免在顾客面前使用手册,他担心顾客认为他不知道自己在做什么。
> - 吉姆对科技有畏惧感,怀疑他是否能够应付新的计算机系统。
>
> 了解吉姆的相关信息有助于设计团队做出最合理的设计。在此基础上,设计团队着重关注为贷款系统提供一个简单的人工接口。这个新系统的设计基于最小的屏幕和入口点,可能是在平板电脑或智能手机上运行,而不是工作站。通过将这些概念合并到设计解决方案中,吉姆将在新系统中找到价值。

22.7 客户体验/用户体验和服务管理

客户期望是很难确定和管理的:
- 它们是主观的,很少是明确的。
- 不同的客户基于他们的历史、角色或直接环境有不同的期望。
- 他们需要定期检查,因为他们不断在变化。

服务管理组织需要了解顾客体验和用户体验是什么,为什么它们很重要,以及传统的服务交付操作需要如何改变,同时考虑到顾客体验的消费化和不断增长的力量。顾客体验原则在组织中同样适用——能力必须协同工作(良好的顾客体验技能)来创建和支持组织的产品或服务。这意味着处理问题和请求时,可能使用与消费者直接打交道时类似的技能。

顾客体验和客户满意度是两种不同的东西。顾客体验是通过许多事务或交互建立起来的,而客户的满意度通常是基于一个单独的快照(一个问题被解决或解答的良好程度)。服务、服务交付和支持需要满足或远超消费者的期望。但这些预期在继续上升,因为企业都在把顾客体验作为一种重要武器为争取商业和客户消费而战。

在评估顾客体验/用户体验实践时,需要考虑许多服务管理的因素。其中包括:

- 如果不衡量他们的产品或服务体验，服务提供者无法真正理解他们是否满足了消费者的期望。
- 不好的员工体验会对员工的能力产生负面影响，从而很难有效地履行他们的职责，达到预期的商业效果。对员工的流动率、生产力和士气都有影响。
- 服务提供者必须不断地寻找能够帮助他们改进顾客体验的"真相时刻"。例如，在响应活动中，消费者是否走进了一个"死胡同"，他们无法取得进展？他们会遇到瓶颈或延误吗？

案例研究

HCL 技术公司可以提供 IT 咨询、企业转型、远程基础设施管理、工程和研发、业务流程外包（BPO）以及为客户设计 NextGen 解决方案等业务。萨提亚·米斯拉（Satya Misra）和瓦伦·维亚库马尔（Varun Vijaykumar），来自 HCL 的过程咨询团队，分享了他们在市场上看到的一些服务管理方面的变化，以及 HCL 是如何改善员工和客户体验的。

客户档案

HCL 技术公司的客户包括全球五大 IT 服务公司，主要负责运营和支持大量用户和设备。

服务管理的挑战

HCL 的客户报告说，他们的许多服务依赖于旧的工具和服务。因此，客户组织发现访问所需的 IT 功能具有挑战性。他们的 IT 部门常常缺乏组织和管理，由此导致影子行为、挫败感和无法满足业务目标。

其中一些具体的挑战包括：
- 当客户需要时却很难访问 IT 服务和应用程序，使得客户在工作协作时困难重重，并且效率也不高。特别是，执行过程充满官僚作风，效率低。
- 客户组织没有为其服务建立端到端可视化的能力，以及如何对其进行排序和使用。
- 手工操作和自动化水平较低导致了数据的所有权和可追溯性的不清晰，其准确性也值得怀疑。
- 客户组织希望利用自助服务和左移原则来应用新兴技术和改进其产品和服务的消费者体验。

战略变革

HCL 与客户合作，通过采用一系列新兴技术和管理实践来改变组织的运营模式。这些变化包括：
- 加强和改善消费者体验。
- 识别能力的差距并确保客户的 IT 能力能够支持业务策略。
- 将工作负载转移到云服务，以消除内部的繁重工作，并利用规模经济。
- 使用服务集成与管理（SIAM）来创建和管理一个支持组织目标的多供应商生态系统。

工具和方法

ServiceXchange

HCL 支持它的客户使用企业服务 ServiceXchange，让供应商和消费者可以在一个"XaaS"（一切都是服务）环境中进行业务交易，以及跨多个供应商的自动服务编排。

ServiceXchange 是"服务消费者"和"服务供应链实体"之间的交互系统，它消除了摩擦并且支持跨能力交互。

ServiceXchange 为用户社区创建了一个单独的"参与系统"。这解决了客户通常面临的主要挑战，并且可以减少因为分散或分布式目录而使不同服务造成的用户体验不佳的影响。

消费者体验

ServiceXchange 为消费者提供增强的消费者体验，通过自助门户让消费者提出需求，并查看 IT 展示的新产品。门户网站展示了"特色""最佳销售""即将推出""新推出""免费"等服务类别。另外，一个特别的服务可以添加到"我最喜欢的"部分。所有这些都为终端消费者提供了一个良好的市场或服务消费体验。

实施

图 58 显示了 HCL 遵循的高阶实施过程。

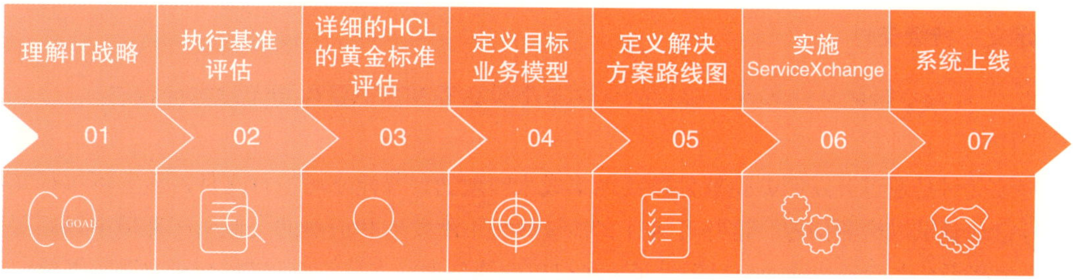

理解IT战略	执行基准评估	详细的HCL的黄金标准评估	定义目标业务模型	定义解决方案路线图	实施ServiceXchange	系统上线
01	02	03	04	05	06	07

图 58　HCL 的 ServiceXchange 实施

结果

HCL 使用像 ServiceXchange 这样的应用程序来帮助客户实现战略目标，确保 IT 能力与其他业务功能完全集成。通过消除混乱和复杂的目录，用户可以在一个平台上获取和消费服务，从而提高 IT 员工的体验。

专注于自助服务交付和智能虚拟辅助服务，而不是传统的基于服务的用户支持，ServiceXchange 可以帮助 CIO 减少手工工作和成本密集型的 24×7 服务中心及相关的资源支持。

23 持续交付

> 🔑 **本章介绍**
> 持续交付可能初看更像一个技术解决方案而不是一种管理实践。实际上这种看法是错误的。采取持续交付需要出色的管理规划和支持,而不仅仅是使用正确的工具那么简单。

23.1 什么是持续交付

> 📖 **定义:持续交付**
> 持续交付的关注焦点是确保软件在整个生命周期内总是保持可发布的状态。

持续交付是通过开发团队把软件持续地集成来实现的,并建立可执行文件,这些可执行文件上运行自动测试以检测问题。这些可执行文件被放到不断发展和成熟的类似生产环境中以确保软件能在生产系统中运行。持续交付提供了一种可以快速部署、支持敏捷和 DevOps 实践的框架。

持续交付可以降低软件开发风险,展示软件开发进度,更快地获得反馈。当一个组织在如下情形时就是遵循持续交付的模式:

- 软件在整个生命周期都是可部署的。
- 团队认为可部署化的优先级高于开发新的功能。
- 当系统在开发变化中,任何人都可以得到快速、自动化的反馈,直到系统的生产交付就绪。
- 具备在任何需要的环境里"一键式"部署任何软件版本的条件。

持续交付和持续部署并不一样。这两种说法经常被混淆。持续交付意味着一个组织如果愿意,可以进行频繁的软件部署。当软件在测试环境测试好后,因为各种原因也可以选择不部署,比如消费者可能更倾向于比较慢的发行版本。已经准备好的代码可以合并起来,在商量好的时间间隔里进行一次大的变更发布。

在整个开发项目中这样做,消除了在项目结束时测试和集成的需要。测试和集成环节在项目结束时经常被跳过,特别是在项目时间比较紧的时候。这样做就会导致技术债务和质量下降。显然,任何在开发项目快结束时发现的问题,将比提前发现花费更长的时间和更多的成本来解决。

> **定义：技术债务**
>
> 这个概念指在软件开发项目中，使用了短视的临时解决方案，欠缺整体考虑更好的方案所需的额外开发工作。

类似于生产环境的自动化测试确保代码和环境按照设计的方式运行，并且始终处于可部署状态。部署是指在一个指定的环境里安装一个特定的软件版本。为了确保持续交付的成功，组织需要监测整个部署过程。理想情况下，这将是自动化的。监控需要包括所有环境，从开发、测试、类生产等，直到生产环境。尽早发现问题可以减少修复成本，并且也可以减少对最终用户的影响。

23.2 关键概念

23.2.1 持续集成

> **定义：持续集成**
>
> 持续集成，是一种要求开发者每天将代码集成到一个共享代码库里的开发实践。

持续集成是在源头阶段构建质量的第一步。多个分支代码被集成到 trunk 或 master 代码里，这样测试就可以在开发早期进行，问题可以被提前发现。在 DevOps 的定义里，持续集成必须在类生产环境里测试，测试标准需要包含用户接受测试和集成测试。

持续集成要求至少每 24 小时上传一次代码。上传的代码经常被称为一次"提交"。这些"提交"通过自动集成和用户接受的测试来验证。持续集成帮助在最早期识别这个变更是否会破坏系统，以保证问题不会传递到下游。持续集成也可以识别出导致中断的原因，并尽可能快地进行补救。

定期集成到类似于生产环境的环境中，更容易快速检测和定位冲突与错误。即使使用瀑布式方法的组织也可以从持续集成和测试驱动开发实践中获益。

23.2.2 持续部署

> **定义：持续部署**
>
> 持续部署是指实现每一个自动测试通过的变更,能自动地部署到生产系统的实践集。

持续部署意味着，每一个进入部署的变更可以自动地发布到生产系统，这将导致每天出现大量部署的情况。持续部署被一些组织认为是一种高风险的行为，因为这些组织认为软件发布是一个会影响整个组织的大动作，但实际并非如此。

敏捷软件开发方法论确保了开发者们持续地测试他们的代码，并得到反馈，这样他们就可以在早期修复错误。在代码对最终用户生效前，这些代码经常被部署到生产系统中，但是只对测试人员可见。在对最终用户生效前，这些代码已经进入测试环节很多天、很多周甚至几个月的时间。即使有新的功能上线，也没必要一次性开放给所有最终用户。新功能可以按照计划逐步开放，以实现风险最小化。

23.2.3 持续测试

为了确保持续测试，测试环境需要一直在运转中。测试环境采用自动化来执行测试并且监控结果。新的软件发布可以在任何时候在测试环境中生效。当一个发布包发布到测试环境后经过一系列的自动测试循环，测试系统监控代码问题和缺陷。如果发现问题或缺陷，就会自动发出警告信息，这个发布包将回到开发团队而不会往下继续。如果这个发布包通过了所有的测试环节，就将进入持续部署的功能环节。

不能低估维护一个持续测试环境所要付出的努力，以下问题需要考虑：

- 自动测试脚本需要不断开发和维护。
- 如果有变更发生，就必须更新自动测试脚本来识别额外需要测试的条目。
- 测试数据必须严格控制和维护。
- 合适的测试场景需要维护。
- 报警体系必须建立，包括触发器、处理程序和在何处发布版本。
- 预期的结果需要识别和编程，这样监控系统可以挑出问题和识别出特例，有些错误可能是可以接受的，有些则不行。
- 意外的结果合并起来可以导致一个发布包被拒绝，即使这些问题单个来看并不那么严重。
- 当新版本可以测试时，需要准备好新版本发布的机制。
- 一旦测试完成，就需要准备好持续部署这个新版本的机制。

23.3 选择持续交付作为管理实践

23.3.1 持续交付何时有效

持续交付实践对于有如下情形的组织带来好处：

- 对于希望通过敏捷、精益、DevOps或者左移实践，在整个软件从开发到部署的过程中，从高效测试和部署方法论中收益最大化的组织。
- 希望将测试相关的风险最小化，并在它们变得过于昂贵而无法修复之前，发现集成和测试错误。
- 我们希望尽量减少与测试工作相关的传统延迟。
- 希望有效地管理和处理不稳定的服务和应用程序。
- 应用程序开发工作需要使用许多开发人员或者开发团队在地理上分离的情况。

23.3.2 什么情况下持续交付不那么高效

以下情况不太适用持续交付：
- 开发组织缺少集成的应用生命周期管理工具、自动化能力比较弱。
- 组织缺乏测试和质量保证实践。
- 使用持续交付可能导致高管理成本的小型开发工作。
- 业务变更不经常发生或者业务正在减少的组织。

23.4 持续交付的收益

作为加强敏捷、精益、左移和 DevOps 实践的基础，持续交付提供了很多好处。包括以下：
- 通过把测试和部署活动左移来支持演进实践的原则。
- 更快的版本开发生命周期。
- 支持独立开发者团队把时间和精力最大化地放在软件开发活动上，把时间和精力最小化地花费在集成和测试上。
- 在开发生命周期中更早找到集成错误，这样更容易补救和节省成本。
- 支持敏捷实践，进行短小增量的开发，并解决如何有效地测试和部署这些增量。

23.5 持续交付的挑战

尽管持续交付实践可以带来很多益处，但是在操作和使用过程中关键挑战还是存在的。例如：
- 对支持测试和部署活动的工具集与必要的自动化缺少资金或者管理者的投入。
- 将开发活动与测试和部署的活动集成并自动化，形成无缝的构建到部署机制。
- 需要一直以测试和部署活动为关注点，这样可以将利益最大化，而不是将错误的活动自动化。
- 用一种迭代的做法来构建持续交付的能力，而不是要一次性全部实现。
- 帮助组织认识到持续部署与持续交付是不一样的。
- 找到建立持续交付能力的承诺，并抵制来自那些认为用于构建更多应用程序更好的人。
- 找到代码提交的频率和测试及部署的负载之间的平衡，消除瓶颈和交付延误。

23.6 持续交付的其他实践

23.6.1 应用生命周期管理

应用生命周期管理（ALM）是指从计划到部署的整个开发过程。它展现了一种集成的理念，改变传统的计划、设计、开发、测试、部署和运维实践。从历史上看，这些活动是独立完成的，并且有许多不同的工具集。然而，对于 ALM，是通过工具集来实现整个生命周期端到端的过程。

整个开发工作流程是被监控、控制和跟踪的。开发活动都被记录下来,并支持开发团队进行数据分析、驾驶仪表和报告。

23.6.2 自动化测试

自动化测试并不是新的概念。通过自动化测试,传统的测试任务被设置成代码和脚本,并支持测试数据和测试场景。除了进行调度和触发测试外,测试的活动被无人化地执行下去。自动化测试的好处包括减少交付延误,降低测试人力和测试任务所需要的成本。

自动化测试与持续交付的区别在于——自动化测试不是一直进行的。自动化测试是被手动触发的,在测试活动结束后,测试将停止。其他关键的不同包括:

- 通过持续交付,工作流程优先考虑业务风险,并确保最重要的问题优先解决。
- 持续交付包含了识别相关风险的方法,并帮助预防类似缺陷再次发生。

23.7 持续交付和服务管理

持续交付可以对多种 VeriSM 模式的活动产生影响,包括变更控制和定义环节的活动。

23.7.1 变更控制

持续交付将影响变更控制、发布、部署过程和工具。组织将不得不考虑如何运营变更控制,包括自动化和集成一个平滑的测试和部署服务。

- 变更控制:变更依然需要有日志和记录,然而因为审批,影响分析和批准会议所造成的延误,将通过持续交付里的自动化而大大减少或者消除。集成和测试过程的自动化意味着在没有人工干预或讨论的情况下可以识别出故障,减少与人工检查的更改相关的错误。
- 测试和部署:与组建测试团队和安排测试不同,测试将一直都在进行并且被自动化。变更应该可以随时被引入,自动化测试后,如果成功就继续进行下一步,如果失败就停止,如图59所示。

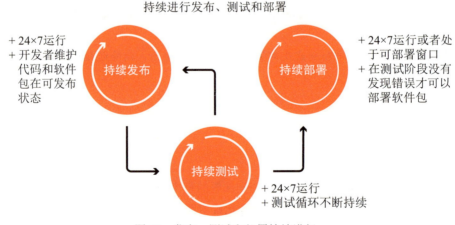

图59 发布、测试和部署持续进行

- 发布管理：软件解决方案的传统发布实践依然有效，但是会被自动化。支持代码库、版本控制，使用分支和主线来支持不同的开发小组。自动持续集成的基础是将代码引入持续测试和交付的环境中。

23.7.2 定义活动

VeriSM 模式中定义环节的活动也需要集成为持续交付的一部分。当开发者们关注代码时，其他的流或服务需要一并到位提供支持。

- 可用性管理：确保合适的冗余和备份方案包含在已经部署的解决方案中。
- 容量管理：确保合适的容量管理机制来支持业务的数量。
- 业务连续性：确保业务恢复计划不因新代码的提交和部署而妥协。
- 安全：确保合适的安全机制不因代码变更而妥协。
- 外部供应商：确保供应商的需求和任何自动集成的服务及系统到位。
- 服务台和支持人员：确保知识和信息的适当流动来保障对消费者的有效支持和响应。

24 其他实践和技术

本章介绍

本章主要介绍其他一些管理实践和技术，其中一些管理实践和技术正在逐渐流行，还有一些已经发展成熟作为服务管理的一部分。例如：

- 看板（Kanban）；
- 约束理论；
- 改进的Kata / Kaizen方法；
- SWOT分析。

24.1 看板

看板能够以可控的速度通过一个流程来"牵引"工作流，同时减少流程中的工作。团队只有在他们做好准备的时候，才开始引入一项工作——这样可以减轻超限的工作负担。设计看板工具的初衷就是为了在流程中减少空转时间和浪费。在日语中，"Kan"代表"可视的"，而"Ban"则指的是"卡片"。使用可视的卡片来触发行动：团队在准备好时开始工作，参与人协同工作来改进流程。看板是一种精益工具，旨在减少生产流程中的空转时间。如图60所示，每个流程列都被赋予了在制品（WIP）数量限制。在计划列中，最多可应用6张卡片。WIP限制有助于管理容量，减少超限的工作负担，突出瓶颈和阻碍。

图60展示了一个看板的例子。

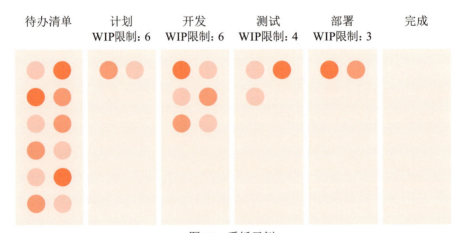

图60　看板示例

> 🌐 **现实案例**
>
> 看板在个人和组织中越来越受欢迎。看板有助于识别生活和工作中的超负荷现象。
>
> 例如，Trello 这样的免费工具。你可以用看板来管理家务、安排假期，或者帮助孩子准备考试。

24.2 约束理论

伊利雅胡·M. 高德拉特（Eliyahu M. Goldratt）和杰夫·考克斯（Jeff Cox）在 1984 年的商业小说《目标》中介绍了约束理论。该理论认为每一个流程都有一个潜在成为瓶颈的点。为了更有效地发挥作用，组织需要确定约束并减少瓶颈的影响，或完全消除瓶颈。虽然不是所有的约束都可以消除，但是它们造成的负面影响可以被减少。例如，监管要求是一个约束，但它不能被消除。

约束理论能够识别阻碍达成目标的最重要的限制因素。然后执行一系列活动，以系统地改进这一约束，直到它不再是限制因素。

约束理论认为：

- 每个流程至少有一个约束会影响其实现目标的能力。
- 这个过程的成功取决于其最薄弱的环节，只能按其约束的能力运作。
- 改进约束是提高整个流程或系统的最快和最有效的方式。

五个聚焦步骤（见图 61）是一种识别和消除约束的方法论。表 28 列出了每一步的解释。

图 61　五个聚焦步骤

表 28　五个聚焦步骤：详细描述

步骤	描述
1. 识别约束	正确识别约束。如果约束识别得不正确，则按以下步骤全部做完也将徒劳无功。
2. 探索约束	使用现有资源进行快速改进。通常可以通过少许额外的努力快速获胜，从而立刻带来收益。
3. 找到约束的从属关系	回顾所有其他流程活动，确保它们支持约束的需求。
4. 消除约束	如果约束条件依然存在，那么看看如何消除它。继续工作，直到约束被删除，这可能需要额外花费一些资金或资源。 约束被消除时可以视作其已被打破。这并不意味着流程是完美的，通常在其他需要注意的地方可能还会有一些约束。 也可能存在一些无法完全消除的约束，但它们的影响应当被尽量降至最小。
5. 防止惰性	五个聚焦步骤是一个持续改进的循环。一次迭代完成后，循环再次开始，识别并解决其他瓶颈。

24.3 改进的 Kata/Kaizen

改进的 Kata 是一种构建持续学习和改进文化的结构化方式，也被称为"Kaizen"文化。

Kaizen 源自日本，是一种关于持续改进工作实践、个人效率和其他方面的商业哲学。Kata 是一种结构化的思维和行为方式，通过实践，直到模式成为习惯为止，使该模式成为人的第二个天性。实践改进 Kata 方式应该每天都在发生，而不只是为了满足项目时间表。为了使改进 Kata 模式成为一种习惯，管理人员应该每天讲授和指导这些惯例。

改进的 Kata 建立在沿途的发现基础上。这与许多传统的持续改进方法不同，后者试图预测道路并重点放在实施上。

24.3.1 四个步骤

改进的 Kata 源自丰田公司，有四个步骤，是丰田 Kata 方法的一部分。这个流程的四个步骤聚焦于学习和改进工作。这些步骤是：

1. 理解长期愿景或方向。
2. 掌握当前情况。
3. 建立下一个目标条件。
4. 针对目标条件进行计划、执行、检查、行动（PDCA）或实验。

与任何改进项目一样，四个步骤需要与组织的长期愿景保持一致。改进团队应该清楚地了解当前状态，以便知道在哪里实施。

24.3.2 五个问题

这五个问题在 PDCA 循环中可以作为指导，以消除向着目标条件行进过程中的障碍。一旦一组障碍物被移除了，焦点便转向下一个目标条件。

作为改进 Kata 的一部分，可以协助处理障碍的五个问题是：

- 目标条件是什么？
- 实际条件是什么？这将借鉴之前Kata的结果。
- 你认为阻碍你达到目标状况的障碍是什么？哪些正在被处理？
- 下一步是什么？使用PDCA循环，您希望发生什么？
- 我们什么时候可以去了解从采取这一步骤中学到了什么？

使用改进 Kata 的团队正在努力达到目标条件，并根据他们正在学习的内容调整行为。

24.4 SWOT 分析

SWOT 分析是一种分析方法，用来确定组织的优势和劣势、机遇和威胁，它们从正面和负面两个方面涵盖了组织内部和外部的情况。例如，劣势是一个负面的内部因素，而威胁则是一个负面的外部因素。SWOT 分析可以通过两种方式使用。

- 提供了一种结构化的规划方法来评估将要生产的新产品或提供的新服务。

- 确定一组战略行动的过程。

SWOT 会议使与会者能够创造性地进行协作，识别障碍，并根据可能的解决方案制定策略。进行 SWOT 分析的一系列步骤如下：

1. 召开一个研讨会或会议，评估被审查的目标。
2. 解释 SWOT 图（见图 62），以便与会者清楚地了解每个象限中的内容。
3. 与整个团队一起制定初步的高阶 SWOT 分析。
4. 将团队分成更小的小组。
5. 让每个小组用 30～60 分钟时间填写更详细的 SWOT 分析。
6. 重新召集团队。
7. 让每个小组成员将其 SWOT 分析展示给小组其他成员。
8. 通过将其与原来的 SWOT 分析相结合，记录小组的 SWOT 分析。
9. 仔细检查列出的每个威胁／弱点，并找出可以消除或减少其影响的选项。

图 62 展示了对一项新服务进行 SWOT 分析的工作示例。

	内部因素	外部因素
从事的原因	**优势** + 在业界有着独一无二的专家知识解决问题 + 在过去已经有一批令人满意的业务部门提供高水平的服务	**机会** + 业务部门非常需要这个解决方案 + 实施将会打开新的市场 + 实施将排除业务竞争 + 实施将节省业务部门的人力成本
放弃的原因	**劣势** + 用于实施的人力资源和预算受到限制 + 一旦解决方案构建出来以后，不能很好地提供持续的支持 + 由于别的优先级任务导致实施时间滞缓	**威胁** + 其他人非常容易复制方案和自我提供 + 其他人实施得更快 + 其他人手头有更多的资源让实施变得更快 + 提供商早就有类似功能的产品

图 62　SWOT 示例

25 新兴技术与服务管理

🔑 **本章介绍**

一个组织的管理网格包括它的环境、资源、一系列管理实践和对新兴技术的分析。当一个组织机构正在开发或更新某一产品或服务时,它需要评估技术的变化,以及它们是否与所涉及问题的解决方案有关联。

本章将探讨新兴技术的服务管理含义,以及服务管理专业人员应了解的一些最新技术。

25.1 服务管理的含义

技术在快速发展。技术的变革对产品、服务和整个行业都有影响。对于所有新兴技术,有一些普遍存在的服务管理问题需要所有组织机构都认真思考。

25.1.1 是什么、何地、何时、如何做

对于服务管理和服务提供者,首先要了解哪些新兴技术可以利用,何时、何地以及如何将它们集成到战略计划中。许多组织机构浪费了时间和金钱追逐最新的"热点",而不考虑它如何满足消费者的需求,或如何与他们的服务管理原则相一致。技术可以解决问题,但组织机构需要注意,不要试图解决一个实际上并不存在的问题。

服务管理的注意事项如下:
- 确保客户从产品或者服务的研发阶段就参与其中,不要与客户脱节,从而导致服务提供者对客户需求做出主观假设。
- 确保高级管理层不会脱离客户及其需求,要从战略上与客户保持一致。
- 无论经验还是教训,都需要学习。将反思过去作为评估的一个方面。
- 不要"跟随热点"或追逐竞争,而是要真正了解客户对新技术的需求。

这些注意事项被归纳为技术决策时,有来自客户的知晓、支持和参与。

25.1.2 更多复杂性,更少可见性

新兴技术和对新技术的采用可能会使服务提供者的环境更加复杂。在构建管理网格时,考虑的新兴技术越多,做出正确的决策所需的知识就越多。

技术变得越来越复杂,却不那么容易被发现。购买云服务,不是技术决策,而更像是一个

采购决策，这需要一套不同的能力。任何"作为服务"而采购的东西，都屏蔽了大量的复杂性。服务集成与管理（SIAM）作为一种管理方法（见第19章），也可以产生类似的结果。

服务管理需要考虑：

- 当复杂性和风险变得不那么容易识别时，需要深入了解。例如，云服务提供者是否能够保证可用性和安全性？这些保证可信吗？

25.1.3　明确的原则和需求

在复杂的技术环境中，明确的服务管理原则和客户需求变得更加重要。如果没有上下文，就很难对产品或服务设计和交付中的技术及资源做出正确的决策。

服务管理需要考虑：

- 理解什么是"够用"，不会在仅需要"青铜级"方案时创建"黄金级"方案。
- 有明确的需求，并捕获客户对需求的变化。
- 接受一些组织只提供标准服务（如云服务），因此客户组织需要调整其采购流程，或者将采购流程中的一部分变得更灵活，他们无法获得独特的定制方案。
- 对"速度"或更快地提供服务的需求在不断增加。明确的原则和需求有助于进行优先级排序。

25.1.4　理解技能的重要性

在通过VeriSM模型管理其产品和服务的组织中，所有员工都需要对新兴技术有足够的认识，以充分发挥他们的作用并保持他们的知识能够及时更新。服务管理的注意事项如下：

- 确保服务提供人员具备完成其职责所需的专业或通识。
- 了解所有业务领域的员工需要具备哪些技能，以帮助定型新产品和服务；例如，知道如何使用大数据或数据分析的市场营销人员可以协助制订营销计划。
- 了解哪些服务或产品来源于外部，客户组织不"拥有"这些员工，也不能指导他们的行为。

25.1.5　将期望与现实相匹配

你有没有听过一位高级经理问："我们的组织为什么不做云计算/大数据/机器学习？"评估新兴技术以匹配期望和现实，以及组织机构的当前成熟度水平很重要。服务管理需要考虑：

- 当前的成熟度水平如何？这包括管理网格中所涵盖的能力和资源。
- 组织内是否存在阻碍采用新技术的因素，如产品或者服务过程中值得考虑的副作用？
- 组织内是否存在对于该建议的商业案例或者理由，以及对于期望的结果是否有明确的理解？
- 均衡外部资源服务的成本和质量。

25.2　云

云计算是当前最重要和最具颠覆性的技术进步之一。在本质上，云计算是一种服务交付渠道。云以定制的形式通过互联网提供托管服务，访问服务器、存储、应用程序和网络等计算资源。其主要价值在于：

- 即买即用。资源已经就绪，无须做任何采购、规划和计划。
- 极大减少运维风险。组织可以聚焦在核心业务而非IT技术任务上。
- 使IT服务成本更加透明。成本可以直接与使用和需求挂钩。更容易看到成本与服务交付之间的关系。
- 提供规模经济。对获取资源的计划、预测和承诺等任务大大减少，因为这现在是云服务提供者的责任。当需要更多资源时，只需提出请求，而且成本和复杂性还会更低。
- 提供对服务无处不在的访问。几乎可以在任何地方访问云服务，而无须安装本地设备。
- 快速调配硬件和软件资源。新设备在几分钟内就能就绪，而本地部署的资源平均需要两到三个月才能就绪。

这些都是通过大规模使用新技术获得的，为组织提供了同时处理大量客户的能力。在大型云服务提供者的内部，虚拟化和自动化流程被大量应用。交付通常是以一致和定型的方式完成，因此保证了对每个客户提供的服务都相同。

云计算拉平了初创公司与它们试图取代的大型老牌公司的起跑线。无论它们是初创公司，或是财富100强的老牌公司，大多数组织机构迟早都将采用某种程度的自动化和云计算。对于服务管理，这意味着将以前的手动过程转变为自动化进程。例如，以前部署应用程序需要一个协作的团队，各成员都要按照文档化的步骤执行。然而，在今天的云服务客户内部，这已经被一个不断集成的流水线所取代，在这里基础架构就像代码一样被部署，由云服务自动协调。

由于云计算，使用良好的服务管理规则进行运营比以往任何时候都更为重要。云计算改变了IT的焦点：从传统的交付转移到注重于许多基于云的供应商的服务整合。对于服务集成的聚焦，创建一个很容易被组织使用的整体服务。

云计算对组织机构的一种文化影响是收到的账单内容。它反映了消耗的资源，因此服务成本更透明。但还有一个重要因素，需要有围绕消费的一层的治理。因为如果存在浪费的情况，浪费将变得更加明显了。

25.2.1 云服务产品

云服务不是有形产品。相反，它们是提供服务的一种方式，这些服务由一个名为云服务提供商（CSP）的外部供应商管理。云服务的特点包括：

- 服务与许多其他客户共享，这些客户被称为租户。
- 这种服务在所有客户中都是一致的——每个人都看到并得到同样的东西。
- 这种服务只能通过网络和特定的接口（如控制台）进行访问。
- 除了云服务的运营位置，消费者无法确切地知道程序的部署位置。
- 消费者不需要知道服务是如何运行的，以及使用了什么软件或如何运维的细节。
- 消费者可以扩展他们的服务，而不必担心诸如容量管理、变更和配置等细节（尽管会有一定的成本）。

在开发服务时，关键任务是确定如何提供这个服务。服务的哪些部分应该进入云中？哪些项目仍然需要留在内部 IT 基础设施中？如果使用云，这些服务将如何获得？将使用哪些支持服务？为帮助客户，云服务提供者将其服务产品细分，通常有以下三种方式。

- 基础设施即服务（IaaS）
  - 这是最基本的云服务类型。提供商提供计算基础设施和对资源的访问，作为服务提供给租户。它们以虚拟化服务器、台式机、存储和网络的形式出现。当您使用这些资源时，作为租户会付费。它们被快速调配，同时消除了组织与采购、安装和操作这些与技术相关的风险、时间和成本。基础设施的详细信息（如物理设施、位置、容量扩展、备份、可用性和安全性等）由服务提供者处理。
- 平台即服务（PaaS）
  - 此类服务面向应用程序开发人员。开发人员使用数据库、绘图软件、中间件和开发环境来构建解决方案。服务提供者维护这些平台，并使开发人员可以访问它们。服务提供者还可以提供系统软件、操作系统、编程语言执行环境、数据库和 web 服务器。这样做的好处是避免购买和管理底层硬件和软件的成本及复杂性。开发人员仍然可以控制应用程序及其订阅平台的设置。
- 软件即服务（SaaS）
  - 此类服务面向最终客户。通过此类服务，租户可以获得对应用软件的访问权限。云服务提供者管理支持该应用的基础设施和平台。服务提供者在云中安装和操作应用软件，租户从他们的客户端设备访问软件。租户不管理云基础设施和平台。此方案极大地简化了系统维护和支持。

基于云计算的产品种类繁多，服务开发现在需要关注集成。在构建服务时，需评估各个云产品，并确定所需的架构是否必须位于组织内部，或者是否更合适使用云解决方案。

25.2.2 云服务部署模式

如前所述，云实质上是一个服务交付机制。有几种流行的云服务交付模型存在，如图 63 所示。

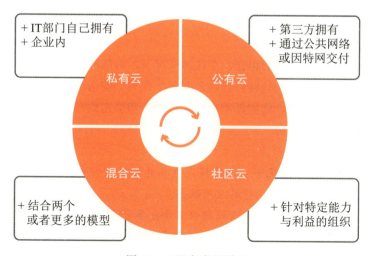

图 63　云服务交付模型

25.2.2.1 私有云

使用此模型，IT 部门构建并维护自己的云基础设施，并向组织内其他职能区域和部门提供云服务。这种模型的一个变体是，由外部供应商代表 IT 部门管理基础架构，但本质上，只有 IT 部门才对此云基础设施和服务负责。位于自己的建筑物中的云基础设施称为"本地"部署。

优点：
- IT 完全拥有并控制其云解决方案的所有方面；
- 避免管理层对于数据和应用的安全产生顾虑；
- 可以利用 IT 已有的资源和服务。

缺点：
- 规模有限；
- 对资产以及物理空间的需求高；
- 无法减少或者转移运营风险——IT 需要负全责。

25.2.2.2 公有云

使用此模型，云服务由拥有和管理云基础设施的外部供应商提供。服务通过公共网络（通常是互联网）交付给许多客户。一些提供商可能会提供私有安全网络访问，以消除安全顾虑。服务提供者与任何一个客户或商业实体都不绑定。IT 通过安全的网络连接访问云服务，很少或根本不需要提供任何基础设施。

优点：
- 避免对云基础设施的投资；
- 只对你使用的服务付费，而无须对整个设施投资；
- 规模和需求由供应商处理；
- 运营风险更低。

缺点：
- 对于没有存储在组织内部的数据和应用可能存在安全顾虑；
- 对于某些低带宽的区域，访问云服务的速度可能会比较慢；
- 供应商可能会在对于 IT 组织不恰当的时间段内安排设施变更。

25.2.2.3 混合云

这种模式是私有和公有模式的组合。在这种情况下，内部部署的私有云基础设施与公有云绑定在一起。双方都独立拥有和运营自己的云服务。在另一些情况下，交付的服务可能来自两个或多个云提供商的任意组合，它们都不是内部部署，却绑定到一起。在这两类情况下，混合云都跨云集成并扩展了所有服务。

优点：
- 在其他模式不合适的情况下，这种模式更具灵活性。例如，敏感数据可以托管在私有云中，但连接到公有云中运行的应用服务。
- 提供临时扩容方案。如果私有云短期内需要更多资源，可以使用公有云来提供。
- 当应用程序遇到不可预知的需求峰值，需要应对突然的业务需求（如大型促销或特殊事件）时，这种模式可以提供更大的灵活性。

缺点：
- 需要与一个或多个云服务提供者进行更多的协调。
- 提供者会按计划在不同的时间点进行基础设施的变更，这可能不是IT组织期望的时间。

25.2.2.4 社区云

使用此模型，IT 和/或多个云服务提供者共享基础设施，提供特定的功能或支持服务（例如，跨大学和学校的协作、医学研究）。

优点：
- 满足特殊利益需求。

缺点：
- 治理标准和服务协议可能是一个问题。
- 比公有云或者混合云模型的成本更高。

25.2.3 云服务的安全和隐私

安全一直是使用公有云、混合云和社区云需要关注的问题。具体的隐患包括：
- 购买云服务的组织可能受所在行业或法规的约束，存在数据存储和访问的地点限制。
- 云服务提供者可以访问存储在他们云服务中的数据。
- 云服务提供者可能会被黑客入侵。
- 数据的合法所有权可能有问题——云服务提供者可能从该数据中获利。
- 云服务提供者可能会意外或故意更改、损坏甚至删除数据。
- 根据法律要求，云服务提供者可以与外部组织共享私有信息。

幸运的是，云服务提供者近年来在解决安全问题方面取得了巨大进展。具体包括：
- 云服务提供者以正式承诺的方式，让客户相信其将充分保障云产品的安全性和可用性。
- 利用数据加密技术，使数据无法被他人访问和使用。
- 选择混合交付模型，可以将敏感数据存储在客户内部。

在评估与云服务有关的安全问题时，应该认识到，归根结底，安全是云服务使用者而不是云服务提供者的责任。安全考虑和检查需要主动采取措施，不应完全依赖于云服务提供者。

如今消费者生活中越来越多地使用和接受云服务（照片和音乐存储、文档存储和共享等），许多云服务提供者的技术日益成熟，也有助于缓解安全担忧。

25.3 虚拟化

25.3.1 什么是虚拟化

虚拟化将特定技术成分（服务器、存储、个人计算机、网络、应用程序、操作系统和数据中心）从它们的物理部件中分离出来。目标是通过重新创建这些资源的多个逻辑版本（例如，一台物理服务器可能承载多个虚拟服务器）来最大限度地利用硬件资源。

虚拟化组件的使用者通常不知道这些东西已经被虚拟化了。例如一台虚拟服务器，这台服务器就好像一台物理设备一样运行。使用虚拟化的主要优势在于：

- 最大限度地使用基础设施硬件（购买一台物理服务器，可以承载4台虚拟服务器；而不是购买4台物理服务器，每台以20%的使用率运行）。
- 部件出现故障时快速恢复（通过停止和重启虚拟服务器，可以快速地用电子方式恢复出故障的虚拟服务器）。
- 能够在几分钟内快速部署部件，而不是花费时间和精力来采购、安装和配置物理部件。
- 能够将部件从一个物理平台快速移动到另一个平台，以平衡需求（将使用率高的服务器移动到另一个物理主机，或将服务器卸载重新部署到使用率较低的物理主机）。
- 在许可证、保修和维护成本方面实现规模效益（有关许可证的说明，请参阅附录F）。
- 减少了能耗、使用空间和对环境的影响。

从服务器的虚拟化开始起步，技术的迅速发展，几乎可以将出现在数据中心的任何物理设备虚拟化。网络设备可以虚拟化，以便能在无须将物理网络设备脱机的情况下配置、快速恢复和维护它们。存储可以虚拟化，以最大限度地利用存储硬件，并快速部署或停止存储。桌面可以虚拟化，从而更容易进行镜像管理、有效地打补丁和升级，以及从硬件故障中快速恢复。

25.3.2　虚拟化如何实现

理论上，虚拟化有许多优势，同时理解虚拟化机制对于避免问题很重要。

如图64所示，虚拟服务器通过网络连接到称为虚拟机管理程序的托管平台。在使虚拟服务器看起来像真正的物理服务器方面，虚拟机管理程序起着至关重要的作用。它基本上是实体操作系统硬件和负责创建、移动和切换虚拟机的软件的组合。它利用复杂的调度和中断机制来决定如何最好地利用物理硬件。例如，空闲和等待的虚拟机可能会被调出，调入其他已经准备好处理任务的虚拟机。

当虚拟机被调出时，所有的运行要素都被小心地存储在一个交换区域中。这包括操作系统、当前运行的应用程序，以及存储在内存和输入输出缓冲区中的内容。当被再次调入时，这些要素全部被恢复回物理主机设备。优先级机制有助于确定哪些虚拟机可以被优先调入或调出。

了解虚拟化的工作原理，是确定哪些任务最适合虚拟化、哪些不适合虚拟化的关键。具有大量输入/输出（I/O）处理的任务可能不太适合虚拟机，因为繁重的I/O请求可能独占调入调出资源并使管理程序超载。同样，具有强烈处理器需求的任务可能会减轻管理程序的负载，但会过度消费托管机处理器。在处理器和I/O之间需求均衡的任务通常与虚拟化解决方案最匹配。管理程序的管理和支持必须监视物理资源的使用，并在需求变化时尝试重新平衡它们。

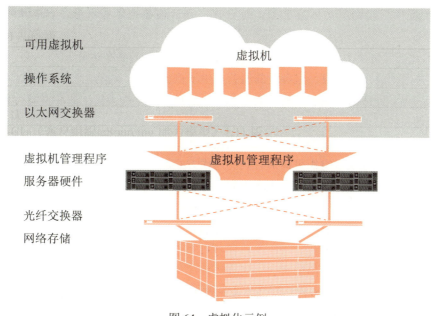

图 64　虚拟化示例

25.3.3　虚拟化与变更控制

虚拟化和自动化技术加速了服务转变活动，但也带来了一些风险。

当变更和发布被实现到虚拟化硬件上时，风险会降低。因为是软件在控制这些活动，而不是人手，所以错误的可能性不大。部署将按照指定程序进行。如果一台虚拟化设备正在被更改，很容易对这些更改进行还原。重新调配设备，可以快速恢复很严重的错误。

但是，如果您要更改管理程序和物理硬件，而不是虚拟化设备，则恰好相反。因为对这些元素最简单的更改，也可能同时影响许多设备，相应的风险很快就会升级。

自动化脚本和程序，也存在同样的风险。虽然有高效、强制标准和保持准确性这样的关键优势，但自动化脚本中的错误可能会导致整个基础设施中的运营、数据和处理活动中断。而且在开始阶段，可能更容易考虑到是否是应用或者基础设施的问题，而很难想到去追溯脚本故障。

虚拟化要求对变更的管理方式进行调整。对虚拟化设备的重大更改可以在较低的风险级别进行，因此需要较少的控制。对支持虚拟化设备的管理程序和物理硬件进行微小的更改也可能会带来很高的风险，因此需要更多的控制。

25.4　自动化

自动化通过运行代码和脚本消除或减少了人机交互和干预。自动化主要有以下几个好处。

- 速度。代码和脚本的执行比手工速度要快得多。
- 准确性。自动任务总是以相同的方式执行；错误的可能性明显减少。
- 强制性。自动任务始终强制执行相同的一组操作和策略。
- 用户体验。良好的客户体验可以提高客户满意度、忠诚度和留存率。

- 可扩展性。比起那些依赖于手工的操作，自动任务更容易扩展，以满足不断增长的需求。
- 成本效益。将手工操作自动化可以实现更具成本效益的服务运营。

自动化技术的进步对计算、服务及其运营产生了重大影响。没有自动化，云计算就不会存在。由于自动化，许多组织的员工数量大大减少，而且无须增加人员配置和资源，就可以更快地满足不断增长的需求。

自动化不是强制性的。某些事务可以自动化，并不意味着它就应该被自动化。组织应该持续进行分析，不停地寻找对组织机构最有利的运作方式。首先应该找出有问题的服务和流程，然后用类似价值流地图这样的技术来绘制它们，并确定最大延迟、错误和需要返工的地方。从那里开始，可以考虑集成一组与特定任务相关的工具来实现流程和速度。

有了自动化，一个好的原则就是专注于重复的任务。在组织机构中每次出现重复任务时，都一定要调查它是否适合自动化。每一次将任务自动化后，都可以节约出时间来研究自动化其他任务。自动化促使人们以正确的方式做正确的事——而不是抄近路。

当然，有些任务由于其独特性和复杂性永远都不适合自动化。当任务被确定适合自动化时，首先要简化并理解它。自动化一个错误的流程是没有意义的。

适合自动化的常见项目包括：
- 高价值和重复性的任务；
- 需要快速进行并保持很高的准确度的交易；
- 容易出错的工作；
- 工作流程中的瓶颈；
- 通信流程；
- 自动监控和通知；
- 故障的自动恢复；
- 标准操作流程。

自动化驱动自助服务。在与客户互动的节点，例如触发、进度更新或交付，应考虑到客户的人群特性和偏好。这将影响服务自动化的设计。

25.5 大数据

商业机构在运行中，会遇到许多独立的数据存放在各种系统中。为了挖掘、关联、分析并呈现这些数据所蕴含的价值，在这些不同的系统之间进行查询是一个越来越重要的组织任务。大数据是关于通过单点访问，实现对整个企业现有的所有数据资产进行持续发现和分析。利用这些大数据可以获得巨大的商业机会，并将提供宝贵的商业洞察力。然而，大多数组织机构尚未发现如何以最佳方式利用大数据并解锁此商业价值。

传统的数据访问方法局限于数据的总量以及多种格式和存放位置。传统的数据仓库和支撑它们的数据库系统运行速度较慢，占用的资源较多。此外，它们虽然提供了对数据的访问，但在分析和演示方面功能却很少。

大数据与传统方法相比，最明显的不同是它使用创新的技术来存储、访问、关联、分析、呈现和维护海量的数据源，而且这种方式的速度更快、成本更低。利用大数据技术可以对海量的数据集进行快速分析，以揭示其特征模型、变化趋势和关联性。大数据代表一个集成的生态系统，可以处理捕获数据、存储、分析、搜索、共享、传输、可视化、查询、更新和保护信息隐私等复杂任务。接口具有足够的灵活性，可以处理结构化数据（如业务记录）和非结构化数据（如可视图像）。

这些大数据生态系统颠覆性的主要特点是：
- 观察和跟踪数据变化的能力；
- 实时提供数据；
- 以无缝的方式处理各种数据格式，并将数据元素融合在一起，还原缺失的部分；
- 使用机器学习（参见第25.8节）分析和检测模型；
- 数据在整个组织机构中作为数字化交互的副产品被产生并消费。

大数据包括一个集成的体系架构，它可以将数据存储、分析和管理功能整合成一个无缝的综合解决方案系统。其中包括存储和访问数据的创新方法、分析数据的方法、机器学习、自然语言处理、商业智能、报表、仪表盘、图表、图形以及其他数据和云计算的显示。

一个全面的大数据体系架构通常包括：
- 数据源。结构化和非结构化的数据，来源于应用程序系统、操作平台、传感器、日志、社交媒体站点、互联网网站和许多其他来源。
- 数据平台。数据发现、存储和仓储的管理平台。
- 数据分析。将数据扫描并转换为提供商业价值的视角的系统。
- 数据可视化。通过图形、图表、模型和报表将数据可视化以凸显视角和典型场景。

许多供应商已经开始提供大数据服务和解决方案。有些解决方案是开源的，而其他一些则是将进行分布式数据处理功能的应用集成到一起的。还有一些供应商已经为数据存储创建了包含高级并行处理功能的硬件解决方案。

在处理大数据时，必须注意确保速度和效率。应该对数据进行并行访问，并将数据存储在内存中。需要实时或准实时的信息，而不是休眠或者相对稳定的信息。

使用大数据取得的成果使组织机构能够看到数据的特征模型和趋势，从而在市场上提供显著的成本节约或竞争优势。使用大数据的一些实例，比如：
- 药物研究。通过将每例处方的开具源、位置和时间连接起来，一家研究单位识别出指定药物发放与患者实际使用之间有相当大的延迟。
- 医疗改善。提供个性化的药物和处方分析，临床风险干预和病人护理预测分析。
- 市场分析。使用销售数据的特征模型和趋势来制定吸引消费者的信息和内容。
- 新闻报道。使用大数据提供独特和创新的见解。

25.6 物联网

当前，访问互联网及其相关的通信主要是通过服务器和计算机类型的设备实现的。最近，这种能力被扩展到手机和平板设备。随着物联网（IoT）的出现，这种访问已经爆发，以至于任何拥有互联网接入和IP地址的设备都能连接。这样的例子到处都是，比如生产装配线上的机器、家用电器、建筑物的温度和控制系统，以及医疗设备。

物联网的实例包括：
- 智能家电；
- 电表；
- 可穿戴设备，比如手表；
- 汽车；
- 医疗设备；
- 生产装配线上的机器；
- 拖拉机和挖掘设备；
- 建筑物控制系统；
- 其他嵌入电子、传感器或软件的物体。

一个关键因素是计算设备具有唯一的标识符和 IP 地址。这些设备已经非常成熟，可以在不需要人工干预的情况下访问互联网和传输数据。它们可以收集和交换数据，要有一个管理系统，可以从设备中收集数据，甚至可以将数据发送回设备。

对收集和使用物联网数据的管理系统的要求包括：
- 从正在管理的设备/装置中启动数据收集；
- 对这些设备/装置和数据传输活动的监测；
- 要保证这些设备/装置的网络连接；
- 数据传输成功/失败的报告；
- 采集到数据的报告和分析；
- 当设备出现故障时要自动报障并发出预警，或当机器接近维修期时发出预警；
- 控制机制用于控制设备产生的数据种类，或者设备将要运行的操作和配置。

> **引用**
>
> 如果我们的电脑可以知道设备的所有信息——在使用时无须我们协助、自己收集的数据——我们就可以跟踪和统计一切，这样可以极大地减少浪费、降低成本。我们将会知道设备何时需要更换、修理或召回，知道它们是否处于最佳运行状态或者已经开始退化。
>
> ——凯文·阿什顿（Kevin Ashton）

有人提出了"无处不在的互联网（Internet of Everywhere，IoE）"这个概念，因为当前有许多正在开发的功能和创新应用使用的正是这种技术。此类功能预计对物联网的需求很大，并需要利用大数据技术来存储、管理和分析收集到的海量数据。

> **现实案例**
>
> 使用物联网技术的产品和服务对安全性要求特别高。黑客已经声明他们可以接入任何设备，从冰箱到汽车，甚至手术植入设备，例如起搏器等。

> 无论采用何种新技术，有关安全和风险等的服务管理原则都必须严格遵守，并要针对性地考虑其影响。

物联网设备的使用及其带来的各种进步仍在蓬勃发展。服务提供者期待：
- 用更好的行为跟踪来支持实时营销；
- 流程得到优化；
- 产品和服务反馈能够自动化，并且能够为产品和服务提供更有价值的数据；
- 创建新的渠道和销售模式（例如，冰箱中的牛奶喝完时，冰箱会自动下单订购）；
- 多种连接的设备能够提供更有价值的消费者行为数据，并将消费者与服务提供者更紧密地联系在一起。

25.7 机器学习

机器学习技术是指系统在没有人工干预或编程的情况下学习和改进。使用数据、规则库和人工智能的组合（见第25.13节），机器学习系统彻底搜索数据，寻找特征模型，然后改变系统的行为。它们的目标是自动迭代分析算法以找到最佳预测模型。机器学习使用新发现的数据来触发最初编程到计算机里的逻辑和决策的变化。

机器学习通过以下几种策略来进行"学习"：
- 有监督的学习。用算法和数学技术预测指定输入的输出结果。输入被绘制到输出，创建模型，重复执行，直到获得所需的准确度水平。
- 无监督的学习。算法将数据群集到不同的组中，以便采取后续行动。
- 强化学习。算法使用试验和错误信息做出特定的决策。学习基于过去的输出数据并使用这些方法来改善当前的输出结果。

机器学习使用数据来解决特定的问题。例如，组织机构可以输入一组特性来标识特定产品的购买者。另外，还添加了其他数据来标识对这个产品不感兴趣的买家。当不同购买者的特征输入以后，系统开始辨认哪些购买者将购买产品，哪些不会。就像现实世界的经验积累（购买者购买或不购买产品）一样，系统基于这些观察和算法来判断谁将购买或不购买。系统会变得更加智能化，基本上"学会"预测更准确的结果。

使用机器学习的一些实例包括：
- 寻找医疗诊断模型，根据病人的症状快速确定诊断结果，为病人提供最好的治疗方法，获取最佳治疗效果。
- 发现金融交易中可能存在的欺诈案件（例如，一组特定活动可能揭示洗钱的行为）。
- 查找应用程序的访问记录特征模型，并识别访问活动以预测可能存在的安全漏洞。
- 识别哪些市场营销策略最吸引客户。
- 在机场、体育场或演唱会的安检过程中，分析由传感器采集到的数据并预测现场情况，以消除假警报，识别出被人工安检漏掉的安全隐患。
- 通过对大量数据进行扫描，预测、执行金融交易和业务（如最佳投资、最佳回报率）。

案例研究

SunView 软件公司的 IT 服务管理、变更管理和服务台解决方案在业内非常有名，尤其是在人工智能和机器学习领域。该公司的销售经理詹姆·斯佩克特（Jaime Spector）分享了他们在改变消费者期望方面积累的经验以及服务管理领域的发展趋势。

也许，服务管理领域最大的发展就是当前正在影响全球的智能自动化技术。服务管理利用人工智能、机器学习、大数据和其他智能技术来自动化流程，提高服务台效率，方便客户支持和加速常规任务和运作的完成。基于人工智能的自动化的业务案例是明确的。如果服务台可以用更少的资源做更多的工作，那么员工就可以在不影响服务质量的情况下完成更多的工作。高德纳预测，到 2019 年，使用机器学习增强技术的服务台将额外释放出 30% 的支持能力。毫无疑问，人工智能即将到来，并将改变服务的管理和交付方式。

除了为自动化和运营效率提供动力外，人工智能转换服务管理的实例几乎随处可见。传统上，服务管理在执行中一直被认为是"被动"的。事件、变更、维护和任务总是在发生时才得到管理和支持。但是多亏了人工智能和机器学习的预测分析，CIO 和服务责任人可以对其服务和运营采取更加积极主动的做法。这些预测性指标可以用来分析组织机构的数据，利用案例历史记录，更改人员配置和任务分配自动化规则来评估未来趋势，以及预测该组织违反服务期限承诺，命中或错过事件的接近目标，评估出最终用户的情绪等时刻来警示管理层。我们的软件平台 ChangeGear 是市场上最早利用这种预测技术的服务管理工具之一。

我们还看到了聊天机器人和自动化虚拟代理的崛起对服务台和自助服务门户造成了颠覆性的影响。它们的渗透性极强。高德纳估计，到 2020 年，60% 的智能手机用户将和更易用的消费类和专业类智能代理进行交互，而不是和应用本身。

这些机器人作为一个更自然的前台，终端用户可以简单地问一个支持问题，并立即得到答案，而不需要搜索知识库或提交案例给服务台工作人员。智能代理使用自然语言分析问题并返回一个简单的答案，为低级别事件提供即时和实时支持，而无须给技术支持团队增加工作量。其结果是将更多的资源分配给更大、更复杂的事件，以及更好的最终用户体验。对服务提供者来说这是双赢的。

尽管在组织机构内部使用人工智能技术能带来显著的好处，但支持其实施的 CIO 和服务领导者是否越来越多？我们最近做了一项调查，主要是评估人工智能在业界的应用状况，发现了一些有趣的统计数据：

- 大约 70% 的受访者声称会在业务中使用某种形式的人工智能，而 IT 是最常被提到使用该技术的部门。
- 那些利用人工智能技术进行服务管理的人，许多人指出了他们正在利用的一个或多个关键实例。

  59% 在处理大型数据集时使用预测分析；
  49% 使用自动化来检测系统异常；
  35% 利用智能搜索功能驱动自助服务；

> 32% 利用人工智能来协助构建一个更具动态的知识库，将非结构化数据关联起来；
> 24% 使用智能增强通知来识别和解决服务问题；
> 24% 使用人工智能驱动的推荐引擎，在解决案例的同时为员工提供实时的解决方案信息。

25.8 机器人流程自动化

机器人流程自动化（RPA）集成了业务流程管理（BPM）、任务自动化和人工智能以及一些机器学习技术。更高级的 RPA 解决方案整合了持续集成和测试功能。RPA 的主要用途是自动执行人力密集型的常见操作任务。例如：

- 重复的变更；
- 常见事件响应；
- 提供新服务；
- 提供能力，比如额外的存储。

即使操作任务可以自动化，也必须考虑这些可能引入的变更对业务的影响（例如对可用性、投资、操作员技能的影响）。

当自动执行的任务是基于规则的情况下，RPA 最有效。"机器人"和"机器人软件"术语来源于对人类行为的模仿。RPA 已被用于简单的任务，包括自动密码重置、数据输入和数据集成。它还自动化了更复杂的涉及高级逻辑的任务，如工资系统、服务台事件解决和自动化软件测试。RPA 最适合已知的流程；当尝试确定流程活动时，BPM 的工作效果最好。

那些实施了 RPA 的公司已经看到了手工劳动的明显减少。在任务的处理速度、准确性和执行一致性方面还有额外优势。部署 RPA 的公司还没有看到多大员工人数减少的优势。目前看到的在人力资源方面的优势是将人力资源重新分配给更有价值的活动。RPA 并非仅是减少员工人数。

RPA 的一个关键挑战是找到具有正确技能的员工。建立、管理和操作 RPA 解决方案将需要新的技能。员工必须更加熟悉流程自动化和使用规则集。其他挑战可能包括对抗，有些员工可能会感到受到威胁，因此会让确定应用哪些适当的规则变得困难，或者不希望参与 RPA 的工作。将 RPA 应用到有问题的进程，会出现另一种挑战。在这种情况下，在 RPA 活动开始之前，可以使用 BPM 修正它们。

RPA 的工作方式是，使用规则集配置软件，以捕获和解释涉及支持特定业务流程的应用程序和个人的操作。然后测试规则集，以查看自动化进程是否可以处理事务、操作数据、执行正确的工作流以及与其他系统通信。这些测试需要确保所有活动都可以在不同的条件下完成，并能正确地处理异常。成功完成测试后，可以部署解决方案。在取得一定程度的信心之前，必须在早期阶段进行密切监测。

RPA 工具和系统的一些特性包括：

- 采集。它们使用各种工具来捕获信息，包括记录、逻辑或从屏幕和网站抓取图像。
- 规则引擎。它们采用了一个规则库，与 BPM 工具类似，允许捕获过程步骤和决策。
- 图形界面。它们使用企业友好的、方便易用和直观的界面。

25.9 移动计算技术

移动计算技术的进步极大地促进了计算机技术的应用和新的服务交付模式的创建。这些技术已经将计算能力从传统的数据中心移出，并直接投入人们的手中。处理器、网络、移动设备和云计算技术的不断进步使其成为可能。移动计算的使用率正在迅速增加，并且预计会在未来很长一段时间内延续。

移动计算技术通过各种便携设备传输数据、语音和视频，而无须物理连接到其服务的来源。包括：

- 便携式计算（笔记本、平板电脑）；
- 智能手机；
- 远程设备；
- 可穿戴设备（手表、运动跟踪器、眼镜）；
- 包括传感器、警报和警告的设备（物联网）；
- 与移动设备交互的云计算服务，允许7×24小时访问；
- 在移动设备与应用程序和数据源之间提供可靠、安全和快速连接的先进网络技术；
- 通过移动设备管理（MDM）软件和功能来管理移动设备的先进管理方式。

移动计算技术有许多优势，包括：

- 能够根据个人需要量身定制应用和服务；
- 能够为服务提供更多来源和交付渠道；
- 能够在内部IT数据中心之外提供服务；
- 能够为主数据中心分担处理负载，提高可靠性和性能，同时降低运营成本；
- 提高劳动生产率（在家工作或在办公区工作）；
- 跨虚拟团队和不同文件位置进行协作的功能。

使用移动技术面临的挑战包括：

- 安全，能够监控移动技术的安全风险、漏洞和威胁；
- 访问控制，阻止来自外部的非授权访问；
- 连接性，移动设备需要联网，否则即使可以操作，也只能降级运行；
- 电源，移动设备必须在有电的情况下才能操作。

25.10 自带设备

自带设备（BYOD）源于员工能使用他们私人的笔记本电脑进行工作，后来扩展为可以使用手机和平板电脑工作（访问组织的私有应用和服务）。现在，BYOD包括各种设备，如可穿戴的眼镜、手表、虚拟现实设备等。员工的工作方式和与服务交互的方式在迅速演变。限定设备的传统工作方式逐渐退出历史舞台，它被视为对21世纪商业发展的一种阻碍。

BYOD的优点包括：

- 提高员工满意度；
- 降低技术设备开销；

- 提高工作场所的灵活性和工作效率；
- 员工可以离场办公，在任何时间、任何地点都能访问服务；
- 支持员工使用个人设备移动办公，他们可以使用自己最得心应手的设备工作，从而提高工作效率。

BYOD 的运营风险包括：

- 设备被损坏（例如，被恶意软件攻击，被盗或者遗失）带来的安全风险；
- 担心离职员工将组织提供给他的设备私下保留或转售给他人；
- 担心员工与他人共享设备；
- 合规方面的问题（法律、法规、合同等）；
- 设备的维护和支持来自设备制造商，而非本组织机构；
- 有关数据和信息保密的责任问题；
- 有关电话号码的所有权和设备的IP地址的法律问题；
- 被黑客攻击或者"越狱"设备在公司网络上安装恶意应用。

伴随着更年轻和更具移动性的劳动力群体的出现，技术的个人应用和商业应用正被混合在一起。人们的期望越来越高。如何在家里使用技术的问题被带到工作环境中，从而对组织运行和管理其 IT 服务的方式产生重大影响。IT 正在重新审视如何管理那些不由他们提供或控制的资产。越来越多的管理实践和工具已经发展成为所谓的移动设备管理（MDM）。MDM 提供的控制手段包括：

- 发现并登记员工拥有的设备；
- 监控员工设备的使用和访问情况；
- 关闭有不正常访问行为的设备；
- 如果设备遗失、被盗或者员工离开公司，可以清除设备上的数据或者指定的信息；
- 取得和设定设备属性值，确保设备在符合有效安全策略的前提下操作；
- 确保设备不会把恶意软件引入组织内部；
- 建立员工设备能安全地连接到公司网络的机制（同样重要的是做网络隔离，以减少任何由于没有遵守机制而造成的网络漏洞带来的风险）。

建立全面的 BYOD 政策，对任何使用 BYOD 的组织都至关重要。这一政策应明确传达包括支持、安全、责任和设备使用的准则。准则应包括：

- 可接受的使用。例如设备的摄像头、阅读或游戏设备、接受的（或不被接受的）应用、可访问的公司资源以及管理公司信息资产。
- 设备与支持。哪些设备和操作系统是允许的、如何处理设备问题（组织内部服务问题与设备制造商问题）、设备在组织内部的注册、组织的支持人员在设备上的安全设置、公司应用程序和网络访问设置。
- 报销。哪些费用能够报销（设备的购买、使用、计划外开支、漫游等费用）。
- 安全。密码要求、处理频繁登录或登录失败、可接受的下载、所需的安全控制、设备丢失的处理规范、员工离职流程以及检测到安全威胁时的处理规范。
- 风险管理。定义使用中风险的对应责任、设备丢失或被盗的处理规范、存储在设备上的个人数据的对应责任、对员工违反政策和断开设备的纪律处分。

建议将 BYOD 策略与公司安全策略结合在一起。应该建立一个沟通和／或培训计划，以确保员工知道并了解相关政策。沟通或培训应该是持续进行的，而不仅仅是一次性的，因为随着技术的不断发展，政策和设备将会发生变化。

> 🌐 **现实案例**
>
> 一个组织使用技术非常落后的设备作为其 BYOD 或移动策略的一部分。你可能认为这是一块写着公司名字的纸板。但事实上，它是一个屏幕罩。
>
> 所有的工作人员都被要求携带屏幕罩，并在需要时应用它，例如，如果在咖啡店里使用移动设备时有人接近。这很简单，但有效。

25.11 容器化

通常，应用程序在开发周期中状态变化直到最终投入生产时，会有许多挑战导致产生各种摩擦。除了开发应用程序来适当地响应每个环境以外，跟踪依赖性、扩展应用程序、在不影响整个应用的情况下更新单个组件都会导致问题。

容器化技术可以有效地解决许多这类问题。有了容器化，应用被分解成更小的功能组件，并和它们所依赖的组件一起被打包，作为单个单元进行部署。因此要扩展和更新应用来满足不同的需求也变得简单：只需部署更多的容器。

容器的工作方式是将应用程序打包并捆绑到一个完整的文件系统中，其中包含运行所需的所有内容（代码、运行库、系统工具、系统库）。然后通过容器化引擎从底层操作系统和硬件中抽象出来。可以在几乎任何平台上部署容器，而不必更改应用程序代码。

容器的概念与虚拟机的使用类似。使用虚拟机，您将提供一个完整的虚拟服务器和客户操作系统，应用程序将在该系统上运行。使用容器，您只需要提供应用程序而无须整个虚拟机。请记住，虚拟机是作为整体被管理的：应用程序、二进制文件、库和整个完整的客户操作系统。使用容器化，只有容器本身需要管理，这减少了系统开销。

图 65 显示了容器和虚拟机解决方案之间的区别。

容器是标准化的。它们通过容器化引擎使用指定接口来连接到主机。容器化引擎把容器从主机操作系统和硬件中抽象出来。这一切意味着什么？由于应用程序与操作系统和硬件完全分离，因此可以随时随地在任何平台上部署一个容器化的应用程序。使用容器化，应用程序不再依赖于具体的底层主机资源或体系架构。对于主机，每个容器都是一个黑箱，应用程序的细节并不重要。

把容器和主机系统分离并接口抽象化，扩展就容易多了。少量用户使用的一组容器可能放置在一台小型服务器上。当用户数量增长时，额外的容器可以部署到多个服务器上形成一个大的服务器阵列。

应用程序的维护、打补丁和版本控制更简单。这些活动被包括在容器内。使用描述性配置管理功能，相同的容器映像可以不考虑平台来配置和部署。配置可以基准化和版本化，以便于管理。

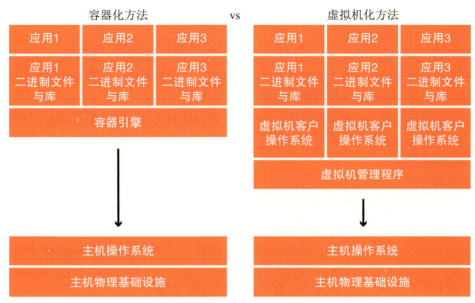

图 65　容器化解决方案 vs 虚拟机解决方案

容器与部署活动相关的优点是：
- 设置开发环境、提供新实例并复制产品环境代码的工作被最小化甚至消除。可以将容器直接部署到运行容器引擎的任何新节点上运行。
- 由于在目标环境中复制的是相同的容器，因此部署速度更快。
- 更频繁的软件更新，因为部署任务是完全相同的。
- 容器的资源调配是快速的、易伸缩的，可以有效地处理消费者的需求激增。

容器化的概念也可用于其他基础设施领域，以实现规模经济和效率。考虑一下分配存储空间的任务：

选项 1

在收到请求时，通过手动配置分配指定数量的存储。每个请求将单独处理，增加工作负载。

选项 2

提供固定大小的存储"容器"。请求者根据需要使用一个或多个容器。由于供应单位是固定的，一切都是通过自动化处理。管理存储空间要容易得多。

哪个选项提供最大的好处？自动化和容器（选项 2）创造了高效率水平，让员工专注于创新等其他工作。现在，更进一步地考虑上面的例子。考虑那些包括整个操作系统、平台和数据库的容器。这些被部署为单个单元，并消除了为每个请求开发独特解决方案的需求。部署整个容器并即刻完成——当消费者需要更多的时候，只需部署更多的容器。

25.12 无服务器计算

无服务器计算（Serverless computing）是一种基于云的程序模型，它隐藏了容量管理、资源调配和需求管理等后端功能。定价基于资源消耗量。有点像用电，当需要时开启和使用，把所有伸缩性和后端细节留给云服务提供者。

使用无服务器计算，开发人员只需关注他们正在创建的功能，可以将后端的具体配置留给提供者。专用代码（通常是开源的）可以用来指定服务开启或关闭的功能和接口。提供者负责确保始终能够满足需求。

无服务器计算的实用特征可以用来降低运营成本（按需付费而非总是付费）。但是，无服务器计算解决方案的运行性能可能存在一些缺陷——在使用计算功能之前需要花费时间来开启。

功能可以像其他后台服务一样存储在云服务提供者的环境中（FaaS 或 Function-as-a-service，功能即服务）。开发应用程序时可以利用云服务提供者环境中已有的功能，而不是在不间断的服务器上运行它们，因此，实现了"无服务器"计算。

25.13 人工智能

人工智能（AI）是指在计算系统中捕获人类智能。捕获的形式包括逻辑系统、决策系统、语音识别和语言翻译等，关键的目标是使计算系统能够像人类一样有效地解决问题并做出决策。

> 🌐 **现实案例：应用人工智能**
>
> 一家大型的电梯制造公司基于客户的需求来定制生产电梯，它们希望通过减少生产时间来获得竞争优势。在研究这个问题时，他们发现工程师花费了大量的时间来了解客户的需求，开发工程规范，并制定生产装配规范。
>
> 人工智能平台因此被引入，利用基于逻辑的系统来捕获客户需求，并将这些需求迅速转化为工程规范和装配规范。为了实现这种智能化的操作，开发人员在该公司会见了工程师，为不同的客户需求建立用例，并创建逻辑流来导向工程决策。每个决策会导向下一步的决策，直到达成最终的装配规格。
>
> 这个团队捕捉到了工程师们是如何分析和思考的，具体来说，一个思路是如何导向另一个，以及工程师是如何达成他们的最终决定的。
>
> 结果，过去需要一个工程师才能完成的装配线，现在借助人工智能不到一半的时间就可以完成了。额外的好处包括准确性，以及不仅仅依赖于人，也基于以往的经验做出决策。

人工智能中的智能捕捉功能正在不断发展。焦点已经从推导结论的逻辑拓展到以下方面：

- 遍历主要和次要目标树，直至找到预定目标的搜索算法。
- 使用概率论的理论和方法在结果不明确时做出决策。

- 使用观察和特征模型来达成在常规方法中无法明确表达或看到的决策。

人工智能在商业领域的应用。例如：

- 医疗。将挖掘患者数据与逻辑结合起来，以推导出诊断结果。
- 教育。快速确定哪些表现不佳的学生需要额外帮助，选择最适合的教学方法来解决个别学生问题。
- 个人理财。评估个人数据和财务状况，以确定未来最佳的投资策略，并提供财务建议。
- 法律机构。深入探索，从大量文件中做出筛选，建立案例。
- 制造业。复杂的制造任务可以自动化完成，将人工智能技术集成到工作流中。

人工智能可以带来许多好处，而且充满无限可能。其中包括：

- 模仿人类决策和行为；
- 消除人类的一些局限性，如疲劳、情绪或者偏见等；
- 交付或驱动机器人来提供许多不同的产品和服务，从人造肢体到快递服务；
- 研发交通运输和无人驾驶车辆。

26 正式启程

🔑 **本章介绍**

恭喜您已经看完本书。通过前面章节内容的学习，你一定有很多感悟和启发。心中兴奋不已却又无所适从，寻找在自己的组织落地的可行性。

在最后一章，我们一起探讨你该从哪里启程，以及怎么启程。

在组织中实施服务管理，将各个团队和部门协作视为组织能力与把整个组织视为一个服务提供者，是完全不同的……坦率地说，非常可怕。我们相信这些概念将是服务管理的下一个发展方向。那么，明天你能做什么？以下问题供您思考：

- 目前正在提供哪些服务？目前正在向客户提供哪些产品？
- 检查组织的使命/愿景（参见第2.5节，治理）：
  - 有策略吗？沟通过了吗？组织能力如何满足这些策略？
  - 符合组织使命/愿景的服务交付战略是什么？
- 如何发挥组织能力（"我该怎么办？"），打造产品或服务？
- 培养企业领导层的意识，VeriSM是一个经营哲学，而不仅仅是一个IT概念：
  - 进行SWOT分析（参见第24.4节），评估采用VeriSM方法可能带来的收益。
    ——实事求是地进行评估，确保有一些参与者。
  - 组建一支志愿军队伍（指导联盟），确定向前进展的路径。
    ——回顾并遵从第6.6节中的内容：组织的变更管理。
- 检查当前网格要素（参见第10章，网格管理）：
  - 具有哪些可用资源、管理实践、环境因素和新兴技术？
    ——目前已经使用了哪些管理实践？还可以增加些什么？
    ——哪些新技术在当前和未来可以被使用？别担心，这不是一成不变的，但最好在行动之前考虑清楚。
    ——你对组织的战术和战略计划有深入的洞察吗？如果没有，请详细了解企业未来的发展方向，使你的计划更加准确。
    ——内外部环境如何？你是否知道其中的任何一个潜在变化（新法规、变化的市场、新的竞争、商业方向的改变等）？目前的操作流程、绩效和⼯具如何？（参见第10.4.1节，服务稳定器）它们是积极的影响者，还是服务交付的破坏者？

- 基于网格的评估，制订一个切实可行的计划来弥补不足（如资源、管理实践、环境因素或新兴技术等）。

如果组织非常不适应，建议您退后一步，先看一下大局。组织如何发展？我们支持提供的服务有效吗？可以采取哪些措施来实现组织的目标？

VeriSM 基于一个简单的概念，即整个组织是服务提供者。所有的能力，都必须高效地合作。如果组织已经采取了积极的方法，那么可以认为组织已经有了一个持续改进的思维模式。即使你正在评估服务、衡量绩效和实现组织目标，也可使用 VeriSM 中描述的原则进行迭代改进。

26.1 从被动到主动

让很多组织走上正轨，一条捷径就是更加积极主动，主动打破"救火"模式。原有模式下，员工处理完一个紧急事件接着再忙另一个，却忽略了大局。

要打破救火模式，服务提供者必须将工作重点进行转移，从被动的流程和活动转移到主动的流程和活动上来，例如确保服务满足现在和未来的客户需求。重点放在定义和生产活动上，而不是修复错误。服务提供者的管理必须接受这种转变，并支持它作为组织的变更，他们需要打破维持"救火模式"的旧体制，慢慢将其替换为"防火模式"。

减少"救火"的一个方法是实施一种战术方法，迅速控制局面，然后策略性地前进。图 66 所示的三步法可以从根本上解决"救火"模式。

图 66 终止"救火模式"

主要活动包括：

1. 发现。分析形势，找出与当前活动相关的症状和问题，并创建一份短期和长期的行动清单。这个阶段的目标是，针对当前的"救火"情况，通过快速获取胜利的方式来解决关键问题并采取行动，以及更多战略性的改变。

2. 控制。通过短平快的行动计划，立即改善（"减轻痛苦"），并为员工创造一些自由时间。

3. 改善。在迭代滚动中实施已确定的措施（使用敏捷，见第 17 章）。这一阶段，通过更果断地采取措施，进一步减少"救火"所花的时间。

26.1.1 透镜分析

一种叫作透镜分析的技术可以用来帮助识别问题，通过简单扫描所记录的问题、日志或其他文件，查找满足特定条件的项目。例如：

- 事件/问题透镜。识别任何能够减少解决问题的时间和降低故障造成的影响，并促进相关问题及其状态的沟通。
- 问题/事件源透镜。识别问题产生的根本原因，并消除导致这些问题的错误。
- 可用性透镜。识别当前基础架构中存在的风险、威胁和可能性，制定解决方案并优先实施。
- 透明度透镜。确定关键衡量和操作指标，反映服务、产品及基础架构的健康状态，并就改进措施给出明智的决策意见。

需要从管理网格的所有元素进行考虑，总体方法应有整体视角。请记住，几乎任何地方都可能会出现问题。

26.2　长期计划

最后一个想法：确保你的计划是长期的，因为短期解决方案有一些内在的风险。"技术债务"（见第 23.1 节中的描述）是一个很好理解的 IT 概念。短期修复可以立即缓解疼痛，但是会导致一些不可预见的问题。例如，定制 IT 系统可能会在短期内满足消费者的需求，但将来升级系统时可能非常麻烦。

这种思维超越了 IT 服务提供者所做的一切，有时也被称为文化债务。同样，短期的修复会导致未来的问题，或者成为"这里就是这样工作的"。当你计划对组织进行时，要尽量避免产生文化债务。

附录

附录 A 政策结构范例

政策框架需要一个简单易用的结构,用来管理必要的一页式政策。为什么是一页式政策?因为大多数人都没有足够的注意力阅读更多的页面(参见下面的结构,实际内容只有大约半页)。

每个政策都有相似的结构和相同的考量,它们是
- 角色;
- 文档控制信息;
- 政策内容。

下面用一个访问管理的例子来说明这三个方面。

角色

考虑适用于政策的各个角色。谁是所有者?谁来管理政策所涵盖的活动?政策如何影响管理层、员工和消费者的行为?

访问管理所涉及的四大类角色如下。

(1)信息安全管理(ISM):(政策所有者)确保适当的控制措施已经到位,以满足 ISO/IEC 27001-A.9 访问控制的要求。

(2)IS/IT:主动管理访问。

(3)管理层:请求并授权访问他们拥有的系统。

(4)用户:正确地使用他们已经被授权访问的系统。

文档控制信息

该信息用来确保命名和各项政策管理的一致性。

(1)政策编号:创建一个有意义的编码结构。在这个例子中,UAM1—ORG—ISMS—MAN 通过使用短缩写[政策名称(UAM1)—适用范围(ORG)—政策类型(ISMS)—受众(MAN)]来反映结构。政策名称缩写中的数字代表版本号。

(2)政策名称:最好选择简短且有代表性的名称。在这个例子中,政策名称是用户访问管理。

(3)适用范围:这项政策的适用范围有哪些?一个特定的群组或整个组织?在这个例子中,此政策适用于整个组织(ORG)。

(4)政策类型:政策属于什么类别?人力资源、销售、组织还是 IT?在这个例子中,政策属于 IT 内部,特别是在信息安全管理(ISM)中。

(5)受众:该政策适用于谁?管理层和主管或是所有用户?在这个例子中,此政策适用

于管理层和主管（MAN）。

（6）所有者：谁管理此项政策（相关性，传播）。

（7）批准日期：注明批准日期。

（8）批准人：注明谁批准了此政策。

政策内容

为了简单起见，使用了以下三个标题。

（1）为什么这是必要的？用一句话清晰地说明政策的目的是什么。

（2）需要实现的内容是什么？不需解释怎样实现，而是更多地说明什么是此项政策的条款。相关的流程以及/或者程序将会实现此政策（如果有的话，提供这些文件的链接）。

（3）如何知道是否已经实现并且有效？定义适当的衡量标准来证明此政策合规。

政策示例

示例1：用户访问管理

政策编号：UAM1—ORG—ISMS—MAN

政策名称：用户访问管理

适用范围：整个组织

政策类型：信息安全管理（ISM）

受众：管理和监督

政策所有者：公司—ISM

批准日期：××××/××/××

批准人：×××

这项政策的目标（为什么这是必要的）：

确保只有得到授权的用户才能访问系统和服务。

策略声明（我们所持的立场）：

所有有权访问组织信息的员工和承包商应遵守以下控制措施：

（1）他们的角色必须经过正式评估，并且确定哪些信息是他们为履行职责所必需的。

（2）正式注册为相应系统（物理或逻辑）的用户。

（3）如果他们的角色发生了改变，他们的用户必须在那些不再需要使用的系统中注销。

（4）如果他们和组织的雇佣关系结束或解除劳动合同，他们的用户必须被注销。

（5）注册和重新注册应使用以下方式执行：

a. 新用户注册程序（此处插入链接）；

b. 用户访问更改的程序（此处插入链接）；

c. 用户访问注销的程序（此处插入链接）。

（6）用户访问应至少每年被重新评估两次，使用"用户访问管理更新检查表"（此处插入链接）和"职责分割矩阵"（此处插入链接）以确保访问的适当性。

（7）管理人员（在ISM的领导下）应在各自的领域中积极参与角色的设计、定义和审查，每个角色所需的访问权限和访问级别以及将多个角色分配给同一个人的领域都可能构成风险，因此很有必要对职责进行具体的分割。这应记录在 IS 所使用的"职责分割矩阵"（此处插入链接）中，以检查用户请求访问的适当性。

衡量标准：

（1）适当的基于角色的访问。所有的信息系统用户都是根据既定的角色进行注册，并由负责相关信息系统的高级经理进行授权（方式是审计和抽查）。

（2）适当而一致地分割职能。用户不得被分配到那些在"职责分割矩阵"中已被定义为相互冲突，可能对组织构成风险的多重角色（方式是季度访问审查—例外报告）。

（3）防止未经授权的信息获取。减少因不当获取信息而导致的信息安全事件和事故（信息安全事件和事故报告＋季度访问审查）。

（4）防止未经授权的交易。减少因不当获取信息而导致的信息安全事故（信息安全事件和事故报告＋季度访问审查）。

示例 2：用户访问

政策名称：用户访问

政策编号：ORG—ISMS—UA1

政策类型：信息安全管理

适用范围：整个组织

受众：信息系统的所有用户

政策所有者：公司—ISM

批准日期：××××/××/××

批准人：×××

这项政策的目标（为什么这是必要的？）：

确保授权的用户访问，并防止对系统和服务的未经授权的访问。

政策声明（我们所持的立场）：

所有可以访问组织任何信息的员工和承包商应遵守以下措施。

（1）应使用其被授予的用户身份和身份验证方法来访问他们履行职责所必需的信息。

（2）不得与他人分享其身份或身份验证方法的细节。

（3）正式注册为相应系统（物理或逻辑）的用户，不要使用分配给其他用户的身份和身份验证来访问信息系统。

（4）如果他们的角色在雇佣关系、合同期间或在离开组织（合同终止）时发生变化，用户必须立即通知信息安全部门。

（5）如果他们的角色相对于用户访问管理更新清单发生了变化，他们必须在季度访问审查中告知信息安全部门。

（6）必须遵守由信息安全部门实施的密码更改程序。（通常由信息安全部门使用 AD 强制执行，否则在此处插入链接。）

（7）违反上述要求可成为立即解雇或解除合同的理由。如果由于违规而发生任何损失，组织可能会在解雇或终止（合同）的基础上寻求额外的法律补偿。

衡量标准（我们如何知道它是否已经完成，或者所实现的控制是否有效？）：

（1）适当的基于角色的访问。信息系统的所有用户按照既定的角色进行注册，并由负责相关信息系统的高级经理进行授权（方法是审计和抽查）。

（2）适当并一致地分割职能。用户不得被分配那些已在"职责分割矩阵"中被定义为相互冲突并可能对组织构成风险的多重角色（方法是季度访问评审—例外报告）。

（3）防止未经授权获取信息。减少因不当获取信息导致的信息安全事件和事故（信息安全事件和事故报告＋季度访问审查）。

（4）防止未经授权的交易。减少因不当获取信息导致的信息安全事故（信息安全事件和事故报告＋季度访问审查）。

附录 B　Auto Trader 的方式

Auto Trader 的方式，如图 67～图 69 所示。请参阅第 3.2 节中的案例研究内容获得进一步的解释。

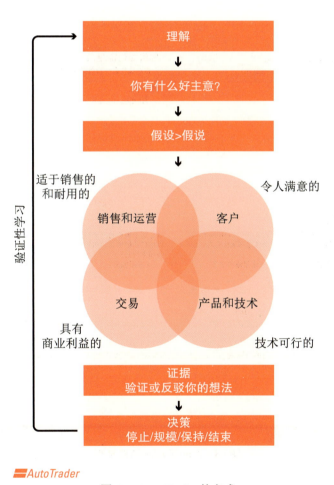

图 67　Auto Trader 的方式

画布

AutoTrader

这个大创意是什么?	它如何符合我们的战略?	谁负责?	它是……
在140个字符中,描述它是什么以及你希望实现什么。	这个地址有哪些战略或操作优先级?	谁早上醒来想着这件事?	新的事情? 改进事情? 取消事情?
(这里添加文字)	(这里添加文字)	(这里添加文字)	

我们为什么要追求这个想法?	谁将受到影响?	细节是什么?
机会是什么?我们可以提供任何东西。问题是:我们应该吗?	通过做这项工作,谁会影响到它,它将如何让他们高兴或者失望?	扩大这个伟大的想法。你的幻想是什么,你的目标是什么?如果……
(这里添加文字)	(这里添加文字)	(这里添加文字)

你最危险的假设是什么?
您需要先测试什么,还是不断地监视以确信验证?
(这里添加文字)

你将如何衡量成功?
你将测试什么经验数据或洞察力?

测量什么?	怎么做?	什么时候?
(这里添加文字)	(这里添加文字)	(这里添加文字)

你的证据是……

这是可取的;它是希望的吗,会被使用吗?	它是可行和可伸缩的;有一个建造和运行它的计划吗?	这是适于销售的;我们可以推广和销售它,然后服务和支持它?	这是可行的;这是战略上的,还是有一条清晰的盈利途径呢?
(这里添加文字)	(这里添加文字)	(这里添加文字)	(这里添加文字)
谁支持? (这里添加文字)	谁支持? (这里添加文字)	谁支持? (这里添加文字)	谁支持? (这里添加文字)

(这里添加文字)

图 68　Auto Trader 精益画布

提出假设去测试	
大家认为……	测试的结果和性能是什么？
目的是……	我们将与谁来共同完成测试？
将会导致……	通过测试后我们期待什么结果？
我们什么时候会知道这是真的……	我们衡量成功的标准是什么？如果这些标准没有满足，测试就失败了。

AutoTrader

图 69　Auto Trader 假设抽认卡

附录 C 安全设计

大多数组织都拥有与安全性相关的服务管理原则。本附录考察了基于安全原则的元素以及安全设计。

C.1 基于成果的目标

在 VeriSM 模型中，服务管理原则适用于所有产品和服务。就组织层面来说，因为 VeriSM 应用类型非常广泛，所以没法做成指令性的。例如，一份风险偏好声明指出，"任何产品或服务在任何时候都不能有超过三种高概率/高影响风险"，这是非常指令性的，因此很难遵守。相反，服务管理原则应该关注结果，使用"基于成果的目标"，允许产品和服务团队选择他们自己的方法来达到预期的结果。修订后的风险偏好声明可以是："该组织对声誉风险的容忍度较低。"对每个产品或服务都将设计并实施有效的控制。

C.1.1 基于成果的目标的详细示例：安全

当涉及安全问题时，许多组织都有一个狭隘的关注点，只关注信息安全，只从技术的角度来看问题。基于成果的视角来审视安全，提供了更广泛的关注点，有助于改进整个组织的安全风险的识别和管理，而不仅仅只是 IT 部门内部。

传统上，组织安全是 IT 专业人员执行的 IT 任务。他们的职责是使用技术来保护处于内部的或者在内部流动的"信息"。然而，尽管技术很重要，但它并不是全部。从 VeriSM 的角度来看，"信息"比"技术"更重要。信息以多种格式存在，从纸质系统到数字系统，并在同事和组织以外的人员之间进行口头交流。安全原则需要处理所有形式的信息，组织的关注点需要比 IT 部门更广泛。

> 定义：信息安全、数据保护和网络安全。
>
> 信息安全：通常意义上指的是为防止未经授权使用信息而采取的措施。
> 数据保护：应该如何使用信息（数据）的法律解读。
> 网络安全：特指用于保护以数字形式保存的信息的技术。

> **现实案例：GDPR——全球游戏规则改变者**
>
> 如果你在处理欧盟或英国公民的个人信息，那么你需要了解 GDPR。GDPR 代表"通用数据保护条例"，于 2018 年 5 月 25 日强制生效。
>
> 尽管这是一项欧洲法令，但即使英国脱欧成功，它在英国法律中仍然是有效的。这项法律取代了目前已经过时的数据保护法案（1998 年）。关于 GDPR 有很多要说的，但是 IT 专业人员感兴趣的应该是设计和默认的数据保护的概念（第 25 条）。简单地说，如果你是数据控制者（负责收集数据的个人/公司），你必须把对（数据所涉及的）个人（安全方面的）权利保护放在项目最重要的位置。
>
> 有以下六项核心原则需要特别注意。这些内容在第 5 条中概述如下：
> - 合法性、公平性和透明度；
> - 目的限制；
> - 数据最小化；
> - 准确性；
> - 存储限制；
> - 完整性和机密性。
>
> 从服务管理的角度来看，GDPR 很重要，因为它的关注点显然比技术更广泛，这些原则将影响我们构建产品和服务及其安全性的方法。

> **引用**
>
> 我相信"信息安全"这个词更准确地反映了我们应该考虑的保护我们所能接触到的信息，因为它与技术并不是密切相关。相反，这一术语扩大了我们工作的范围，也没有迫使我们过于关注技术。它要求我们把信息看作是数字和实物资产。这是一个很重要的观点，因为关于我们如何保护信息的规则将会改变，而关注的焦点是业务而不是 IT。
>
> ——加里·希伯德（Gary Hibberd），代理人

C.1.2　服务管理关于安全的注意事项

在寻求实现基于成果的安全框架时，重要的是让来自所有组织有能力的人员参与进来，不仅要确定成果是什么，还要确定所需的行为。这是不能也不应该孤立地进行的（例如，仅通过 IT），因为这将导致片面的意见，并将错过信息安全更广泛的视角。

下面的步骤概述了一种可能的方法。

从业务开始。为了建立有效的安全方法，需要有明确的目的和目标。这些需要考虑到安全的更广泛的层面：

- 人；
- 场所；
- 流程；

- 提供者；
- 电脑（技术）。

（安全）目标必须与商业目标和任何适用的法律和法规保持一致。

基于成果的安全性。基于成果的方法指出而不是强制一个组织必须遵循的硬性"规则"，因此，该组织将有许多需要实现的"成果"（基于 VeriSM 的服务管理原则）。

组织如何获得成果取决于它自身。这种方法很有效，因为组织的大小或复杂性并不重要；这个结果可以应用于大型跨国公司，也可以应用于只有两个人的小型活动。

将这种方法转换为考虑所期望的"成果"是一种更好的方法，而不是简单地说"我们需要实现信息安全"。除了预期的结果之外，组织还可以定义能在组织内应用的"指示性行为"。在实践中，举例如下。

成果	指示性行为
我们尊重数据	• 我们已经制定了数据保护政策； • 我们在安全问题上向管理层提供最新信息； • 我们有一份数据泄露/安全事件的日志； • 我们实现了 ISO/IEC27001：2013； • 我们与主要供应商签订了最新的合同； • 我们每月检查一次风险登记。

> **现实案例：通用数据保护条例（GDPR）**
>
> 　　如果对照 GDPR 的原则来发展我们自己的"成果"，可以举个例子说明，例如数据最小化原则 [A25（c）]。该原则规定，个人资料应是"适当的、相关的，并且仅限于与所处理的目的有关的必要条件"。
>
> 　　要做到这一点，我们的重点是减少数据"足迹"。通过识别我们持有什么数据，我们持有多少数据，以及为什么持有这些数据，可以证明我们正在朝着合规的方向努力。其成果是减少了所持有的数据，从而降低了损失或损害的风险（故意或意外）。所以，在现实中可能是下表中这样的。

成果	指示性行为
数据最小化原则已经到位	• 我们有"数据资产登记"； • 我们有一个数据保留政策； • 我们已经确定了我们持有哪些个人数据； • 我们在每个部门都确定了数据"责任人"； • 我们知道这些数据的容量； • 我们已经确定了这些数据的损失/损害将对个人造成的风险； • 我们对数据进行了分级（如机密、秘密等）； • 我们知道数据是如何被保护的。

C.1.3 实施基于成果的方法

如果组织没有安全指导小组,那么首先就要创建一个。该小组应包括来自多个职能部门的代表,如人力资源、基础设施、运营、供应商管理、风险和合规,以及 IT 等。这些将涵盖信息安全的关键方面,尽管其他职能(部门)也可能是相关的。

问责是许多安全监管要求的核心部分。如果你在安全问题上很难获得领导团队的支持,那就提醒他们,最终将由他们承担责任。

附录 D　财务管理概述

D.1　基本原则

> 📖 **定义：财务管理**
>
> 　　财务管理是指通过对财务信息的会计核算和报告分析来规划和控制组织的财务状况。

D.1.1　为什么财务管理很重要
- 财务管理包括财务监管，负责保障组织的财政资源。
- 通过财务管理，可以发现组织中可能存在的金融风险和问题，包括监测金融违规行为。
- 通过财务管理，可以监控交付表现和组织战略目标的实现。
- 财务管理支持金融战略的发展。

D.1.2　会计
　　财务会计是指商业实体如何记录和报告组织的收入和支出情况。国家制定了严格的会计法律法规，要求财务报告必须真实、公正。G20 国家中，有 15 个国家采用了国际财务报告准则（IFRS）。

　　用于会计目的的支出分为两类：
- 与本组织的日常开销有关的营业支出，在其发生的财政年度内确认，也被称为营运支出。
- 资本支出与购买和/或创造一项固定资产有关。固定资产是指在多个财政年度内能够提供经济利益的资产，因为它可以多年使用，这也意味着支出可以被记录在多个财政年度内。

　　有三个主要的杠杆来管理财务状况——成本、销售价格和销售量，它们的增减将会影响收入的增减。它们彼此之间关联，不应该孤立地考虑。例如，降价可能会增加销售量，从而增加收入；然而，成本的增加可能意味着销售价格的上涨和销售量的减少。

D.1.3 预算

预算是一个组织的内部财务计划，它可以在规定的时间内衡量财务业绩和交付情况。制定预算的方法有多种，每个组织应选择最合适的方法进行预算。例如，历史预算，使用以前的支出水平作为起点；或者预算是从零起点开始的，以反映计划内的活动。制定预算时应该注意以下几个方面。

- 预算平衡，这样预算就不会超过收入/投资，否则会带来财务风险。如果预算不平衡，就应该有一个明确的缓解计划。
- 必须用详细和实事求是的假设来支撑预算，因为它们代表着某一时刻的一个计划。在实际支出中可能会出现预算偏差，假设的清晰性有助于分析产生偏差的原因。
- 预算应包括：
  - 预期收入。
  - 工资支出。
  - 非薪酬支出。与工作人员相关的费用，如差旅费。
  - 非薪酬支出。其他费用，包括办公室成本、管理成本和合约。

D.1.4 成本

作为服务提供者，了解成本以及如何管理这些成本是至关重要的。客户通常希望产品或者服务质优价廉，因此控制成本非常重要。

- 成本可以分为不同的类型，例如：
  - 固定成本。固定成本是预先确定的成本，一般只会因通货膨胀而变化。它们是不可避免的，因为无论（业务）活动状况如何，都要支出相同的费用。
  - 可变成本。可变成本与活动相关，成本将根据活动数量的增加或减少而随之变化。
  - 混合成本。混合成本是指成本中既包括固定的成分，也包括可变的成分。
  - 直接成本。直接成本是指与一个部门的特定服务、产品或项目直接相关的费用。
  - 间接成本。间接成本与部门的活动有关，但不能附在特定的服务、产品或项目上（例如管理成本、房屋租赁费用）。
  - 管理费用。管理费用与活动相关，在业务中不能归到单个部门。管理费用通常发生在支持职能部门（HR或财务）。

另外两种成本包括合同成本和非合同成本。合同成本是确定的，因为合同协议中详细说明了价格。合同的约定降低了买卖双方的风险，因此可以向客户提供更低的价格。但是，由于一些成本不可避免，因此不那么灵活。无论（业务）活动状况如何，都需要支付，并可能因提前终止合同而受到处罚。非合同成本通常更高，风险也更高，因为供应商可以随意改变价格。然而，由于可以通过停止购买而不受惩罚来避免成本，因此获得了更多的灵活性。

对成本的精确时间剖析是很重要的。一个组织必须平衡借方（收入）和贷方（支出），以确保有足够的现金支付。

D.2 报告和预测

财务报告是财务管理的一个关键组成部分。每个组织都有一个标准化的方法来记录和报告按部门和支出类型分类的数据,这些在会计科目表中定义。准确记录支出非常重要,因为这将直接影响到财务报告的准确性。同时,支出应始终与预算计划挂钩,以便在预算与实际支出之间进行精确比对。应该对两者之间的差异进行调查,以了解发生了什么,以及需要采取什么行动来完成交付计划。

预算计划应不断修订,以反映在报告周期内发生的任何已知风险、问题或变化。修订后的计划是一个预测,详细说明了修改后的假设和相关影响,例如:

- 对最初计划中错误假设的修正(活动水平较高/较低,影响计划中的收入和/或支出)。
- 范围渐变导致了更高的成本,而没有相关的收入来支持它。
- 计划的活动被推迟,也会影响收入和/或支出。

在必要时,应使用预测计划来采取纠正措施,以满足部门的财务计划和/或将问题升级至部门之外进行干预。

D.3 财务监管

监管是财务管理的关键要素。每个组织都有一套严格的财务制度,组织内的所有部门都应该遵守。这些制度包括财务问责制、确定谁可以批准支出、支出限额是多少,以及谁将对财务绩效负责。每个企业都将根据他们的需求来设计。

有些组织的财务管理清晰明了,具有以下特征:

- 监管过程明确,在一个确定的业务范围内,确定谁对收入/支出负责。
- 预算计划完善,包括稳健的假设。
- 时间成本资料准确。
- 明确的收入恢复过程和时间表。
- 定期审查财务业绩,包括详细的预测计划。
- 清楚地了解预算和实际支出之间的差异,并通过适当的策略和/或补救措施来消除差异。
- 与组织的财务部门定期开会(保存已记录和已批准的会议纪要)来讨论财务业绩和计划。

有些组织的财务管理混乱,例如:

- 财务责任不明确(部门中的每个人都可以签署任何数额的支出)。
- 用不切实际的假设来支持预算计划(高估销售收入/低估成本)。
- 未定义的收入回款过程,可能导致收入损失。
- 不良的合同管理会对成本产生负面影响(没有终止那些不再提供商业利益的合同)。
- 没有对财务报告进行审查,导致对财务业绩缺乏了解,以及对改进机会未能采取行动。
- 不知道财务风险和问题,以及这些问题对财务状况的影响。

D.4 将财务管理应用于敏捷项目

在敏捷项目里，良好的财务管理对实现成功的财务成果极为重要。范围、时间表和产出的变化造成了财务上的不确定性和风险。敬业的财务管理必须支持项目潜在产出的迭代性质，以及实现这些目标的步骤。敏捷项目中的注意事项如下。

- 资金（收入）。与其他项目交付方法一样，必须在项目开始前确定财务基线。在每次评审中，必须对任何批准的变更对财务的影响进行评估、记录和修改基线。成本回收/发票的时间和触发因素也需要考虑。
- 预算。这些都是由不那么具体的假设所支撑的，并且可能有与之相关的范围值，亦即最低价值和最高价值。这可以通过达成一项基于较低价格，并保持可能升至较高价格的开放的预算来缓解，而在约定的情况下，部分预算可以被获准使用。
- 理解成本。所有成本决策将在数量和持续时间的变化中赋予更具灵活性的权重。
- 报告和预测。需要考虑报告和预测周期的定义。传统上，报告每月编制一次，但有些需要更频繁，或者与评审的节点和/或里程碑保持一致。
- 监管。由于项目的流动性，将需要更详细的监管；确定何时以及如何更新资金、预算和预测。敏捷项目的监管包括一个财务可行性阈值，它将决定何时终止项目。

附录 E 常见的管理实践

作为其管理网格的一部分，表 29 解释了组织可能使用的一些更成熟的管理实践、框架和标准。这些信息很容易获得，所以这里没有详细描述。

表 29 通用管理实践

名称	描述
ITIL®	一种 IT 服务管理的方法。基于 IT 服务生命周期，它关注将 IT 服务与业务需求保持一致。
COBIT®	将业务目标与 IT 目标联系起来。COBIT 5（2012 年 4 月启动）提供了衡量和成熟度模型，以衡量 IT 组织是否实现了它的目标。
ISO/IEC 20000	服务管理系统（SMS）标准。它明确了在计划、建立、实施、运营、监视、审查维护和改进 SMS 时对服务提供者的需求。
ISO/IEC 27000	一系列信息安全标准，为信息安全管理的最佳实践提供了一个全球认可的框架。
PRINCE2®	一种基于流程的项目管理方法，适用于任何类型的项目。
PMBOK®	为项目管理专业提供一套全面的知识、概念、技术和技能的指南。
CMMI-SVC®	一种国际认可的流程改进方法，帮助组织在逐渐成熟的过程中，确定集中在哪里他们改进工作。
BRM	对提供者的产品和服务，BRM 鼓励、呈现和塑造业务需求，并确保潜在的业务价值被捕获、优化和重新识别。
IT4IT ™	开放组织的 IT4IT 参考架构标准包含一个参考体系架构以及一个基于价值链的运营模型来管理 IT 的业务。
Standard+Case	将任何工作划分为标准化的已知任务，以及需要专家的未知案例。这种管理这两种类型的方法试图使一切标准化，解决了传统服务管理思想的弱点。
Skills Framework for the Information Age（SFIA）	信息时代的技能框架 SFIA 描述了专业人员在信息和通信技术中所需要的技能。SFIA 于 2000 年首次出版，并定期更新，它已成为用于数字世界所需的技能和能力的全球通用语言。

附录 F 资产管理

F.1 资产管理和配置管理

资产治理、配置以及与其所支持的服务与两个领域有关：资产管理（AM）和配置管理（CM）。

这两个领域都在跟踪和管理服务，它们提供价值或将风险引入服务和环境。资产管理侧重于资产的财务、监管和合同管理。配置管理更关注支持业务卓越运营和驱动主要的内部利益相关者，例如，IT部门中的运营和变更控制，以监视资产是如何配置和跟踪它们的运营状态。

尽管资产和配置管理之间有很大的重叠，这两个领域关注点的差异，也意味着每个领域需要跟踪的属性常常不同（见图70）。

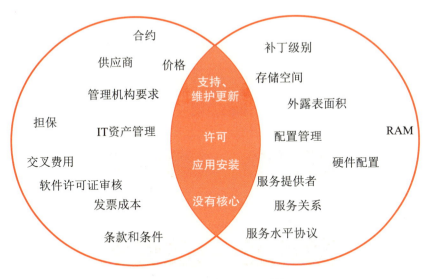

图 70 IT 资产管理和配置管理

F.2 IT 资产管理（ITAM）

资产管理寻求最大限度地发挥效益，并尽量减少与资产相关的风险。IT 资产管理是一种与数字服务相关的资产管理的子集合。

> **定义：资产**
>
> 资产是指在产品或服务中任何有用或有价值的东西。

由于资产管理的重点是管理资产的财务、监管和合同属性，ITAM 管理层关注的是三个不同的领域：硬件、软件，以及越来越多的云服务和相关软件的财务管理。

移动设备管理（移动设备和相关订阅的管理）有时也会落入资产管理的职权范围内，但更一般的是由组织内的网络或通信工程师管理。

F.2.1 硬件资产管理（HAM）

软件资产管理（SAM）、硬件资产管理（HAM）和云都有自己的生命周期，有相关的专业知识来确保它们得到妥善的管理。对于硬件资产管理，有一些关键环节会影响其成败（见图71）。

管理硬件资产的关键环节如下。

- 硬件资产的采购。较经济的扩展能力和尽可能标准化设备，这两方面在采购硬件时都很重要。在进行大规模采购时，一个组织的采购部门也会有一定的检查和平衡。硬件之外考虑可能包括以下五个方面。
  - 是否有可用的保证；
  - 这些保证的条款和条件；
  - 正在考虑的硬件模型的运行保质期；
  - 对于其他硬件供应商提供的等效设备的相对成本；
  - 是购买硬件、租用硬件，或者通过"服务（as a Service）"的合同使用其他供应商的硬件功能。

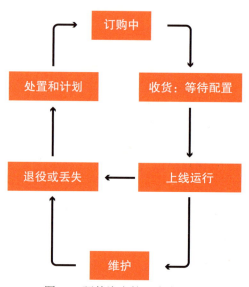

图 71　硬件资产管理生命周期

- 硬件资产入库。到货物品检查，不仅仅是检查盒子上的标签，必须进行库存管理，以确保系统中的物品与提交的采购订单保持一致。

- 对硬件资产进行编目/注册。通过最初的评估，要确保这些设备注册在硬件资产注册模块（可以简单如一张电子表格，或复杂到专业的配置管理）。资产注册模块用于跟踪整个生命周期中的硬件，而配置管理则跟踪在生命周期的"活动"阶段中硬件是如何使用的。在这一点上，还应该考虑放置一个外部标签（RFID、条形码等），以方便将来对资产进行物理审计。
- 贴标/配置硬件资产。一旦注册，就应该根据公司的ITAM（IT资产管理）及其他策略在设备上放置一个图片。
- 部署硬件资产。随着硬件资产的部署，硬件资产注册和/或配置信息应该更新，用于表示资产当前可用及如何被应用。
- 硬件资产的损失或盗窃。如果有可能被非法设备获得公司资源和数据，尽管财务损失很重要，但重点应该是进行信息安全风险评估。一个组织可能有关于硬件资产的注销政策；在发生损失或盗窃时，需要建立一个例行程序，将资产从金融资产登记中移除。此外，还需要一个部署替换设备的安排。
- 跟踪/监控硬件资产。硬件资产具备移动性（基本上，从笔记本电脑到小尺寸的任何东西）的同时，也在追踪方面带来了很大的复杂性。软件的存在是为了在丢失和/或盗窃的情况下擦除设备，并且可以部署双重身份验证来保护软件和数据。然而，即使是正常的使用，也可能会看到资产从他们的预期位置转移到一个意想不到的地方。
- 针对硬件资产的升级/修理/保修范围。这些在购买时细微的审查会让你处于有利的位置——是否会将替换设备作为服务覆盖的一部分？硬件供应商是否负责到他们的维修设施过程中的运输安排？他们会遵守维修/修理协议吗？
- 硬件库存管理。除非你的IT部门按照JIT的原则运行（Just in Time），否则硬件资产的储备将随着人力资源的变化而增加，而公司的扩张和收缩会导致硬件资产产生库存。这样的情况是可以被接受的，因为当某些设备不在现场进行维修时，这可能会有所帮助，然而，这些资产将需要一定程度的管理。在网络中的IT系统（但仍然可用）可以被看作是库存，在安全存储中进行编目，并相应地进行跟踪。注意：从许可证管理的角度来看，这些设备上的软件仍然被认为是"正在使用"。
- 处理硬件资产。准备处置的资产包括被认为已经达到"生命终结"的硬件平台，通常由保修期过期或有关设备预期寿命的组织政策决定。在这里，组织必须遵循安全的服务管理原则，以确保这些资产数据被清除，软件已满足需求（反过来又应该由与数据相关的法规和立法要求来决定）。同样重要的是，设备由信誉良好的供应商根据环境法规和本组织的可持续性政策进行处理。一个例外可能是租用的设备，在这些设备上可以返回图片原件。数据管理仍然适用于这些设备。在收到这些被毁机器的处置证明的情况下，硬件资产登记册应相应更新，与任何可能用于测量IT资产的库存系统一起。
- 硬件支持和维护。拥有特别昂贵或者特别重要硬件的组织，可能决定获得外部支持以确保硬件故障和其配置的问题可以被尽快修复。支持和维护合同通常是基于授权的，并根据组织的需要和硬件的关键程度为不同级别的服务提供选项。

F.2.2 软件资产管理（SAM）

软件资产管理生命周期应至少包括：
- 软件请求；
- 软件评估；
- 软件采购规格；
- 软件部署；
- 有效的许可位置（ELP）生成；
- 软件淘汰；
- 软件处理。

下面描述了每个阶段。

- 软件请求：组织很少让终端用户选择他们自己的硬件，但是更常见的是让他们选择自己的软件。终端用户可以被引导，例如通过组织的IT能力推荐的软件的最终列表。一个好的请求过程应该包括：
  - 管理批准；
  - 验证所请求的软件；
  - 许可证池检查以确保许可证是否立即可用。
- 软件评估：如果有一个新申请使用的软件名称，那么就需要有一个方法来确定这个软件是否可以添加到受支持的软件列表中。IT评估能力（包括网络、信息安全和支持人员）可以通过名称判断是否适合企业使用。
- 软件采购：在供应商审计的情况下，组织必须能够证明有使用所安装软件的授权。软件供应商通常会要求购买证明作为证据。组织需要一个成熟的、系统的、易于使用的采购程序。对于大宗采购，采购需求也可能意味着供应商经过审查和批准，更大规模的合同将得到适当的财政尽职调查。
- 软件部署/变更：软件的部署和变更与各种影响相关，包括：
  - 将要部署的设备数量；
  - 软件标题是什么；
  - 安装是否作为大型技术系统的一部分；
  - 软件成本。
- 有效的许可位置生成（ELPs）：这些报告是在软件供应商审计的情况下，IT资产管理职能编制报告。这份报告展示了软件安装数据与公司所获得的权利证明。在这里，基于供应商的合同和许可技术可能是必要的，特别是对于软件即服务（SaaS）产品。
- 软件淘汰：软件多数情况下是由于生命周期到达尽头被淘汰（被更新的版本所取代）或者是由于安全缺陷被发现而被淘汰的。软件淘汰可能需要一个删除流程，但是仍然可以支持反向回滚的部署（提供许可类型是永久的）。软件很可能被回收，所以在从硬件上移除之后，许可证可以返回到许可证池，以便后续重用。
- 软件处置：如果要处置软件，那么会重新对相关的标题进行分类，这样可以预防未来被申请或者部署。注：任何与处置软件有关的证据，应在规定的期限内存档。
- 软件支持和维护：大多数软件公司提供一种服务来开发安全补丁，以保护在它们的软件中发现的漏洞。一般来说，这被认为是一种担保形式，在预先确定的周期内免费提供。然而，在某些时候，大多数供应商将停止为旧的软件提供这种基本服务。在许多情况下，公司和组织可以购买额外的软件支持和维护，供应商将帮助公司解决软件问题，修改许可证以提供有利的条款和条件，以及免费的新版本和功能。是否购买软件支持和维护的决定应该基于软件的关键性和复杂性。然而，许多软件供应商强制购买第一年的支持和维护服务，即使在实践中没有任何好处的情况下，也很难放弃这种支持和维护服务。

软件资产管理（SAM）规则涵盖了多个方面，包括用于支持软件供应商不断变化的许可模型的许可和技术。要使这些变化与 IT 资产的变更保持一致，对任何 SAM 经理都是有挑战性的。

F.2.3 云服务管理技术

资产管理人员需要密切参与云服务的管理——软件、平台和基础设施即服务（SaaS、PaaS 和 IaaS），以确保控制成本，并评估和管理相互影响的永久服务和云服务相互的软件和许可合规风险。

从本质上说，云服务是属于营运支出类的财务支出，能够降低组织资产支出，并降低总体拥有成本（TCO）。因此，对云服务进行有效的成本管理可以保障支出的优化，采用云计算的重要优点——灵活性，能够将服务与需求紧密匹配，并实现减少基础设施支出。

构建和管理有成本效率的云服务的关键，是确保成本在服务生命周期的每个阶段都是透明的，同时它们可被清楚地传达，以便于利益相关者可以决定成本是否大于收益。

基本注意事项包括：

- 项目管理。项目涉及实现一个新云服务应该确保建立 6~8 年的业务案例，这样就可以充分理解解决方案的长期成本。此外，批准项目者要确保服务的资金足以支持第一年及后续年份的投入。
- 服务定义。糟糕的解决方案设计可能使得云服务构建起那一刻就保持高成本，从而大大提高了 TCO，而没有设计更节省成本的方案。审批机构应要求进行成本选择分析，以评估不同设计的利弊，并权衡利弊。
- 服务生命周期管理。从历史上看，公司和组织在淘汰和终止服务方面都做得很差。由于大多数组织的资产超出了预期的寿命，这对云服务来说是不可能的。资产和配置管理人员需要确保使用者和资助者获得他们需要的信息，以便于决定服务是否物有所值，如果不值则需要评估替代方案。
- 变更控制。虚拟机（VM）的"漫延"在许多数据中心一直是一个问题，部分原因是不愿意终止服务，但也因为员工可以自由地构建大量的 VM 来进行测试和开发。在云计算中，每一分钟的计算都要花费金钱，如果不能管理这种扩张，就会产生重大影响。控制虚拟机在云中蔓延的关键是有效的变更控制。核心原则是，除非有成本和预算，否则不能建立 VMs 系统。VM 构建要尽可能节省成本，并且在经过批准的一段时间后，有自动的"终止开关"来终止。
- 许可。云软件和遗留解决方案之间的交互也会带来严重的许可风险。基础设施即服务（IaaS）的一个特征是组织"将他们自己的许可带入云"。这对于允许现有的永久许可证在云中重用是有益的，但是确实增加了维护软件许可遵从性的复杂性，特别是当云许可模型与本地模型完全不同的时候。

F.3 配置管理

配置管理是一种治理职能，它确保进程能够跟踪资产和其他服务元素［统称为配置项（CIs）］，它们的属性以及它们之间的关系和服务。

配置管理是成功变更的控制、优化的解决方案设计和技术支持的重要贡献者。

> **现实案例**
>
> 配置管理，通常被称为服务管理领域的"麒麟"——每个人都听说过它，每个人都知道（或者认为他们知道）它是什么，但在现实生活中从来没有人见过它。
>
> 配置管理人员面临的挑战不仅仅是 CIs 的数量和要跟踪和管理的属性，还包括难以维护关于 CIs 和它们所支持的服务之间关系的准确数据。最后一个是资产管理和配置管理之间的关键区别。如果关系没有被跟踪，那么配置管理和资产注册器之间几乎没有什么区别。
>
> 成功的实施主要集中于实现一组特定的输出成果和收益，并且只跟踪和管理那些对于结果所必需的 CIs 和关系。一般来说，成功的配置管理在范围上受到严格限制，以支持有限的关键业务服务的设计和管理，并且通常只关注生产系统，而不包括开发和测试基础设施。

F.4 数据验证和审计

在任何领域，"垃圾进、垃圾出"都比资产和配置管理更真实。数据验证是这些领域的关键活动。资产和配置管理都是治理功能。因此，这些功能并不拥有数据，而且，除了少数例外，应该对其进行更新。然而，资产和配置管理人员的责任是识别不准确的数据，并与其他团队合作来纠正错误。从长远来看，资产和配置管理人员应该与其他团队合作，以改进最初创建不准确数据的过程。

传统上，最常见的数据验证方法是进行物理审计。然而，自动化发现工具的出现，再加上虚拟化技术和云服务的引入，使得传统的审计在大多数情况下都过时了。

确保数据准确性更有效的方法是执行一个称为"异常报告"的过程。两个数据集被识别出有重叠的属性，例如，在资产注册器中标记为"活动"的硬件和发现工具发现的硬件。对这两个数据集进行了比较，发现并纠正任何差异。

在许多方面，资产和配置管理的艺术是识别对比数据集，并制定报告以识别异常，以便进行纠正和改进。资产和配置管理都是非常具体的规程，需要广泛的管理技能。作为治理的职能，应该避免"为了做而做"，但重点是确保人员、流程、工具和合作伙伴到位，以确保组织的资产和配置项目能够支持服务的卓越性，同时最小化风险并最大化其使用带来的好处。

附录 G 术语表

术语	定义
Agile service management 敏捷服务管理	一种管理方法以确保服务管理过程中反映了敏捷价值观，并设计了"刚好足够"的控制和结构来有效和高效地交付服务，为顾客提供及时和他们想要的结果。
A-shaped professional A 型专家	在两个专业领域有专长的专业人士。
Asset 资产	任何在产品或服务中有用或有价值的东西。
Behavior 行为	任何可观察到的生物活动。因为这种类型的行为与环境相互作用（或在环境中操作），也被称为操作性行为。
Best practice 最佳实践	在一个行业中流行的、被认为是有效的或最正确的工作方式。
Business model 商业模式	企业如何运营的计划。
Business relationship management 业务关系管理	组织的能力之间的关系，所有作为合作伙伴的交互作用（参见"关系管理"）。
Business service management 业务服务管理	一种用于监督和评估业务信息技术（IT）服务的定义方法论。
Capability 能力	做某事所必需的能力或素质。
Change 变更	添加、移动、修改或删除产品或服务的全部或部分。
Change fatigue 变革疲劳	一种不愿变更的组织文化，源于历史上的失败或有问题的变化。这是一种消极的情绪，可能会导致对变革的抵制。
Competence 素质	素质是一组相关的能力、承诺、知识和技能，使一个人能够在工作或情况下有效地行动。素质表明知识和技能的充足性，使人们能够在各种情况下行动。因为每个层次的责任都有它自己的要求，素质可以在一个人的一生中或者在他或她的职业生涯的任何阶段发生。
Consumer 消费者	买东西或使用服务的人。
Consumer experience 消费者体验	参见"客户体验"。
Continuous delivery 持续交付	一种关注确保软件在整个生命周期中始终处于可发布状态的方法。
Continuous deployment 持续部署	通过自动化测试的每一个变更都能自动部署到生产环境中的一组实践。

续表

术语	定义
Continuous integration 持续集成	一种开发实践，要求开发人员每天将代码集成到共享存储库中。
Contract management 合同管理	管理一个组织与其供应商之间的合同关系（参见"关系管理"和"供应商管理"）。
Critical thinking 批判性思维	对一个问题的客观分析和评估，以便形成一个评价。
Culture 文化	组织中指导人们行为的成文和不成文的规则、方针和实践的总和。文化通过行为变得可见：人们做什么和人们说什么。
Customer 客户	一种消费者；通常指支付或资助产品或服务的角色。
Customer experience（CX）客户体验（CX）	产品和服务的消费者与提供它们的组织的关系。
Customer relationship management（CRM）客户关系管理（CRM）	组织与其客户或消费者的关系（参见"关系管理"）。
Cybersecurity 网络安全	这个技术用于保护以数字形式保存的信息安全。
Data protection 数据保护	法律层面如何使用信息（数据）。
Define 定义	这是 VeriSM 模型的一部分；与产品或服务的设计相关的活动和支持成果。
DevOps	一种管理方法，它代表了 IT 文化的变化，关注在面向系统的环境中通过采用敏捷、精益实践来快速 IT 服务交付。DevOps 强调人（和文化），并寻求改进运维和开发团队之间的协作。
Digital disruption 数字化颠覆	数字技术对组织、部门和市场的影响。一种商业或生态系统的方式受到科技公司、新进者或已经掌握了数字技能的现任者的挑战。
Digital native 数字原住民	在数字技术时代成长起来的人。
Digital optimization 数字优化	组织如何使用创新技术来扩大现有产品和服务。
Digital service 数字化服务	一种服务（或产品），由于技术的进步而使之成为可能。
Digital transformation 数字化转型	从销售到营销、产品、服务和新的商业模式，在一个组织的所有领域中应用数字技术带来的变化。
Enterprise service management 企业服务管理	用来描述整个组织对服务流程和技术的使用的术语。
Expectation management 期望值管理	一个正式的过程，以持续捕获、记录和维护参与人员期望的内容、依赖和确信，并应用这些信息促使交互成功。
Explicit knowledge 显性知识	已被记录并分类或标记的使其易于被查找的知识。
Financial management 财务管理	通过财务信息的会计和报告，规划和控制一个组织的财务状况。
Governance 治理	指导和控制组织活动的总体体系。
Implicit knowledge 隐性知识	可以但没有被记录的知识；它通常嵌入到组织的文化和运作中。

续表

术语	定义
Incident 事件	服务中断；参见"问题"。
Information security 信息安全	为防止未经授权使用信息而采取的措施。
I-shaped professional I 型专家	知识没有广度的专家。
Issue 问题	产品或服务没有按照约定的方式执行（事件），或者客户认为产品或服务不按照约定执行。
Knowledge management 知识管理	创建、查找、整理和编纂知识的过程，以便在需要时能够找到。
Lifelong learning 终生学习	提供或使用正式和非正式的终生学习机会，为就业和个人实现所需的知识和技能提供持续发展和改善。
Management 管理层	按照组织管理机构（如董事会）确定的方向，在组织中执行政策并做决定的决策人员。
Management mesh 管理网格	这是 VeriSM 模型的一部分；是一种灵活的方式将组织的资源、环境、新兴技术和管理实践整合起来，作为产品和服务创建和交付的一部分。
Management practices 管理实践	可以应用于产品和服务创建的标准、框架和哲学。例子包括 DevOps、精益和敏捷。参见"最佳实践"。
Mission 使命	阐明了组织存在的原因或者组织的目的是什么。
Network effect 网络效应	当一个产品或服务随着更多的人使用它而获得价值时的效应。
Operant behavior 操作性行为	一种特定类型的行为，以一种他人观察到的方式表现在执行者的环境中。
Operating model 运营模式	参见"服务管理操作模型"。
Operational planning 运营计划	对一线经理进行的活动的计划，并且有具体的和明确的结果。包括正在进行的计划和单一使用计划。
Organization 组织	官方的团体，例如政党，商业或企业，慈善机构，或者俱乐部。
Organizational behavior management（OBM） 组织行为管理（OBM）	是应用行为分析的一个分支。它是在组织中增加和改进个人和团队绩效方面已验证的科学方法。根据 B.F. 斯金纳和其他人的科学出版物。
Organizational capability 组织能力	参见"能力"。
Outcome 成果	消费者与产品或服务交互的最终结果。
Output 输出	实际可交付成果。
PESTEL	环境分析技术，探索政治、经济、社会、技术、环境和法律因素。
Policy 政策	一套用于决策的想法或计划，特别是在政治、经济或商业领域。
Principle 原则	一种公认的行动或行为准则。
Problem 问题	参见"源事件"。
Procedure 程序	一种做事的方法。
Process 流程	一种文档化、可重复执行一系列任务或活动的方法。
Produce 生产	这是 VeriSM 模型的一部分；它描述了在变更控制管理下的构建、测试和实施活动的执行情况。

续表

术语	定义
Product 产品	创建并提供给消费者的东西（参见"服务"）。
Profession 专业	通过专门培训而建立的，目的是为他人提供客观的建议和服务。
Provide 提供	这是 VeriSM 模型的一部分；它描述了一个产品或服务可供消费者使用，并且服务提供者执行日常的维护和改进活动。
Provider 供给者	参见"服务提供者"。
Quality 质量	描述产品或服务满足预期成果的程度。
Reflective practice 反思性实践	反思性地回顾自己的职业表现，以澄清自己的行为和决定的原因，并从中吸取教训的过程。
Relationship management 关系管理	描述利益相关者之间怎样进行交互。
Request 请求	与消费者的交互，有关新的或额外功能的疑问或需求。
Respond 响应	这是 VeriSM 模型的一部分；描述服务提供者如何应对来自消费者的服务问题、询问和请求。
Retrospective 回顾会议	一个在迭代之后（交付一项工作）的会议，团队在这个会议上反映了什么进展顺利，什么不顺利，什么可以做得更好。
Role 角色	责任、活动和权力的集合。
Service 服务	一个对消费者明确需求的履行。
Service Blueprint 服务蓝图	＜待添加＞
Service culture 服务文化	当一个组织的人员、产品、服务和业务流程都把关注点放在终端消费者或客户上时存在。
Service integration and management（SIAM）服务集成与管理（SIAM）	一种管理方法，它定义了一组用于管理、集成、治理和协调来自多个服务提供者的服务交付的原则、实践和方法。
Service management 服务管理	组织采用的管理方法，通过高质量的产品和服务为消费者提供价值。
Service management operating model 服务管理运营模式	一种可视化的表示，展示了该组织将如何实现其战略，并通过产品和服务为客户提供价值。
Service management principles 服务管理原则	适用于所有产品和服务的高水平需求，为管理网格提供"护栏"。
Service provider 服务提供者	向消费者提供产品和服务的"供应商"。服务提供者利用他们的能力为消费者提供价值。
Shadow behavior 影子行为	描述在没有明确的组织批准或服务交付考虑的情况下，组织内部实现和使用的系统、过程、解决方案和决策。
Shadow IT 影子 IT	参见"影子行为"。
Silo 孤岛	参见"部落"。
Skills inventory 技能库	列出员工的能力、能力、资格和职业目标，以确定合适的人选进行内部招聘或晋升。

续表

术语	定义
Solution 解决方案	产品和/或服务的组合，实现了预期的消费者结果。
Source event 源事件	发生的事情的根本原因或原因。可能被称为"问题"。
Stakeholder 利益相关者	任何对某件事感兴趣或关注的人，例如产品，服务，项目。
Stand-up meeting 站会	每天举行一次简短的组织会议。会议通常被限制在 5～15 分钟之间，有时被称为"站会""早上点名"或"每日例会"。
Strategic planning 战略规划	组织高层进行规划，以制订一个长期计划，以完成组织的使命。
Supplier management 供应商管理	一种企业的流程，组织将其与个人的互动系统化，或管理原始商品和服务的交付（参见"关系管理"）。
SWOT	"优势、劣势、机会和威胁"的缩略词；这是一种分析方法，从内部（优势和劣势）和外部（机会和威胁）的角度审视组织、项目或提议的业务线。
Tacit knowledge 隐性知识	来自于个人经验的知识，并存在你的大脑中。
Tactical planning 战术计划	为填补运营计划和战略规划之间的差距所做的行动计划；是特定的组织能力。
Target operating model 目标操作模式	一个组织期望的未来运营模式。
Team 团队	少数具有互补技能的，致力于共同的目的、绩效目标和采用相互负责的方式的一群人。
Technical debt 技术债务	反映了在短期内易于实现的代码所产生的额外开发工作，而不是应用最佳的整体解决方案。
Tribalism 部落文化	指的是人们对特定社会群体的忠诚以及这些忠诚会影响他们的行为以及他们对他人的态度。
T-shaped professional T 型专家	某个专业领域的专家，同时拥有其他组织能力的通用知识。
User 用户	一种消费者；通常定义为对他们使用的产品或服务几乎没有控制权（参考 Customer 客户）。
User experience（UX）用户体验（UX）	用户体验（UX）是客户体验的战术组件，也称为数字体验（DX）。
Value 价值	消费者如何看待所提供的产品和服务（"您的服务提供了巨大的价值"）。
Value proposition 价值主张	服务提供者为满足其消费者需求而创建的产品和服务的清晰表述。
Values 价值观	组织的基本原则或行为标准。
VeriSM	是价值驱动，演进，响应，集成服务管理的缩写。它是一种面向数字时代的服务管理方法，其重点是价值驱动、演进、响应和集成服务管理的方法。
VeriSM model VeriSM 模型	显示组织将如何实现其战略并通过产品和服务为其客户提供价值的可视化表示。
Virtual team 虚拟团队	一组成员主要通过电子方式进行互动并参与相互依存的任务。
Vision 愿景	描述组织的"未来"状态（理想状态）。

附录 H 国际 IT 管理最佳实践框架和标准集

商标公告：

ArchiMate® 、IT4IT® 和 TOGAF® 是 Open Group 的注册商标

ASL® and BiSL® 是 ASLBiSL Foundation 的注册商标

COBIT® 是 Information Systems Audit and Control Association（ISACA）/ IT Governance Institute（ITGI）的注册商标

ITIL® 是 AXELOS 的注册商标

M_o_R® 是 AXELOS 的注册商标

MoP ™ 是 AXELOS 的注册商标

MSP® 是 AXELOS 的注册商标

P3O® 是 AXELOS 的注册商标

PRINCE2® 是 AXELOS 的注册商标

PMBOK® Guide 是 Project Management Institute（PMI）的注册商标

SqEME® 是 Stichting SqEME 的注册商标

尊敬的读者：

我们生活在一个易变性（Volatility）、不确定性（Uncertainty）、复杂性（Complexity）以及模糊性（Ambiguity）（VUCA）的环境中。由此，越来越多的专业人士选择采用敏捷的方法，而且，他们中的很多人都认为这些方法仍然需要标准化，还需要收集并采用一些最佳实践。首先，采用全球范围内都接受的术语，有助于促进专业人士之间的沟通；其次，能够让使用宏观方法进行专业讨论变为可行。

范哈伦出版社的出版物都是以专业的方式开发，并经过其他专家评审的易于理解的最佳实践图书，为读者提供由多年经验总结而成的专业信息。我们很荣幸地与 ASL BiSL Foundation、IACCM、IPMA、ITSMF、ITWNET、IVI 以及 The Open Group 合作，并支持它们的最佳实践和标准。

我们不仅发布最佳实践图书，还通过在线商店帮助许多合作伙伴积极并独立地推广他们的标准和框架。自 2017 年以来，我们提供了一系列课程类产品，以支持培训机构推动基于这些最佳实践和标准的认证考试培训。

这些最佳实践和标准的应用产品仅仅是为帮助专业人士获得更优异成果的工具。我们知道这些最佳实践和标准主要是关于知识和技能方面的。我们也意识到，人员方面的因素更加重要，因为如果没有人员参与，则所有的工作都无法推动。我们也通过出版一些人员能力方面的出版物来解决这方面的一部分问题，但不得不承认，能解决这方面问题的产品仅占总体的一小部分。无论如何，我们都会尽最大努力与我们的客户来分享最佳实践和标准的知识与技能。而其他方面，自然也离不开您自身的努力。

在此向读者致以最诚挚的问候！

范哈伦出版社出版团队

《国际 IT 管理最佳实践框架和标准集》是荷兰范哈伦出版社的官方国际标准体系出版物，由国际 IT 管理最佳实践联盟组织并翻译中文版，该中文版被纳入《数字化转型与创新管理—VeriSM 导论》一书的附录，不但可以让中国的 IT 和企业高级管理人员了解到更多、更全面的国际 IT 管理框架和标准体系，而且有助于企业管理者更详尽地了解 VeriSM 模型中的管理网格的"管理实践"维度。最后，我要特别感谢于超、王二乐、朱子印、刘亮、乔锐、宋鑫、钱耀琦、黄新宇（按姓氏笔画排序）为该书翻译和评审付出大量精力的同行和专家们，以及国际最佳实践管理联盟的所有支持者们。

国际 IT 管理最佳实践联盟

目 录

Agile	274
Amsterdam Information Management Model（AIM）	276
ASL®	278
Business Relationship Management （BRM）	280
CMMI®	283
COBIT®	285
DevOps	288
e-CF	291
ISM	294
ISO/IEC 20000	297
ISO/IEC 27000	299
ISO 38500	302
IT-CMF	304
ITIL®2011	307
ITIL 4	309
Lean IT	312
SAF	314
Scrum	317
SFIA	319
TRIM	322
VeriSM	324
SIAM	327
ICB4®	329
ISO 21500	331
ISO 31000	333
MoP™	335
M_o_R®	337
MoV	339
MSP®	342
P3M3®	345
P3O®	347
PMBOK®Guide	349

Praxis Framework ™	351
PRINCE2®	354
ArchiMate®	356
IT4IT ™	358
TOGAF®	362
Balanced Scorecard	365
BiSL®	367
BiSL® Next	369
eSCM-CL	371
eSCM-SP	373
OPBOK	375
Operating Model Canvas	377
Six Sigma	380
SqEME®	382

Agile

1. 标题 / 当前版本

敏捷。

2. 基本知识

敏捷概念源于 IT 领域，其参考的是一套基于迭代和增量式开发的软件开发方法。通过自组织、跨职能团队之间的合作制定出需求及解决方案。如今，敏捷方法的原则也被用于其他领域，例如设计与工程、产品开发、制造等。

3. 概要

增量软件开发方法可追溯到 1957 年。"轻量级"软件开发方法是在 20 世纪 90 年代中期相对"重量级"的方法而形成的，批评者认为"重量级"方法的特点是严格监管、微观管理的瀑布开发模型。轻量级方法（即现在所谓的敏捷方法）的支持者称，在软件开发方面，这是一个向早期实践的回归。

早期的轻量级方法实现，包括 Scrum（1993）、Crystal Clear、极限编程（XP, 1996）、自适应软件开发、特征驱动开发、动态系统开发方法（1995，自 2008 起被称为 DSDM-Atern）和 Rational Unified Process（RUP, 1998），这些在敏捷宣言发布后，都被称为敏捷方法。

敏捷宣言于 2001 年 2 月在一次众多类别编程方法的独立思维实践者峰会上起草而成。

敏捷软件开发宣言

我们一直在实践中探寻更好的软件开发方法，身体力行的同时也帮助他人。由此我们建立了如下价值观：

个体和互动 高于 流程和工具
有效的软件 高于 详尽的文档
客户合作 高于 合同谈判
响应变化 高于 遵循计划

也就是说，尽管右项有其价值，
我们更重视左项的价值。

敏捷宣言有十二条基本原则：

- 通过快速交付有价值的软件达成客户满意。
- 欣然面对需求变化，即使在开发后期也一样。
- 经常地交付可工作的软件，相隔几星期或一两个月。
- 可工作的软件是进度的首要度量标准。

- 可持续开发，能够保持稳定的速度。
- 业务人员和开发人员每天紧密合作。
- 最好的沟通方式，就是面对面的交流。
- 围绕积极的员工来构建项目，并相信他们能够完成工作。
- 持续关注对技术的精益求精以及对设计的不断完善。
- 简洁。
- 自发组织团队。
- 定期调整以适应不断变化的情况。

敏捷方法将任务分解成最小规划的小增量，不直接包括长期规划。迭代是很短的时间段。敏捷项目团队的构成，通常是跨职能和自组织的，团队规模通常很小（5~9 人）。敏捷方法鼓励利益相关者优先考虑"以商业价值为基础的需求"。

敏捷方法得到非营利组织敏捷联盟（Agile Alliance）的支持，该组织希望看到敏捷项目的启动，并帮助敏捷团队执行。敏捷联盟由个人会员、公司会员，以及从 Agile 200X 系列会议所得款项资助。它不是一个认证机构，不支持任何认证程序。

4. 目标受众

参与敏捷软件开发项目的人员包括分析员、架构师、开发人员、测试人员和业务客户 / 用户，以及支持或管理敏捷项目团队，需要详细了解敏捷软件开发实践和价值的人员。

5. 范围与局限性

适用于软件开发环境。提高质量；提高生产效率；积极促进业务满意度。

局限性：
- 进行分布式开发时，团队不在一起工作，效果欠佳。
- 接受度，不熟悉敏捷方法的开发团队被强制执行敏捷流程。
- 例外情况，不惜代价必须成功的关键任务系统（如用于外科手术的软件）。

Amsterdam Information Management Model（AIM）

1. 标题/定义

阿姆斯特丹信息管理模型（The Amsterdam Model for Information Management，AIM）：一种信息管理的通用框架。

2. 基本知识

阿姆斯特丹信息管理模型（The Amsterdam Information Management Model，AIM）提供了组织和信息之间的关系映射。

3. 概要

AIM 是由阿姆斯特丹大学开发[论文：Abcouwer，A.W.，Maes，R. Truijens，J.（1997），"Contouren voor een generiek model voor informatie-management"，Tijdschrift Informatie en Management.]。可用作定位和关联信息管理职能的工具，并且应用于业务与 IT 目标一致性及采购领域，同时在 IT 治理方面也有应用。AIM 提供了信息化管理整体范围的高层视图，主要应用于组织与职责分析。

AIM 能够以三种方式用于支持战略讨论，如图 72 所示。

- 描述、方向。该框架提供整个信息管理域的地图，并可用于在组织中定位具体的信息管理流程。
- 说明、设计。该框架可用于重组信息管理组织，如指定首席信息官（CIO）的角色，或在外包情况下确定组织保留部分的职责。
- 说明、规范。该框架可以作为一种诊断工具，寻找组织信息化管理的差距，并专门用于识别框架各个组成部分之间缺失的相互关系。

水平方向，框架分为三个治理领域。

- 业务。该域由标准的业务职能构成，如管理、HR、资源和流程。
- 信息与沟通（信息域）。该域描述了信息和沟通如何支持业务，业务需求转化为支持业务需要的IT（技术）能力。
- 技术（IT域）。该域特别描述了IT解决方案的开发和管理。

垂直方向描述了治理的三个层面。

- 战略（范围、核心竞争力与治理）。
- 结构（架构和能力）。
- 运营（流程和技能）。

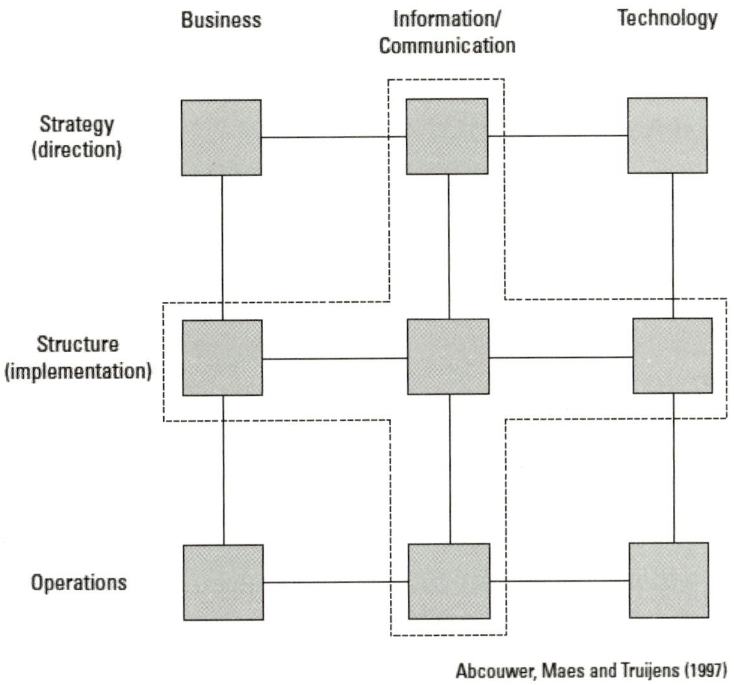

图 72　AIM 九格框架

AIM（最初称为九格框架）将管理和信息两个维度建立了连接，成为信息管理的核心组成部分。虚线部分表示业务与 IT 目标一致性的范围。

4. 目标受众

该框架用于信息经理、企业架构师和 IT 架构师。

5. 范围与局限性

该框架的范围是在信息管理域。

该框架支持关于业务与 IT 整合的主题探讨，但不提供关于组织如何真正达成业务和 IT 之间更好沟通的信息。该框架不是一种方法，不能用于描述性的方法；但可作为企业架构框架，如 TOGAF ™ 有益的补充。

ASL®

1. 标题 / 定义

ASL® 2（应用服务库）

2. 基本知识

ASL（应用服务库）是应用管理的框架和最佳实践集合。

3. 概要

ASL（应用服务库）由一家荷兰 IT 服务提供商 PinkRocade 在 20 世纪 90 年代开发，并于 2001 年发布。从 2002 年开始，框架及附带的最佳实践由 ASL BiSL 基金会维护。目前版本是第 2 版，于 2009 年在荷兰发布。

ASL 以经济可行的方式，关注管理应用的支持、维护、更新和战略。该知识库由一个框架、最佳实践、标准模板和自我评估组成。ASL 框架提供了应用管理所需的全部流程描述。

该框架分为 6 个流程集群，呈现为运营、管理和战略三个层级（见图 73）。

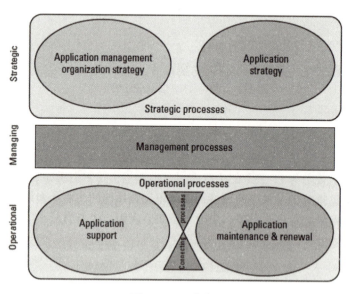

图 73　ASL 框架

处于运营级的应用支持集群，其目的在于确保当前应用以最有效的方式使用，以最少的资源、最小的运营中断来支持业务流程。应用维护和更新集群确保应用随着不断变化的需求（通常是业务流程改变的结果）始终是最新的。连接流程构建了服务组织集群和开发维护集群之间的桥梁。

管理流程确保以整合的方式管理运营集群。

战略层有两个集群。应用战略集群的目的是确定应用的长期战略。应用管理组织长期战略所需的流程，在应用管理组织战略集群中描述。

4. 目标受众

ASL 的目标受众包括与应用开发和管理相关的所有人员：应用支持人员、应用架构师和设计师、程序员、测试人员、对应用开发或管理负责的管理者。

5. 范围与局限性

ASL 的范围包括应用的支持、维护、更新和战略，以及对所有相关活动的管理。

优势：
- 为应用管理（维护和支持）提供了一套通用语言和概念框架。
- 为保证应用在组织需求改变的情况下始终保持最新的活动（从运营到战略）提供全面的概述。
- 可供各种组织使用，并且作为公共领域的一部分，由单一公司所有。
- 得到一个非营利、厂商中立的基金会的支持，该基金会的成员来自世界上的多个组织。

局限性：
- ASL 与其他 IT 服务管理框架部分重叠。

Business Relationship Management（BRM）

1. 标题 / 定义

业务关系管理（BRM）

2. 基本知识

业务关系管理促进并形成了对供应商产品和服务的业务需求，并确保这些产品和服务的潜在商业价值被捕获、优化及实现。

业务关系管理（BRM）的概念，与客户关系管理（CRM）相关，也使用了后者的技术和准则。

然而，CRM主要指向外部客户，BRM通常与公司内部商业伙伴或内部供应商的产品及服务有关。

虽然BRM是从CRM的土壤中破土而出，但是基于特定的行业环境，它对不同的人有着不同的意义。例如，在银行和金融业，业务关系经理管理并维护着当前业务关系，同时也寻求着新账户的开发。银行业务关系经理通常负责中小型规模的资产管理业务。在其他行业，业务关系经理也是对客户经理或销售人员的委婉称呼。

3. 概要

业务关系管理准则是可靠的，并经过深入研究的，且被世界上各行各业的龙头的组织历经十余年成功实施予以证实和改进。BRM被证实广泛适用于内部供应商（包括人力资源、财务、法务），外部服务供应商和其他各方，被IT业广泛采用（见图74）。从2011年开始，随着BRM的角色及相应流程被纳入信息技术基础架构库（ITIL）最佳实践和ISO/IEC20000 IT服务管理标准， BRM在IT服务中的实施速度显著加快。

业务关系管理实践包含一系列能力（例如，知识、技能、行为习惯），在服务提供商及其商业伙伴之间建立起能创造价值的有效业务关系。这些能力可以通过如下方式得到利用：组织角色（例如，在一个IT组织中，CIO通常有一个负责整个企业的BRM角色）；规范（例如，所有面对服务供应商的商业伙伴必须具备BRM技能）；组织能力（例如，一个服务供应商必须有效地塑造和引导需求，使其获得带来最高商业价值的机会）。

负责业务关系管理的相关角色是服务提供商和业务部门之间至关重要的环节，起到了连接、协调、引导的作用。

图 74　BRM 之屋

"BRM 之屋"，BRM 三个关键方面。

- 图中的"地基"部分。用于支撑 BRM 角色，确保其具备相应能力，向供应商组织和商业伙伴交付价值。
- 图中的"立柱"部分。以核心准则条目搭建起 BRM 工作空间：需求调节、探索、服务和价值收获。
- 图中的"屋顶"部分。将 BRM 作为供应商能力的一个关键方面予以保护。具体做法是在供应商战略和运营模型中明确 BRM 的角色、准则和组织能力。

BRM 四大核心准则。

- 需求调节（Demand Shaping）促进并形成了对于供应商服务、能力和产品的业务需求。它确保业务战略充分利用了供应商能力，同时供应商的服务目录和能力能够确保业务战略得以实现。最重要的是，需要调节关注优化供应商服务、能力和产品所实现的价值——抑制低价值需求，以促进高价值需求。
- 探索（Exploring）识别并梳理需求。业务关系管理帮助感知业务和技术的发展方向，促进探索和需求识别。探索是一个迭代和持续的过程，促进了新业务的评审，对行业和技术的潜在洞察，为所处的商业环境创造价值。这一准则的核心收益是识别将被纳入供应商列表、能力和产品的活动的商业价值。
- 服务（Servicing）协调资源，管理商业伙伴的预期，按照商业伙伴——供应商关系整合各项活动。确保在商业伙伴——供应商这一约束条件下，将需求转化为有效的供需关系。服务促进业务战略，业务能力路线图，服务目录和项目群管理。
- 价值收获（Value Harvesting）确保作为探索和服务契约结果的业务变革的举措成功。价值收获包含跟踪和评审绩效的活动，识别从业务——供应商举措和服务中增加商业价值的方法，以及发起反馈去触发持续改进循环。这个过程向相关方提供对业务变更结果和举措的全面透视。

4. 目标受众

任何希望更好地促进并形成对供应商产品和服务的业务需求，并推动这些产品和服务的潜在商业价值被捕获、优化及实现的业务专家或组织。

5. 范围与局限性

由于专注于改进商业伙伴之间的关系以及商业价值最大化，业务关系管理的技术和实践原则与所有业务人员都同样相关，从基层员工到高管。如果你关注资源的投入能够最大化地实现商业价值，BRM 这一准则将帮助你实现目标。

虽然 2011 版 ISO/IEC 20000 标准和 ITIL® 最佳实践重新激起了公众对业务关系管理的兴趣，但也仅局限于 IT 方面，他们提供的指导意见主要针对的是 BRM 能力实施的初始阶段和较低成熟度。要在扩展潜在的 BRM 能力和将其最大化推进的方面取得真正的成功，组织就必须遵循一套非常完整的方法，该方法由业务关系管理学院开发、推广，并对其进行持续改善。

CMMI®

1. 标题 / 当前版本

CMMI®（能力成熟度模式整合）1.3 版本。

2. 基本知识

CMMI 是国际公认的流程改进方法，帮助组织集中精力，依照从混乱到成熟有序流程的成熟度演进路径，不断改进。

3. 概要

CMMI 由卡耐基梅隆 ® 软件工程研究所（SEI）拥有和提供支持。CMM 软件（SW-CMM）1.0 版于 1991 年出版，2000 年升级到 CMM 集成（CMMI），目前的版本是 1.3 版，发布于 2010 年 11 月，1.3 版的重要变化是增加了与敏捷相关的内容。

CMMI 集成了传统的独立组织职能，设定流程改进目标和优先级，提供了质量流程的指南，并提供了评估当前流程的参考点。CMMI 模型是最佳实践的集合，帮助组织改进流程：

- CMMI 采购模型（CMMI-ACQ）提供管理供应链的指导，以满足客户需求。
- CMMI 开发模型（CMMI-DEV）支持产品与服务开发的效果、效率以及质量等方面的改进。
- CMMI 服务模型（CMMI-SVC）提供了关于建立、管理和交付满足客户及最终用户需求的服务的指导。
- People CMMI 人力资源管理框架提供了有关管理和员工成长方面的指导。

组织依照 CMMI 最佳实践流程，评价其流程：

- 与 CMMI 的最佳实践对比，确定流程情况，找到需要改善的方面。
- 告知外部客户和供应商，其过程与 CMMI 最佳实践的对比情况。
- 满足一个或多个客户的合同要求。

组织可以使用分阶段的方式来评估，以确定从 1 ~ 5 的过程成熟度级别（见图 75）。也可以采取更灵活的、连续的方法来评估，在各个过程域度量能力成熟度。评估结果可用于规划组织过程改进。

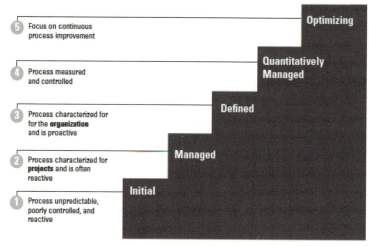

图 75 　CMMI 成熟度级别

来源：SCI

4. 目标受众

流程改进方案经理、项目经理、过程改进专家、项目组成员、评估小组。

5. 范围与局限性

- CMMI 适用于团队、工作组、项目、部门和整个组织。
- CMMI 与敏捷、Scrum、ITIL®、六西格玛、COBIT®、ISO 9001、RUP® 及精益等配合良好。
- 提供改进的通用、整合的愿景，或专注于特定流程领域。
- 基于行业最佳实践的通用描述。
- 支持指南，如路线图有助于为具体情况解释通用模型。

局限性：

- 瞄准不会取得业务收益增长的高成熟度水平。
- 严格坚持分阶段的方法——试图将组织中每个项目，提升到下一级别的成熟度可能需要耗费较大的代价和较长的时间。
- 未能恰当地针对组织特定需求解释通用描述。

COBIT®

1. 标题 / 当前版本

COBIT®5

2. 基本知识

COBIT5（信息及相关技术的控制目标）最初是为审计师审核 IT 组织而设计的，描述了业务目标与 IT 目标之间的关联（注：这里的关联是指从愿景—使命—目的—目标）。COBIT5（2012 年 4 月推出）为 IT 部门提供了衡量其是否已经实现目标的各项指标和成熟度模型。此外，COBIT 明确了业务流程负责人和 IT 流程负责人的职责。

3. 概要

COBIT 从属于 ISACA，并由 ISACA 对其提供支持。COBIT 最早发布于 1996 年，当前版本 5.0（2012 年 4 月发布）将 COBIT 4.1，Val IT 2.0 及 Risk IT 框架融合在一起。

原则和动力是通用的，适用于各种规模的企业，无论是商业组织、非营利组织还是公共部门（见图 76、图 77）。

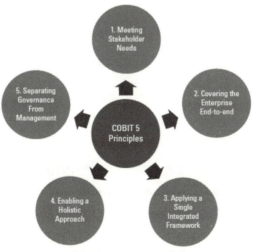

图 76　COBIT 五原则

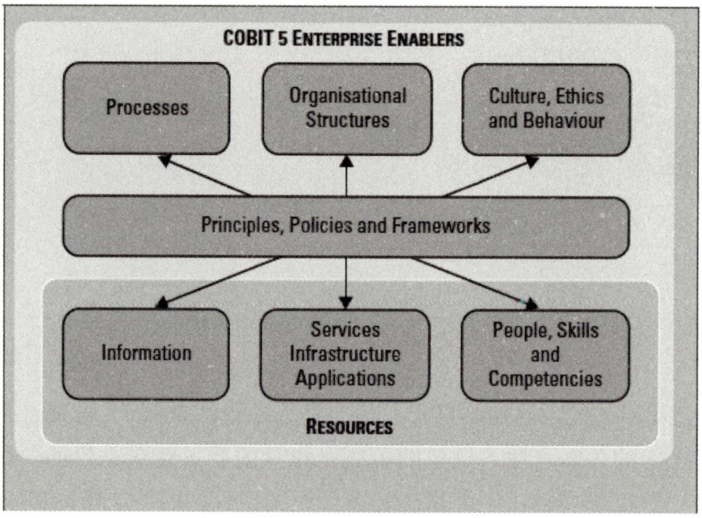

图 77 COBIT 五动力

流程参考模型定义并详细描述了许多治理和管理流程。它代表组织内正式设立的与 IT 活动相关的所有流程，从而提供了一个可以被 IT 运营人员、业务经理及其审计师/顾问理解的通用参考模型。流程参考模型将组织 IT 的流程分为两个领域：治理和管理。

COBIT 5 框架内提供了 36 个治理和管理流程。

治理域包含了五个治理流程，每个流程中定义了评价、指导和监督实践。

- EDM1：设置和维护治理框架
- EDM2：确保价值优化
- EDM3：确保风险优化
- EDM4：确保资源优化
- EDM5：确保利益相关者的透明度

四个管理域——计划、构建、运行和监控（PBRM）提供了端到端的 IT 覆盖。

- 定位、计划和组织
- 构建、购置和实施
- 交付、服务和支持
- 监控、评价和评估

稍微留意一下 COBIT5 的四个管理域，即可发现它与 ITIL 有着直接的关系。

- 定位、计划和组织域与服务战略和设计阶段相关
- 构建、购置和实施域与服务转换阶段相关
- 交付、服务和支持域与服务运营阶段相关
- 监控、评价和评估域与持续服务改进阶段相关

COBIT 5 的各个方面均符合计划、构建、运行和监控等责任领域。换言之，COBIT5 遵循 PDCA 循环（计划、执行、检查和改进）。COBIT 定位在较高层级，并与其他更详细的 IT 标准实现了整合和统一，如 COSO、ITIL、ISO 27000、CMMI、TOGAF 及 PMBOK。COBIT5 作

为不同指导体系的集大成者，把这些关键目标总结在一个伞形框架中，该框架将经证实的实践模型与治理及业务需求连接起来。

4. 目标受众

高级业务管理人员、高级 IT 管理及审计师。

5. 范围与局限性

COBIT 为跨组织的 IT 治理提供了一个"伞形"框架。它可以映射到其他框架和标准，以确保其覆盖整个 IT 管理生命周期，并且支持将多个与 IT 相关的框架和标准应用于企业。

关键要点：
- 通过有效治理、管理企业信息和技术（IT）资产创造价值。
- 业务用户对支持业务目标的IT合约和服务的满意度。
- 遵从相关法律、法规和政策。

局限性：
- 当COBIT被解释为一个通用的框架用于管理IT流程和内部控制时，应该将其作为一项严格的标准。COBIT的关键主题必须进行调整，以适应组织的特定治理要求。
- 缺乏管理高层承诺。没有领导的支持，IT控制框架将遇到困难，IT风险的业务整合将无法实现。
- 低估文化变革。COBIT不只与IT的技术方面相关。组织需要对IT风险的治理控制有正确的理解。

DevOps

1. 标题 / 定义

DevOps。

2. 基本知识

DevOps 的字面意义，是开发和运维的结合。但是，为了理解它的实际意义，就要从它的起源开始了解。Patrick Debois 和 Andrew Clay Shafer 在 2008 年的敏捷大会上讨论了敏捷基础架构，一年之后，在根特的首个 DevOps Day 之后，它才真正流行起来。从那时起，由专业开发和运维人员成立的实践社区迅速组织了数十个 DevOps Day。它引发了一场全球性的自下而上的运动，以实现 IT 服务的快速和灵活交付。伴随着这场运动，自然而然需要定义什么是 DevOps，并界定其范围。这引发了非常严谨的语义讨论，实际上并不影响其目标（整个 IT 价值链的灵活性、协同性和共鸣性）。DevOps 不仅没有试图绕开它，而是致力于通过在流程、技术和行为层面上实现跨职能协作，不断提高数字价值链的价值。

3. 概要

全球各地的组织都采取了精益和敏捷的工作方式来应对目前的颠覆性市场。精益创业原则被大型跨国公司所采用，敏捷方法已经不仅在 IT 部门应用，更是成为律师事务所、学校和建筑机构的主要流程。然而，并不是说这些组织需要根据所需的速度和频率将新的或调整后的软件部署到生产环境中。主要问题出现在最后一步——交付障碍（通常被称为"最后一公里"）。根本原因是什么？因为该组织有太多的孤岛，没有有效的连接起来。

问题

对这一幕所有人都很熟悉：IT 部门的设计人员、开发人员、测试人员、支持人员和运维人员之间的协同度很低，几乎完全隔绝。设计人员守着他们自己的需求和方法论，开发人员基本上专注于代码（有可能在 Scrum 团队中），然后工作成果被拉过测试环节，为的是最终尽快抛向运维环境。开发团队交付的产品（Scrum 将这些命名为"潜在的可交付产品"或 PSP）在运维环境中堆积起来。顺便提一句，在世界范围内的 Scrum 实施中，对 PSP 这一术语的使用，为解决价值链中责任的分歧问题做出了巨大贡献。毕竟，从（Scrum）开发人员的角度来看，工作成果一旦被认为是潜在可交付的，该成果就已经处于向下一步骤的传递中，那么他们的工作就完成了。此时，该成果却还没有交付任何价值，但开发人员会认为其工作已经完成。他们的工作和最终能否实现价值没有任何关系。

当这些产品增量最终集成到一个大型版本中实施时，想要找到错误的源头，就要耗费很长一段时间。在测试人员进行验收测试之前，一些集成性的问题无法显现。如果用户经常面临交付延迟和不可用的情况，那么客户满意度又如何呢？简而言之，DevOps通过跨职能协同的方式，满足了更高的用户满意度需要、实现了价值与风险之间的动态平衡，使产品能够在更短的时间上市，并且在通过跨职能协作实现的端到端价值链上表现出更高的效率。

三种方式

正如DevOps在《凤凰项目》中所述，IT可以提供给组织的价值完全取决于其带给组织的整体协作能力。虽然这个名字的意思是开发（Dev）和运维（Ops）会更密切地协作，但是其本质更加广泛。Dev和Ops一起被称为"DevOps Lite"（在Patrick Debois之后），而真正的DevOps还需要整合诸如业务，测试/质量保证以及安全方面的几个关键角色。这种整体思维是DevOps的第一个原则（第一种方式）。

除此之外，DevOps不仅需要具备（主要是敏捷）开发团队提供"潜在可交付产品"的基础，而且还需要具有可用的目标部署环境（供应）基础。显而易见，DevOps将敏捷实施更进一步，为交付产品的质量提供了更有价值的反馈（第二种方式）。自动化在这里起着至关重要的作用。如果没有高度的自动化程度，则几乎不可能以快速及标准化的方式对（DTAP）环境进行配置与同步。

作为DevOps工作方式的一部分，对错误和风险的处理方式，将带来一些根本性的转变。传统组织的文化中，犯错误会被惩罚，因此错误就容易被掩盖起来。DevOps组织则欢迎试错，因为他们提高了组织的适应能力（第三种方式）。

他们增强了组织的学习能力，将这些类型的组织推向了"反脆弱"状态（Nicholas Taleb）。

他们以能够吸收干扰因素，甚至因此而成长，还能不断适应变化的环境而著称。

关系

DevOps的革命性方面不仅仅在于它所涉及的某个单一组件。其革命性体现在对这些框架、方法及运动的系统性地结合和应用。DevOps相关组件的重要关系如图78所示。

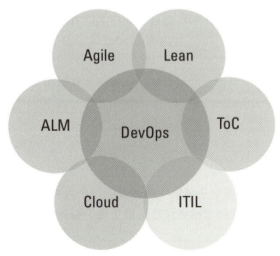

图78　与DevOps相关联体系

敏捷。采用 DevOps 的组织所应用的许多原则都与敏捷原则一致。他们在计划性工作中使用较短的反馈循环、最小的发布单元以及快速流程。

精益。精益的思维方式不仅适用于工厂车间。客户的声音、工作流、拉和改善等精益元素在 IT 组织中的使用也越来越多。浪费被减少，错误在源头被识别并被解决（"不把缺陷传递到下游"）。

约束理论。这种与精益相关的方法，其特点是消除了瓶颈。通过持续寻找组织产品和服务流程中的根本局限性，可以充分取消这些限制（或瓶颈）。

ITIL。毫无疑问，ITIL 在 DevOps 组织中也扮演着重要的角色。如果应用得当，通过在整个 IT 交付链（包括运维和支持）中引入敏捷和精益的原则及工具，可以使服务管理流程变得更快捷更灵活。通过配置管理，在 DevOps 的多个角色和领域之间共享信息至关重要。

云计算。不管是部分还是全部，许多组织已经开始向云计算转型。云技术支持（DTAP）环境的快速调配、调整（向上/向下）和同步，以及自动化多个构建、集成、测试或部署任务。

主题

我们在 DevOps 环境中遇到的典型模式包括：

- 持续交付

交付路径是自动化的，从而实现持续集成、持续部署、自动化测试等实践。

- 一切皆软件

现在，服务器甚至整个网络都是软件定义的。物理的、预置的硬件被虚拟机和容器所取代。

- 敏捷架构

庞大的整体应用程序被微服务所取代，这样能够实现快速反馈、低回归测试并最大化地增加市场标准化应用。

- 服务流

通过使用精益流程、价值驱动的方法挑战价值流的端到端性能，不断优化批量的规模和队列。

- 功能性需求与非功能性需求

平衡系统的功能性和非功能性，不仅需要专业产品所有者的声音，还需要配套的质量、安全和监控的声音。

- 学习文化

失败被认为是有价值的学习点，而不是惩罚的理由。这将促进无责备文化并鼓励积极探索的行为。

4. 目标受众

DevOps 作为一个主题，与数字价值链中所涉及的每个人都息息相关。无论你是从事 HR、抵押贷款销售，软件开发、测试脚本编译还是运维云端的基础设施工作。

e-CF

1. 标题 / 当前版本

E-CF（欧盟ICT人员能力评估框架）第3版。

2. 基本知识

欧盟ICT人员能力评估框架——e-CF，是一种由IT行业所采用的参考能力框架，也是一种IT相关知识、技能和态度的通用语言。

3. 概要

e-CF由欧洲标准化委员会（CEN）的IT技能工作组开发，其中大量IT和HR方面专家为开发工作做出极大贡献。欧洲电子技术论坛建议相关国家IT框架的利益相关方和IT专家们应考虑开发一套欧盟ICT人员能力评估框架，根据这一建议，对e-CF的开发工作于2005年启动。随着其3.0版本在2014年推出，CEN启动了将e-CF定位为欧洲标准的相关工作。

e-CF将能力定义为"运用知识、技能和态度以实现显著的结果的实际能力"。

e-CF3.0版中40种能力中的每一种都会在4个所谓的"维度"中进行描述：

1. 从简单的IT流程模型中得出的ICT能力领域：计划—搭建—运行—启用—管理（见图79）。
2. 一个关于展现工作中的能力和预期贡献的通用描述。
3. 基于如下组合的熟练程度：
   - 自主性（从"被委派"到"做出选择"）；
   - 背景的复杂度（从"结构化/可预测"到"非结构化/不可预测"）；
   - 行为（从"能够应用"到"能够构想"）。
4. 和维度2、3中描述能力表现相关的知识和技能的示例。

e-CF能力等级分为1～5级，与用于正规教育采用的欧洲职业资格框架（EQF）中的第3～8等级类似。而对于e-CF中的大多数能力评估，只定义出了2～3个等级。

e-CF由CEN的IT技能工作组发布，作为CEN工作组协议（CWA），由4个部分组成：

- 第1部分是其标准本身；
- 第2部分包含对该标准使用的指南；
- 第3部分记录了e-CF是如何开发的；
- 第4部分通过15个案例研究来举例说明e-CF在实践中的应用。

(A – E)		e-1 to e-5, related to EQF levels 3–8				
		e-1	e-2	e-3	e-4	e-5
A. PLAN	A.1 IS and Business Strategy Alignment				■	■
	A.2 Service Level Management			■	■	
	A.3 Business Plan Development				■	■
	A.4 Product/Service Planning		■	■	■	
	A.5 Architecture Design			■	■	■
	A.6 Application Design	■	■	■		
	A.7 Technology Trend Monitoring				■	■
	A.8 Sustainable Development		■	■	■	
	A.9 Innovating					■
B. BUILD	B.1 Application Development	■	■	■		
	B.2 Component Integration	■	■	■		
	B.3 Testing	■	■	■	■	
	B.4 Solution Deployment	■	■	■		
	B.5 Documentation Production	■	■	■		
	B.6 Systems Engineering			■	■	
C. RUN	C.1 User Support	■	■	■		
	C.2 Change Support	■	■	■		
	C.3 Service Delivery	■	■	■		
	C.4 Problem Management		■	■	■	
D. ENABLE	D.1 Information Security Strategy Development				■	■
	D.2 IT Quality Strategy Development				■	■
	D.3 Education and Training Provision		■	■	■	
	D.4 Purchasing		■	■	■	
	D.5 Sales Proposal Development		■	■		
	D.6 Channel Management			■	■	
	D.7 Sales Management			■	■	
	D.8 Contract Management		■	■	■	
	D.9 Personnel Development		■	■	■	
	D.10 Information and Knowledge Management			■	■	■
	D.11 Needs Identification			■	■	■
	D.12 Digital Marketing			■	■	
E. MANAGE	E.1 Forecast Development			■	■	
	E.2 Project and Portfolio Management		■	■	■	■
	E.3 Risk Management		■	■	■	
	E.4 Relationship Management			■	■	
	E.5 Process Improvement			■	■	■
	E.6 IT Quality Management			■	■	
	E.7 Business Change Management			■	■	■
	E.8 Information Security Management		■	■	■	
	E.9 IS Governance				■	■

图 79　e-CF 能力图谱

4. 目标受众

该框架为如下群体提供了一个国际化的工具：

- IT从业者及管理人员，对该类人员能力发展提供明确的指导；
- 人力资源经理，使其能够对能力的要求进行预测和规划；
- 教育、培训及认证机构，使其能够有效地规划和设计IT类课程和对专业人员的评估；

- 政策制定者、专业组织及市场研究人员,从长远的角度为其提供IT职业化、IT技能和能力方面清晰的、全欧洲范围一致认可的参考标准;
- 采购经理,为其提供国内外招投标所涉及的有用技术术语的通用语言。

5. 范围与局限性

e-CF 支持基于通用语言和能力结构来对工作角色、职业路径、专业发展规划、学习路径以及资质认证进行定义。它可以通过将各种能力结合起来的方式来进行详细的分析。将 e-CF 作为参考框架来进行能力的测量和评估,可以确定个人、团队或组织级的能力差距,并根据测量和评估结果,进行有效的定向培训及定向招聘。

优势:

如果职位头衔和职位描述不能跟上动态且复杂的现代组织环境的发展速度,那么"能力"将被认为是表述职场所需技能的更稳定的基础。

作为参考框架,e-CF 可以与组织中现存的 HR 工具(包括其他能力框架)保持一致。

局限性:

e-CF 中对能力的描述是一种对职场行为的描述,因此很容易被误解成为对组织中角色的描述。使用 e-CF 时,例如对职责介绍来说,人们须谨记:e-CF 框架仅仅是一个框架而已。有关框架使用方面的指导可参阅第 2 部分中的用户指南。

ISM

1. 标题 / 当前版本

ISM 方法第 3 版。

2. 基本知识

所有提供服务的组织都有着相同的目标，因此也使用着相同的 IT 基本流程。每个 IT 组织都通过 6 个基本流程在战术和运营层面上开展工作。

IT 服务管理比以往更加活跃。它与组织服务交付相关。它可能从 ITIL 开始，但现在包括 ABC、敏捷、LeanIT、DevOps、OBM 等。将所有这些有意义的设计和模型集成到一个解决方案中（见图 80），每个解决方案都能够充当必要的角色，这是未来几年中的一个令人激动的挑战。

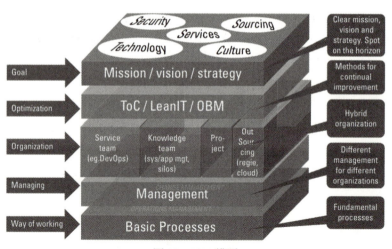

图 80 ISM 模型

流程旨在对 IT 专业人员的业务执行方面提供支持，而不是对他们施加控制。流程应遵循并支持专业行为原本的样子，并且能够增强流动和质量。员工和管理者都应该能够使用该模型。

3. 概要

ISM 方法于 2010 年首次发布，明确描述了对支持专业的 IT 服务交付的紧凑型流程模型的需求。ISM 模型（见图 81）吸取了 ITIL 中的经验教训，减少流程的数量并将其转化为完整而紧凑的模型。

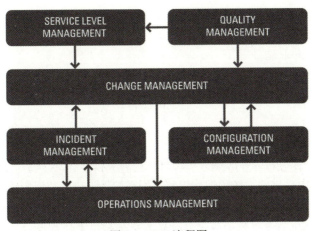

图 81　ISM 流程图

ISM 重点关注服务交付的成果，因此该模型必须简单且具备适用性。只有适用的知识才是有价值的。

服务管理被认为是对 IT 部门工作方式进行重新组织的专业。因此，ISM 方法是一种以流程为导向，为实现卓越运营而将所需的所有资源、人员、流程和产品统一规划的方法（见图 82）。

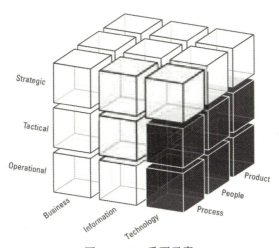

图 82　ISM 重要元素

组织变革是 ISM 方法的基石 / 支柱。如何成为一个优秀的服务交付组织？领导力、明确的角色、特别是分阶段和结构化的方法，将成为 IT 管理一个基本的部分，让服务更加卓越。

其他重要元素包括：
- 将技术管理（ISM®的领域）和信息管理（FSM®的领域）明确区分开来。
- 人员、流程和产品、组织资源之间的关系。
- 流程管理与直线条管理之间的关系。
- ISM 流程模型，以及各个流程之间的关系。
- 6 个流程的基础角色，这些流程涵盖了战术和运营层面的所有活动。
- 强调分阶段实施，引入流程改变工作方式。

- 第一阶段安排所有人员、流程和产品资源。
- 第二阶段实施，组织学习在流程下工作，并持续改进流程。
■ 明确区分流程和职能。
■ 清晰定义的用法——可以轻松解释600多个术语。

4. 目标受众

IT 经理——他们意识到优秀的服务是由组织良好、IT 专业人员紧密协作且在清晰紧凑的流程指导下工作的组织提供的。经理们认识到他们必须促进员工和组织的成长，使其更成熟、更灵活。

■ 流程经理——他们希望他们的流程对服务交付起到支持作用，其流程应受控而不是为了控制。管理者希望关注工作流及其灵活性而不是只关注流程设计和工具设计。
■ 团队领导——他们希望其员工理解流程导向的价值。
■ IT专业人员——希望通过使用IT流程，让他们的工作方式更加专业，从而改善绩效。
■ IT服务管理顾问——希望通过引入适用的流程来帮助组织发展壮大，实现服务卓越。
■ IT服务管理培训师——希望对现代服务管理的工作人员和管理人员进行培训。

5. 范围和局限性

ISM 方法融合了最佳实践和结构化设计。它是一个易选的，能够使其适用于每一个IT部门，且容易管理的方法。

优势：
■ 易于应用；
■ 在战术和运营层面上表现出全面而简洁的特性；
■ 覆盖和整合所有资源（人员、流程和产品）；
■ 自由的组织结构，组织的重组不会对流程造成影响；
■ 适用于将传统的知识团队（竖井式）、项目、外包和服务团队（如DevOps）组合在一起的混合组织；
■ 适用于所有场景；
■ 为合规性和安全性做适当的准备。

局限性：
■ 仅限于FSM（职能服务管理）中描述的IT管理、信息管理；
■ 对工作方式有限制，技术技能不是本方法的一部分；
■ 未涵盖或未规定组织结构，该模型应该适用于任何组织结构；
■ 虽然这个方法是完整的，且可以直接使用，但由于对服务卓越的不断追求，仍然需要所有参与者坚持并分步实施。

ISO/IEC 20000

1. 标题 / 当前版本

ISO/IEC 20000-1：IT 服务管理标准 2011 版。

2. 基本知识

ISO / IEC20000-1：2011 是服务管理体系（SMS）标准，该标准规定了服务提供者规划、建立、实施、运行、监控、评审、维护和改进的服务管理体系要求。本标准由多个部分组成。

3. 概要

国际标准化组织（ISO）和国际电工委员会（IEC）对 ISO/IEC 20000 拥有知识产权。ISO/IEC 20000 是 IT 服务管理国际标准，确保 IT 组织（无论是组织内部、外包或组织外部）的 IT 服务管理流程与企业的需求一致，并且与国际最佳实践一致。该标准是基于 BS15000 标准发展而来的。现在，BS 15000 已经退出了历史舞台。

ISO/IEC 20000 是一个标杆，帮助企业测评其交付的托管服务及服务水平，并评估绩效。它从 IT 服务管理最佳实践 ITIL 发展而来，和 ITIL 保持一致。

ISO/IEC 20000 标准有两个主要部分，都以信息技术—服务管理为总标题，促使 IT 服务提供商知晓如何提升其客户服务质量。

第 1 部分：规范（ISO/IEC20000-1：2011）提供了 IT 服务管理的要求，适用于那些在组织内负责启动、实施或维护 IT 服务管理的人员。

第 2 部分：实践守则（ISO/IEC20000-2：2005）代表一种业界共识，为审核员及服务提供商规划服务改进或接受 ISO/IEC20000-1：2011 审核的人员提供指导。

其他部分则在某些特定领域提供指导：定义范围和 ISO/IEC20000-1 的适用性（第 3 部分），流程参考模型（第 4 部分），ISO/IEC20000-1 实施计划示例（第 5 部分）。

ISO 20000 采用和其他管理体系标准相同的基于流程的方法，如 ISO 27001：2005、ISO9001：2008 和 ISO14001：2004，以及 PDCA 循环（计划—执行—检查—处理）和持续改进的要求。

企业可以拥有独立认证的、符合 ISO/IEC20000-1：2011 要求的 IT 服务管理系统。

ISO20000-3 提供了编写服务管理体系（SMS）范围以及实施 ISO/IEC20000-1 管理体系的重要信息。

4. 目标受众

IT 服务供应商；内部 IT 单位；审计师。

5. 范围和局限性

ISO / IEC 20000 适用于 IT 服务提供者组织。它适用于所有工业部门，和所有规模的 ISO/IEC 20000 组织，除了那些非常小的企业（ISO9000 认证是比较合适小企业）。通过传统使用正式的标准来实现正式的认证。当然它也是非常有用的基准用来指导实施最佳实践流程。它明确地表达需求的内在性质允许有意义的在一定时期逐期比较，可以在服务提供商的过程中提供改进的测量。

ISO 20000 可以帮助组织评测其基准的 IT 服务管理，改善服务，以满足客户的需求，创造一个独立的评估框架的能力。

为了实现广泛而全面的覆盖范围，标准只是表述了服务管理的核心和基本流程，无法描述全套流程/程序，个别服务供应商将需要提供有效和高效，以客户为中心的服务。

ISO/IEC 27000

1. 标题 / 当前版本

ISO/IEC 27000：2014 信息安全管理标准。

2. 基本原理

ISO/IEC 27000 是 ISO 和 IEC 制定和发布的一系列信息安全标准。这些标准为信息安全管理的最佳做法提供了一个全球公认的框架。

3. 概述

ISO/IEC 27000 系列由国际标准组织（ISO）和国际电工委员会（IEC）所有。ISO 27001 是一个规范，它列出了特定的要求（所有这些要求都必须被遵循），以此为背景一个组织的信息安全管理系统（ISMS）可以被审核和认证。

ISO 27000 系列的所有其他标准都是实务标准，这些标准提供了非强制性的最佳做法指导方针，各组织可自行决定全部或部分遵循这些标准。

标准的关键概念有：
- 鼓励各组织评估自己的信息安全风险；
- 组织应根据自己的需要来实施恰当的信息安全控制策略；
- 应从有关标准中获取指导措施；
- 实施持续的反馈和使用"计划、执行、检查、行动模型"（PDCA）；
- 不断地评估信息安全问题的威胁和风险方面的变化。

ISO 27000 标准系列
- ISO/IEC 27000提供了信息安全管理系统的概述，它构成了信息安全管理系统（ISMS）标准系列的主题，并定义了相关术语。
- ISO/IEC 27001：2013—信息技术—安全技术—信息安全管理系统（ISMS），需求不依赖PDCA（计划—执行—检查—行动）循环，但以其他方式做出更新，从而反映在技术方面以及在组织如何管理信息方面的变化。
- ISO/IEC 27002：2013—信息安全控制实务标准，包含良好实践的信息安全控制目标和控制策略。
- ISO/IEC 27003—针对ISO/IEC 27001的信息安全管理系统实施指南。
- ISO/IEC 27004—信息安全管理度量。
- ISO/IEC 27005—与ISO/IEC 31000相一致的信息安全风险管理。
- ISO/IEC 27006—提供信息安全管理系统审核和认证的机构的认证标准。

- ISO/IEC 27007——信息安全管理系统审核指南（侧重放在管理系统）。
- ISO/IEC TR 27008——关于ISMS控制的审计员指导的技术报告[侧重于（技术）信息安全控制]。
- ISO/IEC 27010——针对中间环节和跨组织沟通的信息安全管理。
- ISO/IEC 27011——基于ISO/IEC 27002的电信组织信息安全管理指南。
- ISO/IEC 27013——关于综合执行ISO/IEC 27001和ISO/IEC 20000-1（IT服务管理/ITIL）的指南。
- ISO/IEC 27014——信息安全治理，为信息安全治理提供指导。
- ISO/IEC TR 27015——技术参考，针对金融服务的信息安全管理指南。
- ISO/IEC TR 27016——涵盖信息安全管理经济学。
- ISO/IEC 27017——基于ISO/IEC 27002，涵盖云计算的信息安全控制。
- ISO/IEC 27018——在公共云中作为PII处理器保护个人身份信息（PII）的实践标准。
- ISO/IEC TR 27019——提供基于ISO/IEC 27002的指导原则，用于电力能源行业的过程控制系统的信息安全管理。
- ISO/IEC TR 27023——信息技术——安全技术——描述ISO/IEC 27001和ISO/IEC 27002的修订版。
- ISO/IEC 27031——针对业务连续性准备的信息和通信技术指南。
- ISO/IEC 27032——网络安全指南。
- ISO/IEC 27033-1——网络安全第1部分：概述和概念。
- ISO/IEC 27033-2——网络安全第2部分：网络安全的设计和实施指南。
- ISO/IEC 27033-3——网络安全第3部分：威胁、设计技术和控制问题。
- ISO/IEC 27033-5——网络安全第5部分：使用虚拟专用网络（VPNs）的跨网络通信安全保护。
- ISO/IEC 27034-1——应用程序安全性第1部分：应用程序安全性指南。
- ISO/IEC 27035——信息安全事件管理。
- ISO/IEC 27036-1——针对供应商关系的信息安全第1部分：概述和概念。
- ISO/IEC 27036-2——针对供应商关系的信息安全第2部分：需求。
- ISO/IEC 27036-3——针对供应商关系的信息安全第3部分：信息和通信技术供应链安全指南。
- ISO/IEC 27037——针对数字证据的识别、收集、获取和保存的指南。
- ISO/IEC 27038——信息技术——安全技术——数字密文规范。
- ISO/IEC 27039——信息技术——安全技术——入侵检测系统（IDPS）的选择、部署和操作。
- ISO/IEC 27040——信息技术——安全技术——存储安全。
- ISO/IEC 27041——数字证据调查方法的保障指南。
- ISO/IEC 27042——数字证据分析与解释指南。
- ISO/IEC 27043——事件调查指导。
- ISO 31000——风险管理——原则和指导。

4.Target audience 目标受众

负责组织中 IT 安全管理的所有角色、IT 安全管理专业人员和审计员。

5.Scope and constraints 范围和约束条件

ISO/IEC 27000 系列标准范围广泛：它们适用于任何行业的任何规模的任何部门。

优势：
- 通过与 ISO/IEC 标准保持一致，组织能做到以下五点。
    - 保护自己的重要资产。
    - 管理风险级别。
    - 提高和确保客户的信心。
    - 避免损害品牌、利润损失或潜在罚款。
    - 与技术发展同步发展信息安全。

局限性 / 潜在问题：
- 很少有组织正式声明其 ISMS 的范围，或根据标准对风险评估方法和风险接受标准进行记录。
- 许多组织缺乏报告安全事件的正式程序，缺乏量化和监视事件的机制。
- 业务连续性计划往往是缺失的或过时的，而连续性演习是无规律的、不切实际的。
- 很少有组织做到识别所有信息安全相关的法律和法规，并建立机制来保持与更新变化保持一致。

ISO 38500

1. 标题 / 当前版本

ISO / IEC38500：2008 公司信息技术治理。

2. 基本知识

ISO/IEC38500：2008 为组织的主管（包括组织所有者、董事会成员、合伙人、高级管理人员或类似职务的人）提供了在组织内有效、高效和合理使用信息技术的指导原则。

3. 概要

国际标准化组织（ISO）和国际电工委员会（IEC）对 ISO/IEC38500：2008 拥有知识产权。该标准有助于自上而下地阐明 IT 治理，即主管可以按照下面所列的原则，确保为所有 IT 活动建立一个恰当的治理和保障框架，向所有利益相关方和合法机构证明其对于 IT 资源的有效管理。需要符合以下原则：

- 责任。员工知道自己在IT需求和供给双方面的责任，并有能够履行职责的授权。
- 战略。业务战略应尽可能与IT保持一致，组织内的所有IT均应支持业务战略。
- 采购。所有的 IT 投资必须以商业论证为基础，定期监测，以评估各项前提假设是否仍然成立。
- 绩效。IT系统的绩效应该以业务收益为导向，因此IT必须正确地支持业务。
- 一致性。IT系统应有助于确保业务流程符合法律和法规，IT本身也必须符合法律规定和内部规定。
- 人员行为。IT政策、惯例和决定要尊重人的行为习惯，并确认流程中所有人的需要。

该标准由三部分组成：适用范围、框架和指南。

4. 目标受众

高级管理人员；组织内监控资源的成员；外部业务人员或技术专家，如法律或会计专家、零售行业协会或专业机构；硬件、软件、通信以及其他 IT 产品的供应商；内部和外部服务提供商（包括咨询顾问）；IT 审核员。

5. 范围和局限性

ISO/IEC38500：2008 适用于组织对与信息和通信服务相关的管理流程（和决策）进行治理。

这些过程可以由组织内部的 IT 专家或外部服务供应商，或由组织内部的业务部门来控制。本标准适用于任何类型的私营企业、公共部门和非营利组织，不论其规模和形式如何，以及其使用 IT 的程度如何。

优势：

- ISO/IEC38500：2008 IT治理框架的主要优势是确保所有IT风险和活动都有明确的责任分配，尤其是分配和监控IT安全责任、策略和行为，以便采取适当的措施和机制，对当前和计划的 IT建立报告和响应。例如，符合最新的数据保护要求，需要对所有便携式设备加密，如个人笔记本电脑和存储设备。

局限性：

- 外包。如果企业IT外包的话，无法把一些针对 IT 管理者的特殊要求强加给公司管理者，在这样的情况下，需要在与 IT 服务供应商的合同中明确这些要求。
- 孤立地应用标准。ISO38500不是"一刀切"。它不会取代 COBIT、ITIL或者其他的标准或框架。相反，它通过提供IT需求方的关注点使其更加完善。

IT-CMF

1. 标题 / 定义

IT-CMFTM（信息技术能力成熟度框架 TM）。

2. 基本知识

无论是公共组织还是私营组织，都一直面临着需要更加敏捷、创新和增值的挑战。CIO 们具有得天独厚的优势来扮演业务转型伙伴，从而通过创新、IT 支持的产品、服务和流程来帮助组织成长，使之更加强大。然而，要想在这方面取得成功，IT 职能需要对一系列相互依赖但截然不同的学科进行管理。

为了应对这种需求，跨行业国际联盟——创新价值研究所开发了 IT 能力成熟度框架（IT-CMF ™）。

3. 概述

IT 能力成熟度框架™(IT-CMF™)包含一系列能力(见图 83)，该框架可以提升 IT 管理水平，从而交付更加敏捷、更有创新性，且能创造更多价值的 IT 服务。

图 83　IT-CMF 主要能力

IT-CMF 的每一个关键能力都包括若干能力构建块（CBBs），CBB 用成熟度级别进行标识，用成熟度问题进行评估，并通过实践—成果—测量（POMs）进行改进。图 84 说明了 IT-CMF 的主要组件之间的关系。

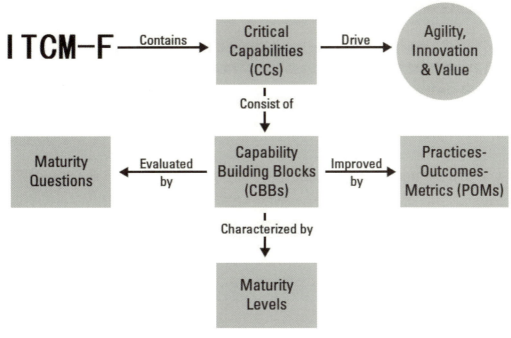

图 84　IT-CMF 主要组件

4. 目标受众

希望利用组织中信息技术方面全部潜力的业务和 IT 专业人士。希望在引入更好的技术管理方法来实现敏捷、创新和价值影响的过程中，展现领导力的业务和 IT 专业人士，包括 CxO、转型变革经理、IT 战略规划人员、总经理和 IT 专业人员。

5. 范围和局限性

IT-CMF 是：

- 一种集成管理工具箱，包括30多个管理子集，每个子集包括组织成熟度概述，评估方法和改进路线图。
- 一套用业务管理术语来表达的概念和原则，可以用来在设定目标和评估绩效时指引讨论。
- 一种统一（或伞形）的框架，可以补充组织中已经在使用的特定领域框架，从而帮助解决这些特定领域框架之间的冲突，填补它们之间的空白地带。
- 跨行业且厂商中立的。任何组织情境下都可以使用IT-CMF来指导绩效改进。
- 采用了严格的开发方法。该框架在设计科学研究方法论的指导下，基于开放创新原则，综合领先的学术研究与行业专家意见进行开发。

6. 在您的组织中使用 IT-CMF 时需要考虑的因素

- IT-CMF不能仅在一线员工层使用,而应由高层导入,这才能实现框架的全面优势。
- 该框架通过变革实现价值。承诺组织所需的变革将会帮助确保实现其所期望的成果。
- 在IT-CMF的关键能力中选择适当的能力并设置成熟度目标收益,同时要与组织业务战略、当前IT状况和行业环境相结合。

ITIL®2011

1. 标题 / 当前版本

ITIL® 2011（信息技术基础架构库）。

2. 基本知识

ITIL® 是全球范围内最广泛接受的一种 IT 服务管理方法，它侧重于使 IT 服务与业务需求保持一致。

3. 概要

ITIL 是在 20 世纪 80 年代由英国政府的 CCTA（中央计算机与电信局）以确保更好地利用 IT 服务和资源为目标而创建的。ITIL 的知识产权目前由 AXELOS 拥有，目前的版本是 ITIL2011，于 2011 年 7 月出版，是对 ITIL v3 的更新。

ITIL 提倡 IT 服务必须与业务需求保持一致，并且支持核心业务流程。它可以指导组织利用 IT 为工具来促进业务变革、转型和成长。ITIL 的最佳实践通过映射整个 ITIL 服务生命周期的五个核心指南来阐述（见图 85）。

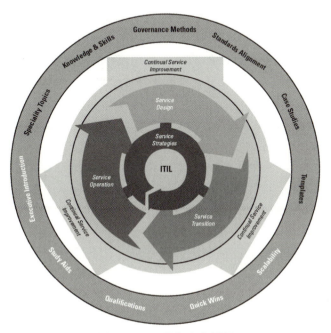

图 85　ITIL 服务生命周期

来源：AXELOS

- 服务战略——了解谁是 IT 的客户，提供哪些服务可以满足他们的需求，以及 IT 能力和资源是否可以为客户提供服务。
- 服务设计——确保新增和变更的服务得到有效的设计，以满足客户的期望，包括所需要的技术、架构和流程。
- 服务转换——构建服务设计，测试并投入生产，以确保客户可以达到期望值。
- 服务运营——持续提供服务，包括管理故障和支持用户。
- 持续服务改进——衡量和提高服务水平、技术、流程效率和效益。它结合了很多与戴明环（计划—执行—检查—处理）相同的概念。

4. 目标受众

IT 服务供应商，广泛的 IT 专业人员。

5. 范围和局限性

IT 服务生命周期管理从服务战略开始，到设计、转换、运营和持续改进，适用于世界各地不同行业、不同规模的组织。

ITIL 得到了众多考试机构、认证培训机构、咨询公司、软件和工具厂商的支持。

更新后的指南反映了服务管理领域的最新国际标准，包括 2011 年版的 ISO/IEC20000。

优势：

- 全球公认的 IT 服务管理最佳实践，以流程和服务为重点。
- 通过 itSMF（IT 服务管理论坛）的传播，得到众多 ITIL 实践者的支持。

局限性：

当在 IT 提供组织里实施基于 ITIL 的 IT 服务管理流程时，最常见的陷阱是：

- 只关注IT部门自身的技术和流程，以此获得增量改进（组织应着手进行激进的变革，将 IT 作为一项业务来运营）。
- 实施 ITIL 前的评估工作不到位（比较现有的组织架构和ITIL 框架，明确所需的组织变革及文化变革）。
- 短期预期（它不是一个权宜之计，ITIL 不是依靠少数训练有素的人员和购买一些 ITIL 工具就能实现的）。

ITIL 4

1. 标题 / 当前版本

ITIL® 4（信息技术基础架构库）。

在过去的三十年中 ITIL® 被全球大量社区实践者所广泛推崇从而确立了其在 IT 服务管理领域主导最佳实践框架的核心地位。

ITIL 专注于使 IT 服务与业务需求保持一致，并获得来自其价值链各个环节的供应商（包括认证考试机构、培训机构和咨询公司、软件和工具供应商）的广泛支持并创建与其密切相关的优质增值服务。

ITIL 知识体系在 80 年代由英国政府创建，目前 Axelos 公司拥有 ITIL 的知识产。ITIL4（第四版）发布与 2019 年 2 月底，该版本是基于 ITILV3 2011 版的升级和更新。

2. 基本知识

ITIL 为现代业务最重要的领域提供了一种结构化方法：通过信息技术服务优化业务成果。

新版 ITIL 4 知识体系鼓励共同创造利益相关者价值的现代价值交付方式，在以客户为中心的背景下应用敏捷实践。拥抱新的 IT 管理实践和技术，包括 DevOps 和云计算。这种全局考量的方法不仅支持 IT 服务的管理，同时还支持其他领域，从而实现 IT 与业务和其他领域集成。

3. 概要

ITIL 服务价值体系是一个模型（见图 86），展示了企业的所有组成部分和商业活动如何协作，通过 IT 支持的服务来创造价值。

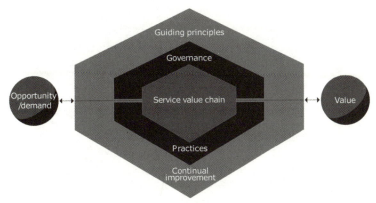

图 86　ITIL4 服务价值体系

ITIL 服务价值链是一组相互关联的活动，企业通过这些活动向其消费者提供有价值的产品或服务，从而实现价值的交付（见图87）。它为服务提供商阐述了涵盖六个关键活动的运营模型，应用实践来持续改进驱动价值。

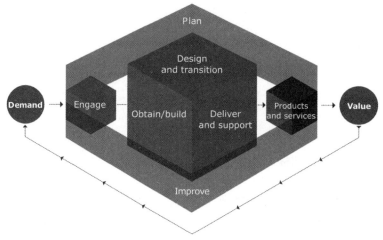

图87 ITIL4 服务价值链

ITIL 实践是为胜任工作或实现目标而设计的一系列组织资源。服务价值链中的活动可以基于已经形成的实践方法。

ITIL 指导原则是可以在任何情况下指导组织的建议，无论其目标、战略、工作类型或管理结构如何变化。ITIL 指导原则确保组织以连贯、有效和高效的方式运营。

治理是指引和控制管理组织的方法。组织的治理基于一套延续的指导原则。治理使组织能够确保其运营始终与其战略保持一致。

持续改进是在各个层面进行的重复性组织活动，以确保组织的绩效不断满足利益相关者的预期。

ITIL4 的整体方法涵盖了以系统方式提供服务的任何服务组织所需的所有四个维度（见图88）。

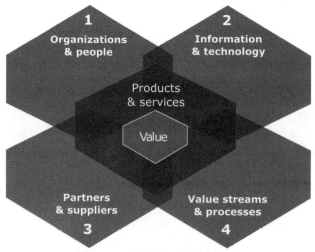

图88 IT 服务管理的四个维度

ITIL 4 升级了 ITIL V3 中的流程，活动和职能，并将其转换为图 89 的内容。

General management practices	Service management practices	Technical management practices
Architecture management	Availability management	Deployment management
Continual improvement	Business analysis	Infrastructure and platform management
Information security management	Capacity and performance management	Software development and management
Knowledge management	**Change control**	
Measurement and reporting	**Incident management**	
Organizational change management	IT asset management	
Portfolio management	Monitoring and event management	
Project management	**Problem management**	
Relationship management	Release management	
Risk management	Service catalogue management	
Service financial management	Service configuration management	
Strategy management	Service continuity management	
Supplier management	Service design	
Workforce and talent management	**Service desk**	
	Service level management	
	Service request management	
	Service validation and testing	

图 89　基于 ITILV3 升级的 ITIL4 流程图

- 14 个通用管理实践

架构管理，持续改进，信息安全管理，知识管理，衡量和报告，组织变革管理，组合管理，项目管理，关系管理，风险管理，服务财务管理，战略管理，供应商管理，劳动力和人才管理。

- 17 个服务管理实践

可用性管理，业务分析，容量和绩效管理，变更控制，事件管理，IT 资产管理，监督和事态管理，问题管理，发布管理，服务目录管理，服务配置管理，服务持续性管理，服务设计，服务台，服务级别管理，服务需求管理，服务验证和测试。

- 3 个技术管理实践

部署管理，基础设施和平台管理，软件开放和管理。

所有实践都以灵活的方式支持 ITIL 服务价值链中的六项活动。需求触发了产品和服务的交付。价值与需求之间的关系展现在反馈环中。服务价值链活动使用 ITIL 实践的组合将其输入转换为输出，从而有助于创造价值。他们可以利用任何实践组合的内部或外部资源、流程、技能或能力。

4. 目标受众

IT 服务供应商、IT 消费者和各个方面的 IT 从业人员。

Lean IT

1. 标题 / 当前版本

精益 IT。

2. 基本知识

精益 IT 是精益生产和精益服务原则的延伸，应用于 IT 环境。这种方法是一种思考和行动的方式，着重关注组织文化。精益 IT 与信息技术产品和服务的开发及管理有关。在 IT 背景下，其核心关注点是消除浪费，浪费是没有给产品或服务带来增值的工作。

3. 概要

浪费是指没有给产品或服务带来增值的工作，精益 IT 则侧重于通过尽可能地减少浪费来将客户价值最大化。重点在于通过提高敏捷性、服务质量和流程效率来实现卓越运营。这意味着建立一个客户和价值导向的组织文化让员工在这样的文化环境中从事精益 IT 流程相关工作。这也意味着让所有员工不断努力改进服务，以更少的努力保持价值，优化 IT 运营和流程，从而对最关键的业务应用和服务提供支持。精益 IT 对组织文化有很大的影响，例如授权员工参与流程优化。其目标是实施严格的问题解决流程，以实现更大的战略和财务价值。

精益 IT 的很多方面都集中在两个主要维度。

- 面向外部的精益 IT。通过与业务部门合作，使信息、信息系统和IT组织参与进来，持续改进和创新业务流程及管理系统。
- 面向内部的精益IT。帮助IT组织实现卓越运营，将持续改进的原则和工具应用于IT运营、服务、软件开发和项目。

这两个维度不是不相关联的，而是互补的。它们致力于精益转型的最终目标：为企业及其客户创造价值。

第一层是精益 IT 建立在企业精益的原则之上，这也为之奠定了坚实的基础。三个基础要素支撑起一个强大的社交的结构：坚持目标、尊重他人、追求完美。第二层是积极主动的行为，意味着主动地对工作的质量和工作环境承担个人责任。第三层解决了意识问题，描述了精益企业所拥护的三个基本观点：客户的声音、源头的质量和系统思考。第四层关注流程、材料、服务和信息的不间断进展。第五层是精益 IT 原则的最高层，属于文化层面，代表了组织的共同信仰和价值观，表现为态度和行为。文化是行为改变的成果。

精益 IT 的主要关注点是，通过系统性地消除整个价值流中的浪费来解决问题，得以为客户创造价值。实施精益思想的五步思维过程是指：

- 从最终客户的立场定义价值；

- 识别价值流中的所有步骤，尽可能消除那些不创造价值的步骤；
- 严格按照价值创造步骤排序；
- 随着流的引入，让客户从下一个上行活动中获取价值；
- 当价值被定义、价值流被识别之后，浪费的步骤被消除，"流"和"拉"的概念被引入，然后不断重复这个流程，直到达到一个创造完美的价值并且没有浪费的状态。

4. 目标受众

涉及 IT 运营中 IT 流程改进的任何组织的管理者、专家或团队。

5. 范围和局限性

精益 IT 的范围是建立持续改进的文化，为组织提供卓越的 IT 运营和商业价值。IT 组织希望"与业务保持一致"。也就是说，IT 应该能够实现业务绩效和创新，提高服务水平，管理变革，新兴技术的有效利用，保持质量和稳定性，同时稳步降低运营成本。精益 IT 的范围不能仅仅局限在一个单一功能上，理想情况下，应该在整个供应链上获得最大的收益。

局限性：

当企业开始精益转型时，IT 部门往往被忽略或被视为一个阻碍。精益 IT 团队将面临的一个最困难的挑战是个体的成功将不可避免地发现新的问题和面对更大的挑战。这取决于业务和 IT 组织的成熟度。

SAF

1. 标题

服务自动化框架（SAF）。

2. 基本知识

服务自动化是一种通过智能技术交付服务的概念，很多组织都对这个飞速发展的领域感兴趣。比如 Spotify、Netflix 和 Uber（这些公司提供了 100% 的自动化服务）等公司已经证明组织可以依赖服务自动化获得快速增长和竞争优势。因为服务自动化是个全新的话题，所以关于如何在组织内部建立服务自动化的有用信息并不多。SAF（服务自动化框架）则提供了循序渐进的方法，并举例说明组织如何系统的实现服务数字化。为个人和团队的相关认证也已经开发，认证可以说明他们对服务自动化框架中的系统化方法的掌握程度。此外，认证为打算开始将服务数字化的组织提供了一致的起点。

3. 概要

服务自动化框架由 6 个主要的模块组成，这些模块可以分为"心脏"（专注于设计）和"大脑"（专注于交付），它们在实现自动化服务方面同样重要。

（1）用户。这个模块定义服务提供商的目标群体的主要特征。

（2）服务设计。这是一个设计和定义服务提供商式的业务职能。它将服务概念体现到实际的设计中，包括相关的支持结构和数字接口。

（3）技术。这个模块定义数字接口的建立和使用，并将服务提供商与用户连接起来。

（4）自动化部署。使用户能够根据自己的操作开始使用服务的流程。

（5）服务交付自动化。使用户能够根据自己的操作改变或解决服务的任何方面的流程。

（6）意外管理。这个流程通过提供预先策划的持续性方法，来不断超越用户期望。

在设计和交付自动化服务的过程中，这 6 个构件必不可少的。

除了 SAF 的 6 个模块之外，还有 7 个服务自动化框架的相关技术（见图 90），组织可以用它们将服务自动化逐步导入。每个 SAF 技术都详细讨论了一个组织应该使用什么样的技术来设计和交付自动化服务。

（1）SAFT1——构建用户组和用户特征：为了提供"有价值的"服务，有必要了解单个用户对服务的感受。SAFT1 提供了构建用户组和用户特征的技术，这些用户组和用户特征决定了服务感受。

（2）SAFT2——将用户资料转换为用户行为。为了确保服务满足或超出用户需求或期望，服务提供商需要了解发起服务请求的需求和触发器。SAFT2 牢记决定总体用户体验的心理标准，提供了将用户资料转化为用户行为的技术。

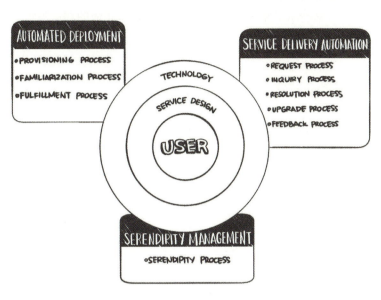

图 90　服务自动化框架

（3）SAFT3——编制服务自动化蓝图。SAF 画布支持服务自动化蓝图的组成，它概括了特定服务和特定用户组的"最终用户体验"。

（4）SAFT4——技术接口建模。技术接口建模的目标是设计一个基于行业最佳实践的自服务门户（例如，技术接口）。

（5）SAFT5——实施自动化部署流程。这个实践的目标是将自动部署的三个流程（准备流程、熟悉和执行流程）应用到你自己的组织中。

（6）SAFT6——实施服务交付自动化流程。这个实践的目标是将服务交付自动化的五个流程（请求、查询、解决、升级和反馈流程）应用到你自己的组织中。

（7）SAFT7——让用户感到惊喜的发现管理。这个实践的目标是应用意外管理，把你的客户变成长期的拥护者。

服务自动化手册中，通过天鹅酒店集团的案例，对每个自动化框架技术进行了介绍。

4. 目标受众

服务自动化是一个全球性的增长市场。在传统的服务管理产品竞争激烈的情况下，SAF 产品允许培训机构展示他们的创新精神，并有机会在他们各自的领域中宣布一部分服务自动化市场。服务自动化框架主要面向服务行业的个人和组织，通过将现有的服务组合数字化来获得竞争优势。SAF 特别适合的行业包括金融、保险、医疗和政府部门。

5. 范围

服务自动化框架手册涵盖了将组织服务数字化的必要步骤，并提供了 7 种服务自动化框架技术的指导。通过学习本书知识并获得相关认证，可以获得相应的知识和实用工具，最终将其应用到实际工作中。

Scrum

1. 名称 / 当前版本

Scrum。

2. 基本知识

Scrum 是一种迭代式增量项目管理框架,通常用于敏捷软件开发。

3. 概要

Scrum 是用敏捷方法(迭代和增量的方法)来完成复杂项目。Scrum 是专为管理软件开发项目而开发的,它同样可以用于运行软件维护团队以及任何复杂的,创新的工作。

> 为什么叫 Scrum?
> Jeff Sutherland 在 1993 年创建 Scrum 流程时,借用了 1986 年竹内弘高和野中郁次郎在《哈佛商业评论》上发表的关于橄榄球比赛用语"争球"的一种比喻。在这项研究中,竹内弘高和野中郁次郎将高绩效的跨职能团队比作橄榄球队中的 Scrum 形式。
> 资料来源:www.Scrumalliance.org

《Scrum 指南》是 Scrum 的官方知识体系,由 KenSchwaber 和 Jeff Sutherland 两位 Scrum 的共同创造者编写。当前的版本是《Scrum 指南》2013 版。

在循环冲刺(Sprint Cycle)中,我们可以了解 Scrum 的框架总结(见图 91)。

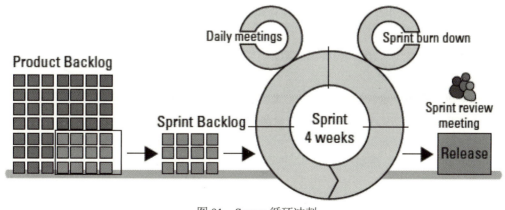

图 91　Scrum 循环冲刺

循环冲刺包括以下步骤：
- 产品负责人创建一个名为 Product Backlog 的产品待办事项列表。
- 在计划冲刺期间，团队从列表中拉出一小部分，作为冲刺待完成量，并决定如何实现。
- 团队的时间有限，完成该项工作的冲刺通常需要 2~4 周，但每天都要进行评估以确定进展情况（每日例会）。
- 冲刺燃尽图显示了在单个冲刺中的实施进展情况。
- 在冲刺过程中，敏捷教练要保证团队专注于它的目标。
- 在冲刺的最后阶段，工作应该尽可能交给客户，或暂列保存，或展现给利益相关者。
- 最后以冲刺评审会议和回顾分析结束。
- 当下一个冲刺开始时，团队在产品待办事项列表中选择其他块，接着再开始这项工作。

这个过程将一直重复，直到产品待办事项列表全部完成，或者预算被耗尽，或者已到最后期限。所有这些标志工作结束的里程碑，完全由特定项目决定。无论哪种动因导致工作停止，Scrum 都要确保在项目结束时最有价值的工作已经完成。

Scrum 中有两类主要人员。一种是负责维护产品待办事项列表的产品负责人，代表客户并且管理所有的需求（增加有详细说明、优先要求和发布计划的需求）。另一种是敏捷教练，帮助团队遵守 Scrum 过程。敏捷教练的工作主要是主持日常的 Scrum 会议，管理任何问题，支持产品负责人，并消除阻碍，使团队进步。

4. 目标受众

项目团队内的每一个成员。

5. 范围与局限性

Scrum 最初用于软件开发项目，但现在也用于交付各种复杂的项目。
优势：
- 生产率的提高（从10%到400%，取决于团队、环境、项目、敏捷经验等）。
- 持续开发过程改进。
- 开发团队内部，以及 Scrum 团队和客户之间的沟通得到改善。
- 通过频繁的发布使得产品进入市场时间最短。

局限性：
- 需要大量的准备/规划。
- 专注于辅助工具。
- 如果团队文化不允许人员跨职能团队，则效果较差。

SFIA

1. 标题 / 当前版本

信息时代的技能框架—第六版（2015年发布）。

2. 基本信息

SFIA是信息时代的技能框架，它描述了专业人员在信息和通信技术领域中所需要的技能。SFIA于2003年首次出版，并定期更新，已成为数字世界所需技能和职业素养的全球公认语言。SFIA采用协作式的开发风格，这可以从企业和教育界中具有实际经验的管理人员那里获得咨询和输入。这就是SFIA与其他具备更强理论性的方法的不同之处，这也促使近200个国家的组织和个人采用SFIA。

3. 概要

对任何信息系统相关领域的管理和技术人员而言，SFIA都是一种实用的资源。它在二维框架中提供了一个共同的参考模型，其中包括技能维度和7个级别的职责维度。它描述了不同级别所需的专业技能，还描述了在自主性、影响力、复杂性和业务技能方面的一般职责水平。SFIA会经常更新，以满足使用者的需求，并保持对当前信息时代能力的思考。

在数字世界中的针对技能的通用语言。

SFIA为个人和组织提供了一种通用语言，以一致的方式定义技能、能力和经验。采用明确的语言，规避技术术语和缩写，这使得所有人都可以使用SFIA，包括人力资源、教育培训和专业开发人员。它可以解决一些常见的"语言翻译"问题，也就是那些对影响组织内部以及混合团队之间的沟通和阻碍伙伴关系的问题。它有助于描述业务需求，并评估员工为满足这些需求所应具备的能力。通过将核心能力定义为专业标准，SFIA帮助组织制定路线图和发展计划，让组织及其员工都能认识到通往成功和改善的道路。随着SFIA的广泛使用，招聘人才的方式与个人证明其适合特定角色的方式将趋于一致。一致性意味着SFIA在大型和小型组织中都很有效：他们共用一个方法、一个词汇表，并且关注技能和能力。SFIA符合你做事的方式。它并不对组织结构、角色或工作做出定义；仅提供对技能和责任水平的清晰描述。SFIA的结构使它成为一种灵活的资源，可以被运用在一系列人力资源体系和人员管理的流程中。

4. 目标受众

对个人而言，可以反映出其当前的技能和经验，从而确定他们的目标，并为他们的职业发展做出计划。而高等教育课程、资格证书、专业会员资格和培训课程，可以帮助个人和他们的管理者选择正确的活动来支持他们所需要的技能发展。SFIA 可以帮助编制职位描述和招聘需求，并帮助个人识别出与他们的技能和经验相匹配的工作机会。

对组织而言，可以使用 SFIA 进行整体资源管理。它可以用来快速提供组织、特定部门、团队、专业团体或个人能力的基线，并识别技能差距。SFIA 描述了有效运作所需的技能水平——确保个人能够正确地完成工作，支持业务和客户成果的实现。组织结构、薪资级别及评定可以与 SFIA 保持一致，以促进与技能和经验的联系，并关注所需的能力和价值的交付。

在招聘过程中，SFIA 帮助雇主更准确地用候选人可以理解的语言来描述他们对人才的需求。它帮助我们摆脱对证书和资格的过度依赖，而这些证书和资格通常只会证实对相关领域的理论理解，并基于正确的技能和适当水平的经验及职责来对其能力进行说明。

基于 SFIA 的角色职责描述或工作描述会降低商业风险，一方面增加招聘和开发最佳个人技能组合的机会，这对组织和个人都有好处——避免受聘者产生"工作不是他们想的那样"这种的念头；另一方面避免组织发现员工没有合适的技能来有效地完成工作，进而降低人员的流失风险。

教育机构、大学、专科学院和培训机构可以将他们的提供的课程与 SFIA 对照，从而为个人设计最优的课程和认证，提供他们需要的知识，这样他们就可以应用 SFIA 来帮助开发他们所需要的技能级别。

专业团体和会员组织可以将 SFIA 与会员级别、认证、专业发展和指导计划联系在一起。SFIA 可用来识别合适的导师、所需的支持性知识、经验的分享和指导性活动。

会议和活动组织者可以通过映射 SFIA 的职责级别、技能类别或个人技能水平来确定目标受众，这样个人就可以选择最符合他们发展需要的活动。这些技能按照大类和子类划分，以便使用。和以前的版本一样，颜色代码用于帮助识别技能大类下的子类（见图 92）。

图 92　SFIA 图

5. 范围和约束

SFIA V6 包含 97 个技能、7 个级别的职责，每个技能会在一个或多个职责级别上进行描述。为了有效定位，SFIA 将技能分为 6 大类，每个类别都有一些子类。

- 战略和架构；
- 变革和转换；

- 开发和实施；
- 交付和运营；
- 技术和质量；
- 关系和参与。

SFIA大类

这些大类和子类并不是与工作、角色、组织团队或个人职责领域对等。该分组旨在帮助那些将 SFIA 技能融入角色职责描述或工作描述，或正在构建组织能力框架的人。大类和子类本身没有定义，它们只是为信息定位提供辅助性支持的逻辑结构——通常用于特定的工作说明，包括来自多个大类和子类的技能。在自主性、影响力、复杂性和业务技能方面，它也描述了 7 个通用级别的职责（见图 93）。

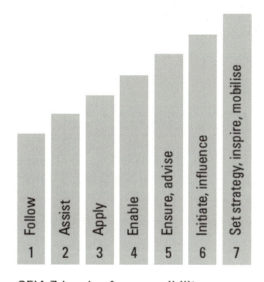

图 93　7 大职责

SIFA 的 7 个级别应用在两个关键方面。

（1）为了提供一般性的职责，在 7 级职责的每个级别上对以下属性进行描述：自主性、影响力、复杂性、业务技能。

（2）使用 SFIA 来反映人员的经验和能力级别。这种定义描述了一个人应该具备的行为、价值观、知识和特征，以便在这个级别上被认定为具备相应能力的人。每个级别都有一个指导词或短语，作为一个简短的指标：跟随、辅助、运用、促成、建议、发起、影响、制定战略、激励、动员。

TRIM

1. 标题

TRIM：理性 IT 模型——如何使用 IT 服务管理。

2. 基本知识

TRIM：理性 IT 模型是从组织的视角来描述 IT 服务管理。一切都需要与组织单元的目的和角色责任相关联。所有员工都需要了解他对 IT 服务交付所起的作用（强调责任，非荣誉）。这就相当于为体育运动队编制一个战术图集。一旦到位，流程将成为一个工具，确保相关活动能够更容易执行，而不会被认为仅仅是一项行政性的任务，或者说是一项不愉快的工作。

3. 概要

TRIM 的目的：理性 IT 模型并不是要取代 ITIL®，而是成为组织内部采用 ITI 和 IT 服务管理的一种方式。该模型是完整的，即便没有 ITIL® 的基础知识，也会以能够让你理解 IT 的方式描述模型中的各部分。该模型由一些基本原理组成，即 IT 服务管理方面非常基础的知识。其目标是：当其到位且开始运作时，你的组织将会准备好真正采用和使用更高级的框架和模型，如精益、DevOps 或任何敏捷方法。

TRIM 模型（见图 94）在《TRIM：理性 IT 模型》这本书中进行了相关描述，如下是书中的一些相关主题：
- 功能；
- 角色；
- 治理模型；
- 操作；
- 过渡；
- 交付控制；
- 关系；
- 策略。

《TRIM：理性 IT 模型》提供了一个全面且易于理解的 IT 服务管理方法及其所需组件，有助于了解服务导向型组织的关键，并为实际落地使用从而交付有效的 IT 服务提供了功能、角色、流程和治理方面的参考模型。

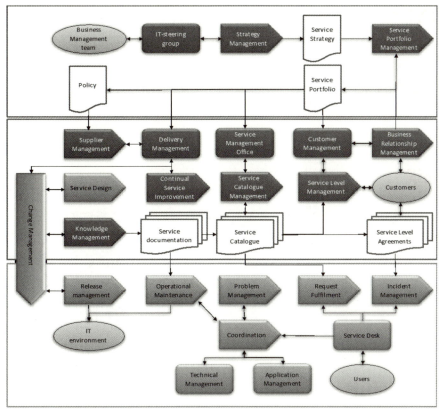

图 94　TRIM 模型

4. 目标受众

- CIO——负责IT服务交付策略；
- 管理者——主要负责在其组织和机构中实施及治理IT事务；
- IT服务经理/顾问——需要使用参考模型来采用相关的IT服务管理；
- 高管——主要负责制定和/或批准IT策略，然后监督其实施和治理（C级高管）；
- IT从业人员——需要了解IT服务管理基础知识；
- IT组织中的每一个人——希望了解更多IT服务管理。

5. 范围

本书涵盖了所有功能、角色和流程方面的入门知识，并可用于将IT服务管理作为一种实践。

VeriSM

1. 标题 / 当前版本

VeriSM。

2. 基本知识

在当今的市场环境中，任何一个企业都是服务供应商。即便是销售产品的公司，也必须提供与其产品相关的服务。无论是金融、保险、行政部门，还是五花八门的在线销售平台，各组织机构与众不同之处是它们提供的是服务而不是实体产品。怎样才能管理好我们的服务并使客户感到满意呢？近年来，各式各样的服务管理实践激增，使各组织机构迷失了前进的方向。VeriSM 是一种新方法，它能根据期望的成果，帮助你建立一套灵活的运营模型。VeriSM 阐述了组织机构应如何定义自身的服务管理原则，并通过与管理实践相结合来交付价值。

VeriSM 阐述的服务管理方法包括：

- 价值驱动；
- 持续演进；
- 及时响应；
- 集成整合；
- 服务；
- 管理。

3. 概要

VeriSM 从整个组织机构层面而非单一部门视角，以端到端方式描述服务管理方法。基于并围绕 VeriSM 模型（见图 95），向组织机构展示了如何在一系列管理实践中灵活采纳所需部分，为顾客在合适的时间提供合适的产品或服务。VeriSM 提供的方法可以根据以下因素进行剪裁：您所属的行业、组织机构的规模、业务优先级、企业文化，甚至您目前从事的具体项目或提供的服务。

与其说 VeriSM 专注于一种规范的工作方式，倒不如说它是一套能够帮助组织机构通过集成的服务管理实践来响应顾客需求并交付价值的方法。

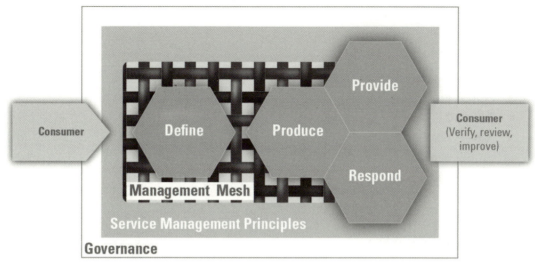

图 95 VeriSM 模型

在该模型中，治理支配且横跨每一项活动，着重强调价值、结果和组织机构目标。

接下来将为组织机构制定服务管理原则。这些原则将提供防护，确保组织机构所提供的所有产品和服务都与组织机构的需求保持一致。这些原则将在众多方面得到明确，包括：安全、风险、质量和资产使用，然后同所有参与产品及服务开发和运营的人员进行沟通。

VeriSM 模型的独特之处是其管理网格。它提供一种可以根据特定产品和服务的具体要求灵活适配的方法。网格包括：

- 资源；
- 环境；
- 新兴技术；
- 管理实践。

对于任何一个产品或服务，上述方面都将被考虑并在必要的地方进行网格弯曲。

让我们举个例子。某银行希望创建一个移动应用，使其用户仅通过一次点击即可完成转账。此产品的网格可以包含敏捷开发实践，用于收集对新产品的快速反馈。银行可以发挥其创新能力，但仍然需要意识到与服务管理原则息息相关的安全和风险因素。

4. 目标受众

VeriSM 对于任何与产品和服务相关的从业人员都是至关重要的。特别关注以下人员：

- 中层管理者——希望了解如何有效运用不断演进的管理实践；
- 服务主管或服务经理——需要掌握最新技能并了解服务管理的变化；
- 高层管理者——服务有效交付的责任人；
- IT 专业人士；
- 研究生和大学生——即将就业且需要了解服务管理原则；
- 服务类组织机构内的所有人。

5. 范围

- 服务文化；
- 组织背景；
- 人员/结构；
- 服务管理挑战；
- 流程、工具和度量；
- VeriSM 模型；
- 数字化转型时代的运营；
- 选择并集成管理实践；
- 不断发展的管理实践，包含：精益、DevOps和敏捷；
- 技术对服务管理的影响；
- 入门指南。

SIAM

1. 标题 / 定义

SIAM：服务集成与管理的原则和实践。

2. 基本知识

SIAM 提供了关于如何治理与管理多重服务的指导，服务提供商使用相关支持性技术将服务以一个综合性的成果的形式交付，该交付产物可以被接收该服务的客户及其业务流程使用。

3. 概要

传统 IT 组织从供应商处采购硬件及软件，开发自有技术资源，并使用这些组件向其业务领域提供服务的模式，这已经不能恰当地描述现存合作伙伴关系的生态系统。当今所有的大型 IT 组织都需要消费来自不断增长的服务提供商所提供的服务，以保持其竞争力并跟上行业变化的速度。他们需要利用低成本的资源池和交付模型，包括将所有的消耗"当作服务"来看待的能力。这意味着 IT 组织现在需要像对待组织内部交付的服务那样，集成并合理安排第三方提供的服务。这种做法就对组织提出了改变的要求：改变其流程、技能以及文化。

服务集成与管理（SIAM）是一套原则和实践，它促进组织与其服务提供商之间的协作关系，最大限度地发挥多源采购的优势。服务集成对运营模型中多个服务（技术组合、交付组织及其运营流程）之间的联系提供了治理和管理。

服务的集成确保各相关方（包括客户）：

1. 充分认识他们要求获得的成果、期望和责任；
2. 能够确保这些成果的交付；
3. 对其具体的成果进行明确的责任划分。

尽管行业发生了变化，SIAM 的能力还没有被正式认可，行业标准的建立还没有达到能够提供必要指导的地步。

4. 目标受众

- 从事多源环境集成工作的ITSM专业人员；
- 负责在多源环境中确保提供IT服务业务的服务提供商客户经理；
- 服务提供商的交付经理，负责对多个服务的集成，以满足客户方的业务和用户需求；
- 服务提供商的经理，负责在多源环境中对集成服务进行管理。

5. 范围和局限性

SIAM 涵盖了服务集成与管理的如下方面：
- 基本的模型、概念和术语；
- 治理和管理的推动者；
- 多源策略；
- 合同方面；
- 流程整合；
- 客户/服务提供商关系；
- 角色和能力；
- 组织；
- 支持性的工具、数据和信息；
- 治理；
- 持续的服务改进。

ICB4®

1. 标题 / 定义

ICB4® IPMA 个人能力基准第 4 版。

2. 基本知识

IPMA 个人能力基准（ICB4）是项目、项目群和项目组合管理中为衡量个人能力的全球标准。

3. 概述

国际项目管理协会（IPMA）是拥有 60 多个成员协会的全球领先非营利性项目管理协会。IPMA 在 1999 年出版了第一个正式版本 ICB（2.0 版本），在 2001 年做过细微修改。第 3 版在 2007 年出版，第 4 版在 2015 年出版。

ICB4 最重要的概念是"能力之眼"，其描述了项目管理、项目群管理或项目组合管理三大管理领域（见图 96）。

以通用模型作为基础，每个个体都必须具有视角能力以符合其所处的项目、项目群或项目组合的情景；具有人的能力以符合个人和社会主题；具有实践能力以符合具体的管理其项目、项目群或项目组合的技术方面。

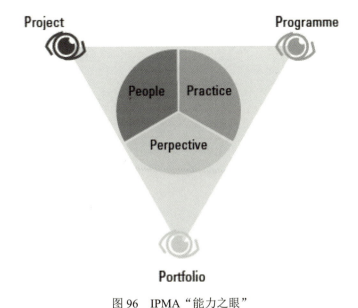

图 96　IPMA "能力之眼"

ICB4 定义了 29 个能力元素：

- 5 个视角能力元素；
- 10 个个人能力元素；
- 14 个实践能力元素。

每个能力元素包括定义、目的、内容描述、知识领域、技能和相关能力元素的清单，还包括带有描述和度量的关键能力指标集合。

在 ICB4（IPMA 个人能力基准）的基础上，IPMA 提供 4 个级别的认证课程：IPMA A 级~D 级。

4. 目标受众

目标受众包括：项目经理、项目群经理、项目组合经理、职员、总经理、估价员、教练、人力资源经理、以及参与项目管理、项目群管理或项目组合管理的培训师。这个目标受众并不仅限于此清单。

5. 范围和限制条件

IPMA 能力基准的优势在于全面地列出了为成功地完成项目、项目群或项目组合所需基本的个人能力清单。这在项目管理、项目群管理或项目组合管理相关的框架及方法中是唯一达到此成就的。因此，对单项目经理、项目群经理或项目组合经理的发展和评估而言，ICB4 框架最适合作为参考模型。此外，ICB4 适用于各种行业和企业。

ICB4 不推荐、不包括专用方法和工具。方法和工具可能由特定组织给出定义。项目经理、项目群经理或项目组合经理应当根据实际情况选择合适的方法和工具。

ISO 21500

1. 标题 / 当前版本

ISO 21500：2012—项目管理指南。

2. 基本知识

ISO 21500：2012—项目管理指南，由各国国家标准组织在国际上投票选出。它提供了一套全面和结构化的概念与流程，其被认为是项目管理中的良好实践。项目是处于项目群和项目组合背景下的，与通用管理有关的主题仅在项目管理的背景下处理。在一些国家（例如韩国），已经将其宣布为项目管理的标准，所有政府项目的招标都应该遵守。这将形成一个趋势。

3. 概要

ISO 21500 为项目管理提供指导，可供任何类型的组织使用，包括公共、私人或社区组织，以及任何类型的项目，无论其复杂程度、规模或持续时间。ISO 21500 提供了在项目管理中被认为形成良好实践的概念和流程的宏观描述。项目是处于项目群和项目组合背景之下的，但 ISO 21500 没有对项目群和项目组合管理提供相关的详细指导。通用管理的主题只在项目管理的背景下处理。

ISO 21500 是国际标准化组织（International Organization for Standardization）的出版物，是世界上最大的自愿采纳的国际标准开发者，为项目管理提供良好的实践，帮助提高行业效率和效用。ISO 21500 是根据数百名项目管理专家、来自 30 多个国家的标准制定委员会、IPMA（国际项目管理协会）和 PMI（美国项目管理协会）等项目管理协会的投入开发的，历经 5 年时间完成，于 2012 年 9 月发布。

ISO 21500 是目前正在开发的 ISO 标准系列中的第一个用于项目组合、项目群管理和项目管理的标准。它将以定义项目、项目群和项目组合管理（PPP）的整体框架为基础，涵盖了治理和相关术语。此外还将界定 PPP 流程与其服务组织之间的相互作用，包括治理层面和与持续运营的联系。项目可能被整合到项目群和项目组合之中。

ISO 21500 是基于流程的：它将工作描述为通过流程来完成。这种方法与其他管理标准如 ISO / IEC 9001：2008 和软件工程研究所的 CMMI 是一致的。流程在整个项目或各个阶段中重叠并相互作用。流程是根据目的、描述、主要输入（文档、计划、设计等）、产出（文档、产品等）进行描述的。

该指南确定了 39 个流程，分为 5 个基本流程组和 10 个涵盖几乎每个项目典型管理层面的主题组。

这 5 个流程组是启动、计划、实施、控制和收尾。10 个主题组为：整合、利益相关方、范围、资源、时间、成本、风险、质量、采购和沟通。

10个主题组中的每一个都包含为了实现项目的有效管理而需完成的流程。这些流程全部来自5个基本流程组，通过创建一个矩阵结构使得每个流程都可以与一个主题组和一个流程组相关联。

4. 目标受众

所有与项目管理有利益关系的角色，例如，高级管理人员、项目发起人、项目经理、项目管理团队和项目团队成员，以及项目管理办公室成员、客户和项目的其他利益相关方。它可以被任何类型的组织（公共、私人、社区组织等）使用，也可以用于具有不同复杂度、规模或不同持续时间的所有类型项目。

5. 范围和局限性

ISO 21500 是一个通用的方法，可以应用于任何项目。

优势：

- 在全球范围内，处于不同行业的应用项目管理的组织和开发项目管理良好实践的组织正在广泛地参与；
- 被认定为"全球认可"的行业标准；
- 通用，它可以应用于任何项目；
- 关注流程，与ISO的其他框架和标准类似。

局限性：

- ISO 21500是宏观的和通用的，因此并不是详尽的；
- 它并不提供实际案例、方法、工具和技术。

ISO 31000

1. 标题 / 当前版本

ISO 31000：2009 风险管理标准。

2. 基本知识

ISO 31000：2009 适用于公共部门或私营部门中任何类型组织的风险管理，包括原则、框架和流程。

3. 概要

ISO31000：2009 提供风险管理的实施指南。该标准首次发布于 2009 年 11 月，国际标准化组织（ISO）对其拥有知识产权。ISO31000 标准包括：

- ISO 31000：2009 实施原则与指南
- ISO/IEC 31010：2009 风险管理—风险评估技术
- ISOGuide73：2009 风险管理—词汇

ISO 31000 提供了在整个组织中设计、实施和维护风险管理流程的通用指南。这种风险管理方法可以使整个组织的所有战略、管理和运营工作通过项目、职能和流程与一套通用的风险管理目标保持一致。

ISO 31000：2009 包括三个组成部分（见图 97）。

第一部分风险管理基础架构，规定了风险管理应包含以下原则：

- 创作价值；
- 是组织流程的一部分；
- 参与决策；
- 明确提出不确定性；
- 系统化、结构化和及时性；
- 基于最佳的可用信息；
- 按照组织情况进行调整；
- 需要考虑人类和文化因素；
- 透明和包容性；
- 动态、迭代和响应变化；
- 促进组织的持续改进。

第二部分风险管理框架，是通过管理承诺建立正确的风险框架。一旦承诺被建立，需要采取包括以下步骤的操作循环：

- 设计；
- 实施；
- 监测和审查；
- 持续改进。

第三部分风险管理过程，最初采纳了 AS/ NZS4360：2004 标准，通过流程来确保沟通和监控的执行。

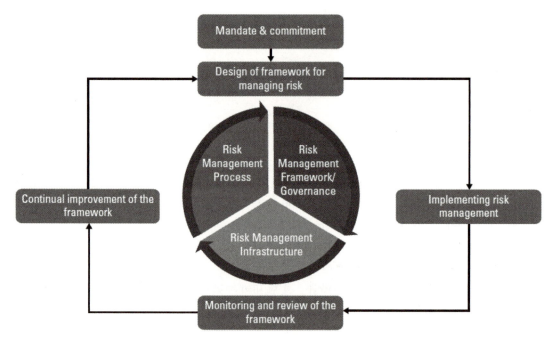

图 97　ISO 31000：2009 的组成部分

4. 目标受众

业务经理，风险管理人员，首席信息官，信息安全人员。

5. 范围和局限性

ISO31000：2009 可以贯穿于组织的整个生命周期和各种活动，包括战略、决策、运营、流程、职能、项目、产品、服务和资产。它可以应用于任何类型的风险，不论其本质如何，也不论其后果是正面的还是负面的。

ISO31000：2009 是一个简洁的标准，反映了当前国际上的风险管理思想。这是风险管理标准领域中一项积极的发展，但是，仍需要得到组织的认可。当前真正实施此标准的组织还不多。

MoP™

1. 标题 / 定义

MoP™（项目组合管理）。

2. 基本知识

MoP™是针对业务投资组合变革计划的从理解，优先级考虑和规划的管理框架。
它是战略流程和决策，共同实现组织变革的最有效的平衡，"照常营业"的协调集合。

3. 概要

英国内阁办公室在2011年首次出版了MoP指南。该指南阐述了组织在今天、明天以及未来应对的变革、项目群以及项目等方面的问题。

其主要目的是服务那些策略方面和项目组合责任变更方面所采取的适当的投资决策，并使其具备逻辑性、透明性和效率性。

项目组合管理不是关于具体的项目和项目群的管理，而是从战略的角度来审视项目和项目群的变革。

MoP阐述了"运行业务与变更业务"的挑战。对于一家投入精力使其业务运转良好的组织来说，大多数组织已经采用并深化了一套稳定的项目集、项目和变更管理方法。MoP提供了这些元素之间的接口。

项目组合管理的目的是解决以下基本问题：

- 我们是否在做正确的事情？
- 我们是否在正确地做事？
- 更重要的是，我们是否从当下正在实施的变更中意识到了从服务效率和增效节支方面所带来的益处？

MoP框架把这些问题有机地结合在一起（见图98）。在确保有效应用资源的同时，该框架把成功定义和交付变更组合所需的关键活动相结合。

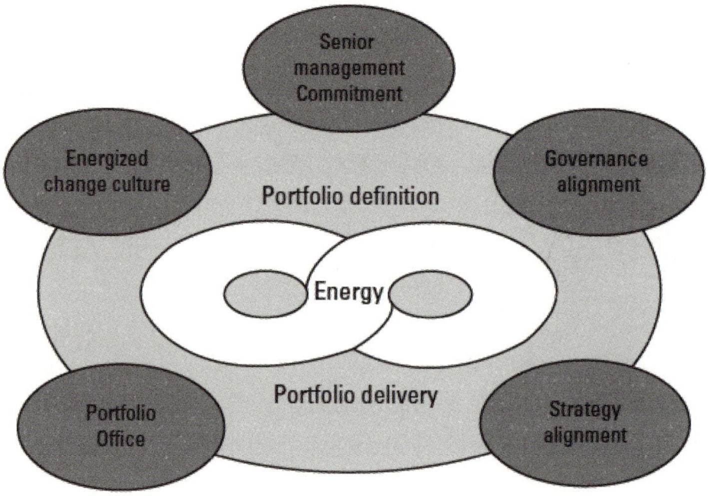

图 98　MoP 框架

来源：AXELOS

这个框架由两个项目组合管理周期（定义项目组合和项目组合交付）以及 5 个项目组合管理原则组成：

- 高级管理层的重视；
- 统一治理；
- 统一战略；
- 项目组合办公室；
- 提倡文化变革。

4. 目标受众

高级管理人员，负责治理和所有那些具有战略或改变项目组合的责任人。

5. 范围和局限性

该方法包括组织内围绕战略变革动因的不同决策流程。MoP 是由英国内阁办公室制定的最佳管理实践方法的一部分，现今 Axelos 对其拥有知识产权。这意味着，它完全与 PRINCE2®、MSP® 和 P3O® 等最佳实践体系的协调统一。

MoP 指导指出，它可以帮助组织了解哪些变革动因最符合其战略方向，并使组织对自身的整体状态、优先级、风险和收益做出明智的决策。

M_o_R®

1. 标题 / 定义

M_o_R®（风险管理）2010 版。

2. 基本知识

风险管理，M_o_R 是采取有关影响一个组织的风险，在战略、项目群、项目或业务层面明智的决策结构化的框架和程序。

3. 概要

M_o_R® 首次出版于 2002 年，其目前的版本是 2010 版。该方法论最初是为英国政府的应用所创建的，现今 Axelos 对其拥有知识产权。该知识体系目前在公共和私营领域得到了广泛应用。

风险管理是企业范围的重要性，并且能够应用于业务的三个核心要素（见图 99）：

- 战略——业务方向；
- 变更——战略转化为行动，包括项目群、项目和变更管理；
- 操作——每天的日常运作和支持业务。

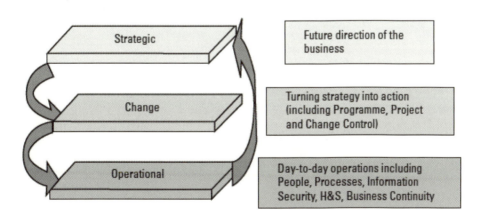

图 99 可使用 M_o_R 的三个核心业务元素

来源：AXELOS

按该方式，风险管理策略应该由组织的高级管理层渗透到常规工作程序和组织活动中。

风险管理涵盖了企业治理准则和风险管理国际标准 ISO31000：2009 在内的八项原则。这些原则是：目标一致性；环境契合性；利益相关者参与；提供清晰的指导方针；决策予以告知；

促进持续改进；创建积极文化；实现可衡量的价值。

总体战略框架，包括政策文件，同样至关重要。它包含以下要素：风险鉴别；风险评估；设定可接受的风险程度；制定适当的风险应对方案；风险责任人；实施风险应对；确保风险应对的有效性；嵌入、报告和反思。

一旦应用了该框架体系，即可将不同种类的风险和功效汇集到统一的方法中，并成为企业中各个业务部门的通用方法。

4. 目标受众

业务经理、风险管理人员、首席信息官、信息安全人员，项目群和项目管理和项目经理。

5. 范围和局限性

M_o_R 适用于任何规模、复杂度、地理位置以及行业的组织。

优势：
- 通过对整个组织风险敞口的有效沟通，提高企业决策水平；
- 一套用于鉴别、分析和沟通风险的开放性和建设性的方法论；
- 使每个员工更清楚地了解到自身行为对成本和收益的影响。

局限性：
- 在实际工作中，通常很难确保从综合角度捕获专业风险和工作风险。这是因为，实践中各个职能部门通常存在各自为政的情况，这一点在大型组织中尤其突出。

MoV

1. 标题 / 当前版本

价值管理（MoV）。

2. 基本知识

MoV 帮助：
- 交付更多正确的交付物；
- 降低交付的成本；
- 促进可用资源的有效利用。

3. 概要

MoV 首次发布于 2010 年，其回答了以下问题：我们是否在可接受的风险水平中，以可负担的成本获得了最佳收益？数据显示我们必须在所有利益相关方的需求和资源（资金、人力、时间、能源和材料）的使用量之间取得最佳平衡（见图 100）。所交付的收益越高，使用的资源越少，其价值比例就越高。

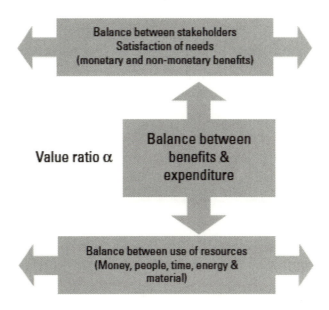

图 100　权衡变量，以实现最大价值

MoV 基于 4 个综合的概念。

（1）原则（支持 MoV 的要素）。
（2）流程和技术：MoV 应用中使用的方法和工具。
（3）方法：在经营业务和业务变更时如何应用 MoV。
（4）环境：如何对内部和外部影响做出响应。

7 个原则代表了取得成功的最关键的要素。这 7 个要素是：

（1）与组织目标一致。
（2）关注功能和要求的输出。从一开始就想着结局。你需要什么样的收益和结果？
（3）平衡影响因素，使价值最大化。理解关键利益相关方的需求，重新衡量这些需求，尽可能使每一个人都能够接受。将这些需求与向其投入的资源进行衡量，这些资源包括资金、人力、时间、能源和材料。
（4）在投资决策中自始至终地采用。MoV 适用于变更生命周期内的所有阶段。
（5）剪裁以使之适应主题。其复杂程度、规模、文化、涉及的风险等，都将影响应用 MoV 所需的投入水平。
（6）从经验中学习。避免返工，避免犯相同的错误。把你的经验教训分享、分享、再分享。
（7）角色清晰，职责明确，建立支持型文化。如果得不到高层管理者认可，角色和职责都不明确，必将导致失败。

MoV 通过 7 个主要流程（组）在项目和项目群中得以实现。这 7 个流程是：

（1）设计项目或项目群架构。理解项目或项目群的依据以及所要达成的目标。
（2）收集信息。对 MoV 的期望是什么，哪些人需要加入 MoV 团队，谁是利益相关方，他们的需求是什么？
（3）分析信息。丰富收集到的信息，使用诸如 FAST（见下一段）的技术理解目的，并且分析完成或交付功能的可供选择的方法。
（4）处理信息。MoV 团队将利用上述信息探索可选方案，并且创造出具有创新性和增加值的方案。这也意味着不需要的特定方案将被清除（对照敏捷方法中的 MoSCoW 原则）。
（5）评估和选择。我们在此平衡各种可变因素（利益相关方需求、所需资源、可承担成本对应的收益）从而使价值最大化。
（6）开发价值提高方案。
（7）实现并分享输出物。开发计划、实施、监控过程并收集经验教训进行分享。

MoV 使用 MoV 专有的通用的技术，例如，功能系统分析技术（FAST）、价值树、功能成本分析法、价值工程（VE）。

4. 目标受众

PPM 社区、高级管理人员、风险（机会）以及运营经理。

5. 范围与局限性

MoV 的范围不仅是为了用于运营活动，也可以在项目和项目群中应用。

优势：
- 植入思考"价值"的思维模式并减少浪费；
- 强化了利益相关方所承担的义务；
- 更有效地利用资源；
- 更好地控制交付，不能增值的项目被取消或不能启动；
- 更好地响应变化中的环境；
- 改善投资回报。

局限性：
- 我们不使用它的时候已经做得不错了；
- 我没有获得可以分配给它的时间和资金；
- 它对我来说没有收益。

MSP®

1. 标题 / 定义

MSP®（Managing Successful Programs 成功的项目群管理方法论）2011 版。

2. 基本知识

MSP®（成功的项目群管理方法论）是一套关于通过在业务变更中管理项目群来取得重要战略层面成就和益处的方法论。

3. 概要

MSP（成功管理计划）由英国政府商务部（OGC）于 1999 年首次发行。它现在属于 AXELOS。当前版本是 MSP 2011 版。

MSP 介绍了应用于业务变更方面管理项目群的最佳实践。在 MSP 框架体系内，项目群被定义为一组项目及其相关业务活动的组合，可以将其作为业务单元协调管理。其核心目标是在重要决策方面取得成就并实现价值。

MSP 框架是基于三个核心概念（见图 101）：原则、治理主题和转型流程。

- MSP 原则（外环）——该部分来源于项目群中正反两方面的经验教训。它们代表了支撑转型变更项目群成功的共同因素。
- MSP 治理主题（中环）——这些主题说明组织进行项目群管理所需要的定义、测量和控制的方法。治理主题能够使组织通过正确的领导力、交付团队、坚实的组织结构、控制和信息控制（蓝图、商业论证、治理和保证策略）等方面为实现预期成果和预期价值回报提供最好的契机。
- MSP 转型流程（内环）——该流程通过项目群的生命周期从初始概念阶段到交付新能力、转化为预期成果、实现价值直至最终完成项目群提供了一套有效途径。

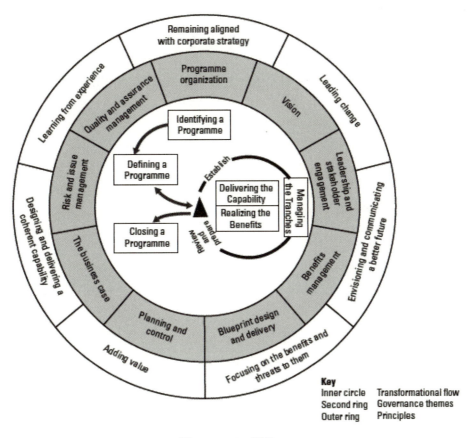

图 101　MSP 框架

来源：AXELOS

4. 目标受众

其主要目标受众是高层管理人员、项目群经理和业务变更经理。然而，参与业务变更的人员（如业务人员、职能部门经理以及其他利益相关方）也同样发现了解项目群管理定将是受益匪浅的。

5. 范围和局限性

该方法包括项目集管理生命周期中的所有过程和活动。

优势：

MSP 是一种项目群管理的最佳实践。

- 把重点放在取得成果和实现价值上。
- 详细说明项目群管理的特点和概念。

- 聚焦于价值增加和风险管理。
- 清晰表述项目群管理结构中所有角色的职权范围。
- 以流程为核心，描述了项目群管理中的所有过程和活动。
- 概括阐述了所有的项目群管理产品。

MSP 可以无缝结合 PRINCE2® 项目管理方法。他们都属于 AXELOS 并且包含了类似的基于流程的管理方法。

P3M3®

1. 标题 / 当前版本

P3M3® 项目组合、项目群和项目管理成熟度模型。

2. 基本知识

P3M3® 已经成为各类成熟度模型中的关键标准，其为组织提供评估当前绩效的框架，并且将改进计划纳入其中。

3. 概要

P3M3® 在 2008 年 6 月发布，后续的更新版本 V2.1 版，于 2010 年 2 月发布。最初的版本是当作 OGC 的项目管理成熟度模型的增强版进行开发的。P3M3® 目前归 AXELOS 所有。

P3M3® 由一套层次化的基本要素组成，描述了有效流程的特征（见图 102）。

成熟度等级

P3M3® 使用 5 级成熟度框架：
- Level 1——初始级；
- Level 2——可重复级；
- Level 3——定义级；
- Level 4——管理级；
- Level 5——优化级。

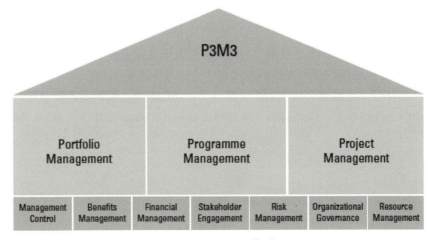

图 102　P3M3® 模型

评估维度

P3M3® 关注 7 个评估维度,它们存在于所有 3 个模型,并且可以在所有 5 个成熟度等级中进行评估:

(1) 管理控制;
(2) 收益管理;
(3) 财务管理;
(4) 利益相关方参与;
(5) 风险管理;
(6) 组织治理;
(7) 资源管理。

属性

嵌入评估维度的是若干的属性。特定的属性仅仅与特定的评估维度相关联。在给定的成熟度等级中,通用属性对所有评估维度都相同,包括计划、信息管理、培训和开发。

4. 目标受众

主要目标受众是高层管理者、项目组合经理和项目群经理。然而,所有参与到项目组合、项目群和项目成熟度管理的角色,可能会发现它可以使他们更好地理解项目本身的优势和劣势,使项目组合、项目群或项目能够产生改进。

5. 范围

P3M3® 是评估组织内项目管理、项目群管理以及项目组合管理的成熟度评估模型。P3M3® 并不是独立项目或项目群的评估工具。

优势:

由于组织都努力识别有竞争力的绩效优势,并利用它们持续提高效率和改进交付,因此用于评估绩效并识别改进机会方面的管理模型设计越来越重要。特别是成熟度模型,已经成为必备工具,用于评估组织当前的能力并帮助其以结构化方法实施变革和改进。

P3M3® 的灵活性表现在既允许组织在所有 3 个模型中评审所有 7 个评估维度——项目组合、项目群和项目——也能够只评审 1 个(或几个)评估维度,而不论是贯穿所有 3 个模型还是仅包含其中的 1 个或 2 个。这将有助于更好地理解组织的整体有效性,例如,风险管理和资源管理。

P3O®

1. 标题 / 当前版本

P3O®（项目组合、项目群和项目办公室）。

2. 基本知识

P3O® 是向项目组合办公室、项目群管理办公室、项目支持办公室或这些交付支持职能的任意组合部门提供支持的一套面向组织内部所有业务变更的决策促进 / 交付支持模型。

3. 概要

P3O（项目组合、项目群和项目办公室）首次发布于 2008 年，现在 P3O 组合属于 AXELOS。

P3O 为组织内的各个层面提供了设立和运转支持办公室的指导（见图 103）。它借助以前的 PSO（项目群或项目支持办公室）或 PMO（项目群或项目管理办公室）概念对组织提供了当前最佳实践的参考。

3O/PMO 在组织中的主要功能是促进：

- 与高级管理层就优先级排序、风险管理以及组织内资源开发等方面进行有效沟通，并最终成功地实现业务目标（项目组合管理）。
- 通过项目群和项目识别并实现项目成果及收益。
- 在时间、成本、质量和其他组织制约因素内交付项目群和项目。

作为一种决定启用 / 交付支持模型，P3O 可能是单一的常设办事机构，如项目组合办公室（战略重点）、战略或业务规划部门、卓越中心或企业 / 公司的项目集办公室，也可以是一个办公室集合，如项目组合办公室、项目群办公室和项目办公室的组合，或者也可能是中央和本地服务的永久或临时组合。

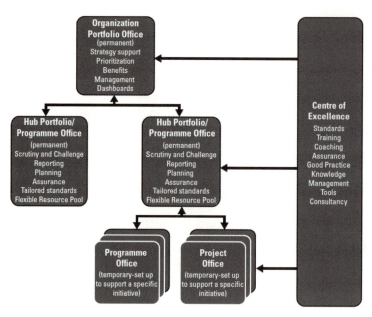

图 103　大型组织的 P3O 模型

来源：AXELOS

4. 目标受众

项目组合经理、高级经理、项目群总监、顾问、项目组合办公室经理、项目群办公室经理或项目办公室经理等，他们参与并负责将业务战略有效地转化为具体行动，优化、开发或重新推进企业决策流程。

5. 范围和局限性

该方法的适用范围是通过组织内的项目群和项目的支持结构和周围战略变革措施，以及它们的交付流程。P3O 是 AXELOS 的最佳管理实践方法的一部分。它与 PRINCE2®、MSP® 及 MoP® 完全符合。

P3O 指南阐述了该方法可以帮助组织显著地提高成功执行策略的机会，以及使其回报最大化，并更经济节约地交付项目群和项目。这种方法论相对较新，尚未获得广泛应用。

PMBOK®Guide

1. 标题 / 定义

项目管理知识体系（PMBOK® 指南）第六版。

2. 基本知识

项目管理知识体系是一套综合指南，提供项目管理所需的知识、概念、技术和技能。

3. 概要

PMBOK® 指南由美国项目管理协会（PMI）出版，该协会是全球公认的项目管理监管机构。PMI 于 1969 年在美国成立，是著名的非营利性专业组织之一。第 1 版于 1996 年出版，最新的英文版 PMBOK® 指南（第 5 版）于 2013 年 1 月发布。

PMBOK® 指南是基于过程的，描述工作是由过程实现的。这种方法与其他管理标准，如 ISO 21500 项目管理标准、ISO/IEC9001：2008 标准及软件工程研究所的 CMMI 是一致的。过程在整个项目或各个阶段中交迭和交互。过程用输入（文档、计划、设计等），工具和技术（用于处理输入的机制）以及输出（文件、产品等）来描述。

该指南包括 47 个过程，分为五个过程组和十大知识领域，几乎每个项目都会用到。

五个过程组为：启动、规划、执行、监控和收尾。

十大知识领域为项目整合管理、项目范围管理、项目时间管理、项目成本管理、项目质量管理、项目人力资源管理、项目沟通管理、项目风险管理、项目采购管理和利益相关者管理。

每个知识领域都包含所需要完成的过程，以实现对项目的有效管理。每个过程都属于五个基本过程组之一，建立一个矩阵结构，使得每个过程与一个知识领域和一个过程组相关。

4. 目标受众

虽然该出版物通常针对（高级）项目经理，但描述的过程涉及项目管理的所有角色，如高级管理人员、项目集和项目经理、项目团队成员、项目办公室成员、客户和其他利益相关者、顾问和其他专家。作为一种介绍，一个简单易行的口袋出版物也可以提供，旨在吸引更多参与项目的受众。

5. 范围和局限性

PMBOK® 指南是一个可以适用于任何项目的通用方法。

优势：
- 各个行业和组织广泛应用。
- 专业领域公认的一个"世界级"标准。
- 通用性，可以适用于任何项目。
- 专注于过程，类似于其他框架和标准，如 ITIL®、COBIT®和 ISO。完全符合最新的全球项目管理标准——ISO 21500。
- 与质量概念一起演进和持续改进。
- 认证计划（PMP 及 CAPM）联合和保证了全球认证技能的部署。与项目、项目集和项目组合管理的更广泛概念完全一致（PMI提供了额外的标准）。

局限性：
- PMBOK®指南在实施方面存在一些缺失。虽然PMBOK®指南提供了工具和技术的应用过程，它并没有提供一种方法。PMBOK®指南不提供实际应用中的工具和模板的例子。
- 相较于方法（直接使用），PMBOK®更像是一个框架（概念的交叉和通用模型）。

Praxis Framework ™

1. 标题 / 定义

Praxis 实践框架，首次发布于 2014 年 5 月。

2. 基本原理

Praxis 是第一个将项目、项目群、项目组合整合到单一手册中的最佳实践框架，也是在互联网上发布的免费使用的首例。它包含五个主要部分：知识体系、方法论、能力框架、能力成熟度模型和工具技术的百科全书。

Praxis 作为第一本完全整合了这五个领域的手册，使组织不必再耗费成本来整合五花八门的使用不同分类及术语的手册。

Praxis 为组织级项目、项目群、项目组合管理（P3M）的实施提供了额外资源，包括：360°全方位能力成熟度评估工具、所有主流专业指南手册涉及术语的翻译比较、模板、免费在线书籍和指向免费额外网络内容的网站索引。

3. 概要

Praxis 通过整合知识和方法来提供生命周期流程并实施所需的功能，其实施能力框架和能力成熟度模型确保了知识和方法既能用于个人场景又能用于组织级别（见图 104）。

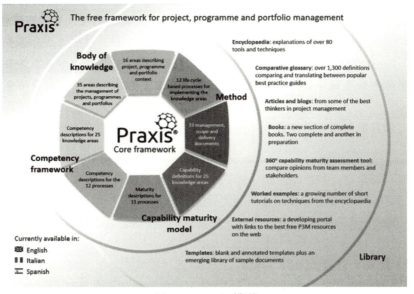

图 104　Praxis 模型

通过互联网提供免费的框架，Praxis 使 P3M 的原则简单易懂，进而从沉重的受版权保护的品牌和相关企业营销中分离开来。网站上每一页都有评论功能和"联系我们"按钮，这使得每一位实践者能对框架的演进做出贡献。

现有手册的使用者会对 Praxis 的结构非常熟悉。手册的知识部分遵循 APM 知识体系的格式和原则，流程模型结合了 PRINCE2® 和 MSP® 的原则，形成了针对项目、项目群的单一的方法，能力成熟度模型以 CMMI-Dev 为基础。与之不同之处在于 Praxis 通过使用唯一分类和术语的方式来使用这些原则。

框架本身具备灵活性，因此可以引入其他模型，例如与 PMI® 推出的 PMBoK® Guide 非常相似的 ISO21500 生命周期流程（见图 105）。

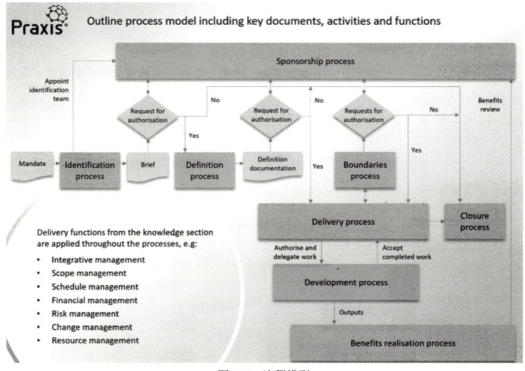

图 105　流程模型

4. 目标受众

项目经理、项目群经理、项目组合经理、项目管理办公室（PMO）经理、发起人、团队成员以及参与 P3M 环境中的决策制定活动的高级管理者。

5. 优势

Praxis 是没有注册商标的、通用且灵活的，因此它能被应用于任何行业、组织、地域或文化。通过将 P3M 成功实践的五个部分引入到唯一的框架，Praxis 极大减少了设定连贯且强有力的组织实践所需要耗费时间。

完整的 360°能力成熟度流程支持项目经理和项目群经理根据最佳实践原则执行日常工作，从而确保了从第一天就开始提升能力。

Praxis 不是一个静态的信息来源。各行业的专家会定期提供与此框架相关的交叉参考资料。网络上免费的参考内容会定期更新。

此框架易于剪裁，举例而言，网上提供的关于如何使用 Praxis 支持 ISO21500，并与之实现兼容的解释说明。

Praxis 目前可用的语言版本有英语、法语、西班牙语和意大利语。中文版正在筹备之中，其他语言版本将随后陆续发布。

PRINCE2®

1. 标题 / 当前版本

PRINCE2® 成功的项目管理方法论（受控环境下的项目管理）于 1989 年首次发布，当时命名为 PRINCE，在 1996 年修订后，更名为 PRINCE2，在 2005、2009、2017 年发布了后续的修订版。如今 PRINCE2 属于 AXELOS。

2. 基本知识

PRINCE2 是全世界项目管理领域中应用最广泛的方法之一。它是一个基于结构和流程的项目管理方法。PRINCE2 提供了一种经过长期考验的方法，依照该方法的经验，所有的项目和组织都能够从中受益。

PRINCE2-2017 中更新的内容有助于理解 PRINCE2 的基本原则如何为良好的项目管理提供基础。其强调如何通过剪裁该方法，以满足项目的实际需要。它提供了许多不同环境下的项目管理实践指南，包括那些使用敏捷方法的项目。

3. 概要

PRINCE2 的设计宗旨是其通用性，因此，无论项目的规模、类型、组织、地理或文化如何，都可以采用 PRINCE2。它通过将项目管理工作与专业技术工作（如设计、施工）分离，以实现其通用性。任何类型项目中的这些专业方面都可以轻松整合，与 PRINCE2 一起使用。它为项目工作提供了一个牢固的总体框架，侧重于描述需要完成的事情，而不是去规定如何完成所有工作。

对于一个要遵循 PRINCE2 的项目，该项目必须至少：

- 应用 PRINCE2 的原则（持续的业务验证、吸取经验教训、明确定义的角色和职责、按阶段管理、例外管理、关注产品、根据项目剪裁）；
- 符合 PRINCE2 主题（商业论证、组织、质量、计划、变更及进展）中规定的最低要求；
- 具备满足 PRINCE2 流程目的和目标的项目流程；
- 使用 PRINCE2 推荐的技术（例如，质量评审）或具有同等效用的可替代技术。

PRINCE2 是以被证明可行的项目管理经验和治理为基础的项目管理方法，因此，在使用时必须根据项目的具体背景对其进行剪裁。组织的需求，扩展到项目的规模和复杂度。它为所有项目参与者提供了一种通用的语言（"PM 专用语言"），以促进沟通，并促进项目工作的一致性，以及项目资产的再利用。此外，它确保参与者根据其商业论证目标持续对项目可行性进行关注，而不是轻易地将完成项目视为工作的结束标志。PRINCE2 确保利益相关方（包括项目发起人和资源提供者）的意见在制定决策和计划时得到充分的体现。最后，PRINCE2 还有一个重要的作用,就是促进项目经验的吸取,并为组织的持续改进提供了动力。

PRINCE2 为项目管理提供了流程模型,如图 106 所示。这些流程由一系列对项目的指导、管理和交付活动组成。

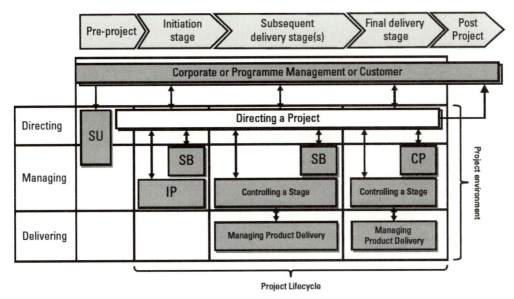

图 106　PRINCE2 流程模型

来源：AXELOS

4. 目标受众

项目经理、项目团队成员、参与该项目决策活动的高级管理人员。

5. 范围和局限性

PRINCE2 具备通用性,因此可以被任何项目所采用,而不用考虑项目的规模、类型、组织、地理或文化等因素。

局限性：PRINCE2 并未涵盖项目管理的所有方面,其不包含如下主题。

- 专业方面。PRINCE2 是通用的,因此不包括行业相关的活动以及特定类型的活动。工程模型、敏捷方法或特定技术（例如,组织变革管理、采购、SCRUM）可以与 PRINCE2 一起使用。
- 具体的技术。被证明可行的计划编制技术及控制技术可以用于支持 PRINCE2 的主题；例如,关键路径分析（用于计划编制）和增值分析（用于进展控制）。
- 领导能力。领导力、激励技能以及其他人际交往等软技能,是项目管理的关键成功因素,但这些因素并不能编写成方法。

ArchiMate®

1. 标题 / 定义

ArchiMate® 2.1，Open Group 的一个标准。

2. 基本知识

ArchiMate® 是一个被多家工具厂商和咨询公司支持、开放和独立的企业架构建模语言。ArchiMate 提供工具，支持企业架构师以无歧义的方式描述、分析和可视化业务领域之间的关系。

3. 概要

ArchiMate® 2.1 版发布于 2013 年 12 月，由 The Open Group 的成员开发，目前与全球最知名的企业架构框架 TOGAF® 保持着较强的统一性。因此，企业架构师使用该语言可以改善关键业务与 IT 利益相关者合作的方法，并适应变化。

该标准包含了 ArchiMate 作为可视化设计语言的正式定义、用于定义相互关联架构的概念，以及典型利益相关者的观点。标准中还包含了一章关于语言扩展方面的内容

标准的内容如下：
- ArchiMate使用的整体模型框架；
- 建模语言的结构；
- 建模框架组成要素的详细分解结构，涵盖三个层面（业务/应用/技术），跨层依赖关系和整合，以及框架内关系的构成要素关系；
- 架构观点，包含一组标准的观点；
- 框架的可选扩展；
- 规范未来方向的注解；
- 符号概述和概要。

ArchiMate2.1 版通过更清晰的跨职能理解与互信，提升了企业管理人员、企业架构师、系统分析员、软件工程师、业务流程顾问及基础设施工程师之间的协作。该标准支持建立完整的、一体的组织企业架构模型，并通过其背后的动机和项目集、项目及迁移路径来实现。ArchiMate 遵循 TOGAF 框架定义的术语，其 2.0 版本已经支持整个 TOGAF 架构开发方法（ADM）周期的建模。

4. 目标受众

企业架构师、业务架构师、IT 架构师、应用架构师、数据架构师、软件架构师、系统架构师、

解决方案架构师、基础设施架构师、流程架构师、领域架构师、产品经理、运营经理、高级经理、项目负责人，及通过企业架构定义的参考框架内工作的任何人员。

5. 范围

　　ArchiMate 标准的作用是通过提供一个图形化的语言来展现企业架构（例如，包括改造和迁移规划在内），以及它们的动机和理由。ArchiMate 建模语言提供了描述企业架构的统一图形表示，并提供了一套完整的方法，用于描述和可视化不同架构域及其潜在的关系和依赖。

　　ArchiMate 语言的设计从一组相对通用的概念（对象和关系）开始，这已在企业架构的不同架构层面应用中进行了定义。ArchiMate 最重要的设计局限表现为它被明确设计成最大程度的紧凑性，但它对于大多数企业架构建模任务仍然可用。为简化学习和使用，ArchiMate 已经将概念限制到足够适用对 80% 的实际情况进行建模。

IT4IT ™

1. 标题 / 当前版本

IT4IT ™参考架构 2.1 版是一个 Open Group 标准。

2. 基本知识

Open Group IT4IT 参考架构是用于 IT 业务管理的标准参考架构。利用价值链的方式来创建 IT 的功能模型,以帮助组织识别有助于提升业务竞争力的活动。

IT 价值链中具有 4 个由参考架构支撑的价值流,以提高效率和灵活性。这 4 个价值流是:
- 战略到组合;
- 需求到部署;
- 请求到履行;
- 检测到纠正。

每一个 IT 价值流都建立在服务模型、基本数据对象(信息模型),以及支持它的功能组件(功能模型)这几个关键要素之上。综上所述,这 4 个价值流在服务模型的生命周期中对其进行的 IT 控制发挥着至关重要的作用。

IT4IT 参考架构标准(见图 107):
- 为 IT 业务管理提供厂商中立、技术无关及行业无关的 IT 业务管理参考架构,从而为持续改进提供洞察力。
- 提供 IT 业务管理能力,使 IT 在整条价值链中能够在一个较低的风险水平下,以更好、更快、更经济的方式执行。
- 在一致的服务模型骨干上(通用数据模型/环境)对技术规范和交互提供规范的指导。
- 支持由数字经济驱动的现实用例(例如,云采购、敏捷、DevOps以及服务代理)
- 通过采用数据集中实施模型,包括并补充现有的流程框架和方法(例如,ITIL®、CoBIT®、SAFe以及TOGAF®),从本质上解释了整个价值链的信息模型。
- 独立于行业,为每个人解决相同的问题。
- 为现状设计,并兼顾未来的IT范例。

3. 概要

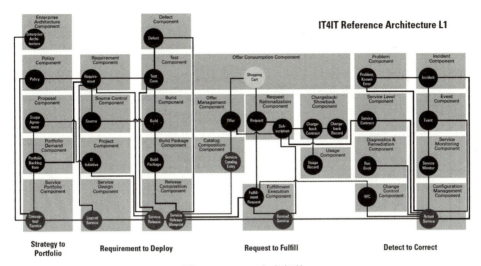

图 107　IT4IT 参考架构

IT4IT 参考架构标准由 IT 价值链及三层参考架构组成。第一层如图 108 所示。

IT4IT 参考架构为当今数字化企业的 IT 管理能力的实施提供了规范的、整体的指导。它被定位为可以与 NRF/ARTS、TMF 框架（也称 eTOM）、ACORD、BAIN 以及其他类似指南向媲美的参考架构。

综上所述，这 4 个价值流在服务模型的生命周期中对其进行的 IT 控制发挥着至关重要的作用。

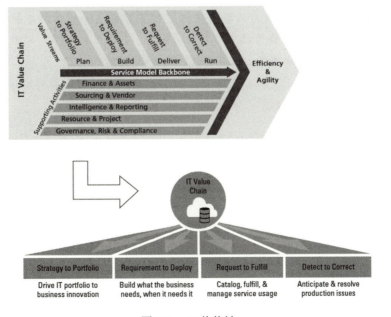

图 108　IT 价值链

战略到组合（S2P）价值流：
- 提供平衡和代理投资组合的战略
- 提供横跨PMO、企业架构和服务组合的统一观点
- 提高决策制定的数据质量
- 提供KPI和路线图以改善业务交流

需求到部署（R2D）价值流：
- 提供创建、修改或服务采购的框架
- 支持敏捷和传统的开发方法
- 为你交付的服务提供质量、效用、进度和成本的可视化
- 定义持续集成和部署的控制点

请求到履行（R2F）价值流：
- 帮助你的IT组织过渡到服务代理模式
- 将多个供应商的目录整合成单一的目录
- 对服务的订购和总体成本进行有效的管理
- 管理并衡量多个供应商的履行情况

检测到纠正（D2C）价值流：
- 将IT服务运营联合起来，以优化结果和效率
- 使用共享配置模型，确保端到端的可视性
- 在用户受到影响之前识别出问题
- 减少平均修复时间

IT4IT 参考架构的 2.1 版本中，包括/强化了如下主题：
- 服务模型的简化和增强。组成服务模型骨干的数据对象已经被简化，并给出更明确的定义，从而更加全面地了解整个参考架构。服务模型是整个标准的骨干。
- 财务管理支持功能。更新后的参考架构突出了该标准如何对财务管理起到支持性作用。财务管理是整个IT价值链中的支持功能之一，并已经对核心功能和数据对象产生影响，该数据对象已经更新，且更有效地支持该能力。
- 整体标准的一致性和连贯性。2.0版参考架构是首版经过发布的标准。有些章节、命名习惯和内容之间缺乏一致性，这些问题在2.1版中已得到解决。

4. 目标受众

本标准的目标受众为：
- IT总监；
- IT流程分析师；
- 负责"IT业务"问题的架构师；
- 开发和运营经理；
- IT行业的咨询顾问和培训师。

5. 范围

Open Group IT4IT 标准通过全面考察整个 IT 价值链，关注定义、采购、消费和管理 IT 服务。虽然现有的框架和标准已经把重点放在流程上，但是这个标准无关流程的，取而代之的是管理整个服务生命周期所需的数据。然后描述产生和使用所需数据的功能组件（软件）。一旦整合到一起，就创建了一个 IT 管理记录结构体系，确保服务从开始到结束的全面可视性和可追溯性。

IT4IT 在开发和交付方面是保持中立的。它旨在支持敏捷以及瀑布式方法、精益看板过程方法以及全面且详尽的 IT 管理流程模型。

IT4IT 参考架构设计 TOGAF、Architecture 和 ITIL。

TOGAF®

1. 标题 / 当前版本

TOGAF®（一个 The Open Group 标准）。

2. 基本知识

TOGAF® 作为企业架构标准被世界领先企业广泛采用，以提高其业务效率。

3. 概要

TOGAF® 作为 The Open Group 的一个标准，是世界领先企业用以提高其业务效率的一个成熟的企业架构方法和框架。它是最著名且最可靠的企业架构标准之一。该标准用以确保一致的标准和方法，确保企业架构专业人士的沟通。精通 TOGAF 标准的企业架构专业人士享有更高的知名度，以及更好的职业发展前景。TOGAF 可以帮助从业者避免被局限在限定的方法中，帮助他们更有效地利用资源，实现更高的投资回报。

TOGAF 由 The Open Group 在 1995 年首次发布，并不断地演变和改进。The Open Group 是一个致力于通过 IT 标准使业务目标全球化得以实现的联盟，成员超过 400 个，如各界 IT 人士（客户、系统供应商和解决方案供应商、工具供应商、集成商和顾问）以及学者和研究人员。

TOGAF 9.1 版是 TOGAF 9 的一个更新版本，解决了自 2009 年引入 TOGAF 9 后各方提出的意见和建议。它保留了 TOGAF 9 的主要功能和结构，避免浪费 TOGAF 已有的投资，并进一步细化，以阐明被实践证明有效的内容。

该标准共分 7 个部分（见图 109）。

- 第1部分（引言）：这部分内容概述了企业架构的概念，尤其是 TOGAF 方法的关键概念。还包含了 TOGAF 中使用的术语定义和版本说明，并且详细阐述了该版本同以前版本的变化。
- 第2部分（架构开发方法）：这是 TOGAF 的核心。它描述了 TOGAF 架构开发方法（ADM）的详细内容。
- 第3部分（ADM 指南与技巧）：这部分内容主要是应用 TOGAF 及 TOGAF ADM 方法时需要用到的各种指南和技术。
- 第4部分（架构内容框架）：这部分介绍了 TOGAF 内容框架，包括一个用于架构的结构化元模型，可重复使用的架构构建块的用法，以及典型的架构交付成果的概述。
- 第5部分（企业统一体和工具）：这部分讨论了适当的分类标准和工具，用于对企业架构活动的输出进行分类和存储。
- 第6部分（TOGAF 参考模型）：这部分提供了一些架构参考模型，其中包括 TOGAF

基础架构和集成的信息基础设施参考模型（III-RM）。
- 第7部分（架构能力框架）：这部分讨论了组织、流程、技能、角色，以及在企业内部建立并运营一个架构所需的职责。

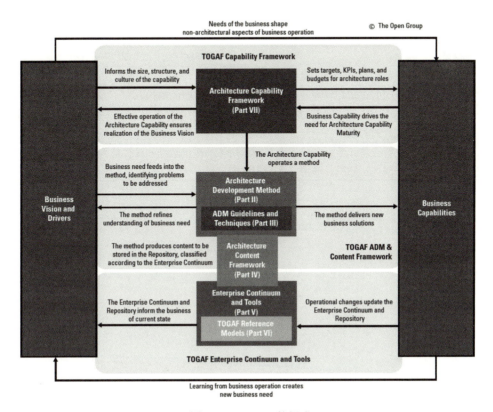

图 109　TOGAF 的组成

来源：The Open Group

TOGAF 的核心是架构开发方法（TOGAF 第 2 部分）。架构能力（TOGAF 第 7 部分）运作此方法，并有一组指南和技术（TOGAF 第 3 部分）对其提供支持。所有产生的内容都被记录和保存（TOGAF 第 4 部分），并根据企业统一体（TOGAF 第 5 部分）进行归类。资源库中详细介绍了 TOGAF 参考模型（TOGAF 第 6 部分）。

4. 目标受众

企业架构师、业务架构师、IT 架构师、数据架构师、系统架构师、解决方案架构师；架构服务供应商和工具供应商。

5. 范围

TOGAF 可用于开发各种不同的企业架构。

TOGAF 与其他管理框架互为补充，并且可以与其他管理框架（更关注政府、电信、制造、国防和财政部门的架构）结合使用。TOGAF 是一种方法，利用 TOGAF 架构开发方法（ADM）来开发针对业务需求的企业架构。

TOGAF 涵盖了四类相互关联的架构的开发。这四种类型的架构作为整体企业架构的子集被普遍接受，TOGAF 支持这四类架构。

架构类型	描述
业务架构	业务战略、治理、组织和关键业务流程。
数据架构	组织的逻辑和物理数据资产及数据管理资源的结构。
应用架构	各个应用程序进行部署的蓝图，它们之间相互作用，以及它们与组织的核心业务流程的关系。
技术架构	支持业务、数据和应用服务部署所需的逻辑软件和硬件能力，包括 IT 基础设施、中间件、网络、通信、流程和标准。

Balanced Scorecard

1. 标题 / 当前版本

平衡计分卡（Balanced Scorecard）。

2. 基本知识

平衡计分卡是一个战略规划和管理框架，用于"将业务活动与组织愿景及战略保持一致，改进内外部沟通，按照战略目标，监控组织绩效"。

3. 概要

平衡计分卡最初由罗伯特·卡普兰博士（哈佛商学院）和大卫·诺顿于 1992 年首次提出，在传统的财务指标基础上，增加了战略级非财务绩效度量。作为一个绩效度量框架，为经理和主管提供组织绩效更"平衡"的视图。平衡计分卡已从早期一个简单的绩效度量"仪表盘"，演变为一个完整的战略规划和管理的体系。它可以将组织的战略计划从被动文档转换成日常的"行动步骤"。

平衡计分卡是一个管理系统（不仅是测量系统），使企业能够明确自己的愿景和战略，并将其转化为行动。它提供了关于内部业务流程及外部成果的反馈，用于持续改进战略绩效和成果。

平衡计分卡包括四个方面（见图 110）。
1. 学习与成长层面：与个人和企业的自我提升相关的员工培训和企业文化建设。
2. 业务流程层面：内部业务流程。
3. 客户层面：以客户为中心和客户满意。
4. 财务层面：财务及财务相关数据，如风险评估及成本收益数据。

平衡计分卡需要通过度量之间的因果关系得到强化：成果度量（以往绩效的滞后指标）和绩效驱动（领先指标）。一个成熟的记分卡应该包含两种指标的结合。

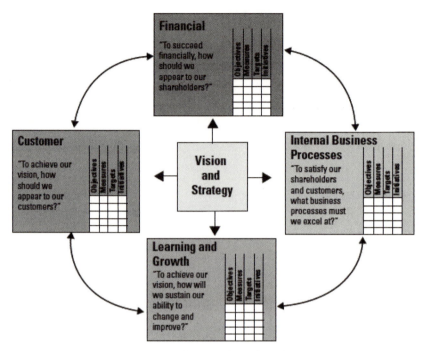

图110 平衡计分卡的四个方面

4. 目标受众

高级管理人员、战略规划人员、企业管理人员。

5. 范围与局限性

平衡计分卡最初是在企业层面开发的，可方便地调整以使 IT 项目、IT 部门及 IT 绩效与业务需求保持一致。

- 平衡计分卡广泛应用于全球商业和工业企业，以及政府和非营利组织；
- 使用 IT 平衡计分卡是支持董事会和管理层实现 IT 与业务保持一致的最有效手段之一。

局限性：

- 愿景与战略不可行；
- 战略没有关联到部门、团队和个人目标；
- 战略没有关联到长期和短期的资源分配；
- 反馈是战术性的，而非战略性的。

BiSL®

1. 标题 / 当前版本

BiSL®（业务信息服务库）第 2 版。

2. 基本知识

BiSL（业务信息服务库）是一个框架和业务信息管理最佳实践结合体。

3. 概要

BiSL（业务信息服务库）由荷兰一家 IT 服务提供商 PinkRoccade 开发，并于 2005 年对外发布。之后转移到公共事业领域，并被 ASL-BiSL 基金会接管。当前的版本是于 2012 年发布的第 2 版。

BiSL 专注于业务组织如何改善对其信息系统的控制：业务支持的需求、信息系统的应用，以及与 IT 供应商在合同或其他方面的相关安排。BiSL 在业务信息管理方面提供了如下指导：在业务流程、运营领域的 IT 控制以及信息管理这三个方面提供了信息系统应用所需的支持。

该库由一个主体框架、最佳实践、标准模板和自我评估组成。该框架从业务角度出发，提供了对信息系统控制的所有流程的描述（见图 111）。

该框架分为 7 个流程集群，定位于运营、管理和战略层面。

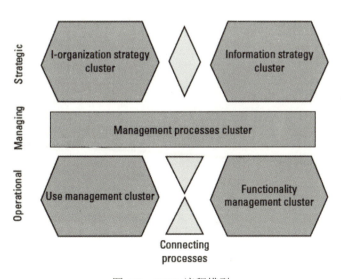

图 111 BiSL 流程模型

对管理集群的使用，为业务流程提供了最优的、持续的支持。功能管理集群的结构和作用改变了信息提供的方式。连接流程集群则侧重于制定对信息提供需要做出何种变更的相关决策，以及如何在用户组织中实施。

管理流程集群确保了所有的业务信息管理领域内的管理活动能够以一个整合的方式进行。战略层面上有三个集群，与制定信息提供政策及参与该活动的组织相关。

4. 目标受众

BiSL 主要受众对象是：业务管理、信息管理以及那些希望通过实现更好的自动化和非自动化信息供应来改善对业务流程支持的专业人员。

5. 范围与局限性

BiSL 的范围是支持、使用、维护、改造及所有相关活动的信息提供和管理的政策。

优势：

- 为业务信息管理提供了一个稳定的框架和通用的语言。
- 得到了一个非营利、厂商中立的基金会的支持，该基金会成员来自世界上的多个组织。
- BiSL 弥补了业务与 IT 职能之间的差距，识别并解决了日趋重要的管理问题。

局限性：

- BiSL 相对较新，在除荷兰以外的国家其知名度相对较低。

BiSL® Next

1. 标题

BiSL® Next 一个业务信息管理框架。

2. 基本原理

BiSL Next 以一个非常实用，用务实的方式介绍了业务信息管理（BIM）。它为每一个想要实践 BIM 的人或需要 BIM 核心基础知识的人而写。除了专注于实现全面数字化，BiSL Next 还关注组织和 BIM 治理，包括人员、技术以及业务信息服务的关键流程。

3. 概要

BiSL Next 描述了下一代业务信息服务库（BiSL®）的框架。BiSL Next 是业务信息管理在公共事业领域的标准，其中包含指导原则、最佳实践和实践模板，为投身数字化业务的领导者及其合作伙伴提供指导。最终目标是更好地使用信息和技术，从而改善业务绩效。

通过对业务信息服务的治理、战略、改进和运营的同时关注，此指南提供了对 BIM 的完整概述。BiSL® Next 是根据持续改进和结构化的理念设计的，这种结构能够增强对"董事会到数据中心"所有层级业务以及 IT 的快速理解。

此指导结构化地分为四个主要领域：治理、战略、改善和运营。

- 定义和概念；
- 组织情境；
- 业务信息管理的政策和组织；
- 视角（站在业务、数据、服务和技术的立场）；
- 数据资产；
- 职责；
- BIM 驱动因素（需求和价值，能力和使命）；
- 其他补充的最佳实践情境（例如ITIL®，COBIT®，TOGAF®）；
- 沟通；
- 实施思路。

12 个元素（四个驱动因素、四个领域和四个视角）是 BiSL Next 指导的基础。此书还提供了检查清单和推荐。最佳实践不应该被视作为"万金油"。因此，应该对所有的指导做出调整以适用于您所服务的组织。此外，有很多超现实主义的漫画和语录能让许多相对难懂的概念变得通俗易懂。

4. 目标受众

- 管理者——主要负责实施和管控数字化服务，和/或所在组织和机构中BIM的人。
- 数字和信息专员——需要理解概念的人。
- 主管——主要负责开发和/或批准数字化和/或BIM治理及策略，然后监督其实施和管控的人。（C级公司管理人员）
- 学者、毕业生和高级别的本科生——必须去教授并且掌握这些基本概念的人。
- 组织中的每一个成员——想要了解更多关于信息和数据方面知识的人。

5. 范围

关于BIM的概念以及IT对业务信息服务的影响的详细且实用的指导。

eSCM-CL

1. 标题 / 定义

eSCM-CL（客户组织 eSourcing 能力模型）1.11 版。

2. 基本知识

eSCM-CL 是一套用于客户组织采购 IT 服务时，改进其能力及关系的"最佳实践"能力模型。eSCM-CL 与服务提供商 eSCM-SP 是对应的。

3. 概要

eSCM-CL 由 ITSqc（来自卡内基梅隆大学）拥有并提供支持。其 1.0 版本发布于 2006 年，当前最新版本是 1.11 版（2010 年）。该模型有两个目的：为客户组织提供指导，帮助他们提高整个采购生命周期的性能；并为客户组织提供一种评估其采购性能的客观方法。

eSCM-CL 采购专业领域组织为多个能力领域，包括 95 个实践，明确了客户方、IT 服务方所需要的关键能力。

eSCM-CL 将涵盖了采购专业领域的主要方面，由包含客户所需的 IT 相关服务中的 95 个至关重要的能力实践组成能力区域。每个实践沿着三个维度设置：采购生命周期、能力领域、能力水平。采购生命周期划分为分析、启动、交付和完成四个阶段，它们贯穿了整个采购周期。

17 个能力领域是实践的逻辑分组，帮助用户记忆和理性地管理模型的内容。5 个能力等级，从 1 到 5 描述了一个改进的路径，在客户组织采购活动中，从有限的执行采购能力，提升到维持长期卓越的最高水平。

4. 目标受众

获取或采购 IT 服务的客户组织。

5. 范围与局限性

eSCM-CL 与 IT 服务相关，它定义了客户组织任务的整体范围，包括组织的战略采购开发、采购规划、服务提供商的选择、与服务提供商达成协议、管理服务交付以及完成协议。组织可以被 eSCM-CL 认证。

优势：
- eSCM 由两部分组成。用于客户方的 ESCM-CL 和用于服务提供商的 ESCM-SP。这两个模型是一致、对称的，共同构成了客户——提供商关系的两个方面，这是该模型的优势和独特性。这两个模型都用于确保流程的整合以建立更强大的合作伙伴关系。无论外包、内包或共享服务，它们都以采购发起和采购策略为主要目标。

局限性：

- 未定义客户端的组织结构，而是提供开发采购职能和从业方面的指导。
- 强调创新是存在的；但它假定稳定的关系和服务提供的治理是最重要的（即战术第一，战略第二）。
- 提供建立采购流程的要求（即实践），而不是如ITIL等其他架构一样提供采购流程。

eSCM-SP

1. 标题 / 定义

eSCM-SP（服务提供商的电子采购能力模型）第二版。

2. 基本知识

eSCM-SP 是一套用于服务供应商进行 IT 采购时的改进路径图，也可作为认证标准"最佳实践"的能力模型。它与客户 eSCM-CL 互相对应。

3. 概要

eSCM-SP 由 ITSqc（来自卡内基梅隆大学）拥有版权并对其维护。版本 1.0 发布于 2001 年，当前最新版本是 2.02 版（2009 年）。该模型有三个目的：为服务提供商提供指导，帮助他们提高在整个采购生命周期的能力；为客户提供评估其服务提供商能力的客观手段；为服务供应商提供标准，以便从竞争对手中脱颖而出。

84 个实践中的每个模型分布在三个维度上：采购生命周期、能力领域和能力等级。能力区提供了实践的逻辑分组，以帮助用户更好地记住和智能管理模式的内容。服务提供商可以在特定的关键采购职能中建立或展示其能力。十大能力领域分别是知识管理、人事管理、绩效管理、关系管理、技术管理、威胁管理、服务转换、签约、服务设计和部署，以及服务交付。

5 个 eSCM-SP 能力级别可以表明组织的能力水平。级别 1 表明该组织提供服务。处于级别 2 的组织具有使其能够始终如一地满足客户需求的程序。级别 3 的组织能够越过合约一致地管理绩效。级别 4 的组织能够通过创新提供增值服务。级别 5 的服务提供商已经证明了他们至少可以在两年内保持优秀，并且以连续通过认证来证明。

4. 目标受众

IT 相关服务提供商及其客户，无论内部供应商、共享服务单位，还是外包、离岸服务提供商。

5. 范围与局限性

eSCM-SP 提供的指导，可以由 IT 服务提供商在几乎所有的市场领域和服务领域应用。eSCM-SP 用于补充现有的质量模型。

优势：

- 多数质量模型只注重设计和交付能力。eSCM-SP 的采购生命周期包括合同交付，以及发起和完成合同。这两个阶段通常是成功建立采购关系中最关键的阶段。采购生命周期也包括这两个阶段的总体实践。eSCM 是双重的，用于客户的 eSCM-CL 和用于服务提供商的 eSCM-SP。这两个模型是一致、对称的，在客户—供应商关系的每个方面是互补的，这是该模式的优点和独特性。这两个模型都被用来确保流程的整合，以建立更强大的合作伙伴关系。

局限性：

- 无法确切定义需要收集的成熟度；eSCM-SP 要求组织定义管理其服务交付和关系需要收集的成熟度。
- 提供建立服务管理流程的要求（即实践），而不是如 ITIL 一样提供流程。

OPBOK

1. 标题 / 定义

OPBOK（外包专业人员知识体系）。

2. 基本知识

OPBOK（外包专业人员知识体系）提供了一套来自世界各地的关于外包业务设计、实施和管理外包合同，包括外包专业人士职业道德和商业实践的最佳实践。

3. 概要

国际外包专业人员协会（IAOP）对 OPBOK 拥有知识产权并负责维护。该协会成立于 2005 年，由在外包方面领先的企业，包括客户、供应商和顾问组成。OPBOK 首次发布于 2006 年，目前的版本为第 10 版，反映了 IAOP 对普遍接受的实践和确保外包成功所需的技能的重要更新。它是 IAOP 外包专业认证（Certified Outsourcing Professional，COP）资格鉴定和认证的基础。

OPBOK 描述了适用于成功设计、实施和管理外包合同的普遍接受的知识和实践集合。
它提供了：

- 一个用来了解何为外包，以及外包如何符合业务运营的框架；
- 普遍接受的外包专业知识和实践；
- 外包交易和外包合同的常用词汇表。

OPBOK 分为 10 个外包专业知识领域。该 OPBOK 框架是基于 5 个阶段的外包过程（见图 112）。

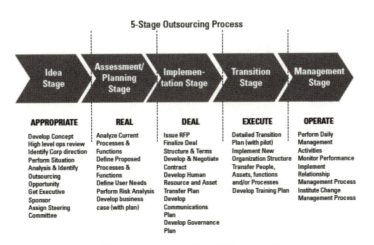

图 112 OPBOK 外包流程 5—阶段

资料来源：IAOP

4. 目标受众

主要针对外包专业人士,如外包买方、外包供应商和顾问;对外包感兴趣的高层管理人员、培训师和研究外包的学者。

5. 范围和局限性

OPBOK 的应用范围是治理,以及对外包、治理、识别和沟通业务需求、选择和验证提供方资格、获得内部支持、创建项目团队并得到合理投资回报等进行定义的战略方法。

OPBOK 和卡耐基梅隆大学的 eSCMs 正逐渐成为外包领域的两个标准。OPBOK 作为 eSCM-CL（针对客户的 eSCM）的补充,专注于任何服务的外包（但仅限外包）,而 eSCM-CL 专注于 IT 服务和多种类型的采购,包括外包、内包和共享服务。OPBOK 用于个人的外包专业认证,而 eSCM-CL 支持对组织的鉴定、评估和认证。

优势:

OPBOK 反映全球范围内外包专业人士的最佳实践,包括"创造或打破"在内的影响外包举措的因素。

局限性:

OPBPK 没有解决内包或共享服务。

Operating Model Canvas

1. 标题

运营模式画布:让运营和组织之间保持战略上的一致。

2. 基本知识

运营模式画布(见图113)是一种工具,通过使用这个工具能够让管理者之间达成战略协同。从优步到壳牌,从 IT 部门到慈善机构,运营模式画布有很多相关案例。它包括一个由近20个工具组成的工具包,这些工具能够对运营模式的分析和定义起到助力作用。它还包括两个内容翔实的案例分析。

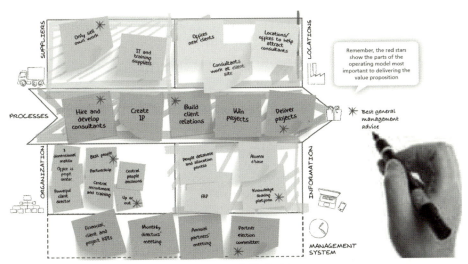

图 113 运营模型画布

运营模式画布与商业模式画布相吻合。就像 Yves Pigneur(《商业模式新生代》和《价值主张设计》的作者)解释的那样:"Andrew Campbell 和其他合著者关注了商业模式画布的'左手边',从而创建了运营模式画布。"Patrick van der Pijl(《设计一门好生意》的作者)补充道:"这本书是《商业模式新生代》《价值主张设计》和《设计一门好生意》系列丛书的一部分。它们都应该放到你的书桌上。"

3. 概要

运营模式是一份文件。它帮助高层级管理者将战略转化到运营。可以类比想象一下绘制蓝图。

运营模式能够帮助高级管理者做出运营抉择，帮助运营部门的领导设计详细的工作流程，帮助 HR 领导决定需要什么样的人来完成工作以及用什么样的结构来指导和控制这些人，帮助 IT 领导对 IT 架构做出决策，帮助供应链领导设计供应商关系。因此，在战略和为了创建职能组织所需要做出的决策之间，运营模式是一个重要的步骤。

宏观的运营模式可以是一页纸的篇幅，当然也有超过 100 页纸的运营模式，附带 1000 页以上的运营手册。本书主要介绍的是宏观的运营模式。

运营模式画布是一页纸模型。与商业模式画布相似，运营模式画布包含运营元素（活动、资源和合作伙伴）。向下细分的 6 个元素构成了有助于记忆的字母组合 POLISM，即流程、组织、地点、信息、供应商和管理系统。

流程可以用于改善向客户/受益者实现价值主张或服务主张的工作，即价值链。组织可以用于人们改善组织结构、职能定义以及决策权。地点可以用于改善工作地。信息可以用于优化支持工作的应用软件。供应商可以用于强化对组织需要却位于组织外部的机构的管理。管理系统可用于组织所需的计划、预算、绩效监控等活动。

运营模式画布可以适用于跨国公司、单一的业务部门、职能部门（例如 HR、销售）、职能部门的从属部门、慈善机构或政府机构。

运营模式画布阐述了创建商业模式画布的方法，并提供了各个不同种类画布的实例。

第 1 部分　运营模式画布

描述在组织转型过程中，商业模式画布和运营模式画布的作用之间的联系。

第 2 部分　运营模式画布案例

从优步到壳牌，从 IT 职能部门到英国 Cardboard Citizens 慈善机构的 15 个真实组织的案例。

第 3 部分　工具箱

18 个工具，分为 5 个核心工具和 13 个附加工具。

第 4 部分　业务设计目标运营模式

某个向电力行业提供设备的公司的翔实案例。

第 5 部分　职能部门设计运营模式

关于 IT 职能部门的内容翔实的案例。

第 6 部分　关于变革的示例

6 个改善绩效的"as is"和"to be"方面的例子。

4. 目标受众

- 需要设计运营工作方式的运营部门或任何职能部门的管理人员。
- 需要审核其所在的组织和规划的首席执行官、首席运营官或企业家。
- 需要更具战略性的精益管理实践者、流程优化管理者。
- 希望让战略或规划更落地的管理者。
- 从事变革项目的项目经理或变革专家。
- 需要确定其团队成员是否协同一致的领导者。
- 希望改善业务的 HR、IT 或财务领域的商业伙伴。

- 需要设计新业务的业务拓展经理。
- 业务架构、企业架构或运营战略相关人员。
- 负责削减成本或改善服务或质量的管理者。
- 负责客户体验或用户体验的专员。
- 负责并购后整合的管理者。
- 帮助企业改善的顾问。
- 负责绩效的相关人员。

5. 范围

- 什么是运营模式?
- 运营模式和商业模式之间的联系。
- 运营模式和战略之间的联系。
- 运营模式的设计工具。
- 如何设计目标运营模式?
- 内容翔实的运营模式案例。
- 运营模式在转型变革中所起的作用。

Six Sigma

1. 标题 / 当前版本

六西格玛。

2. 基本知识

六西格玛是通过识别和消除缺陷使流程得以改进的一种结构化的、遵守规则的、严格的方法。六西格玛是一种业务管理战略，最初是由美国摩托罗拉公司于1986年制定。

3. 概要

基于正态曲线运用六西格玛作为测量标准可以追溯到20世纪20年代，当时休哈特表明，在三西格玛（标准偏差）这个点，流程需要校正。80年代中期，摩托罗拉的工程师开始测量每百万机会缺陷，以提供足够详细的质量水平测量。术语"六西格玛"是由参与该项目的一位名叫史密斯的工程师创造的。六西格玛引用了统计学的概念，有99.99%的把握能够达成预期的结果。西格玛值越大，表示每百万个机会（DMO）中出现缺陷或错误的概率越低。六西格玛用于定量地描述一个流程的执行情况。实现六西格玛意味着流程在每百万次机会中出现缺陷的次数不高于3.4，这里的缺陷指的是不符合客户需求的任何事项。

六西格玛是指具有实现特定结果的99.99%的可信的统计概念。更大的西格玛表示每百万个机会（DMO）更低的预期缺陷的缺陷或错误。六西格玛的统计表示定量地描述一个进程正在执行。这个质量水平意味的是所有的过程和结果中，99.99966%是无缺陷的，也就是说，做100万件事情，其中只有3.4件是有缺陷的，这几乎接近于人类能够达到的最为完美的境界。

六西格玛可以在三个层面感知。

可以从以下三个层面理解六西格玛。

衡量指标：每百万机会只有3.4个缺陷（DPMO）。

方法论：

- DMAIC（定义—测量—分析—改进—控制）是一种结构化的解决问题的途径和工具。
- DMADV（定义—测量—分析—设计—验证）是一种用来设计产品和流程的数据驱动的质量战略。
- DFSS（六西格玛设计）是部署六西格玛的方法。

管理哲学：通过六西格玛改进项目，实现基于测评的战略，关注流程改进和减少偏差，并采用以客户为中心、以数据驱动的决策，最终减少业务偏差。

六西格玛使用一组质量管理技术，包括统计信息，并在组织内建立独特的六西格玛的专家团队架构（"黑带""绿带"等）。在组织内部进行各六西格玛的每个项目追寻事先定义的步骤序列，并量化项目的目标（如降低成本和/或利润增加）。

4. 目标受众

使用六西格玛的可以是任何参与流程改进的人员，例如业务、分析师、工程师、项目经理和顾问等。

5. 范围和局限性

六西格玛适用于任何类型组织的任何流程，从制造到交易，从产品到服务，只要是某个环节需要消除缺陷的都可以。六西格玛与"精益"方法互为补充，精益的重点是消除浪费的流程活动。一些实践者已经联合六西格玛与精益思想，创建了一种名为"精益六西格玛"的方法。

优势：
- 是一种安全、严格、结构化的方法。
- 是一种以事实为基础的方法（根据统计信息，而不是凭直觉）。
- 具有合适技能、训练有素的资源。
- 快速实施。

局限性：
- 对输出量较小的流程使用六西格玛，可能会产生不可靠的结果。
- 没有足够的统计知识来使用复杂的统计方法。正确使用此方法需要经过培训。

SqEME®

1. 标题 / 当前版本

SqEME® 流程管理，SqEME 2008 版。

2. 基础知识

SqEME® 是一个关于企业开发以流程为中心的架构的开放标准。该标准基于四个互补的"窗口"来看待流程问题，荷兰一家非营利组织 Stichting SqEME 对其拥有知识产权。

3. 概要

SqEME® 是由荷兰的公共部门、私营机构、咨询机构和独立顾问共同开发的。SqEME 于 2002 年首次出版，SqEME 基金会于 2007 年建立。当前版本是 2008 版。

SqEME 使企业能够认识、设计、控制、管理和改进其流程，同时提供了一组一致且连贯的建模技术。该方法的一个重要假设是员工的职业成熟度。员工具体要做的工作并不是重点关注的，而是要关注周围的系统以及员工之间的合作和信息交流。SqEME 探讨了组织内不同部门如何相互调整适应，以及组织内部的消息传递如何进行。

通过四个"窗口"实现可视化是 SqEME® 方法的基本思维模式（见图 114）。这四个窗口分别是体制（Constitution）、化学（Chemistry）、构建（Construction）和一致（Correspondence）。

体制窗口关注的是"体制性"问题：

- 什么是企业的关键绩效区？
- 在关键绩效区内，哪些活动可以被区分？
- 哪些交互模式与活动链接？

一致窗口被用来获得"运营中"企业的动态情况，这与监控业务相关。业务流程是否可视化及相互认同？流程执行情况是否与目标一致？

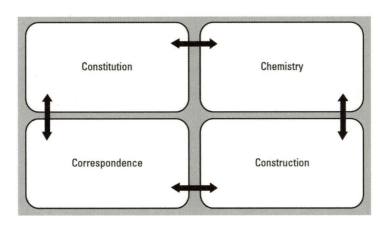

图 114　SqEME 窗口

资料来源：SqEME

化学窗口重点关注企业的"凝聚力"，以及相关专业人员之间的互动。这个窗口主要展示了交互和沟通模式的质量。

构建窗口通过关注部署和实施，提供了对企业最真实的观察。这四个窗口使得我们可以从不同的视角看待组织，不再是垂直地看层次结构，而是看组织内的流程及其关联性。

4. 目标受众

参与业务流程建模和流程改进的任何人。

5. 范围和局限性

SqEME 用于整个企业范围内的流程改进。

优势：

SqEME® 方法使得我们可以用一种虽然微妙但却非常清晰的方式描述组织的设计，同时它还提供了一套完整的一致的建模技术。

该方法已经在实践中得以证明。SqEME® 在荷兰的工业、服务业及非营利部门中得到广泛应用。

局限性：

可能需要很长时间来对所有的业务流程进行详细建模。其中一个主要观点是"做好就行，不需要做到最好"。

附录Ⅰ EXIN VeriSM 基础级认证考试大纲和样题及答案解析

Copyright © EXIN Holding B.V. and BCS，2018. All rights reserved.
EXIN® is a registered trademark.
VeriSM is a registered trademark of IFDC.
SIAM ™ is a registered trademark.
No part of this publication may be reproduced，stored，utilized or transmitted in any form or by any means，electronic，mechanical，or otherwise，without the prior written permission from EXIN.

1. 概述

VeriSM 基础级，VeriSM 入门级，VeriSM 加。

范围

VeriSM 是一套服务管理方法，可帮助服务提供者创建灵活的运营模型，达到预期的业务成果。VeriSM 描述了企业如何定义其服务管理原则，再利用组织能力、新兴技术和综合管理实践来传递价值。VeriSM 基础级认证证明专业人员具备以下方面的知识：

- 服务组织；
- 服务文化；
- 人员和组织结构；
- VeriSM模型；
- 循序渐进实践；
- 新兴技术；
- 入门指南。

总结

VeriSM 从组织层面描述了一套服务管理方法，着眼于端到端的关系，而不局限于单个部门。基于 VeriSM 模型，向各组织机构说明如何灵活地采用一系列管理实践，适时向客户提供合适的产品或服务。根据组织业务类型、组织规模、业务优先级、组织文化乃至特定项目或服务的性质，VeriSM 做到有量身定制、对症下药。某个规定的工作方式并非该模型的关注焦点，而是通过综合服务管理实践，帮助组织机构响应客户和传递价值。VeriSM 展示如何将现行有效的工作方式融入整个组织环境，灵活采用不同的管理实践满足不同的服务管理环境。

VeriSM 基础级认证构建基础技能与知识，让大家能够加入服务组织并为客户传递价值。该认证基于 VeriSM——数字化时代的服务管理方法。

背景信息

VeriSM 基础级、VeriSM 入门级和 VeriSM 加认证均属于 VeriSM 认证体系（见图 115）。

基础级整体作为一门考试，同时也可分为两部分，分别参加认证考试：VeriSM 入门级和 VeriSM 加。VeriSM 入门级重点关注基本服务管理原则，VeriSM 加则重点关注循序渐进实践及其与服务管理的关系。

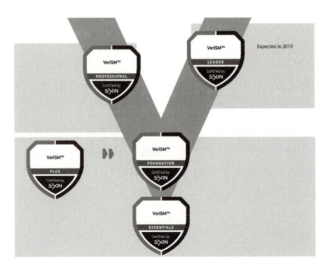

图 115　VeriSM 国际资格认证体系

目标群体

目标群体包括通过服务开发、交付、运营和/或推广等方式，为客户提供价值的所有相关专业人员和组织机构。VeriSM 基础级、VeriSM 入门级以及 VeriSM 加经过验证，不仅适合于服务管理职业生涯刚刚起步的新手，同时还适合于需要获知简单服务管理方法的老手。

上述认证体系对产品和服务相关的专业人员来说都是必不可少的，尤其会吸引以下群体关注。

- 服务组织内部人员，以下列群体为主：
  - 部门经理或总监。希望了解如何有效运用不断演进的管理实践。
  - 服务主管或服务经理。需要掌握最新技能并了解服务管理的变革。
  - 高级管理层CEO、CIO、COO等。服务有效交付的责任人。
  - IT 从业者。
  - 在服务类型企业中的所有人。

认证要求

VeriSM 基础级

- 顺利通过VeriSM基础级考试。

VeriSM 入门级

- 顺利通过VeriSM入门级考试。

VeriSM 加

- 顺利通过VeriSM加考试。

持有以下证书，也可视作通过 VeriSM 基础级认证：

- 持有现有服务管理认证证书＋VeriSM加认证证书。
- 持有VeriSM入门级认证证书＋VeriSM加认证证书。

考试细节

VeriSM 基础级

考试类型	计算机考或笔试，单选题
题目数量	40
通过分数	65%（共 40 题，答对 26 题通过）
是否开卷考试	否
是否允许携带电子设备/辅助设备	否
考试时间	60 分钟

VeriSM 入门级

考试类型	计算机考或笔试，单选题
题目数量	20
通过分数	65%（共 20 题，答对 13 题通过）
是否开卷考试	否
是否允许携带电子设备/辅助设备	否
考试时间	30 分钟

VeriSM 加

考试类型	计算机考或笔试，单选题
题目数量	20
通过分数	65%（共 20 题，答对 13 题通过）
是否开卷考试	否
是否允许携带电子设备/辅助设备	否
考试时间	30 分钟

EXIN 的考试规则和规定适用于本次考试。

布鲁姆级别

VeriSM 基础级、VeriSM 入门级和 VeriSM 加认证根据布鲁姆分类学修订版对考生进行布鲁姆 1 级和 2 级测试。

- 布鲁姆1级：记忆——依靠对信息的回忆。考生需要吸收、记住、识别和回忆。这是考生提升到更好的级别之前的学习基础。
- 布鲁姆2级：理解——比记忆更重要的步骤。理解表明考生能够理解呈现的内容，并能够评估如何将学习资料应用到个人所在的环境中。

培训

培训时长

VeriSM 基础级

本培训课程要求的培训时长为不少于 14 小时。该时长包括学员分组、考试准备和短暂休息。该时长不包括家庭作业、备考的准备工作和午餐休息时间。

VeriSM 入门级

本培训课程要求的培训时长为不少于 7 小时。该时长包括学员分组、考试准备和短暂休息。该时长不包括家庭作业、考试环节和午餐休息时间。

VeriSM 加

本培训课程要求的培训时长为不少于 7 小时。该时长包括学员分组、备考和短暂休息。该时长不包括家庭作业、考试环节和午餐休息时间。

建议个人学习量

VeriSM 基础级：

40 小时。

VeriSM 入门级：

20 小时。

VeriSM 加：

20 小时。

学习量是指准备考试付出的平均努力，根据每个考生现有知识的掌握情况可能有所不同，具体包括阅读文献、参加模拟考、参加培训课程。

授权培训机构

您可通过 EXIN 官网 www.exin.com 查找该认证的授权培训机构。

2. 考试要求和规范

具体考点详见考试规范。下表为考试大纲，罗列出了各模块考点的主题及考试要求。

考试要求	考试规范	VeriSM 基础级比重	VeriSM 入门级比重	VeriSM 加比重
1. 服务组织				
	1.1 组织环境	2.5%	5%	
	1.2 组织治理	2.5%	5%	
	1.3 数字化转型	5%	5%	5%
2. 服务文化				
	2.1 服务文化	5%	10%	
3. 人员和组织结构				
	3.1 组织架构	10%	10%	15%
	3.2 服务管理挑战	10%	15%	
4. VeriSM 模型				
	4.1 VeriSM 模型	25%	50%	15%

续表

考试要求	考试规范	VeriSM 基础级比重	VeriSM 入门级比重	VeriSM 加比重
	4.2 适配 VeriSM 模型	7.5%		15%
5. 领先的实践				
	5.1 领先的实践	20%		30%
6. 创新技术				
	6.1 技术的影响	10%		15%
7. 正式启程				
	7.1 正式启程	2.5%		5%
	合计	100%	100%	100%

考试规范

"考试范围"一列是指适用于基础级（F）、入门级（E）和加（PL）三门考试分别的考纲范围。

1.	服务组织			考试范围
	1.1	组织环境		
		考生能够:		
		1.1.1	说明组织的关键要素。	F, E
		1.1.2	描述如何优化组织交互。	F, E
	1.2	组织治理		
		考生能够:		
		1.2.1	说明组织治理的要素（评价、指导、监督）。	F, E
		1.2.2	说明治理如何贯通整个组织。	F, E
	1.3	数字化转型		
		考生能够:		
		1.3.1	说明技术变化对组织的影响。	F, E, PL
		1.3.2	描述数字化转型对服务管理的影响。	F, E, PL
2.	服务文化			考试范围
	2.1	服务文化		
		考生能够:		
		2.1.1	定义服务文化。	F, E
		2.1.2	说明服务文化的要素。	F, E
3.	人员和组织结构			考试范围
	3.1	组织结构		
		考生能够:		
		3.1.1	说明领导者和管理者之间的区别。	F, E, PL
		3.1.2	说明服务管理专业人员的素质。	F, E, PL
		3.1.3	列出运作良好的团队的要素。	F, E, PL
	3.2	服务管理挑战		

续表

		考生能够：		
		3.2.1	说明克服团队挑战的方法（孤岛、虚拟团队）。	F，E
		3.2.2	说明管理消费者的挑战。	F，E
		3.2.3	描述沟通要素。	F，E
		3.2.4	说明组织变革原则。	F，E
4.	VeriSM 模型			考试范围
	4.1	VeriSM 模型		
		考生能够：		
		4.1.1	说明 VeriSM 模型的要素。	F，E，PL
		4.1.2	说明 VeriSM 如何重新定义服务管理。	F，E，PL
		4.1.3	说明 VeriSM 如何利用管理网格创造和支持服务。	F，E，PL
		4.1.4	说明 VeriSM 模型四个阶段中各个阶段的要素： 定义 生产 提供 响应	F，E，PL
	4.2	调整 VeriSM 模型		
		考生能够：		
		4.2.1	说明选择和集成管理实践的过程。	F，PL
		4.2.2	说明成功运营模式的特点。	F，PL
5.	先进的管理实践			考试范围
	5.1	先进的实践		
		考生能够：		
		5.1.1	说明采用先进的管理实践的成功因素。	F，PL
		5.1.2	明确敏捷、DevOps、SIAM ™、精益等关键概念以及何时将其作为管理实践应用。	F，PL
		5.1.3	说明在服务交付中考虑左移（Shift Left）、客户体验/用户体验（Customer Experience/User Experience）、持续交付（Continuous Delivery）实践的重要性。	F，PL
6.	创新技术			考试范围
	6.1	技术的影响		
		考生能够：		
		6.1.1	总结技术对服务管理的影响。	F，PL
		6.1.2	说明云、虚拟化和自动化的益处。	F，PL
		6.1.3	说明大数据、物联网、移动计算、自带设备对服务管理的影响。	F，PL
		6.1.4	定义与服务交付有关的无服务器计算、人工智能、机器人过程自动化（RPA）、机器学习和容器化。	F，PL

7.	正式启程			考试范围
	7.1	正式启程		
		考生能够：		
		7.1.1	确定基于 VeriSM 的改进计划的启动步骤。	F，PL
		7.1.2	区分被动和主动运营。	F，PL

3. 基础术语表

本节包含了考生应熟知的术语和缩写。

请注意单独学习术语并不能满足考试要求。学员必须了解其概念，并且能够举例说明。

英文	中文
Agile service management	敏捷服务管理
A-shaped professional	A 型专家
Asset	资产
Behavior	行为
Best practice	最佳实践
Business model	商业模式
Business relationship management	商业关系管理
Business service management	商业服务管理
Capability	能力
Change	变更
Change fatigue	变革疲劳
Competence	素质
Consumer	消费者
Consumer experience	消费者体验
Continuous delivery	持续交付
Continuous deployment	持续部署
Continuous integration	持续集成
Contract management	合同管理
Critical thinking	批判性思维
Culture	文化
Customer	客户
Customer experience （CX）	客户体验（CX）
Customer relationship management	客户关系管理
Cybersecurity	网络安全
Data protection	数据保护
DevOps	DevOps
Digital disruption	数字化颠覆
Digital native	数字原住民
Digital optimization	数字优化

续表

英文	中文
Digital service	数字服务
Digital transformation	数字化转型
Enterprise service management	企业服务管理
Expectation management	期望值管理
Explicit knowledge	显性知识
Financial management	财务管理
Implicit knowledge	隐性知识
Incident	事件
Information Security	信息安全
I-shaped professional	I型专家
Issue	问题
Knowledge Management	知识管理
Lagging indicators	滞后指标
Leading indicators	领先指标
Lifelong learning	终身学习
Management	管理层
Management practices	管理实践
Mission	使命
Network effect	网络效应
Operant behavior	操作性行为
Operation model	运营模式
Operational planning	运营计划
Organization	组织
Organizational behavior management（OBM）	组织行为管理（OBM）
Organizational capability	组织能力
Outcome	成果
Output	产出/输出
PESTEL	PESTEL/环境分析模型，包括政治因素（Political）、经济因素（Economic）、社会因素（Social）、技术要素（Technological）、环境因素（Environmental）和法律因素（Legal）
Policy	政策
Principle	原则
Problem	问题
Procedure	程序
Process	流程
Product	产品
Profession	专业性
Provider	提供者
Quality	质量

续表

英文	中文
Reflective practice	反思性实践
Relationship management	关系管理
Request	请求 / 需求
Retrospective	回顾
Role	角色
Service	服务
Service culture	服务文化
Service integration and management（SIAM）	服务集成与管理（SIAM）
Service management	服务管理
Service management operating model	服务管理运营模型
Service provider	服务提供者
Shadow behavior	影子行为
Shadow IT	影子 IT
Silo	孤岛
Skills inventory	技能库
Solution	解决方案
Source event	源事件
Stakeholder	利益相关者
Stand-up meeting	站会
Strategic planning	战略规划
Supplier management	供应商管理
SWOT	优势、劣势、机会、威胁
Tacit knowledge	隐性知识
Tactical planning	战术计划
Target operating model	目标运营模式
Team	团队
Technical debt	技术债务
Tribalism	部落主义
T-shaped professional	T 型专家
User	用户
User experience（UX）	用户体验（UX）
Value	价值
Value proposition	价值主张
Values	价值观
VeriSM	数字化服务管理模型

续表

英文	中文
VeriSM Model including: Governance Service Management Principles Management mesh Define Produce Provide Respond	数字化服务管理模型（VeriSM）包括： 治理 服务管理原则 管理网格 定义 生产 提供 响应
Virtual team	虚拟团队
Vision	愿景

4. 指定教材

必选教材

以下文献包含了考试要求掌握的知识。

A 作者：Claire Agutter，Rob England，Suzanne D. Van Hove，Randy Steinberg

VeriSM-A service management approach for the digital age

出版社：Van Haren Publishing：2017 年 12 月

国际书号 ISBN：978 94 018 0240 6 （纸质书）

国际书号 ISBN：978 94 018 0241 3 （电子书）

可选教材

B 作者：Helen Morris & Liz Gallacher

VeriSM Foundation Study Guide

出版社：Van Haren Publishing：2018 年 2 月

国际书号 ISBN：978 94 018 0270 3 （纸质书）

国际书号 IBSN：978 94 018 269 7 （电子书）

备注

可选教材仅作为参考和深度学习使用。

教材考点分布矩阵

考试要求	考试规范	教材参考章节
1. 服务组织		
	1.1 组织环境	第 1 章、第 2.1 ～ 2.4 节
	1.2 组织治理	第 2.5 节
	1.3 数字化转型	第 3、16 章
2. 服务文化		
	2.1 服务文化	第 4 章
3. 人员和组织结构		
	3.1 组织架构	第 5 章
	3.2 服务管理挑战	第 6 章
4. VeriSM 模型		
	4.1 VeriSM 模型	第 7 ～ 14 章
	4.2 适配 VeriSM 模型	第 11、15 章
5. 领先的实践		
	5.1 领先的实践	第 17 ～ 24 章
6. 创新技术		
	6.1 技术的影响	第 25 章
7. 正式启程		
	7.1 正式启程	第 26 章

中文样题

201807 版

EXIN VeriSM 基础级认证考试说明

本试卷基于 VeriSM 基础级。EXIN 考试准则适用于该考试。

本试卷由 40 道单项选择题组成。每道选择题有多个选项,但这些选项中只有一个是正确答案。

本试卷的总分是 40 分，每道题的分数是 1 分。每答对一题获得 1 分。如果您获得的总分数为 26 分或以上，证明您通过本考试。

考试时间为 60 分钟。

EXIN VeriSM 基础级认证考试样题及解析

样题

1. 以下哪一种表述最符合影子行为（shadow behavior）？
   A. 下级通过旁观工作和在岗学习方式观察上级
   B. 建立部落制度，团队成员之间出现"抢风头"现象
   C. 未经明确的组织批准，实施系统或解决方案
   D. 用户在不知不觉中享受提供的 IT 服务

2. 治理如何贯通整个组织？
   A. 由所有者委托治理层（governing body），再由治理主体机构/部门向各创造和支持消费者想要的成果
   B. 组织内高层做好规划，重要的是明确使命和愿景以及确定关键目标
   C. 每年举办一次或两次全组织聚会，所有者/利益相关者阐述使命、愿景和目标
   D. 员工与其上级之间签订绩效合同，让每个人都能为战略各司其职

3. 新技术导致组织内部发生变化以下哪一项属于其中之一？
   A. 由稳定性管理实践驱动的服务是技术创新的阻碍
   B. 服务可以不受地点约束，在任何地方被交付
   C. 组织内的服务正在发生一种更定型的功能变化
   D. 依靠传统定型管理方法的服务更加适合组织

4. 数字化转型要求在组织内部采用一种新型的服务管理方法。组织的服务管理原则属于哪个领域？
   A. 服务管理属于业务领域
   B. 服务管理属于 IT 领域
   C. 服务管理外包给第三方供应商
   D. 服务管理属于整个组织

5. 以下哪一种表述关于组织文化的描述最到位？
   A. 它是基于组织内全体员工背景的一系列惯常实践
   B. 它反映了一个组织内管理层和所有者的种族身份

C. 它是一种由组织领导层专门定义的文化

D. 它是组织的价值观、系统、标志、主张、信仰和习惯的集合以及相互作用

6. 创建服务文化最重要的元素是什么？

A. 赋予员工独立决策的权利

B. 衡量服务文化，以确定改进思路

C. 通过行动而不是语言向消费者表明他们受到重视

D. 培训员工和管理者良好的服务行为

7. 领导者角色的关键活动是什么？

A. 关注结果

B. 风险最小化

C. 激励同事

D. 设定优先级

8. 情商决定了两个主要能力：人际和社交。以下哪两项技能属于社交能力？

A. 加入社交团体并积极交流

B. 了解社交媒体以及会影响自身的人或事

C. 社会意识和关系管理

D. 社交内容管理和使用社交技巧

9. 如何称呼掌握既有广度又有深度知识的专家？

A. A 型专家

B. I 型专家

C. 服务管理专家

D. T 型专家

10. 团队组建的最后阶段是什么？

A. 解散 / 结束（Adjourning）

B. 形成（Forming）

C. 发挥（Performing）

D. 组建（Setting-up）

11. 团队之间可能存在各自为政的棘手问题。管理层应对这一问题的建议是什么？

A. 在团队成员之间开展一对一会

B. 为每个团队提供团队建设活动

C. 奖励提前达到目标的团队

D. 分享关于组织战略的信息

12. 成功的期望值管理取决于对预期内容有清晰的认识。如何形成这一清晰认识？
A. 确保有详细的 SLA（服务级别协议）文档可供使用
B. 报告对照约定目标的成果情况
C. 设定界限并提供交付结构
D. 谨慎许诺和出色兑现

13. 以下哪一项是沟通中应考虑的五个要素之一？
A. 传递机制
B. 意图
C. 感知
D. 范围

14. Kotter 组织变革管理（OCM）模型中的第一个重要步骤是什么？
A. 建立一支指导团队
B. 制造紧迫感
C. 取得短期成效
D. 将新方法制度化

15. VeriSM 模型的哪一项要素决定了必需的管理活动或实践，通过制定规章制度或界限满足治理要求？
A. 定义（Define）
B. 管理网格（Management Mesh）
C. 生产（Produce）
D. 服务管理原则

16. 新产品或服务经过部署之后，服务提供者将为用户的使用提供持续支持。VeriSM 模型的哪一项要素体现了这一支持？
A. 定义（Define）
B. 生产（Produce）
C. 提供（Provide）
D. 响应（Respond）

17. VeriSM 重新定义传统服务管理的核心原因是什么？
A. VeriSM 将组织内的服务管理分为不同实体，这样所有实体都可以自主工作
B. VeriSM 关注整体性，不为特定组织提供实践
C. VeriSM 结合了新技术，因此可帮助 IT 部门实现数字化转型
D. VeriSM 将整个组织视为各个单位共同协作的服务提供者

18. 是什么将 VeriSM 与其他 IT 服务管理方法区分开来？

   A. VeriSM 将 IT 与其他服务管理实践区分开来

   B. VeriSM 关注组织中的企业 IT 方面

   C. VeriSM 是对早期 IT 服务管理实践的合理演化

   D. VeriSM 将所有组织能力纳入考虑范围

19. VeriSM 引入了管理网格（Management Mesh）的概念。管理网格结合了资源、管理实践、环境和新兴技术四个要素，创造和交付产品和服务。以下哪一项要素应包含相关框架如 ITIL，或相关方法论如 COBIT？

   A. 新兴技术

   B. 环境

   C. 管理实践

   D. 资源

20. 在理解组织治理和服务管理原则后才能构建管理网格。在构建网格前还需制定什么？

   A. 设计规范

   B. 运营计划

   C. 战略计划

   D. 战术计划

21. VeriSM 模型中定义（Define）阶段的目标是什么？

   A. 阐述与产品或服务设计有关的活动和相关成果

   B. 确保产品或服务可供消费

   C. 响应消费者的服务事项、问询和需求

   D. 结合服务蓝图并执行构建、测试和实施处于变更控制下的活动

22. 测试为什么是生产（Produce）阶段的重要部分？

   A. 定义组织的风险准则和风险偏好

   B. 确保产品或服务符合既定要求

   C. 确保组织的要求符合其战略

   D. 确保适当的组织架构

23. 以下哪一项活动属于提供（Provide）阶段的一部分？

   A. 构建

   B. 设计

   C. 改进

   D. 测试

24. 响应（Respond）阶段的记录（Record）活动涵盖了以下哪一项？

A. 采集信息

B. 交付结果

C. 解决问题

D. 源事件

25. 以下哪些步骤描述了采用 VeriSM 模型的高阶流程（high-level process）？

A. 明确利益相关者，选择流程并在组织中实施

B. 建立原则，选择一套实践，创建一个响应式的运营模式

C. 调查所有现行实践，选择最佳组合，并强制执行

D. 选择最佳管理实践，重点关注并逐步实施

26. VeriSM 模型的定义（Define）阶段形成关于良好服务的定义。这项活动发生在以下哪个流程？

A. 创建服务蓝图

B. 创建解决方案

C. 定义消费者需求

D. 收集需求

27. 服务测量的目标是什么？

A. 证明符合法律法规和合同承诺

B. 使服务提供者能够管理支撑服务要素的绩效能力

C. 让消费者了解提供服务的成本

D. 使服务所带来的结果或成果量化并获得认可

28. 组织发展迅猛，因此希望重新审视其所有流程，但又发现测试的风险过大。组织希望最大限度地减少因集成和测试错误发现滞后而产生的修复错误成本。以下哪一种管理实践解决这个问题的效果最好？

A. 敏捷

B. CX 客户体验 /UX 用户体验

C. 精益

D. SIAM

29. 敏捷如何能够支持服务管理？

A. 无法利用敏捷支持服务管理，敏捷只适用于项目管理

B. 用于迭代开发产品和服务

C. 让整个组织容易接受所有服务管理实践

D. 像传统瀑布项目一样建立所有服务管理流程

30. DevOps 如何提升服务管理实践？

A. DevOps 将服务管理实践左移，实现精简化，从而提升服务管理实践

B. DevOps 建立了服务管理实践原则

C. DevOps 只能用于开发新产品和服务

D. DevOps 的构建时间晚于服务管理，因此不会提升服务管理实践

31. 在服务集成与管理（SIAM）中，消费者与提供者之间第三层是什么？

A. 服务倡导者

B. 服务安装者（service installer）

C. 服务集成商

D. 服务管理者

32. 精益生产中区分了不同类型的浪费。哪一类浪费属于"生产质量超出消费者需求"？

A. 库存

B. 超额交付

C. 过度加工

D. 生产过剩

33. 左移（Shift Left）是一种将方案开发、交付和支持推到其生命周期早期阶段，从而提高效率，节约成本并提高客户关注度的方法。以下哪一项活动不属于左移的特征？

A. 运维问题发生后自动更正

B. 潜在运维问题发生前自动检验

C. 事件自动转交至二线支持

D. 自助服务事件诊断

34. 以下哪一项属于用户体验（UX）？

A. 投诉处理

B. 客户服务

C. 支持体验

D. 用户界面

35. 持续交付如何积极影响变更控制流程？

A. 它不影响变更控制流程

B. 它通过自动化测试工具影响流程

C. 它通过提供更多信息影响流程

D. 它通过不太固化的变更控制影响流程

36. 技术不断飞速发展，给服务管理带来了重大挑战。下列哪一项属于服务管理中存在的

共同挑战？

　　A. 确保成本与预算相匹配

　　B. 将期望值与业务关系相匹配

　　C. 复杂度上升，可预见性不足

　　D. 服务管理方法支持受限制或约束

37. 以下哪一项是云的主要优点？

　　A. 内部沟通加强

　　B. 基础设施质量提升

　　C. 基础设施服务速度加快

　　D. 运营风险降低

38. 一个组织决定利用 SaaS 解决方案控制其新的物联网（IoT）监控设备。从服务管理的角度来看，以下哪一项最重要，需要重点考虑？

　　A. 物联网设备识别码和 IP 地址具有唯一性，这是一个关键要求

　　B. 物联网服务提供更好的行为跟踪以支持实时营销

　　C. 这是一项外包服务，因此不需要专门考虑

　　D. SaaS 解决方案也必须遵循服务规章制度

39. 机器人流程自动化（RPA，或译作软件机器人／虚拟劳动者）在服务管理过程中具有什么优点？

　　A. RPA 可以实现任务自动化，因此可以缩减人员

　　B. RPA 帮助员工执行更复杂的任务

　　C. RPA 可以实现任务自动化，从而提高生产产品的质量

　　D. RPA 是一种生产技术，无法有效用于服务管理

40. 一个组织希望打破"救火的工作模式"并转向主动模式。应该首先关注 VeriSM 模型中的哪项元素？

　　A. 定义和生产

　　B. 治理

　　C. 管理网格

　　D. 提供和响应

答案解析

1. 以下哪一种表述最符合影子行为（shadow behavior）？

　　A. 错误。虽然旁观工作是富有成效的技能发展方法，但是与影子行为没有关系。影子行为是指未经批准将系统引入生产环境。

B. 错误。VeriSM 消除了许多组织内部的隔阂和部落制度。根据 VeriSM，抢其他成员风头是不好的行为，应及时避免。影子行为主要体现为实施组织变革时缺少明确的组织批准。

C. 正确。影子行为，特别是影子 IT 是组织内存在的一大问题。不遵循组织批准流程和程序（变更管理），给组织环境带来未知风险，可能影响其他 IT 服务的绩效表现。（文献：A，第 2.3.1 节）

D. 错误。IT 服务被视为不扰民且构成组织运作的一个环节，这是一个好的现象。不过，影子行为是指未经批准私自实施制度，从而增加风险，具有消极影响。

2. 治理如何贯通整个组织？

A. 正确。需要有实际的委托和授权框架来支持治理贯通，真正发挥其作用。（文献：A，第 2.5.2 节）

B. 错误。尽管组织内高层的战略规划十分重要，但不能将其视为贯通治理的支柱。通过委托治理层，再由治理层授权各组织单位，根据使命、愿景和目标采取行动，由此实现治理贯通。

C. 错误。尽管建议所有者/利益相关者针对使命、愿景和目标采取公开和坦诚对话方式，但不能将其视为贯通治理的支柱。通过委托治理层，再由治理层授权各组织单位根据使命、愿景和目标采取行动，由此实现治理贯通。

D. 错误。尽管让员工与上级之间约定承诺是个不错的想法，确保每个人都了解组织使命、愿景和目标并各司其职做好分内事，但是在所有者/利益相关者与治理层之间，也需要建立同样强有力的承诺和问责制。所有者/利益相关者负责制定使命、愿景和目标，而治理层授权管理者等人员将使命、愿景和目标付诸实践。

3. 新技术导致组织内部发生变化。以下哪一项属于其中之一？

A. 错误。虽然稳定性仍然十分重要，但飞速的技术变革需要加大创新力度而不是减缓创新。

B. 正确。新的创新技术使得服务可以不受地点约束，在任何地方被交付。（文献：A，第 3.1 节）

C. 错误。敏捷方法带来所需的灵活性，而不是定型的管理。

D. 错误。组织正在寻求更敏捷和更灵活的服务管理方法，以适应快速变化的环境。

4. 数字化转型要求在组织内部采用一种新型的服务管理方法。组织的服务管理原则属于哪个领域？

A. 错误。服务管理中的 IT 能力需要与人力资源、销售、市场营销或财务等其他领域的能力相融合，而不是单单属于业务领域。

B. 错误。由于数字化转型，服务管理不再仅属于 IT 能力。

C. 错误。服务管理是一种涉及整个企业的方法，不应单独外包给第三方。

D. 正确。产品和服务需要多方业务能力单元的投入，通力合作以实现组织目标。服务管理被提升到企业层面。（文献：A，第 3.5 节）

5. 以下哪一种表述关于组织文化的描述最到位？

A. 错误。VeriSM 将组织文化定义为"塑造组织内部人员行为的成文和成文规则、指导方针和实践的集合"。答案看起来似乎正确，但一般实践是基于员工背景的说法是不正确的。员工自然会影响组织文化，但它只是影响文化的众多因素之一。

B. 错误。虽然组织运营的环境以及管理者和所有者的背景都会影响组织文化，但还有其他一些因素也是如此。文化参照选取同个团体的组织利益相关者，则不应构成组织文化的排他性基础。

C. 错误。组织的领导层固然对组织文化产生重大影响甚至可能是积极影响，但绝不是唯一的决定性因素。如果领导者和管理者尝试与组织文化相悖的组织变革，他们很快就会发现，这是一项艰难甚至危险的任务，大部分会以失败收场。

D. 正确。文化是指"我们在组织中的做事方式"。根据 VeriSM，比较适当的表述是"组织的集体价值观、系统、标志、主张、信仰和习惯"。以上均可从组织内的做事方式中体现。文化通常不会正式定义，形成书面文件，或教授给新员工。新员工主要通过"观察和学习组织内的做事方式"来体验组织文化。（文献：A，第 2.4 节）

6. 创建服务文化最重要的元素是什么？

A. 错误。虽然赋权是高级管理人员为了创建服务文化而需要关注的点之一，但它并不是服务文化中最重要的元素。事实上，通过行动而不是语言向消费者表明他们受到重视，这才是最重要的元素。

B. 错误。为了解你的工作情况，衡量你的绩效表现很重要。但是，这不是创建服务文化的最重要元素。事实上，通过行动而不是语言向消费者表明他们受到重视，这才是最重要的元素。

C. 正确。让消费者感受到他们受到重视是服务文化中最重要的元素。（文献：A，第 4.4 节）

D. 错误。为了在组织中创建服务文化，实际上需要赋予员工和管理层权力去采取行动，通过所见所闻发现良好行为。事实上，通过行动而不是语言向消费者表明他们受到重视，这才是创建服务文化最重要的元素。

7. 领导者角色的关键活动是什么？

A. 错误。这属于管理者角色的关键活动。

B. 错误。这属于管理者角色的关键活动。

C. 正确。这项活动是与 VeriSM 领导者角色相关的一个重要特征。其他重要特征分别为赋权和激励。（文献：A，第 5.1 节）

D. 错误。这是 Scrum 项目中产品所有者的关键活动。

8. 情商决定了两个主要能力：人际和社交。以下哪两项技能属于社交能力？

A. 错误。加入社交团体并与团队成员交流是活动而不是技能。

B. 错误。了解社交媒体还不足以将其列为一项技能。了解会影响自身的人和事是属于人际能力的技能。

C. 正确。社交意识和关系管理是 Travis Bradberry 和 Jean Greaves 在他们的著作《情商 2.0》

（*Emotional Intelligence 2.0*）中定义的两项技能。（文献：A，第 5.3 节）

D. 错误。社交内容管理和使用社交技巧不属于技能。技巧是利用特定的工具、一套行为规则，而技能则是内在的，是在学习和成长过程中习得的。技巧是如何做事，而技能则是如何知道和理解事物。

9. 如何称呼掌握既有广度又有深度知识的专家？

A. 错误。A 型专家掌握两个专业领域的专业知识。

B. 错误。I 型专家专注于特定领域，并掌握该领域深厚的信息和知识。

C. 错误。服务管理专家是一种认证，而不是一种理论，它只关注特定的知识领域和深度。

D. 正确。T 型专家是所在专业领域具备创新和实力的问题解决者，能够与各领域专业人士互动和理解。（文献：A，第 5.5 节）

10. 团队组建的最后阶段是什么？

A. 正确。这是团队组建的最后阶段，即团体任务完成，团队解散。其他阶段分别为形成、震荡、规范和发挥。（文献：A，第 5.7.1 节）

B. 错误。这是团队组建的第一阶段，重点是彼此认识并了解团队的目的。

C. 错误。这是团队组建的第四阶段。在这个阶段，关系、团队实践和效率同步发展，团队的实际工作处于开展之中。

D. 错误。这不是团队组建的阶段。

11. 团队之间可能存在各自为政的棘手问题。管理层应对这一问题的建议是什么？

A. 错误。此类会议一方面有助于在虚拟团队中塑造团队精神，另一方面会鼓励团队专注内部，促使形成孤岛效应。

B. 错误。每个团队的团队建设活动将鼓励团队精神；而不涉及与其他团队协作。

C. 错误。奖励提前达到目标的团队可能会强调竞争并阻碍与其他团队的合作。

D. 正确。分享组织的战略目标将有助于团队关注大局，共同努力实现总体目标。（文献：A，第 6.1 节）

12. 成功的期望值管理取决于对预期内容有清晰的认识。如何形成这一清晰认识？

A. 错误。如果详细文档过于复杂或不明确，则不一定会促进清晰认识。服务级别协议必须明确说明要提供的服务级别，以及服务衡量方式。

B. 错误。达成目标可能会有危险，如果目标与业务需求不一致，则对端到端服务的总体评价会不理想。这就是所谓的西瓜效应（外面是绿色的，里面却是红色的）。

C. 正确。明确界定交付范围将确保各方达成一致并防止期望与交付不相符。（文献：A，第 6.2.1 节）

D. 错误。由于在服务提供者能够提供的服务方面未达成明确的约定，即使有志于谨慎许诺并让交付的服务超出约定，也并不能帮助明确期望值，甚至可能将期望值逐渐提高到可实现的水平。

13. 以下哪一项是沟通中应考虑的五个要素之一？

A. 正确。良好的沟通需要考虑五个因素，分别是：传递者、背景环境、接收者传递机制和内容。（文献：A，第 6.4 节）

B. 错误。意图不是沟通中应考虑的五个要素之一。每个信息应都带有一个确定的目的（意图），传递人希望通过沟通实现这一目的。

C. 错误。感知不是沟通中应考虑的五个要素之一，它是指信息的理解方式。

D. 错误。范围不是沟通中应考虑的五个要素之一，而是属于既定沟通计划的一部分。

14. Kotter 组织变革管理（OCM）模型中的第一个重要步骤是什么？

A. 错误。这是 Kotter 模型的第二阶段。这个阶段的重点是组建一支有作的志愿者队伍，负责指导、协调和沟通工作。

B. 正确。这是 Kotter 模型的第一阶段，重点在于利用会（在情绪和理智上）吸引志愿者队伍的机会采取紧迫行动。（文献：A，第 6.6.1 节）

C. 错误。这是 Kotter 模型中的第六个阶段，重点是收集短期成效并将其归类，以展示所取得的切实业务成果。

D. 错误。这是 Kotter 模型中的最后阶段，重点是将新的行为与组织的成功关联起来。

15. VeriSM 模型的哪一项要素决定了必需的管理活动或实践，通过制定规章制度或界限满足治理要求？

A. 错误。定义阶段关注与产品或服务设计有关的活动和配套成果。定义阶段在服务管理原则规定的规章制度内开展工作。

B. 错误。管理网格不设规章制度；它允许团队灵活地处理产品和服务，整合资源、实践、环境和新兴技术。

C. 错误。生产阶段关注解决方案的创建，确保成果满足消费者的需求。生产阶段在服务管理原则规定的规章制度内开展工作。

D. 正确。服务管理原则基于组织治理原则，规定了所交付产品和服务的规章制度，阐述了质量和风险等问题。（文献：A，第 7 章和第 9.1 节）

16. 新产品或服务经过部署之后，服务提供者将为用户的使用提供持续支持。VeriSM 模型的哪一项要素体现了这一支持？

A. 错误。定义阶段关注与产品或服务设计有关的活动和配套成果

B. 错误。生产阶段关注解决方案的创建，确保成果满足消费者的需求。

C. 错误。提供阶段主要是提供新的或变更解决方案以供使用。

D. 正确。响应阶段描述了消费者在性能问题、咨询或任何其他请求期间接收到的支持。（文献：A，第 7 章和第 14.1 节）

17. VeriSM 重新定义传统服务管理的核心原因是什么？

A. 错误。VeriSM 将整个组织视作一个整体，不会将组织分为各个实体。

B. 错误。VeriSM 提供了一个网格实现特定组织的服务管理个性化。

C. 错误。表述确实如此，但不是重新定义服务管理的主要原因。

D. 正确。这是 VeriSM 和 ITSM 之间的重要区别。（文献：A，第 9.2 节）

18. 是什么将 VeriSM 与其他 IT 服务管理方法区分开来？

A. 错误。VeriSM 将所有部门和领域视为提供消费者服务的能力。

B. 错误。VeriSM 关注整个组织，而不仅仅是 IT。

C. 错误。VeriSM 是关于未来计划，但关注内容比传统 IT 服务管理更加广泛。

D. 正确。VeriSM 将整个组织视作一个整体。整个组织是服务提供者，而各个部门则是支持组织提供产品和服务的单位。（文献：A，第 9.2 节）

19. VeriSM 引入了管理网格的概念。管理网格结合了资源、管理实践、环境和新兴技术四个要素，创造和交付产品和服务。以下哪一项要素应包含相关框架如 ITIL，或相关方法论如 COBIT？

A. 错误。新兴技术是云服务、自动化和物联网等综合技术上的进步，可在设计和交付服务时利用。

B. 错误。环境方面包括组织文化、市场地位和监管框架。

C. 正确。网格的管理实践要素包括 ITIL 等框架以及 COBIT、SIAM 和 DevOps 等方法论。组织根据需求选择使用哪一个。（文献：A，第 10 章）

D. 错误。资源是组织用来开发产品和服务的要素，例如人力、资金和资产。

20. 在理解组织治理和服务管理原则后才能构建管理网格。在构建网格前还需制定什么？

A. 错误。管理网格用于开发和交付产品和服务。设计规范是利用管理网格制订的。

错误。运营计划是在构建管理网格后制订的。根据要求，服务提供者选择网格的最佳要素，由此创建运营计划

C. 正确。服务提供者在组织治理和服务管理原则所设定的规章制度内开展工作，制订战略计划解决消费者需求。在此基础上构建管理网格。（文献：A，第 10.5 节）

D. 错误。战术计划是在构建管理网格后制订的。根据要求，服务提供者选择网格的最佳要素，由此创建战术计划。

21. VeriSM 模型中定义（Define）阶段的目标是什么？

A. 正确。定义是关于阐述与服务或产品设计有关的活动。（文献：A，第 11.1 节）

B. 错误。这是 VeriSM 模型中提供（Provide）阶段的目标。

C. 错误。这是 VeriSM 模型响应（Respond）阶段的目标。

D. 错误。这是 VeriSM 模型生产（Produce）阶段的目标。

22. 测试为什么是生产（Produce）阶段的重要部分？

A. 错误。在定义（Define）阶段，组织风险偏好是治理结构责任，并且与服务产品相关的

风险准则被定义。测试需要确保新的或变更服务或产品的引进符合风险要求，而不是定义要求内容。

B. 正确。测试需要确保产品或服务符合定义阶段设定的要求。其可能包括一系列测试，例如检查产品或服务是否符合引发产品或服务开发的利益相关者需求。检查服务或产品是否符合定义阶段设定的要求通常包括测试功能、可用性、技术兼容性等活动，但测试还应确保产品或服务能够促成业务成果并促进业务价值的实现。（文献：A，第 7 章和第 12.5 节）

C. 错误。验证组织的要求是否支持组织的战略是治理层和管理层的责任，而不是测试的目标。不过，VeriSM 模型可为此向管理层和治理结构提供宝贵反馈。

D. 错误。评估组织架构的适当性是一项管理活动。测试应确保产品和服务与既定的组织架构相符而不是相悖。

23. 以下哪一项活动属于提供（Provide）阶段的一部分？

A. 错误。构建属于 VeriSM 模型产品生产阶段的一部分。构建将定义阶段产生的服务蓝图转化为可行的计划，然后转化为行动产生新的服务或变更服务

B. 错误。它不属于提供阶段的一部分。

C. 正确。改进是 VeriSM 模型提供阶段的一项活动。改进包括维护和改进活动。（文献：A，第 13.2 节）

D. 错误。测试是生产阶段的一部分，确保产品或服务按照设计的计划接受测试。相关测试应涵盖各种情况，并以组织治理为基础。

24. 响应（Respond）阶段的记录（Record）活动涵盖了以下哪一项？

A. 正确。采集信息属于记录活动涵盖范围。（文献：A，第 14.2 节）

B. 错误。交付结果属于管理活动涵盖范围。

C. 错误。解决问题属于管理活动的涵盖范围。

D. 错误。源事件属于管理活动的涵盖范围。

25. 以下哪些步骤描述了采用 VeriSM 模型的高阶流程（high-level process）？

A. 错误。这些活动与适应 VeriSM 模型无关。适应意味着须要建立基本原则、实践和运营模式。

B. 正确。这些是适应 VeriSM 模型的步骤。（文献：A，第 15.1 节）

C. 错误。VeriSM 与网格匹配使用，包含更多实践。适应意味着除选择实践之外，还需要建立原则和运营模式。

D. 错误。VeriSM 不是选择一种实践，而是同时结合所需的实践。适应意味着需要建立原则、任何新的管理实践和运营模式。

26. VeriSM 模型的定义（Define）阶段形成关于良好服务的定义。这项活动发生在以下哪个流程？

A. 错误。服务蓝图是生产阶段的指导性文件。它包含服务的详细规范：服务等级要求、

支持模型以及需求收集阶段约定的衡量指标和报告。（文献：A，第 11.6 节）

B. 错误。这是构建设计的过程，包括衡量可用性、容量、连续性和安全性的良好绩效表现的方法。（文献：A，第 11.5 节）

C. 错误。这项活动还为时尚早。消费者需求通常是在商业案例中确定，核准后触发进一步活动，然后在服务蓝图中纳入绩效衡量。（文献：A，第 11.3 节）

D. 正确。在收集需求过程中，建立功能性和非功能性需求（包括良好绩效的表现）。这推动了适当衡量指标和报告的构建。（文献：A，第 11.4 节）

27. 服务测量的目标是什么？

A. 错误。合规是帮助促进管理服务的四项服务衡量考虑因素之一，并不衡量的总体目标。

B. 错误。虽然这一措施对服务提供者非常重要，但并不会给消费者带来利益，也不反映服务衡量的整体观。

C. 错误。了解提供服务的成本对服务提供者重要，对消费者不重要。消费者更关心消费的成本及其从服务中获取的价值。

D. 正确。通过先了解服务和消费者以及消费者如何获得服务价值，再衡量服务表现。衡量（和报告）是向消费者展示价值的方式。（文献：A，第 10.4.4.1 节）

28. 组织发展迅猛，因此希望重新审视其所有流程，但又发现测试的风险过大。组织希望最大限度地减少因集成和测试错误发现滞后而产生的修复错误成本。以下哪一种管理实践解决这个问题的效果最好？

A. 错误。敏捷包括快速思考、解决问题和获得新想法的能力。敏捷组织有行动迅速、灵活和稳健的特点，能够快速响应意外挑战、事件和机遇。因此，敏捷不会是解决这个问题的最佳管理实践。

B. 错误。CX/UX 代表产品和服务消费者与产品和服务生产组织之间的关系。这一管理实践不会解决与测试问题相关的成本。

C. 正确。精益和持续交付都有助于改善问题，最大限度地减少与测试工作相关的延误。两者都可以将测试风险降至最低，及早发现集成和测试错误，避免其修复成本过高。（文献：A，第 16.1 节）

D. 错误。SIAM 主要定义一套原则、实践和方法，用于管理、集成、治理和协调多个服务提供者的服务交付。SIAM 并不专注于削减与测试工作相关的成本。

29. 敏捷如何能够支持服务管理？

A. 错误。敏捷实践不仅可以用于项目管理，还可以用于照常活动和服务管理。

B. 正确。迭代开发产品和服务遵循敏捷方法。（文献：A，第 17.6 节）

C. 错误。敏捷倡导以迭代方法逐步推行变革；服务管理实践在整个组织范围内不断获得接受是一个持续的过程。

D. 错误。敏捷实践倡导迭代开发服务和产品，而瀑布则不关注迭代开发。

30. DevOps 如何提升服务管理实践？

A. 正确。DevOps 可以将服务管理实践左移，实现服务管理实践精简化和服务管理活动自动化，从而推进服务管理实践。（文献：A，第 18.7 节）

B. 错误。DevOps 是服务管理的固有组成部分，因此无法建立服务管理实践原则。

C. 错误。DevOps 可用于开发新产品和服务，也可用于改进现有产品和服务。

D. 错误。DevOps 的构建时间较晚并没关系，因为它涉及了人员、开发、运维、质量和测试，可以影响现有的服务管理实践。

31. 在服务集成与管理（SIAM）中，消费者与提供者之间的第三层是什么？

A. 错误。在 SIAM、最佳管理实践和 VeriSM 中不存在这个角色

B. 错误。在 SIAM、最佳管理实践和 VeriSM 中不存在这个角色。

C. 正确。这是 SIAM 中位于消费者与提供者之间的第三层。（文献：A，第 19.2 节）

D. 错误。在 SIAM、最佳管理实践和 VeriSM 中不存在这个角色。

32. 精益生产中区分了不同类型的浪费。哪一类浪费属于"生产质量超出消费者需求"？

A. 错误。此类浪费是指未被使用的过剩产品和材料。

B. 错误。精益生产中不存在此类浪费。

C. 正确。问题中是关于过度加工的描述。（文献：A，第 20.7 节）

D. 错误。此类浪费是指产出超过需求以及产出早于需求。

33. 左移（Shift Left）是一种将方案开发、交付和支持推到其生命周期早期阶段，从而提高效率，节约成本并提高客户关注度的方法。以下哪一项活动不属于左移的特征？

A. 错误。这个属于左移的特征。通过免除人为干预的需要，自动解决事件，可缩短潜在的服务停机时间。例如，通过事件管理的检测和服务对替代处理资源的自动故障切换，可以最大限度削弱电源故障的影响。

B. 错误。这属于左移的最左范畴。各种事件得到遏制，因此避免了支持成本和服务停机。例如，事件管理可能会检测到容器填满并自动触发添加额外存储器。

C. 正确。这不是左移活动，因为涉及成本相对较高的二线资源。不过，自动化确实是左移的关键要素，可以降低人为错误的风险。在某些情况下，事件自动转交至二线支持很可能是最合适的，但这不属于左移。（文献：A，第 21 章）

D. 错误。自助服务属于一种左移实践，而且是"0 级支持的支柱"。消费者可以查询知识库，利用社区论坛和许多其他工具找到解决难题的方案，而无须联系比较昂贵的 IT 支持部。然而，IT 支持部需要知道消费者的自助服务活动，这样能够给予适当调节。

34. 以下哪一项属于用户体验（UX）？

A. 错误。这个属于客户体验（CX），而不是用户体验（UX）。投诉处理涉及组织对投诉的响应性，因此涉及消费者与组织之间的关系。

B. 错误。这个属于客户体验（CX），而不是用户体验（UX）。它涉及消费者与组织之间

的关系。

C. 错误。这个属于客户体验（CX），而不是用户体验（UX）。它涉及消费者与组织之间的关系。

D. 正确。这个属于用户体验。用户界面是用户体验的技术内容之一，因此属于用户体验。（文献：A，第 22.1 节）

35. 持续交付如何积极影响变更控制流程？

A. 错误。通过集成和测试过程自动化而无须人工干预或讨论，持续交付可以对变更控制流程产生积极影响。

B. 正确。持续交付可通过消除人工干预/人为因素或讨论影响变更控制流程。（文献：A，第 23.7 节）

C. 错误。增加更多信息意味着决策时间更长。这会对变更控制流程产生负面影响，且不会消除人为错误。

D. 错误。不太固定的变更控制流程会影响更多的人为故障，并可能对整个流程产生负面影响。

36. 技术不断飞速发展，给服务管理带来了重大挑战。下列哪一项属于服务管理中存在的共同挑战？

A. 错误。确保成本与预算相匹配并不是服务管理中存在的挑战之一。

B. 错误。挑战在于将期望与现实相匹配，而不是与组织内部关系相匹配。

C. 正确。新兴技术和利用新技术可能会使服务提供者的环境变得更加复杂，这一挑战为人所知。（文献：A，第 25.1 节）

D. 错误。服务管理方法需要支持组织，而不是支持受限或约束。

37. 以下哪一项是云的主要优点？

A. 错误。将云用于基础设施不会影响内部沟通能力。使用云可能带来降低运营风险、快速配置硬件和软件资源以及提高现购现付能力等效益。

B. 错误。虽然将基础设施置于云端可能会提升质量，但这并不是既定事实。如果开始时内部基础设施配置良好，则仅仅通过将其提升到云端是无法指望质量提升的。使用云可能带来降低运营风险、快速配置硬件和软件资源以及提高现购现付能力等效益。

C. 错误。尽管你可能会体验到更加快捷的基础设施服务，但只有在你的内部基础设施初始速度缓慢的情况下才会出现这种情况。如果你已经掌握快速高效的基础设施服务，则仅仅通过将基础设施置于云端是无法指望这一因素得到改进的。使用云可能带来降低运营风险、快速配置硬件和软件资源以及提高现购现付能力等效益。

D. 正确。管理基础设施服务器、存储器和应用程序的复杂问题由云提供商负责处理，这样组织就可以专注于核心活动而不用分心于 IT 技术任务。（文献：A，第 25.2 节）

38. 一个组织决定利用 SaaS 解决方案控制其新的物联网（IoT）监控设备。从服务管理的角度来看，以下哪一项最重要，需要重点考虑？

A. 错误。这是一项有效的技术要求，但从服务管理角度来看并不重要。

B. 错误。这是物联网服务带来的好处，但从服务管理角度来看并不重要。

C. 错误。服务管理原则适用于所有服务。

D. 正确。规章制度是所有服务（不论是否外包）的总原则。（文献：A，第 1.4 和 25.6 节）

39. 机器人流程自动化（RPA，或译作软件机器人/虚拟劳动者）在服务管理过程中具有什么优点？

A. 错误。RPA 并不总是代表缩减人员。

B. 正确。将人力资源重新部署到更有价值的活动中是一个明显的优点，同时，它还可以自动执行涉及高级逻辑的更复杂任务。（文献：A，第 25.8 节）

C. 错误。服务管理中的 RPA 不关注产品，而是关注流程任务自动化。

D. 错误。RPA 自动执行（服务管理）流程任务。

40. 一个组织希望打破"救火的工作模式"并转向主动模式。应该首先关注 VeriSM 模型中的哪项元素？

A. 正确。改进工作从头抓起并提供更好的服务是正确的道路。关注定义生产活动，而不是修复问题之处。（文献：A，第 26.1 节）

B. 错误。虽然这一元素确实重要，但并不是首先关注的。

C. 错误。虽然这是转向 VeriSM 模型的必要元素，但无法帮助短期内打破"救火工作模式"。

D. 错误。专注于问题并尽力修复问题，让组织处于"救火工作模式"关注定义和生产活动，而不是修复问题之处。

试题评分

下表为本套样题的正确答案选项，供参考使用。

编号	答案	编号	答案
1	C	21	A
2	A	22	B
3	B	23	C
4	D	24	A
5	D	25	B
6	C	26	D
7	C	27	D
8	C	28	C
9	D	29	B
10	A	30	A
11	D	31	C

续表

编号	答案	编号	答案
12	C	32	C
13	A	33	C
14	B	34	D
15	D	35	B
16	D	36	C
17	D	37	D
18	D	38	D
19	C	39	B
20	C	40	A